W0204011

Sowi NRW

Einführungsphase

Unterrichtswerk für Sozialwissenschaften
in der gymnasialen Oberstufe
in Nordrhein-Westfalen

bearbeitet von
Brigitte Binke-Orth
Nora Lindner
Uwe Maassen

unter Beratung von
Brigitte Binke-Orth
Gerhard Orth

mit Beiträgen von
Anita Hitzler
Sabine Hoffmann
Erik Müller
Thomas Volkert
Martina Tschirner

C.C.Buchner Verlag

Sowi NRW
Einführungsphase
Unterrichtswerk für Sozialwissenschaften in der gymnasialen Oberstufe in Nordrhein-Westfalen

Bearbeitet von
Brigitte Binke-Orth
Nora Lindner
Uwe Maassen

unter Beratung von
Brigitte Binke-Orth
Gerhard Orth

mit Beiträgen von
Anita Hitzler
Sabine Hoffmann
Erik Müller
Thomas Volkert
Martina Tschirner

1. Auflage, 3. Druck 2018
Alle Drucke dieser Auflage sind, weil untereinander unverändert, nebeneinander benutzbar.

Dieses Werk folgt der reformierten Rechtschreibung und Zeichensetzung. Ausnahmen bilden Texte, bei denen künstlerische, philologische oder lizenzrechtliche Gründe einer Änderung entgegenstehen.

Die Mediencodes enthalten ausschließlich optionale Unterrichtsmaterialien. Im Schülerbuch dürfen an keiner Stelle Eintragungen vorgenommen werden. Auf verschiedenen Seiten dieses Buches finden sich Verweise (Links) auf Internet-Adressen. Haftungshinweis: Trotz sorgfältiger inhaltlicher Kontrolle wird die Haftung für die Inhalte externer Seiten ausgeschlossen.

© 2014 C.C.Buchner Verlag, Bamberg

Das Werk und seine Teile sind urheberrechtlich geschützt. Jede Nutzung in anderen als den gesetzlich zugelassenen Fällen bedarf der vorherigen schriftlichen Einwilligung des Verlages. Das gilt insbesondere auch für Vervielfältigungen, Übersetzungen und Mikroverfilmungen. Hinweis zu § 52 a UrhG: Weder das Werk noch seine Teile dürfen ohne eine solche Einwilligung eingescannt und in ein Netzwerk eingestellt werden. Dies gilt auch für Intranets von Schulen und sonstigen Bildungseinrichtungen.

Redaktion: Markus Willers
Layout und Satz: Wildner + Designer GmbH, Fürth
Umschlaggestaltung: Wildner + Designer GmbH, Fürth
Druck und Bindung: creo Druck & Medienservice GmbH, Bamberg

www.ccbuchner.de

ISBN 978-3-661-72021-0

Inhaltsverzeichnis

Inhaltsverzeichnis

Inhaltsverzeichnis

* *Insbesondere im Rahmen des Kernlehrplans Sozialwissenschaften / Wirtschaft zu behandelndes Thema*

Methodenverzeichnis

I. Zentrale Methoden für den sozialwissenschaftlichen Unterricht

1. Methoden zur Bearbeitung von Texten, Karikaturen und Statistiken

Methoden zur sozialwissenschaftlichen Textbearbeitung

Methoden zur Karikaturbearbeitung

Methoden zur Statistikbearbeitung

Übersicht der Methoden zur Bearbeitung von Texten, Karikaturen und Statistiken

Die Methoden zur Bearbeitung von Texten, Karikaturen und Statistiken werden sukzessive trainiert. Das Training der Methoden wird mit steigendem Schwierigkeitsgrad der Texte, Karikaturen und Statistiken vorgenommen. Außerdem wird zusätzlich ein besonderer Fokus auf einen der drei Anforderungsbereiche gelegt.

	AFB I	AFB II	AFB III
Textbearbeitung I **Karikaturbearbeitung I** **Statistikbearbeitung I**	**Fokus: beschreiben und darstellen**	analysieren	erörtern und beurteilen
Textbearbeitung II **Karikaturbearbeitung II** **Statistikbearbeitung II**	beschreiben und darstellen	**Fokus: analysieren**	erörtern und beurteilen
Textbearbeitung III **Karikaturbearbeitung III** **Statistikbearbeitung III**	beschreiben und darstellen	analysieren	**Fokus: erörtern und beurteilen**

2. Sozialwissenschaftliche Fachmethoden

II. Allgemeine Unterrichtsmethoden

Zur Bearbeitung der Aufgaben werden an vielen Stellen nachfolgende Unterrichtsmethoden verlangt. Diese sind in alphabetischer Reihenfolge im Methodenglossar erklärt.

Zur Arbeit mit dem Buch

Sowi NRW – Einführungsphase

Sowi NRW – Einführungsphase

Das vorliegende Lehrwerk ist ein neu erarbeitetes, lebens- und unterrichtsnahes Lern- und Arbeitsbuch für den nordrhein-westfälischen Unterricht im Fach Sozialwissenschaften in der zehnten Jahrgangsstufe. Das Lehrbuch wurde eigens nach den Vorgaben des neuen Kernlehrplans konzipiert und trägt verstärkt der sich durchsetzenden Kompetenzorientierung Rechnung. Ziel des Bandes ist es, Anregungen zur selbstständigen Arbeit zu geben und Hilfen für einen methoden- und handlungsorientierten Unterricht anzubieten.

Kapitelaufbau

Auftaktseiten

Jedes Kapitel beginnt mit einem Problemaufriss, einer Lernstandserhebung (Was wissen und können Sie schon?) und der Formulierung der im Kapitelverlauf zu erwerbenden Kompetenzen.

Materialien

Die jeweiligen Unterkapitel folgen dem „Vier-Seiten-Prinzip", das eine Strukturierung der Unterrichtsstunden erleichtert.

Die Materialienseiten sind multiperspektivisch angelegt und vertiefen zentrale Themenaspekte. Sie ermöglichen einen vielseitigen und kompetenzorientierten Unterricht. In der Randspalte werden zentrale Begriffe knapp erklärt und wichtige Zusatzinformationen gegeben, um eine genaue fachwissenschaftliche Verwendung zu erleichtern.

Aufgaben

Jede Themeneinheit schließt mit differenzierten und kompetenzorientierten Aufgaben ab. Diese beziehen sich häufig auf konkrete Problemlösungen oder Entscheidungssituationen aus vorangegangenen Lernsequenzen und fördern so die Nachhaltigkeit des Lernens. Angebote zum Helfen H und Fordern F ermöglichen es der Lehrkraft, auch heterogenen Lerngruppen gerecht zu werden.

Vertiefungskapitel

Sogenannte „Vertiefungskapitel" beenden den Materialienteil. Diese festigen bzw. erweitern das Gelernte mittels vertiefender und weiterführender Inhalte und können somit auch zur Binnendifferenzierung genutzt werden.

Kapitelabschluss

Wissen kompakt – Selbstdiagnose – Klausurtraining

Zum Abschluss der Großkapitel helfen „Wissen kompakt"-Seiten, sich wichtige Lehrplaninhalte anhand verständlicher Verfassertexte effizient und nachhaltig anzueignen. Fachspezifische Begriffe und Definitionen werden glossarartig dargestellt.

Die sich anschließende Rubrik „Kompetenzen prüfen" beginnt zunächst mit einer Tabelle zur Selbstdiagnose. Diese hilft zu überprüfen, inwieweit die zu Kapitelbeginn formulierten Kompetenzen beherrscht werden. Im Anschluss daran können die erworbenen Kompetenzen mittels einer handlungsorientierten Aufgabe (Kompetenzen anwenden – am Beispiel) in die Praxis umgesetzt werden.

Schließlich beendet das Klausurtraining die Großkapitel. Probeklausuren und deren Erwartungshorizonte (einsehbar mithilfe eines Mediencodes) helfen, die anstehenden Leistungskontrollen zu trainieren.

Zur Arbeit mit dem Buch

Methodenkonzept

Zentrale Methoden für den sozialwissenschaftlichen Unterricht

1. Methoden zur Bearbeitung von Texten, Karikaturen und Statistiken

Das vorliegende Lehrbuch führt die Methoden zur Bearbeitung von Texten, Karikaturen und Statistiken schrittweise ein. Die Schulung der Methoden erfolgt mit aufsteigendem Schwierigkeitsgrad der jeweiligen Materialien. Zusätzlich wird hier ein Fokus auf einen der drei Anforderungsbereiche gelegt.

2. Sozialwissenschaftliche Fachmethoden

An geeigneten Inhalten werden fachspezifische Methoden und Arbeitsweisen exemplarisch dargestellt, so dass sie auch an anderer Stelle herangezogen werden können.

Allgemeine Unterrichtsmethoden

In den Aufgaben werden vielfach Unterrichtsmethoden gefordert, die der Unterrichtsgestaltung dienen. Diese Methoden werden im Methodenglossar am Ende des Lehrbuches ausführlich erklärt.

Glossar

Methoden- und sozialwissenschaftliches Glossar

Das Glossar besteht aus einem Methoden- und einem sozialwissenschaftlichen Glossar. Beide Glossare dienen dem Nachschlagen der – in den Aufgaben geforderten – Unterrichtsmethoden bzw. von wichtigen, im Lehrwerk verwendeten Grundbegriffen.

Verwendung der Mediencodes

Mediencode: 72021-01

QR-Codes

Eigens für das Lehrbuch erstellte Rubriken sowie passende Zusatzmaterialien können auf der Verlagshomepage (www.ccbuchner.de) kosten- und werbefrei abgerufen werden. Mithilfe von Mediencodes können sie entweder direkt (Quick-Response-Code ↔ Smartphone) oder über die Eingabe des jeweiligen Mediencodes in das Suchfeld der Verlagshomepage bezogen werden. Die auf der Verlagshomepage hinterlegten Rubriken und Zusatzmaterialien sind fakultativ zu behandeln. Sie dienen als Ergänzung der im Lehrwerk verwendeten Materialien.

Erklärfilme

Filme

Die Verwendung von Erklärfilmen ist optional, sie können den Unterricht jedoch sinnvoll ergänzen. Die Filme dauern jeweils zwischen drei und fünf Minuten und sind über einen Mediencode kosten- und werbefrei auf der Verlagshomepage (www.ccbuchner.de) abrufbar.

Allgemeine Hinweise

- Aufgrund der besseren Lesbarkeit wird im Folgenden darauf verzichtet, immer beide Geschlechter anzusprechen („Bürgerinnen und Bürger“...), auch wenn selbstverständlich beide gemeint sind.
- Materialien ohne Quellenangaben sind vom Bearbeiter verfasst.
- Sofern bei Materialien aus dem Internet kein Verfasserdatum ermittelt werden konnte, wird das Abrufdatum genannt.

© Globus-Grafik 5644, Quelle: Simyo, Stand 2012, rundungsbe. Diff.

Sozialisation im Wandel – wie wir werden, was wir sind

1

Früher wurde immer draußen gespielt – in der Natur. Und wer Freunde treffen wollte, ist über den „Gartenzaun“ geklettert ... Wer kennt sie nicht, die gute alte Zeit, von der die Großeltern schwärmen – immer mit einem leichten Vorwurf im Unterton. Was ist heute anders?
Morgens klingelt der Handywecker, abends schalten wir als letztes vor dem Einschlafen das Handy lautlos. Vermutlich ist das Handy der Gegenstand, den wir am Tag am meisten berühren – häufiger als die Menschen um uns herum. Was bedeutet es für unser Sozialleben, unsere Beziehung zu anderen Menschen, dass dieses kleine Gerät solche Macht über uns zu haben scheint? Führen wir als „digital natives“ ein anderes Leben als unsere Großeltern? Ist es besser, schlechter, oder einfach nur anders? Ob und inwiefern das Handy und die Möglichkeiten digitaler Medien im Allgemeinen unser Sozialleben verändern, ist das Thema dieses Kapitels.

Kompetenzen

Am Ende dieses Kapitels können Sie:

- den Stellenwert des Mediums Smartphone für die (Medien-)Sozialisation von Jugendlichen beschreiben und den eigenen Umgang mit dem Handy reflektieren;
- Diagramme am Beispiel einer Grafik zu den Wertorientierungen Jugendlicher auswerten;
- verschiedene Arten von Gruppen und Rollen in der Gruppe charakterisieren und auf Beispiele anwenden;
- den Begriff „Gruppendynamik“ erklären und gruppendynamische Prozesse mittels einer Übung simulieren;
- die Entwicklung von Werten in (West-)Deutschland seit den 50er Jahren erläutern
- soziologische Theorien zur Erklärung des Sozialisationsprozesses vergleichen und ihren Stellenwert einschätzen;
- den Stellenwert der Familie und der Schule für die Sozialisation des Menschen beurteilen.

Was wissen und können Sie schon?

1. Dokumentieren Sie einen Tag lang: Wie häufig benutzen Sie Ihr Smartphone (oder Handy) und für was? Vergleichen Sie Ihre Dokumentation mit der Ihres Nachbarn.
2. Sammeln Sie in Partnerarbeit die drei wichtigsten Gründe für den Besitz eines Smartphones – aus Sicht der Jugendlichen. Vergleichen Sie abschließend Ihre Ergebnisse im Kurs.
3. Überprüfen Sie selbstkritisch, inwieweit der Besitz eines Smartphones Ihren Alltag beeinflusst bzw. bestimmt.
4. Analysieren Sie die Statistik und beurteilen Sie die Argumente der Eltern. Vergleichen Sie diese mit Ihren eigenen Argumenten aus Aufgabe 2.

1.1 Sozialisation – wer oder was prägt uns?

M1 Sozialisation im Zeitalter von Social media

*Karikatur: Joseph Farris, * media advisor = Medienberater*

M2 Das Handy als Ausdruck der eigenen Persönlichkeit?

Handys/Smartphones – immer beliebter
Das Handy ist bereits seit Jahren fester Bestandteil der jugendlichen Mediennutzung. Mit 96 Prozent besitzen fast alle Jugendlichen ein eigenes Handy, hier hat sich über die Jahre wenig getan. Neu ist allerdings der rasante Anstieg der Verbreitung von Smartphones [...]. Inzwischen hat knapp jeder zweite Jugendliche ein solches Smartphone, also ein Mobiltelefon mit Internetzugang und erweiterten Funktionalitäten, ähnlich eines Computers.

Medienpädagogischer Forschungsverbund Südwest (Hg.), JIM-Studie 2012, www.mpfs.de, S. 52

Die mobile Kommunikation hat das Leben von Millionen Menschen vor allem in einem Punkt entscheidend verändert: Wer ein Handy nutzt, ist praktisch überall erreichbar und kann jederzeit mit den Menschen Kontakt aufnehmen, die ihm wichtig sind. Das beeinflusst nicht nur die Art und Weise, wie Menschen miteinander kommunizieren, sondern auch ihr soziales Verhalten. So hat das Handy im Umgang mit Freunden, Verwandten und Bekannten einen neuen Grad an Flexibilität und manchmal sogar Unverbindlichkeit eingeführt. Anstatt sich gleich an einem Ort zu einer bestimmten Zeit zu verabreden, wird heute oft zunächst erst einmal ein Termin vereinbart und Ort bzw. Zeitpunkt erst später - wiederum per Handy - festgelegt. Während früher Verabredungen einmal getroffen und in der Regel auch eingehalten wurden, ist heute die persönliche und berufliche Zeitplanung immer neuen Verhandlungen, Vereinbarungen und Umdisponierungen unterworfen. Treffen finden oft unter Vorbehalt statt. Das Handy dient dazu, den Kontakt aufrechtzuerhalten, ohne jedoch die eigene Entscheidungsfreiheit aufgeben und sich zu sehr verpflichten zu müssen. Im Zeitalter digitaler Medien zeigt sich: Kinder und Jugendliche kommunizieren heute anders als die Generationen vor ihnen. Faktoren wie Unabhängigkeit, Offenheit, Toleranz, Meinungsfreiheit und Unmittelbarkeit kennzeichnen ihre Lebenskultur. [...] Dadurch hat das Mobiltelefon auch als Statussymbol Bedeutung. Wer mobil telefoniert, vermittelt seinen Mitmenschen die Botschaft: Ich bin integriert, habe soziale Kontakte und bin ein aktives Mitglied der Gesellschaft. Darüber hinaus bietet das Handy Identifikationsfläche. Das eigene Mobiltelefon kann mit Hilfe von Klingeltönen, speziellen Display-Anzeigen und Accessoires individuell gestaltet werden und Ausdruck der eigenen Persönlichkeit sein.

Informationszentrum Mobilfunk e.V. (IZMF), Wie beeinflusst die Nutzung von Mobiltelefonen unser Sozialverhalten? www.izmf.de, Abruf am 28.5.2013

M3 Was bedeutet Sozialisation?

Wie wird Sozialisation definiert?
Sozialisation (ist ein) [Red.] soziologischer Begriff für das in unterschiedlichen Bezugsgruppen vermittelte Erlernen von Werten, Symbolen, Verhaltensweisen, Techniken etc.

Klaus Schubert, Martina Klein, Sozialisation, in: Das Politiklexikon, Dietz, Bonn 2011, 5. Aufl., S. 275

Was passiert im Sozialisationsprozess?
Sozialisation ist ein Prozess, der nie abgeschlossen ist. Im Zentrum steht die Entwicklung der menschlichen Persönlichkeit sowie der sozialen Beziehungen einer Person. Zur Persönlichkeit gehört einerseits die Individualität, die den Einzelnen von allen Anderen unterscheidet, andererseits die Intersubjektivität, die die Mitglieder einer Gesellschaft oder Gemeinschaft miteinander teilen (z.B. Werte, Normen, soziale Rollen). Über sein soziales Umfeld wird der unfertige Mensch in eine Welt eingepasst, in der und aus der heraus er leben kann. [...] Der junge Mensch lernt, die Welt mit den Augen seiner Mitmenschen zu sehen, mit ihren Begriffen zu ordnen und zu gliedern, mit ihren Emotionen und Bewertungen auf ihre Erscheinungen zu reagieren und sich ihre Techniken des Umganges mit den Gegebenheiten dieser Welt anzueignen. Mit einem Wort, er übernimmt sukzessive eine Welt, in der die ihn unmittelbar umgebenden anderen Menschen schon leben. Dass diese Welt nur eine von unzähligen anderen menschlichen Lebenswelten ist, bleibt ihm zunächst verborgen. In ein bestimmtes soziales Umfeld hineingeboren, gibt es für ihn vorerst nur dieses. [...] Erst in einer späteren Lebensphase wird für ihn erkennbar, dass es auch ganz andere Lebenswelten gibt.

Wikipedia, Sozialisation, www.de.wikipedia.org, Abruf am 15.6.2013

Was sind Sozialisationsphasen?
Der Sozialisationsprozess durchläuft unterschiedliche Phasen (→ M4). Die unterschiedlichen Phasen werden in den meisten Studien nach ihren Hauptmerkmalen zu drei bis vier Gruppen zusammengefasst: Primäre, sekundäre, tertiäre und quartäre Phase.

Bearbeiter

Was meint der Begriff Sozialisationsinstanz?
Jede Sozialisationsphase wird von unterschiedlichen Sozialisationsinstanzen geprägt. Zu den wichtigsten Sozialisationsinstanzen zählen u.a. Familie, peergroup, Schule, Medien, Beruf, etc.

Bearbeiter

Mediensozialisation
Wenn man unter Sozialisation den Prozess versteht, in dem der Mensch zur sozialen, gesellschaftlich handlungsfähigen Persönlichkeit wird, dann liegt es auf der Hand, dass den Medien in diesem Prozess eine wichtige Rolle bei der Entwicklung kultureller Orientierung, von Weltbildern und Einstellungen sowie der Vermittlung von Werten zukommt. Insbesondere Orientierung über Moden, Lebensstile, Jargon und generell den Umgang miteinander wird schon von Kindern in den Medien gesucht. Medien bieten vielfältige Angebote und Materialien für die Identitätsbildung von Heranwachsenden. Damit gewinnen Medien als Sozialisationsinstanzen neben Elternhaus, Gleichaltrigen und Schule für Heranwachsende zunehmend an Bedeutung. [...] Im Mittelpunkt steht dabei die Frage, welchen Einfluss Medien ausüben und welche Potenziale sie für die Sozialisation besitzen.

Niedersächsischer Bildungsserver (Hg.), Mediensozialisation, www.nibis.de, Abruf am 15.8.2013

Werte
→ S. 28, Randspalte

M4 Der Weg zur eigenen Persönlichkeit – der Sozialisationsprozess

Sozialisation findet an unterschiedlichen Schauplätzen statt. Viele Personen und Organisationen sind daran beteiligt. Diese Sozialisationsinstanzen spielen unterschiedliche Rollen: Sie können sich bei der Sozialisation eines Menschen unterstützen, sich aber auch gegenseitig hemmen. Die wichtigsten Sozialisationsinstanzen sind neben der Familie die Gleichaltrigengruppe (Peer-group), die Schule und die Medien.

Phase	Alter	Soziale Bereiche und bedeutsame Ergebnisse der Sozialisation	Phasenübergreifende Einflüsse und Dimensionen der Sozialisation
Säugling	0 – 1	Mutter und weitere Mitglieder der Kleinfamilie (Familie als primäre Sozialisationsinstanz); Entwicklung von Vertrauen	*In der Sozialisationsforschung wird zwischen grundlegenden Theorieansätzen, die sich an Namen wie Freud, Parsons, Mead oder Piaget festmachen lassen, und empirischen Forschungsansätzen, die sich mit verschiedenen Aspekten der Sozialisation beschäftigen, unterschieden. Solche Aspekte der Sozialisation können sein:* • schichtenspezifische • geschlechtsspezifische • sexuelle • religiöse • kulturelle • mediale • konforme oder abweichende • historische • politische • regionale • gesundheitliche Sozialisationseinflüsse
Kleinkind	1 – 4	Kleinfamilie sowie Verwandte, Freunde und Nachbarn; Erlernen des Gehens und der Sprache; Entwicklung eigener Autonomie	
Spielkind	4 – 6	zusätzlich zur 2. Phase: Kindergarten und (nachbarschaftliche) Spielgruppen als sekundäre Sozialisationsinstanzen erweitern den eigenen Erfahrungsbereich	
Schulkind	6 – 15/16	zusätzlich zur 2. Phase: Schule und Freundeskreis (peer-group); systematisches Lernen in Klassen- und Kursverbänden; Schulentlassung; Geschlechtsreife; Adoleszenz [Phase des Erwachsenwerdens, des Heranwachsens]; Medieneinflüsse	
Jugend	14 – 18	Kleinfamilie, Schule, Freundeskreis, Übergang in die Berufsausbildung/ins Studium (Betrieb als tertiäre Sozialisationsinstanz); jugendspezifische Freizeitaktivitäten; Geschlechtspartnersuche	
Heranwachsende	18 – 21	Auszug aus dem Elternhaus und Gründung eines Single-Haushaltes; gesetzliche Volljährigkeit; Wahlalter; Wehr- bzw. Sozialdienst, Soziales Jahr; Studium/Beruf	
Junge Erwachsene	21 – 25	Orientierung an eigener Familiengründung; mittel- bis langfristige Berufsplanung, berufliche Mobilität; Mitgliedschaft in Vereinen, Parteien, Kirchen, Gewerkschaften, Bürgerinitiativen u.a.m.; zunehmende Bedeutung von langfristigen Konsumausgaben und Urlaubsreisen	
Erwachsene mittleren Alters	25 – 40/45	Heirat, Elternrolle, Berufsunterbrechung der Mutter, Übernahme von verantwortlichen Positionen in Beruf, Parteien, Vereinen, Gewerkschaften, Elternvereinigungen usw.; Ehescheidung; aufwendige Freizeit- und Urlaubsgestaltung	
Erwachsene späteren Alters	40/45 – 60/65	Auszug der Kinder; Berufstätigkeit beider Elternteile; Erreichung der höchsten beruflichen Position (Berufskarriere) bei gleichzeitigem allmählichen Nachlassen der körperlichen Leistungsfähigkeit; aufwendige Freizeit- und Urlaubsgestaltung	
„rüstiger" Rentner/ Pensionär	60/65 – 75/80	Bewältigung der veränderten Lebenssituation durch Übergang vom Berufs- zum Rentner-/Pensionärsalter; Kontakte zu den Familien der eigenen Kinder; Suche nach neuen Freizeitgestaltungsmöglichkeiten (neue Hobbys, Garten u.a.m.); gesundheitliche Einschränkungen; Tod des Ehepartners/-partnerin; Altersheim; Mitgliedschaft bei den Grauen Panthern oder anderen Vereinigungen älterer Menschen („Golden-Age-Club")	
Pflegebedürftiger alter Mensch	75/80 – Tod	zunehmende gesundheitliche und körperliche Beeinträchtigungen; Tod des Ehepartners/-partnerin; Alters- und Pflegeheim	

Nach: Mensch und Politik, Sozialkunde Thüringen, Braunschweig 2009, S. 15

M5 Sozialisation 2.0 – wie beeinflusst das Smartphone unser Verhalten zu anderen?

Plakat der Initiative „Stop Phubbing“

Mit der Verbreitung von Smartphones und mobilem Internet hat sich in den vergangenen Jahren eine Unsitte auf der ganzen Welt breitgemacht: „Phubbing“, das Lesen und Herumtippen auf dem Handydisplay, während man eigentlich mit anderen Menschen sprechen sollte. Die letzten Statusupdates der Facebookfreunde, die neuesten Eilmeldungen aus aller Welt oder die SMS vom Partner – ständig erscheinen neue Nachrichten auf dem Display des Smartphones. Vielleicht sind diese interessanter als der Smalltalk bei Tisch, den man gerade über sich ergehen lassen muss. Doch ist das auch ein Grund, alle fünf Minuten auf den Bildschirm zu sehen oder sich gar während eines Gesprächs lieber mit dem Handy als mit dem Gegenüber zu beschäftigen? Definitiv nicht, sagt Alex Haigh. Der Student aus Melbourne hat die Initiative „Stop Phubbing“ gegründet und macht damit auf einen gesellschaftlichen Sittenverfall aufmerksam, den es überall gibt, wo sich Smartphones in der Bevölkerung verbreiten. [...] „Wir alle haben schon einmal den Moment erlebt, wenn wir mit Freunden unterwegs sind, dass die ihre Handys zücken und man auf einmal weniger interessant ist als das, was sie auf ihren Handys lesen“, sagt Alex Haigh.

Christina Metallinos, Leute, die auf Handys starren, www.süddeutsche.de, 9.8.2013

Phubbing
„Phubbing“ ist ein Kunstwort und besteht aus den Worten „phone“ und „snubbing“. Es bedeutet also: „vor den Kopf stoßen“ und meint die Unsitte, in Gesellschaft seinem Smartphone/Handy mehr Aufmerksamkeit zu schenken als seinem Gegenüber.

Aufgaben

1. Analysieren Sie die Karikatur in M1 anhand folgender Kriterien: Aussageabsicht, Symbolik, Adressaten, Kontext.
2. a) Verfassen Sie eine Antwort, die der Großvater dem Jungen in der Karikatur von M1 geben könnte. Beginnen Sie mit: „Als ich ein kleiner Junge war, da habe ich meine Freunde folgendermaßen kennen gelernt: ...“
   b) Vergleichen Sie Ihre Ergebnisse im Kurs und verfassen Sie mithilfe von M2 gemeinsam eine Antwort des Jungen.
3. Arbeiten Sie aus M3 die zentralen Begriffe heraus und vergleichen Sie tabellarisch: Wie unterscheidet sich die Sozialisation von Enkel und Großvater? Nutzen Sie die Begriffe *Sozialisationsphasen, -prozess, -instanzen* und *Mediensozialisation* für diese Gegenüberstellung.
4. Strukturieren Sie die einzelnen Phasen der Sozialisation aus M4 in vier Gruppen: Primäre, Sekundäre, Tertiäre und Quartäre Sozialisationsphase. Erstellen Sie zu jeder Phase ein Lernplakat (→ Methodenglossar). Beziehen Sie in jede Phase auch Überlegungen zur Mediensozialisation mit ein.
5. Arbeiten Sie aus M5 heraus, was man unter „phubbing“ versteht und bewerten Sie das Plakat: Halten Sie solche Plakate z.B. in Cafés oder Restaurants für angemessen? Manche Bands verbieten inzwischen die Nutzung von Smartphones auf ihren Konzerten. Wie beurteilen Sie diese Maßnahme?

F Aufgaben 1 – 2
Vergleichen Sie die Aussagen von M1 und M2 mit Ihren persönlichen Erfahrungen im Web 2.0.

F Aufgaben 1 – 5
Praxistest: Bestimmen Sie in der Gruppe einen Zeitraum, in dem Sie weder Handy noch Smartphone benutzen (1 Tag, 1 Woche, etc.). Beurteilen Sie anschließend die Kernaussage von M5 anhand Ihrer eigenen Erfahrungen.

1.2 Funktionen der Familie – was leisten Familien und ihre Mitglieder heute?

M6 Pluralistische Lebensformen – die Familie hat viele Gesichter

Lebensformen
a) Doppelverdiener Familie
b) Alleinerziehende Mütter
c) Familie mit Hausmann
d) Singles
e) Kinderlose Ehe oder Partnerschaft
f) Gleichgeschlechtliche Partnerschaften / Ehen
g) Stief- oder Fortsetzungsfamilien
h) Alleinerziehende Väter
i) Familie mit Tagesmutter
j) Freie Wohn- und Lebensgemeinschaften
k) Wochenendbeziehung
l) Wochenendfamilie

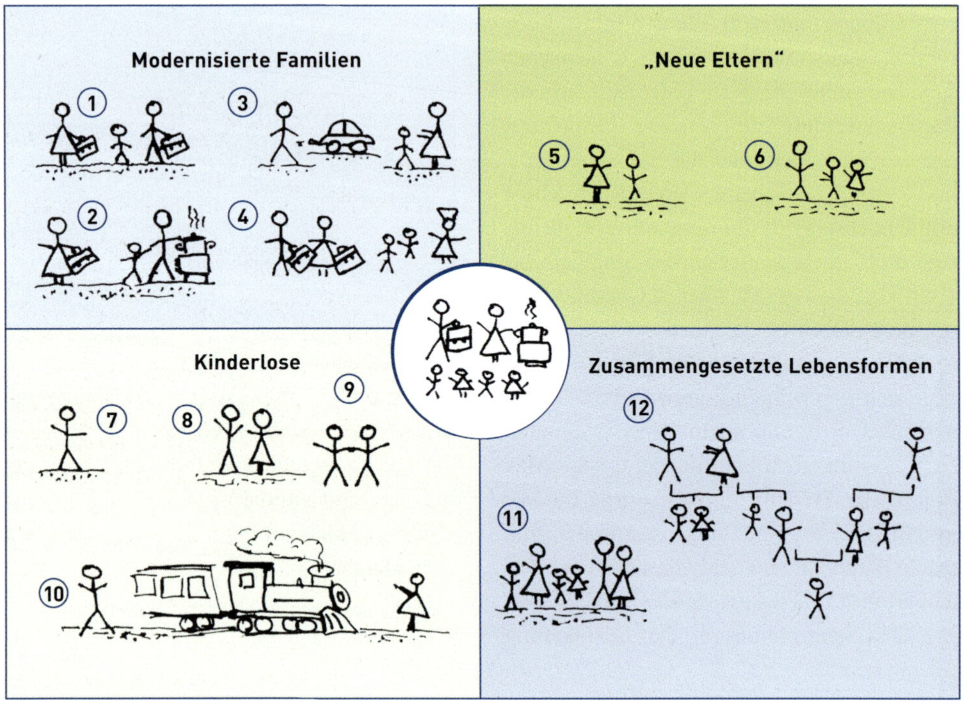

Grafik: Jutta Kleinert

M7 Ab wann ist man eine Familie?

Die Lebensform Familie als Vater-Mutter-Kind-Gemeinschaft ist für eine Mehrheit der bundesdeutschen Bevölkerung [...] noch immer von zentraler Bedeutung und auch für junge Menschen hat sie als gewünschte Lebensform kaum an Anziehungskraft verloren. „Als konstitutives Merkmal von Familie kann die Zusammengehörigkeit von zwei oder mehreren aufeinander bezogenen Generationen aufgefasst werden, die zueinander in einer besonderen persönlichen Beziehung stehen, welche die Position ‚Eltern' und ‚Kind' umfasst und dadurch als Eltern-Kind-Beziehung bezeichnet werden kann" [...]

Ein solcher Familienbegriff lässt offen, ob zwischen „Eltern" und Kind eine Blutsverwandtschaft besteht oder ob eine soziale Elternrolle angenommen wird, ob die Familie aus zwei Eltern oder nur aus einem Elternteil und dem Kind besteht, und wie viele weitere Verwandte sich dem Netz der Solidarität zugehörig fühlen. Offen bleibt auch, ob die zur „Familie" gehörenden Personen eine Haushaltsgemeinschaft bilden und welche emotionale Qualität die Beziehung hat. Zentral für den Familienbegriff ist also, dass mindestens die Positionen „Eltern" und „Kind" besetzt sind. Nichteheliche sowie eheliche Partnerschaften ohne Kinder sind somit nach dieser Definition keine Familie.

BMFSFJ (Hg.), Familien- und Lebensformen von Frauen und Männern, www.bmfsfj.de, Abruf am 8.8.2013

M8a Familienformen: Was ist, wenn Papa plötzlich eine neue Familie hat?

Die Scheidung meiner Eltern war von beiden gewollt, soviel kann ich sagen. [...] Ganz verstehen konnte ich das als Fünfjähriger sowieso noch nicht. Irgendwann ist mein Vater halt ausgezogen. Bis ich zwölf war, war ich dann noch jedes zweite Wochenende bei ihm. Das war dann immer was Besonderes, wir haben zusammen verschiedene Sachen unternommen, auch Ausflüge gemacht. Wir hatten ein gutes Verhältnis. Man streitet sich ja doch meistens wegen Alltagsdingen mit seinen Eltern, und die haben bei uns ja komplett gefehlt. Es gab dann keinen Streit, weil ich mein Zimmer nicht aufgeräumt hatte oder meine Hausaufgaben nicht gemacht hab, das gab es nur mit meiner Mutter. Das ging so lange gut, bis mein Vater eine neue Freundin hatte, mit der ich mich gar nicht verstanden habe. Irgendwann hat mein Vater diese Frau geheiratet und eine neue Familie mit ihr und ihren beiden Kindern gegründet. Er hat es dann einfach so hingenommen, dass wir uns seitdem nicht mehr gesehen haben. Das verstehe ich bis heute nicht wirklich.

Das Zusammenleben mit meiner Mutter war immer ganz schön. Erst als ich in die Pubertät gekommen bin, wurde es komplizierter. Über Themen wie „Verliebtsein" konnte ich mit meiner Mutter zum Beispiel gar nicht reden. [...] Da hat eine Vater-Figur gefehlt, die einem väterlich auf die Schulter klopft und dazu Anekdoten von seiner eigenen Jugend preis gibt. [...] Ich glaube, es gibt einige Sachen, die einfach anders ablaufen, wenn man nur mit einem Elternteil aufwächst. Ich habe zum Beispiel sehr früh mit meiner Mutter über ihre Probleme geredet. Wenn sie einen neuen Mann kennen gelernt hatte, hat sie da zum Beispiel mit mir drüber geredet. [...] Grundsätzlich kann ich schon sagen, dass ich gerne mit meiner Mutter zusammenlebe, aber oft frage ich mich auch, wie mein Leben wäre, wenn meine Eltern sich nicht getrennt hätten.

Presse- und Informationsamt der Bundesregierung (Hg.), Er hatte dann halt eine neue Familie, www.schekker.de, Abruf am 21.11.2013

Familienformen in Deutschland

Im Jahr 2012 gab es in Deutschland 8,1 Millionen Familien mit minderjährigen Kindern. In diesen Familien lebten insgesamt 14,4 Millionen Kinder, darunter 12,9 Millionen Kinder unter 18 Jahren. [...] Trotz der rückläufigen Entwicklung traditioneller Familien waren im Jahr 2012 die Ehepaare mit minderjährigen Kindern mit 71 % die häufigste Familienform. Alleinerziehende Mütter und Väter machten 20 % der Familien mit Kindern unter 18 Jahren aus, während 9 % aller Familien Lebensgemeinschaften mit minderjährigen Kindern waren. Im Jahr 1996 hatten diese Anteile noch 81 % (Ehepaare) bzw. 14 % (Alleinerziehende) und 5 % (Lebensgemeinschaften) betragen.

Statistisches Bundesamt, In Deutschland leben 8,1 Millionen Familien mit minderjährigen Kindern, Wiesbaden 2013, www.destatis.de, Abruf am 17.5.2014

M8b Familienformen: Was ist, wenn Mama fast selbst noch ein Kind ist?

Seit knapp acht Monaten ist Nadine jetzt also Mama von Melina. Es ist immer noch schwer, das zu begreifen, auch für sie. Mutter wollte sie unbedingt werden, doch dann folgte das Beziehungsaus mit ihrem Ex. Und wie hätte es anders sein können: Während der Trennung erfuhr sie von ihrem Glück. „Für mich ist erst mal eine Welt zusammen gebrochen." Gerade neunzehn, keine Arbeit und dann schwanger. „Nach ein paar Tagen und vielen Gesprächen mit Freunden und dem Kindsvater konnte ich mich dann aber doch freuen." [...] „Ich habe wirklich Glück mit dem Kind, kann durchschlafen und stehe morgens erst zwischen 8 und 9 Uhr auf." Das war aber nicht immer so. Wie viele Mütter war auch Nadine zuhause zunächst überfordert, wenn die Kleine nicht essen oder schlafen wollte. Doch dank der Unterstützung ihrer Eltern und Freunde kam sie rasch mit der Situation zurecht. [...] Auch äußerlich hat sie sich verändert, sieht trotz Mutter-Daseins wahnsinnig gepflegt aus und wirkt einfach fit. „Früher bin ich manchmal bis zum Umfallen feiern gegangen." Sie schaut verschmitzt zu Boden und knetet sich die Hände. „Heute gehe ich ganz anders mit meinem Körper um, achte auf mein Umfeld und auch auf meinen Ruf. Ich kann mich nicht einfach aus Spaß vom Stuhl fallen lassen, wie früher in der Schule. Ich muss einfach überleben, sonst sind wir geliefert". [...] Denn obwohl das Kind einen Vater hat, wie Nadine betont, ist die Unterstützung doch nicht so, wie sie sein sollte.

Tahnee Godt, Ein Stück gewachsen, in: Schekker – das Online-Jugendmagazin der Bundesregierung, www.schekker.de, Mai 2010

M9 Die Familie als Sozialisationsinstanz

Die Familie ist für die Erziehung und für grundlegende Bereiche der Bildung der Kinder verantwortlich. Für Kinder bietet sie den idealen Raum, in dem sie sich entwickeln und entfalten können. Der deutsche Sozialanthropologe und Soziologe Dieter Claessens hat dies in seinem Konzept der Sozialisation in sehr plastischer Weise beschrieben: Die erste Phase ist die „Soziabilisierung“ als zweite, „sozio-kulturelle Geburt“ des Menschen, in deren Verlauf den Kindern emotionale Grundlagen, erste Kategorien von Weltverstehen und -vertrauen sowie eine erste soziale Positionsbestimmung in dieser Welt vermittelt werden. Es folgt die Phase der „Enkulturation“, in der die Heranwachsenden im Zusammenspiel mit Eltern und Bezugspersonen ihre spezifische individuelle Formung bzw. „sozio-kulturelle Prägung“ erfahren und auf die Übernahme ihrer sozialen Rolle in der Gesellschaft vorbereitet werden. Die Entwicklungspsychologie und neuerdings auch die Neurowissenschaften betonen den besonderen Wert der engen intimen Beziehung der Kinder zu ihren Eltern als verlässliche Bezugspersonen - besonders in den ersten Lebensjahren. Die Erziehung umfasst dabei „alle gezielten und bewussten Einflüsse auf den Bildungsprozess“, mit dem Eltern oder andere versuchen, „auf die Persönlichkeitsentwicklung anderer Menschen Einfluss zu nehmen“, so der Pädagoge Klaus Hurrelmann. Sie ist damit von großer Bedeutung für das zukünftige Leben der Kinder. Die Eltern geben ihren Kindern nicht nur Wissen und Bildung (Sozialisation und Erziehung), sondern auch materielle Güter durch Vererbung mit auf den Lebensweg.

Johannes Huinink, Familie: Konzept und Realität, in: Informationen zu politischen Bildung (Heft 301), Familie und Familienpolitik, Bonn 2009, S. 8ff.

Soziabilisierung
Soziabilisierung ist ein Fachbegriff in der Soziologie und meint die erste Phase der Sozialisation.

M10 Stellenwert der Familien für heutige Jugendliche

Um der hohen Bedeutung, die eigene Familie für Jugendliche hat, auf die Spur zu kommen, hat sich bewährt, die Jugendlichen zu fragen, ob sie der Meinung sind, dass man eine Familie zum Glücklichsein braucht. Mit dieser Frage wird sowohl die eigene Herkunftsfamilie als auch die Gründung einer eigenen Familie erfasst.

Zeittreihenvergleich: Wandel in der subjektiven Bedeutung der Familie

%-Angaben	Jungen	Mädchen
Man braucht eine Familie, um glücklich zu sein		
2002	66	75
2006	69	76
2010	71	81
Man kann alleine genauso glücklich leben		
2002	22	16
2006	20	15
2010	16	10

Ingo Leven, Gudrun Quenzel und Klaus Hurrelmann, Hoher Stellenwert der Familie und eigener Kinder im weiteren Leben der Jugendlichen, in: 16. Shell Jugendstudie – Jugend 2010, Fischer, Frankfurt am Main 2010, S. 57

M11 Wie Familien in Zukunft „sozialisieren"

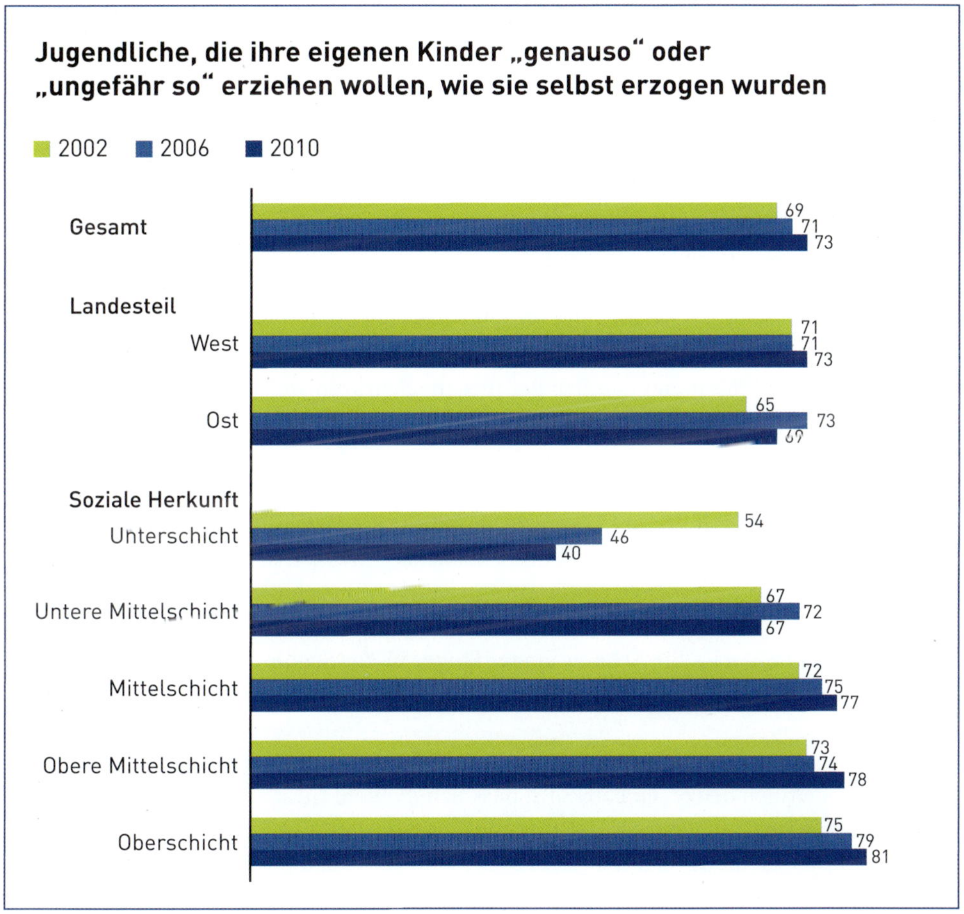

Shell Jugendstudie 2010 – TNS Infratest Sozialforschung

Aufgaben

1. Ordnen Sie die Begriffe in der Randspalte von Seite 16 den Lebensformen in M6 zu.
2. Ermitteln Sie im Kurs mithilfe von M7, welche der in M6 dargestellten Lebensformen als Familien bezeichnet werden können. Berücksichtigen Sie hierbei die in M8 dargestellten Lebensformen (M6 – M8).
3. Arbeiten Sie aus M9 die wesentlichen Sozialisationsfunktionen von Familien heraus und klären Sie mithilfe von M8, inwieweit dies unter erschwerten Bedingungen möglich ist (M8, M9).
4. Erstellen Sie ein persönliches Ranking, welche Funktionen Familien für die Sozialisation von Kindern zuvorderst erfüllen sollten (M9).
5. Arbeiten Sie aus M10 den Stellenwert von Familien für heutige Jugendliche heraus. Diskutieren Sie im Anschluss daran im Kurs, ob Sie später eine eigene bzw. Ihre derzeitige Familie zum Glücklichsein benötigen (M10).
6. Analysieren Sie die Grafik in M11. Vergleichen Sie Ihre Ergebnisse mit Ihren eigenen Vorstellungen von der Sozialisationsinstanz Familie.

1.3 Schule als Sozialisationsinstanz im 21. Jahrhundert

M12 Was Schule nicht leisten sollte ...? – aus einem Chat

#Jukon12
#JUKON12 war eine von der Landesregierung NRW initiierte „Jugendkonferenz (Jukon)" im Jahre 2012 in Essen. Bei dieser Konferenz konnten 300 von unterschiedlichen Verbänden und Vereinen ausgewählte Jugendliche und junge Erwachsene zwischen 16 und 23 Jahren auf Augenhöhe mit der Landesregierung über Zukunftsfragen diskutieren. Themen waren u.a.: Schule, Arbeit und „Leben in 50 Jahren".

Rohling: Wir haben alle so eine ungefähre Vorstellung im Kopf was eine gute Schule ausmacht. Jedoch wurde sich bisher noch nicht dazu geäußert, was eine Schule nicht leisten sollte. Wofür ist der einzelne verantwortlich? Wo sind die Grenzen der Schulen? Was müssen Schulen nicht leisten?

Rickel: Meiner Meinung nach ist der Einzelne bzw. die Eltern dafür verantwortlich das Kind zu erziehen. Zwar leisten Lehrer einen Beitrag zur Erziehung, indem sie kleine Verfehlungen bestrafen und den Schüler in seine Schraken weisen. Was definitiv KEINE Aufgabe der Schule sein sollte ist eine grundlegende Erziehung und Sozialisation von Schülern. Die Vermittlung von Werten muss Aufgabe der Eltern bleiben. [...]

Rohling: Also von Lehrern aus Verwandten und Bekanntenkreis weiß ich, dass leider immer weniger Eltern ihre Kinder richtig erziehen. Sollte man da nicht doch die Schule um diese Komponente erweitern und Lehrer daraufhin schulen?

Nebgen: Dadurch, dass die Schüler immer länger in der Schule sind, muss diese auch immer mehr Aufgaben, gerade im Bereich Sozialisation & Erziehung, übernehmen.

Beckers: Was die Schule nicht leisten sollte? Hmm, das ist tatsächlich eine gute Frage. Also eigentlich denke ich ebenfalls, dass Schule nicht für die Erziehung im eigentlichen Sinne zuständig sein sollte, aber das mit dem soll und ist, dass ist so eine Sache. Also was ich an unserer Schule oft beobachte, dass den Eltern oftmals die Zeit zu fehlen scheint sich mit ihren Kindern auseinanderzusetzen. [...] Erziehung sollte Aufgabe der Eltern sein, aber ein Tag hat nun mal nur 24 Stunden und 8 davon sollte man zum schlafen nutzen und somit sind die Kinder von morgens bis nachmittags in der Schule und die Eltern arbeiten und dann ist die Luft raus und für Erziehung reicht die Zeit längst nicht mehr. Es ist also schwer der Schule Aufgaben abzunehmen, es ist eher so, dass ihr immer mehr Aufgaben auferlegt werden, weil es außerhalb der Schule nicht zu leisten ist. Sozialisation ist natürlich auch Aufgabe der Schule, immerhin verbringe ich da den Großteil meines Tages, eigne mir Wissen an und lerne den Umgang mit anderen.

Staatskanzlei des Landes Nordrhein-Westfalen (Hg.), #Jukon12 – was sollte eine Schule nicht leisten, www.nrw.de, Abruf am 28.5.2014

M13 Sozialisationsinstanz Schule – Jugendzeit ist Schulzeit

Vereinfacht lässt sich sagen: Die Jugendzeit in den modernen Industriegesellschaften ist zur Schulzeit geworden. [...] Die Schule bestimmt praktisch bis an das Ende des zweiten Lebensjahrzehnts für die große Mehrheit der Jugendlichen den täglichen Lebensrhythmus. Wegen der hohen Bedeutung, die hochwertige Schulabschlüsse haben, bestimmt die Sozialisationsinstanz Schule natürlich nicht nur den zeitlichen Tages-, Wochen- und Jahresrhythmus, sondern auch die soziale Orientierung. Die Schule ist der „Arbeitsplatz" der Jugendlichen, an dem sich über eine lange Spanne der Lebenszeit hinweg wichtige Gedanken und Planungsvorstellungen orientieren. Der hohe Stellenwert der Schule als Sozialisationsinstanz im Jugendalter erscheint uns heute selbstverständlich, doch er hat sich erst in jüngerer Geschichte herausgebildet. Noch zur Zeit der Industrialisierung war die Schule faktisch nur für einen kleinen Teil der Jugendlichen ein wichtiger Aufenthaltsraum, da es die Familie war, die neben sonstigen Aufgaben der Erziehung auch die Einweisung in berufliche und gesellschaftliche Qualifikationen vornahm. Diese Funktion hat die Familie inzwischen vollständig an die Spezialinstitution Schule abgegeben. [...] In Untersuchungen an der Universität Bielefeld wurden [...] seit Mitte der 80er-Jahre mehrere Studien durchgeführt, die sich auf die subjektive Auseinandersetzung von Jugendlichen mit der Schule und die sozialen, psychischen und gesundheitlichen Konsequenzen für die Jugendlichen beziehen, wenn schulischer Erfolg oder Misserfolg eintritt. In einem fallstudienartig angelegten Projekt wurde die Untersuchung von subjektiven Einstellungen und Bewertungen der eigenen Schullaufbahn von zu Beginn der Untersuchung 14-jährigen Jugendlichen über einen Zeitraum von insgesamt 8 Jahren vorgenommen. [...] Aus den Interviews mit den 14- bis 21-jährigen Jugendlichen ergibt sich insgesamt das folgende Bild von der Schule als Sozialisationsinstanz:

- Die entscheidende Bestimmung der Aufgaben schulischer Bildung wird von der Mehrzahl der befragten Schülerinnen und Schüler [...] in der „Vorbereitung auf das spätere Leben" gesehen.
- Der Schule wird ein subjektiv nachvollziehbarer Sinn für die eigene Lebensplanung zugesprochen, soweit sie etwas für die Gestaltung und Bewältigung der Zeit nach der Schule, also einer ferneren Zukunft, leistet.
- Die gesellschaftliche Auslese- und Platzierungsfunktion der Schule wird von den Jugendlichen erkannt und auch für notwendig und legitim gehalten.
- Damit zusammen hängt ihre Einschätzung, dass das Abschlusszeugnis das eigentlich wichtige Resultat der Lernvorgänge in der Schule sei. Dem Abschlusszeugnis wird eine Art „Tauschwert" für den Eintritt in das „Leben nach der Schule" zugesprochen, das mit der Berufs- und Erwerbstätigkeit gleichgesetzt wird. [...]

Dieses Deutungsmuster ist bei der Mehrheit der Schülerinnen und Schüler verbreitet. Es zwingt die Schülerinnen und Schüler zu einer instrumentellen Sicht der Schule: Der Wert des schulischen Bildungsprozesses drückt sich demnach maßgeblich oder sogar ausschließlich in dem Wert des Abschlusszertifikats aus. Die Schüler bewältigen die Zumutungen einer instrumentellen Orientierung, indem sie die schulische Tätigkeit wie eine industrielle, quasi den Gesetzen von Lohnarbeit folgende, definieren und gestalten. Der Lohn ist für sie das Zeugnis mit seinem Tauschwert für vermeintlich erfüllendere Lebensbereiche.

Klaus Hurrelmann, Lebensphase Jugend, München 2005, S. 105ff.

Klaus Hurrelmann, dt. Sozialwissenschaftler, forscht über Sozialisation und lehrt an der Hertie School of Governance in Berlin.

M14 Schule im 21. Jahrhundert – mehr als ein „Lernort"

Junge Frauen haben heute genauso gute Bildungsabschlüsse wie junge Männer. Sie wollen in der Regel Beruf und Familie miteinander vereinbaren und möchten auch, wenn sie ein oder mehrere Kinder haben, nicht auf eine Berufstätigkeit verzichten. In vielen Familien reicht das Einkommen eines Verdieners nicht aus, um die Bedürfnisse, die heute eine Familie an gute Wohnqualität, die Ausbildung der Kinder, an die Gestaltung von Freizeit oder Urlaub stellt, angemessen befriedigen zu können. Frauen möchten aber nicht nur aus finanziellen Gründen arbeiten, sondern weil sie sich ein Leben als „Hausfrau" aus verschiedenen Gründen nicht vorstellen können. Die geringen Geburtenraten der letzten Jahrzehnte sind wesentlich dafür verantwortlich, dass auch seitens der Unternehmen Forderungen an die Politik gestellt werden, den Ausbau von Kinderbetreuungseinrichtungen und Ganztagsschulen voranzutreiben.

Heute hat jedes Kind ab 12 Monaten einen Rechtsanspruch auf einen Kinderbetreuungsplatz. Aus diesem Grunde sind in den Kommunen in NRW zahlreiche neue Kindertagesstätten errichtet worden oder andere Betreuungsmöglichkeiten ausgeweitet worden. Nahezu alle Kinder in NRW können in den Grundschulen am so genannten „Offenen Ganztag“ teilnehmen. Sie haben die Möglichkeit, außerhalb der Unterrichtszeit in der Schule zu spielen, sich auszuruhen und die Mahlzeiten einzunehmen. Auch im Bereich der Sekundarstufe I gibt es zunehmend mehr Ganztagsangebote. Neben den Gesamtschulen, die zum ganz überwiegenden Teil gebundene Ganztagsschulen sind, gibt es inzwischen eine Reihe von Gymnasien, die den Weg zum gebundenen Ganztagsgymnasium beschritten haben. Andere Gymnasien bieten zusätzlich zum Unterricht an Nachmittagen Hausaufgabenbetreuung oder Arbeitsgemeinschaften an. An den meisten Schulen gibt es inzwischen eine Mittagsverpflegung zumindest in einer Cafeteria. Viele Schulen haben inzwischen aber auch eine Mensa. Wenn Eltern die Entscheidung treffen müssen, auf welche Schule sie ihr Kind nach der Grundschule schicken möchten, dann ist die Frage der Betreuung auch am Nachmittag und der Versorgung mit einer guten und gesunden Mittagsmahlzeit von großer Bedeutung. Eltern wünschen sich, dass die Schule Aufgaben übernimmt, die früher von den Eltern erledigt wurden. Dazu gehört die Betreuung bei den Hausaufgaben, das Üben für Arbeiten, das Angebot von Mittagessen und Pausensnacks, sportliche und musisch-/künstlerische Betätigung in Arbeitsgemeinschaften, die zum Teil mit außerschulischen Institutionen stattfinden. Die Schulen und die Kommunen in NRW stellen sich den Herausforderungen, die an sie gestellt werden. Die zurückgehenden Schülerzahlen, aber auch die veränderten Vorstellungen über eine gute Schule sowie die Steuerungsimpulse durch das Schulministerium sind mitverantwortlich dafür, dass es eine Beschleunigung dieses Wandels gibt.

Bearbeiter

M15 Sozialisationsinstanzen im Zugzwang des gesellschaftlichen Wandels – karikiert

Karikatur: Burkhard Mohr

M16 Ganztagsschulen – Pro und Kontra

PRO

- Entlastung für die Erziehungsberechtigten – vor allem in Hinblick auf Alleinerziehende.
- Bessere Vereinbarkeit von Familie und Beruf.
- Hausaufgaben werden unter Aufsicht gemacht und es kann Hilfestellung gegeben werden.
- Es kann besonders auf gesunde Ernährung geachtet werden z. B. durch qualitativ hochwertiges Mittagessen.
- Soziale Kompetenz(en) können besonders gefördert werden.
- Der Stundenplan (Abfolge der Fächer, Pausen, etc.) kann den Bedürfnissen der SchülerInnen besser angepasst werden.
- Besondere Unterstützungsbedarf bei der Integration von SchülerInnen mit Migrationshintergrund kann nachgekommen werden.
- Bei Leistungsmängeln eines Kindes hängen die Ausgleichsmaßnahmen nicht von der finanziellen Situation der Eltern ab.

KONTRA

- Der Staat mischt sich in die Erziehung ein und der erzieherische und bildende Einfluss der Eltern auf ihr Kind nimmt ab.
- Der Einfluss der selbstbestimmten Peer-Group nimmt ab – Fähigkeit des Aufbaus eines eigenen sozialen Netzwerkes geht verloren.
- Hausaufgaben bzw. Lernen müssen trotzdem zusätzlich noch zu Hause erfolgen.
- Weniger Zeit für Familien, Musikschule oder Sportvereine etc. werden schlechter mit der Schule kombinierbar, bzw. es verschieben sich solche Aktivitäten noch weiter in den Abend hinein.
- Oft werden nicht qualifizierte Kräfte eingesetzt, so dass lediglich eine Betreuung stattfindet.
- Jugendlichen können nicht mehr zur Aufbesserung ihres Taschengeldes Arbeiten gehen.
- Die psychische und körperliche Leistungsfähigkeit der Kinder wird überreizt.
- Als Nebeneffekt verabschieden sich immer mehr Eltern von der Erziehungstätigkeit bzw. der Erziehungsverantwortung.

Nach: GanztagsschulenBlog, Pro und Contra Ganztagsschulen, www.ganztagsschulen.wordpress.com, Abruf am 12.6.2014

Anstieg des Angebots an Ganztagsschulen in Deutschland
In Deutschland lernt mittlerweile fast ein Drittel aller Schülerinnen und Schüler an einer Ganztagsschule. Dies sind mehr als 2,4 Millionen Schülerinnen und Schüler, die im Schuljahr 2012/2013 ganztägig im Primar- und Sekundarbereich I unterrichtet/betreut wurden. Der Anteil der Ganztagsschulen steigt stetig: Im Schuljahr 2002/2003 besuchten 9,8 Prozent aller Schülerinnen und Schüler eine Ganztagsschule. Zehn Jahre später stieg der Wert auf 32,3 Prozent.

Quelle: Statistisches Bundesamt 2013

Aufgaben

1. Arbeiten Sie aus dem Chat heraus, welche Funktionen „Schule als Sozialisationsinstanz" haben sollte (M12).
2. Erschließen Sie mithilfe von M13, inwieweit Schule zu unserer Sozialisation beiträgt.
3. a) Entwerfen Sie in Gruppenarbeit ein Lernplakat (→ Methodenglossar), das auflistet, welchen Herausforderungen sich die Sozialisationsinstanz Schule im 21. Jahrhundert stellen muss. Berücksichtigen Sie hierbei die Aussage der Karikatur in M15 und Ihre persönlichen Erfahrungen (M14, M15).
   b) Diskutieren Sie in der Gruppe, inwieweit Schulen auf den gesellschaftlichen Wandel reagieren sollten und halten Sie Ihre Ergebnisse ebenfalls auf dem Lernplakat fest (M15, M16).
4. Die Rahmenbedingungen für Familien und Schulen haben sich in den letzten 20 Jahren erheblich verändert (M14, M15). Dies lässt die Sozialisationsinstanz Schule nicht unberührt, sodass u.a. „Freizeit" neu definiert werden muss. Gestalten Sie ein Positivszenario (→ Methodenglossar), wie „Schule" im Jahre 2050 aussehen könnte (M12 – M16).

F Aufgabe 1
Schreiben Sie den Chat mit Ihrem Nachbarn weiter, indem Sie Ihre eigene Sicht der Dinge einbringen.

F Aufgabe 3b
Erweitern Sie die Pro-Kontra-Liste aus M16 mit eigenen Argumenten.

1.4 Das „Ich“ in der (Social-Web) Gruppe

M17 Reale und virtuelle Freundschaften

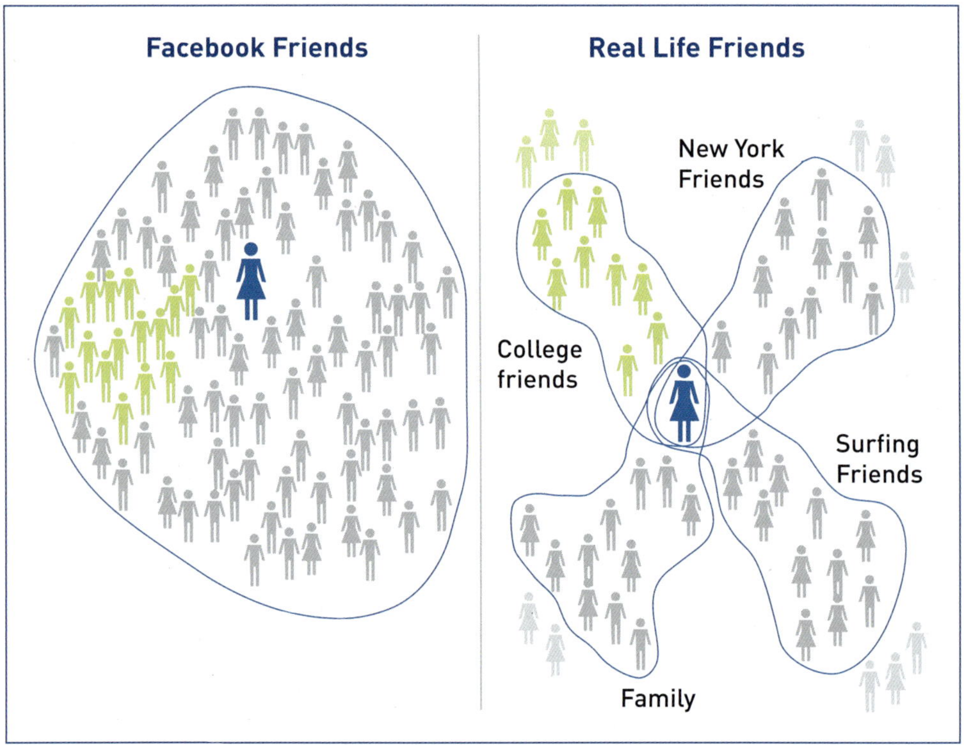

Matt Skallerud, Peer Group Websites as Next Social Media Marketing Wave, in: Echolon, 02/2011, S. 42

Gefahren sozialer Netzwerke – im Erklärfilm

Mediencode: 72021-02

M18 Die Peer-group / Clique – Einschätzungen

Peer-group / Clique
In der Wissenschaft wird der Begriff „Peer-Group“ für Clique verwendet. „Peer“ bedeutet im Englischen gleichaltrig.

„Meine Clique ist echt witzig und auch total kreativ. Wir haben 'ne ganz eigene Sprache entwickelt. Wenn wir so sprechen, versteht uns keiner.“
(Lukas, Schüler, 15 Jahre)

„Das Gute an meiner Clique ist, dass hier alle gleich drauf sind. Wir haben alle irgendwie auch ähnliche Probleme, also zum Beispiel Stress mit den Eltern oder so. Wenn man ein Problem hat, hören die anderen einem zu und helfen. Den geht's ja oft genauso, deswegen verstehen die mich ja auch so gut.“
(Mara, Schülerin, 16 Jahre)

„In Sarahs alter Klasse gab es auch viele Cliquen. Sie war in keiner dieser Gruppen so richtig integriert. Bei Gruppenarbeit war es da wohl auch manchmal schwierig, in eine Gruppe reinzukommen, weil immer dieselben zusammenarbeiten wollten.“
(Birgit Heckhoff, Mutter, 50 Jahre)

„Cliquen können ganz schön grausam sein. Ich habe schon viele Schüler gesehen, die sich total verbogen haben, nur um in eine Gruppe aufgenommen zu werden. Manchmal hatte ich da das Gefühl, dass die sich verkleiden und verstellen, nur um dazu zu gehören.“
(Matthias Renger, Lehrer, 36 Jahre)

Wolfgang Sander, Julia Haarmann, Sabine Kühmichel, Einschätzungen und Meinungen zu Peer-Groups, www.bpb.de, 30.6.2010

M19 Wir leben in „sozialen Gruppen" – Typologie von Gruppen

Der Freundeskreis, die Familie, die eigene Band oder Fußballmannschaft. Menschen sind Mitglieder in verschiedenen Gruppen. Das Verhalten einer Person kann selten ohne den Bezug zur Umwelt erklärt werden, ist also von dem Zusammenwirken mit anderen Menschen bestimmt. Gruppen beeinflussen uns – oft, ohne dass es uns bewusst ist. Menschen verhalten sich und handeln in einer Gruppe anders, als wenn sie alleine sind.

Soziale Gruppe

Von einer sozialen Gruppe spricht man, wenn folgende Merkmale feststellbar sind: Eine soziale Gruppe hat gemeinsame Interessen, Ziele und Regeln. So ist bspw. bei einer Fußballmannschaft klar, dass alle Mitglieder am Erfolg der Mannschaft interessiert sind. Für alle gilt die Regel, pünktlich zum Training zu erscheinen oder bei einem Spiel das Trikot zu tragen. Die Regeln sind oft unausgesprochen, aber dennoch allen Mitgliedern bewusst.

Aufgrund dieser gemeinsamen Ziele und Regeln entwickelt sich ein Wir-Bewusstsein der Mitglieder. Damit ist ein Zusammengehörigkeitsgefühl und Zugehörigkeitsgefühl zur Gruppe gemeint. Zu diesem Wir-Bewusstsein gehört es, entscheiden zu können, wer zu der Gruppe gehört und wer nicht. Soziale Gruppen sind demnach in ihrer Größe meist überschaubar, jedes Mitglied muss alle Mitglieder der Gruppe erkennen und kennen. Durch längeres Bestehen der Gruppe entwickeln sich verschiedene Rollen in der Gruppe, die den Status des Gruppenmitglieds festlegen. Soziale Gruppen sind sehr wichtig für die Persönlichkeitsentwicklung. In der Wissenschaft werden verschiedene Gruppenformen der sozialen Gruppe unterschieden, die sich durch ihre Zielsetzung und ihren Vertrautheitsgrad unterscheiden.

Formelle Gruppen

Formelle Gruppen versuchen, bestimmte Ziele zu erreichen, indem sich die Mitglieder nach einem organisierten Plan auf Aufgaben festlegen. Formell bedeutet demnach auch die Form, dass ein bestimmtes, vereinbartes Regelwerk gewahrt wird. Diese Art der Gruppe findet sich vor allem im Berufsleben. Dort sind die Rollen und Aufgaben in der Gruppe so stark festgelegt, dass für die Aufgaben Menschen gesucht werden, die genau in die Beschreibung der Rolle – z.B. Arbeitsplatzbeschreibung – passen. Die Beziehungen der Gruppenmitglieder sind hauptsächlich auf den Austausch von genau umschriebenen Leistungen und für die Bewältigung der jeweiligen Aufgabe wichtigen Informationen beschränkt. Jedoch finden auch hier soziale Handlungen statt, beispielsweise wenn sich im Beruf eine Freundschaft entwickelt oder auch wenn man mit dem Hausmeister Smalltalk hält.

Informelle Gruppen

Informelle Gruppen bilden sich innerhalb oder außerhalb von formellen Gruppen. Informell bedeutet so viel wie nicht förmlich oder nicht die Form wahrend. Informelle Gruppen sind relativ klein und dienen der Befriedigung persönlicher, privater und emotionaler Bedürfnisse, z.B. dem Wunsch nach Freundschaft, Austausch und Erheiterung. Daher beruhen sie auf persönlicher Sympathie, ähnlichen Gefühlslagen und gleichen Interessen und Erwartungen. Je nachdem, wie die informellen Beziehungen sich auf die formellen auswirken, können sie als positiv oder negativ bezeichnet werden:
Positive Einflüsse informeller Gruppen können z.B. zu unbürokratischen und schnellen Lösungen im Berufsleben führen, negative Einflüsse können z.B. durch Cliquenstreitigkeiten entstehen, die berufliche Abläufe oder das Lernen in der Schule unnötig erschweren können.

Wolfgang Sander, Julia Haarmann, Sabine Kühmichel, Einschätzungen und Meinungen zu Peer-Groups, www.bpb.de, 30.6.2010

M20 Typische Gruppendynamiken

Gruppendynamik
Gruppen sind keine statischen Gebilde, sie befinden sich vielmehr in einem stetigen Prozess der Veränderung, der Entwicklung oder des Konflikts. Dies wird Gruppendynamik genannt. Sie beschreibt die vielfältigen sozialen Interaktionen zwischen den Gruppenmitgliedern und wird durch mehrere Faktoren bestimmt: Größe, Zusammenhalt, Führung der Gruppe, etc.

Rollen
→ Kap. 2.1

Die Mitglieder einer Gruppe nehmen in der Regel unterschiedliche gruppentypische Positionen bzw. Rollen ein.

I. Der Tüchtigste

- zeigt auf, was die Gruppe leisten könnte, wenn sie wollte
- hat eine Art Streberfunktion
- setzt sich für die Einhaltung der Gruppenregeln ein
- kann nicht der Beliebteste sein

II. Der Anführer

- leitet die Gruppe
- hält die Gruppe zusammen
- bestimmt und koordiniert die Gruppenziele
- in Gruppen ohne einen offiziellen Leiter konkurrieren der „Beliebteste" und der „Tüchtigste" um diese Position

III. Der Außenseiter

- „Sündenbock": das schwächste Mitglied wird für Fehlschläge verantwortlich gemacht
- „Gruppentrottel": steckt viel Arbeit und Engagement in die Gruppe, wird oft ausgenutzt
- zurückhaltendes und daher wenig beachtetes Mitglied der Gruppe
- „unerwünschter Mitläufer" – jemand, der versucht, sich in die Gruppe einzufügen, von den anderen aber nicht akzeptiert wird

IV. Der Mitläufer

- orientiert sich maßgeblich an den anderen Gruppenmitgliedern (meist am Anführer)
- vermeidet Konflikte
- entscheidet sich oft nach Konflikten für die Siegerseite

V. Der Beliebteste

- kümmert sich um die zwischenmenschlichen Belange der Gruppe
- gleicht Gegensätze in der Gruppe aus
- unterstützt andere
- vertritt dennoch seine Meinung

VI. Der Gegenspieler

- sucht Gelegenheiten, das Vorgehen der Gruppe zu kritisieren
- kann bei berechtigter Kritik sehr beliebt sein
- bei nicht hilfreicher Kritik kann er zum Außenseiter werden

Nach: Sandra Eger, Steffen Kludt, Typische Gruppenrollen, in: Wochenschau – Politik und Wirtschaft unterrichten, Jugend-Familie-Gesellschaft, Heft 2/2012, S. 17

Methode

Sozialwissenschaftliches Experiment I – Gruppendynamik simulieren mithilfe der „Turmbauübung"

I. Instruktionen für die Arbeitsgruppen
Ziel der Übung ist es, einen Turm zu bauen, der ausschließlich aus den zur Verfügung gestellten Materialien konstruiert werden darf: 4 Bögen Kartonpapier, 1 Flasche Klebstoff, 1 Schere, 4 Bögen Papier (nur zum Entwerfen).

II. Anweisungen
Der Turm muss auf seinem eigenen Fundament stehen können, d.h. er darf weder gegen die Wand gelehnt noch aufgehängt werden. Er muss standfest genug sein, um auf der Spitze einen Bleistift tragen zu können, ohne dabei umzufallen. Eine Gruppe steht im Wettbewerb mit den anderen Gruppen. Nur eine Gruppe kann die Übung gewinnen, die anderen Gruppen verlieren.
Die Türme werden von einer Jury nach drei Kriterien beurteilt: Höhe, Standfestigkeit, Originalität. Zeitvorgabe: 30 Minuten

III. Instruktionen für die Beobachter
Ihre Aufgabe ist es, die Gruppe während der Durchführung der Übung zu beobachten und zu folgenden Aspekten Notizen zu machen:
- Welche Rollen nehmen die einzelnen Gruppenmitglieder ein? (Vgl. M20)
- Wie ist die Stimmung in der Gruppe? Wie ist die Gruppendynamik?
- konzentrieren sich die Gruppenmitglieder auf die Aufgabe oder sind sie abgelenkt?

IV. Auswertung
Geben Sie als Beobachter „Ihrer" Kleingruppe Rückmeldung, indem Sie sich in der Gruppe austauschen: Überraschen Sie die Beobachtungen?
Bearbeiter

Gruppenaufteilung
Zur Durchführung des Experiments / der Übung wird der Kurs in Gruppen von drei bis fünf Personen eingeteilt. Jeder Gruppe wird noch ein Beobachter zugeteilt.
Alle Beobachter bilden am Ende die Jury.

Aufgaben

1. Ermitteln Sie mithilfe von M17 und M18 zentrale Unterschiede von virtuellen und realen Freunden/Cliquen bzw. Peer-Groups anhand folgender Kriterien: *Schutz, Geborgenheit, Druck, Risiko, Identität.*
2. a) Arbeiten Sie die Merkmale der drei in M19 genannten Arten von Gruppen heraus.
   b) Ordnen Sie folgende Beispiele den Gruppenarten zu: *Konfirmandengruppe, drei Jungs aus einer Fußballmannschaft gehen zusammen auf eine Party, die Lehrer einer Schule sitzen in einer Konferenz zusammen, eine Gruppe von Kolleginnen fährt zusammen in den Urlaub.*
3. Stellen Sie dar, dass die Merkmale sozialer Gruppen auch für eine Gruppe gelten, der Sie selbst angehören – online wie offline.
4. Erklären Sie, inwiefern die Clique eine soziale Gruppe ist (M19).
5. Analysieren Sie Ihre in Aufgabe 3 dargestellte Gruppe nach den Kriterien der typischen Gruppenrollen aus M20.
6. Führen Sie die Turmbauübung (→ oben stehende Methode) im Kurs durch. Benennen Sie anschließend, welche der Begriffe aus M19 und M20 Sie auf diese Übung anwenden können.

F Aufgabe 1
Erweitern Sie Ihre Antwort um das Kriterium *Gefahr*. Berücksichtigen Sie den Erklärfilm „Gefahren sozialer Netzwerke" auf S. 24.

1.5 Werte- und Normenwandel von Jugendlichen

M21 Nicht ohne mein Smartphone ...

Was sind Werte?
Werte sind verbreitete Vorstellungen des Wünschbaren, Erstrebenswerten, Wertvollen. Werte definieren ein allgemeines Ziel und geben eine Orientierung, sie legen kein konkretes Handeln fest; sie schaffen einerseits Ordnung durch gemeinsame Orientierungen, lassen andererseits aber Spielraum für Handlungsfreiheit. Der Begriff Wert lässt sich definieren als ein allgemeines Ziel, oberstes Ziel des Handelns in einer Kultur.

Thomas Schwietring, Was ist Gesellschaft. Einführung in soziologische Grundbegriffe, Schriftenreihe der bpb, Band 1210, Bonn 2011

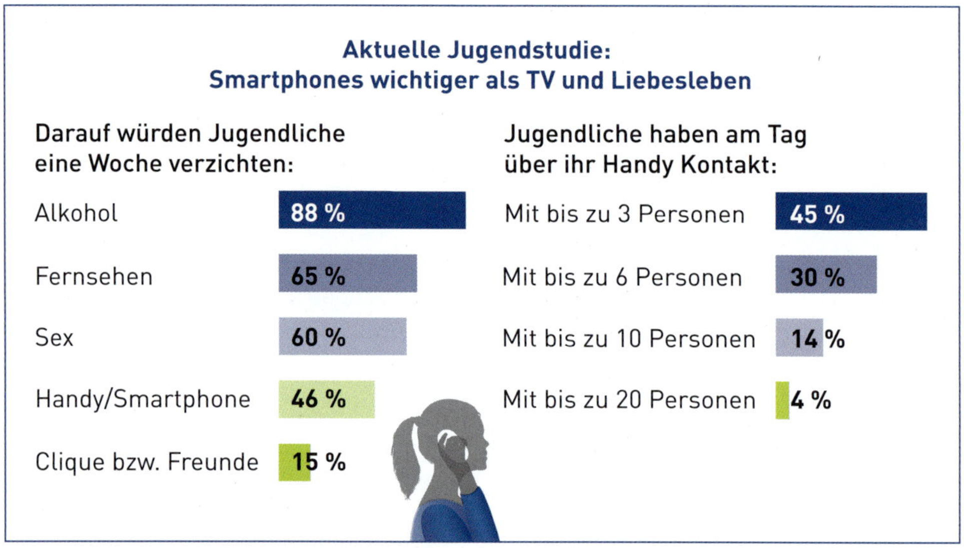

Nach: Sandra Eger, Steffen Kludt, Typische Gruppenrollen, in: Wochenschau – Politik und Wirtschaft unterrichten, Jugend-Familie-Gesellschaft, Heft 2/2012, S. 17, Quelle: Forsa Umfrage 2012 im Auftrag der congstar GmbH, n= 600 Handybesitzer im Alter zwischen 14 und 19 Jahren

Was sind Normen?
[lat.: Richtschnur, Vorschrift] Soziolog.: Regelmäßigkeiten sozialen Verhaltens, die über Konformität und Abweichungen, Gebote und Verbote Auskunft geben. Es wird zwischen latenten (wirkenden, aber nicht klar bestimmbaren), manifesten (bekannten und klaren), traditionellen (gewohnheitsmäßig geltenden) und rationalen (rechtlich gesetzten) Normen unterschieden.

Klaus Schubert, Martina Klein, Normen, in: Das Politiklexikon, 2011, S. 209

M22 Das Handy als Statussymbol

Fast jeder Jugendliche besitzt heute ein Handy. Für 82 Prozent der Mädchen und 62 Prozent der Jungen ist die Nutzung des Handys sehr wichtig. Dies ergab die „JIMplus-Studie“ 2009. Doch die Zwölf- bis 19-Jährigen nutzen ihr Handy nicht nur zum Telefonieren, sondern sie surfen damit im Internet oder laden sich Videos, Musik oder Apps herunter. Dies sind nur einige Beispiele für die Nutzung des Handys. Die meisten der Jugendlichen können nicht mehr ohne ihr Handy leben. Dies merkte auch Bianca M., die drei Monate ohne ihr Handy auskommen musste. Sie erzählte uns: „Die Nachteile dabei waren, dass ich mich allein gefühlt habe, da ich niemanden erreichen konnte. Außerdem musste ich immer das Haustelefon benutzen, was echt nervig war, da ich kaum eine Nummer von meinen Freunden auswendig konnte.“ So geht es auch vielen anderen Zwölf - bis 19-Jährigen. Ohne ihr Handy sind sie aufgeschmissen und fühlen sich allein. Ein Grund: Wer ein Handy hat, hat das Gefühl, er „gehöre dazu“. Das Handy ist zu einem Statussymbol geworden. Deshalb besitzen 97 Prozent aller Jugendlichen ein Handy, was sie auch meistens aktiv nutzen. Leider hat das auch Nachteile. Die Teenager machen nichts mehr oder nur noch selten etwas mit ihren Familien, da sie sich durch ihr Handy nur noch mit Freunden verabreden oder im Internet surfen. Selbst in Restaurants spielen viele mit ihren Handys. Bianca M. berichtete: „Ich war mit meinen Eltern im Restaurant und da saß jeder zweite Jugendliche mit dem Handy am Tisch. Ich habe mich gelangweilt, da sogar meine Eltern etwas an ihrem Smartphone gemacht haben.“

Silja Herholz, Bianca Mattner, Sina Kieselstein, 8b, Julius-Stursberg-Gymnasium, Neukirchen-Vluyn, in: Zeus Medienwelten, Für Jugendliche ist das Handy ein Statussymbol, www.derwesten.de, 21.5.2013

M23 Wie haben sich die Werte zwischen 1950 und 2000 verändert?

50er Vorrang der Wirtschaft	60er Wirtschaftswachstum	70er Alternative zum genormten Leben	80er Schneller, höher, weiter	90er Neue Unübersichtlichkeit
• Recht und Ordnung • Leistung und Disziplin • Leben, um zu arbeiten • Pflichtgefühl	• Prosperität • Materieller Wohlstand • Soziale Sicherheit • Aufsteigen • Prestige • Konsumieren	• Unabhängigkeit • Selbstverwirklichung • Alternative Lebensbewegung • Konsumkritik • Soziale Bewegung, Frieden, Ökologie, Frauen, Psychoboom	• Hedonismus • Ich-Bezogenheit • Erlebnisorientierung • Oberflächlichkeit • Selbstdarstellung	• Individualismus • Beziehung / Kommunikation • Authentizität • Prosperität • Realismus • Flexibilität
Aufbau und Erhalten	**Haben und Zeigen**	**Sein und Selbstbestimmung**	**Genießen und Exponieren**	**Sein, Haben und Genießen**
Traditionelle Werte	Materielle Werte	Postmaterielle Werte	Postmoderne Werte	
Trend zu Individualisierung und Pluralisierung				

Quelle: Gesellschaft für Innovative Marktforschung, Delphi-Studie 2001, Heidelberg 2001

Hedonismus
Vergnügungssucht

Prosperität
Fortschritt/Wachstum

M24 Wertorientierungen der heutigen Jugend – Shell-Studie 2010

Quelle: 16. Shell Jugendstudie, Stand: 2010

Shell-Studie
Die „Shell-Jugendstudie" versteht sich als „Langzeit-Berichterstattung über die junge Generation" und wird in Deutschland im Auftrag des Mineralölkonzerns Shell seit 1953 durchgeführt. Untersucht werden Einstellungen, Wertorientierung und das Sozialverhalten junger Menschen im Alter zwischen zwölf und 25 Jahren.

Methode

Statistikbearbeitung I

I. Aufgaben

1. **Stellen Sie die Kernaussagen der Statistik in M24 dar.**
2. Analysieren Sie die Statistik hinsichtlich der Wertvorstellungen der befragten Jugendlichen.
3. Vergleichen Sie die Statistiken in M21 und M24 und beurteilen Sie, welche Statistik Ihnen bessere Informationen über die Wertvorstellungen von Jugendlichen gibt.

II. Tipps zur Bearbeitung von Aufgabe 1

1. Lesen Sie zunächst in den „allgemeinen Hinweisen zur Statistikbearbeitung" auf S. 273 den Abschnitt „III.1."
2. Bei der Bearbeitung der oben stehenden Aufgabe 1 sollten Sie sich an den Hinweisen auf S. 273 orientieren. Die folgende Handlungsanleitung gibt Ihnen einen roten Faden, mit dessen Hilfe Sie die Darstellung einer Statistik üben können.

Beispiele für die Darstellung von Statistiken

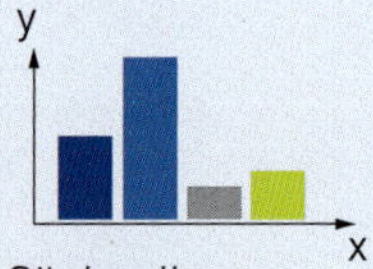

Säulendiagramm

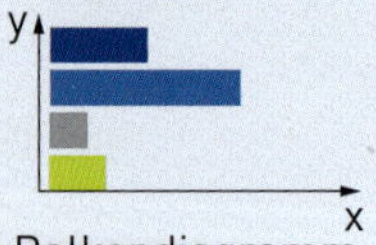

Balkendiagramm

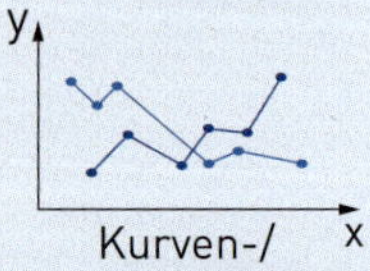

Kurven-/ Liniendiagramm

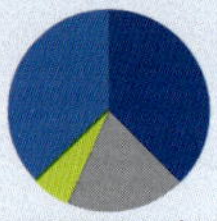
Kreis-/ Tortendiagramm

III. Anleitung zur Darstellung der Kernaussagen der Statistik in M24 (AFB I)

1. Nennen Sie das Thema und die Quelle der Statistik, beschreiben Sie mithilfe der Randspalte den Gegenstand der Shell-Jugendstudie.
2. Eine Statistik ist die systematische Sammlung und Ordnung von Informationen in Form von Zahlen. Diese Zahlen werden entweder in Tabellen oder optisch aufbereitet als Diagramme und Schaubilder ausgewertet und dargestellt.
   Beschreiben Sie die Darstellungsform der Statistik. Die nebenstehenden Abbildungen helfen Ihnen dabei.
3. Stellen Sie die Angaben in der Seitenspalte und in der Kopfzeile dar. Benennen Sie die Bedeutung der farbigen Balken.
4. Legen Sie dar, welche Zahlenarten verwendet wurden.
5. Beschreiben Sie, nach welchem Kriterium die Angaben in der Seitenspalte geordnet sind.
6. Bestimmen Sie, auf welche Gesamtzahl sich z.B. die „97" in der ersten Kopfzeile bezieht. Vervollständigen Sie den folgenden Satz „ 97...... der befragten Jugendlichen gaben an, dass es ihnen wichtig sei, ...".
7. Legen Sie dar, ob das Diagramm Angaben dazu macht, unter wie vielen Aspekten die befragten Jugendlichen auswählen konnten.
8. Stellen Sie dar, auf welchen zeitlichen Rahmen sich die farbigen Balken beziehen.

Bearbeiter

M25 Convenience und Patchwork – die neuen Werte?

Warum hat sich [...] [der] Wandel in den letzten zehn Jahren beschleunigt?
Ein wichtiger Faktor ist die Digitalisierung. Damit verbunden sind neue Möglichkeiten und Chancen. Und gleichzeitig gibt es gewisse Bevölkerungsgruppen, die dadurch in den Bereich der Überforderung gedrängt werden. Wir nennen sie «Digital Remotes», weil sie sich nur mithilfe anderer im Internet zurechtfinden können. Wir befinden uns im Jahrzehnt der Entgrenzung, der Loslösung vom Raum. Man kann heute überall aktiv, verbunden und mit der ganzen Welt in Kontakt sein. Auch die Wirtschaft ist ein Faktor für den beschleunigten Wertewandel: Hier in Westeuropa haben wir erstmals keine Aufstiegsgesellschaft mehr. Die junge Generation steht heute unter Druck, den Wohlstand der Eltern überhaupt halten zu können. Die Zeit der Sicherheit und der klassischen Lebensläufe ist vorbei. Früher hatte man sein Leben mit einer guten Bildung bis zu einem gewissen Grad abgesichert – heute ist das nicht mehr der Fall. Die heutigen Jungen müssen extrem anpassungsfähig sein. [...]

Welche Werte sind denn heute in unserer Gesellschaft am wichtigsten?
Auf der einen Seite gibt es das Phänomen des „Re-Grounding". In Zeiten, in denen das Bedürfnis nach Sicherheit wächst, gewinnen Werte wie Sicherheit, Familie und soziale Zugehörigkeit wieder an Bedeutung. Es kommt vor, dass die junge Generation konservativer ist als ihre Eltern. Auf der anderen Seite gibt es durch die Digitalisierung neue Möglichkeiten und Raum für Veränderung. Die Anpassungsfähigkeit ist besonders wichtig geworden. Und daraus ergeben sich neue Lebensformen und Trends.

Welche Trends beobachten Sie aktuell?
Für mich gibt es zwei die Soziokultur prägende Grundströmungen: Convenience und Patchwork. Unter Convenience versteht man die Auffassung, dass alles nur «a fingertip away» ist. Wenn wir eine Diskussion darüber haben, wer der älteste Beatle war, muss man nicht zuhause irgendwo nachschauen gehen, sondern kann das sofort googeln. Convenience heißt Inhalte zugänglich machen und vereinfachen in einer Zeit, in der die Welt immer komplexer und unübersichtlicher wird. Auch die Wissenschaft muss sich vermehrt darauf konzentrieren, allen Leuten zugänglich zu sein, damit sie Aufmerksamkeit und Rechtfertigung behält. Diese Convenience wird bereits von den Digital Natives eingefordert und erreicht gerade den Mainstream. Die zweite Grundströmung Patchwork meint nicht nur Patchwork-Familien, sondern Patchwork-Leben: Es setzt sich zunehmend aus verschiedenen kleinen Teilen zusammen. Sei es in Bezug auf Freizeit und Arbeit, wo sich die Grenzen immer mehr verwischen, oder in Bezug auf Freunde und Lebensabschnittspartner.

Interviewer: Thorsten Kaletsch und Mia Hofmann, in: impact, April/2013, S. 12-19

Manfred Tautscher, Geschäftsleiter des Sinus-Instituts, spricht im Interview mit der Zeitschrift „impact" über Wertetrends. Er verfügt über mehr als 20 Jahre Erfahrung in der internationalen Marktforschung. Seit 2009 ist er Gesellschafter und Co-Geschäftsführer des Sinus-Instituts (zusammen mit Bodo Flaig). Er lebt in Heidelberg, Wien und Berlin.

Aufgaben

1. Beziehen Sie Stellung: Taugt das Handy als „Wert" (M21)?
2. Ermitteln Sie Werte, die durch die mobile Kommunikation verändert werden und beurteilen Sie diesen Einfluss (M22).
3. Ergänzen Sie die Tabelle in M23 mithilfe Ihrer Ergebnisse aus Aufgabe 2 um eine weitere Spalte „2010er – Digital Natives".
4. Erstellen Sie Ihre persönliche Top-5-Werte-Liste. Vergleichen Sie Ihre Ergebnisse mit denen Ihrer Mitschüler und der Gesellschaft (M24, M25).
5. Bearbeiten Sie die Statistik M24 mithilfe der nebenstehenden Methode.

1.6 *Vertiefung:* Sozialisationsinstanzen – theoretische Grundlagen

Rituale in Familien
Familien, die Rituale viel Bedeutung beimessen, sind glücklicher, stellte die amerikanische Familienforscherin Barbara Fiese fest: Die Eltern sind mit ihrer Beziehung zufriedener, und die Kinder haben seltener Verhaltensprobleme. Oft werden die Bräuche über Generationen weitergegeben: 65 Prozent der befragten Großeltern sagten in einer amerikanischen Untersuchung, dass sie Rituale aus ihrer Familie bei ihren Kindern oder Enkeln wiederentdeckten. Doch nicht nur Feste, auch den Alltag strukturieren Rituale und Regeln. Wie begrüßt man sich? Wer übernimmt welche Aufgabe? Und wie redet man miteinander? Wer mit einer fremden Familie beim Essen sitzt, fühlt sich bisweilen wie bei einem fremden Volksstamm – nur wer dazugehört, versteht die Regeln, Abläufe und Umgangsformen.

Eva-Maria Schnurr, Die Macht der Familie, www.zeit.de, 3.2.2010

M26 Die Macht der Familie

Spaziergang mit Erwachsenen

Obwohl wir unsere Unabhängigkeit immer stärker beschwören, unsere Individualität, unsere Freiheiten, ist der Einfluss der Familie nach wie vor entscheidend. Zwar ist er subtiler als in Zeiten, da man selbstverständlich den Beruf der Eltern ergriff oder den Hof übernahm – aber nicht minder stark. Wie groß die Bildungschancen eines Menschen sind, welche politischen oder kulturellen Wertvorstellungen er hat oder wie zufrieden er mit seiner Beziehung ist – all das ist auch eine Frage seiner Herkunft, seiner Familie. Ob er glücklich wird, erfolgreich oder selbstbewusst. Jeder ist das Kind seiner Eltern, ist Teil einer Familie. Und damit unter Menschen aufgewachsen, gegenüber denen er sich positioniert, von denen er sich abgrenzt – und von denen er doch meist mehr übernimmt, als ihm lieb ist. Je enger die Bindung ist, desto prägender wirkt die Sippe. Egal, ob sie friedlich war oder zerstritten, traditionell oder ausgeflippt, emotional oder sachlich, ernsthaft oder voller Leichtigkeit: Die Familie ist eine Schablone, die die Konturen des späteren Lebens vorgibt. Und wer daraus ausbrechen will, der muss sich dieser Vorgaben erst einmal bewusst werden. [...]

»Transmission« nennen Forscher das Weiterreichen von Einstellungen, Verhaltensweisen oder Lebenschancen von Eltern an ihre Kinder. In zahlreichen Lebensbereichen haben sie solche Phänomene entdeckt, nicht immer nur gute: Kinder von Langzeitarbeitslosen werden, statistisch gesehen, selbst oft langzeitarbeitslos. Töchter von Teenagermüttern werden selbst häufig jung Mutter. Und Gewalt in Familien überträgt sich ebenso häufig über Generationen wie Missbrauch, Sucht oder Panikattacken. All das wird keineswegs nur über die Gene vererbt. [...] Es ist das Zusammenspiel von Abschauen und Nachahmen, von Lernen, Lieben und Loyalitäten, das der Familie ihre Macht verleiht. Unbewusst bestimmt sie sogar ganz persönliche Entscheidungen [...].

Schicksal ist ein großes Wort, aber Familie kommt dem schon ziemlich nahe. Schließlich hat jeder Eltern, die er sich nicht aussuchen konnte, und Geschwister, die einfach da waren. Er trägt lebenslang einen Namen, den andere ausgewählt haben, und bekommt das Erbgut der Familie ebenso wie Traditionen und Geheimnisse mit auf den Lebensweg. [...]

Auch die Geschwister wirken in diesem verflochtenen Netzwerk aufeinander ein. Vor allem solche, die nicht mehr als drei Jahre auseinander sind: Weil sie um die Aufmerksamkeit der Eltern konkurrieren, grenzen sie sich voneinander ab, suchen Nischen, in denen sie einzigartig sind – und entwickeln auch dank dieser Abgrenzung eine eigene Identität. [...]

Eva-Maria Schnurr, Die Macht der Familie, www.zeit.de, 3.2.2010

M27 Sozialisationsinstanz Schule

Resümierend ergibt sich, dass aus gesamtgesellschaftlicher Sicht das Bildungswesen vor allem die Funktion der Reproduktion und Innovation von Strukturen von Gesellschaft und Kultur [...] erfüllt. Jede neue Generation wird über das Bildungswesen an den Stand der Fähigkeiten, des Wissens und der Werte herangeführt, der für das Fortbestehen der Gesellschaft erforderlich ist. [...] Die soziale Reproduktionsaufgabe [der Schule] gliedert sich in (vier) Aufgabenbereiche [...].

1. Kulturelle Reproduktion

Im Schulsystem [...] reicht [die Reproduktion] von der Beherrschung grundlegender Symbolsysteme wie Sprache und Schrift, z.B. lateinischer oder kyrillischer Schriftzeichen, bis zur Internalisierung grundlegender Wertorientierungen, z.B. der Vernunftfähigkeit und moralischen Verantwortlichkeit des Individuums.

Diese Reproduktionsfunktion soll [...] als Funktion der Enkulturation bezeichnet werden. Sie bezieht sich auf die Reproduktion grundlegender kultureller Fertigkeiten und kultureller Verständnisformen der Welt und der Person. [...] Durch diese Kulturinitiation werden Kinder in ihrer jeweiligen Kultur heimisch, sie bleiben nicht Fremde im eigenen symbolischen Umfeld.

2. Qualifikationsfunktion

Unter Qualifizierung soll die Vermittlung von Fertigkeiten und Kenntnisse verstanden werden, die zur Ausübung „konkreter" Arbeit erforderlich sind. Was wir als Lehre kennen, bildet das institutionalisierte Arrangement zur Erfüllung dieser Qualifikationsfunktion.

Im Mittelpunkt steht hier der Zusammenhang zwischen der Entwicklung von Wissen und Fertigkeiten in einer Kultur und ihrer Überlieferung und Einübung in Bildungseinrichtungen.

In der Moderne haben die Qualifikationen, die zur Aufrechterhaltung und Verbesserung der wirtschaftlichen Wettbewerbsfähigkeit erforderlich sind, eine große Bedeutung erlangt. [...]

3. Die Allokationsfunktion des Bildungswesens [...]

Das Bildungswesen schafft über das Prüfungswesen Zuordnungen zwischen den Leistungen der Schülerschaft und ihren beruflichen Laufbahnen. Wie die empirische Bildungsforschung gezeigt hat, ist dieser Prozess von der sozialen Lage des Elternhauses beeinflusst, sodass bei aller Offenheit der Bildungswege auch hier Reproduktionsformen der sozialen Struktur der älteren Generation in der jüngeren sichtbar werden. Die Aufgabe, die Verteilungen auf zukünftige Berufslaufbahnen und Berufe vorzunehmen, soll Allokationsfunktion genannt werden. [...]

4. Die Integrationsfunktion

Schulsysteme sind Instrumente der gesellschaftlichen Integration. In ihnen ist aber auch die Reproduktion von solchen Normen, Werten und Weltsichten institutionalisiert, die zur Stabilisierung der politischen Verhältnisse dienen. Im Rahmen des Bildungswesen wird einmal die Schaffung einer kulturellen und sozialen Identität ermöglicht, die die innere Kohäsion einer Gesellschaft mitbestimmt und zum anderen besteht der Beitrag des Bildungssystems in der Schaffung von Zustimmung zum politischen Regelsystem und in der Stärkung des Vertrauens in seine Träger.

Helmut Fend, Resümee: Gesellschaftliche und individuelle Funktionen des Bildungswesens in der Moderne, in: Neue Theorie der Schule – Einführung in das Verstehen von Bildungssystemen, Verlag für Sozialwissenschaften, Wiesbaden 2011, S. 49 f.

Internalisierung
Verinnerlichung

Enkulturation
Enkulturation meint hier: in eine Kultur einbinden.

Iniation
Einführung eines Außenstehenden

Kohäsion
hier: Zusammenhalt

M28 Wie funktioniert Sozialisation? – Ansätze aus der soziologischen Theorie

Die Familie prägt uns. Die Schulzeit ist eine prägende Zeit. Wie funktioniert aber diese Prägung, die Soziologen Sozialisation nennen, wie läuft sie ab, was machen wir? „Prägen" in Bezug auf Menschen ist eigentlich eine Metapher: Prägen bedeutet einen Abdruck hinterlassen, z.B. auf Münzen. Wie aber kommt ein Abdruck auf einen Menschen? Und wie nimmt dieser Mensch diesen Abdruck auf und baut ihn in seine eigenen Verhaltens- und Sichtweisen ein? Über diese zentrale soziologische Fragestellung gibt es unter Soziologen unterschiedliche Ansätze.

Talcott Parsons (1902-1979), amerikanischer Soziologe, gilt als einer der Hauptvertreter des „Strukturfunktionalismus".

Emile Durkheim (frz. Soziologe, 1858-1917) hat den Begriff „Sozialisation" eingeführt. Er beschrieb damit den Vorgang der Vergesellschaftung des Menschen bzw. die Prägung der menschlichen Persönlichkeit durch gesellschaftliche Bedingungen (Erziehung).

Strukturfunktionalismus

Strukturfunktionalismus bezeichnet einen komplexen theoretischen Bezugsrahmen, der v.a. von Talcott Parsons zur Analyse sozialer Einheiten (bzw. sozialer Systeme, wie z.B. Gruppen, Organisationen, Gesellschaften) entwickelt wurde. Parsons geht es hierbei nicht nur um eine Theorie, die zusammenfassend über eine historische Gesellschaft oder einen bestimmten Gesellschaftstypus informiert [...].

Sein Anliegen ist es vielmehr [...] ein gedankliches Modell zu entwickeln, das sich ganz allgemein zur Analyse sozialer Gebilde eignet und daher bei der Erforschung unterschiedlicher Formen des geordneten Zusammenlebens verwendet werden könne.

Auf die leitende Frage, wie es denn zu einem geordneten und dauerhaften Zusammenleben von Menschen komme, fand Parsons [...] grundlegende Antworten, die auch mit Grundannahmen von Emile Durkheim (1858-1917) übereinstimmen.

Nach deren Auffassung nämlich ist dieses Zusammenleben durch die institutionalisierten Elemente der Kultur (z.B. Werte, Normen, Institutionen, Rollen, Handlungsmuster, Symbolsysteme) bereits so vorstrukturiert, dass deren Umsetzung in Handlungen nicht nur die Befriedigung individueller Bedürfnisse der Menschen, sondern auch die Bewältigung immer wiederkehrender Aufgaben und Probleme der Gruppe oder Gesellschaft [...], vor allem aber die Dauerexistenz des jeweiligen sozialen Ganzen, des Sozialsystems gewährleistet.

Bei dieser Annahme wird vorausgesetzt, dass diese normativen Elemente der Kultur ein – wie auch immer zustande gekommenes – Gefüge von Handlungsmöglichkeiten (normative Struktur) darstellen und deren konsequente Umsetzung in konforme Handlungen jene gesellschaftlichen Prozesse ausmachen, die in ihrer Gesamtwirkung (Funktion) eben die Bewältigung der gesellschaftlichen Grundprobleme und schließlich den Fortbestand des jeweiligen Sozialsystems hervorbringen.

Als Grundprobleme, die in jedem Sozialsystem von relativer Dauer bewältigt werden müssten, sieht Parsons die folgenden vier: die Verknüpfung der normativen Elemente und der verschiedenen Handlungen im System zu einem funktionalen Ganzen (*engl. Integration*), die Erhaltung und Tradierung dieser Ordnung (*engl. Latent pattern maintenance*), die Erreichung individueller und kollektiver Ziele (*engl. Goal attainement*) und schließlich die Anpassung der Strukturen und Prozesse des Systems an sich verändernde Einflüsse, Anforderungen oder Bedingungen seiner Umwelt (*engl. Adaption*).

Dieses allgemeine Raster von zu bewältigenden Grundproblemen oder bestandsnotwendigen Funktionen, das nach den Anfangsbuchstaben der engl. Begriffe kurz als AGIL-Schema bezeichnet wird, kann man, nach Parsons, zur funktionalen Analyse bestehender Sozialsysteme benutzen.

Hermann L. Gukenbiehl, Albert Sperr, Soziologische Theorien, in: Bernhard Schäfers, Johannes Kopp (Hg.), Grundbegriffe der Soziologie, 9. Auflage, Wiesbaden 2006, S. 284f.

Symbolischer Interaktionismus

Der Symbolische Interaktionismus betont erstens den aktiven Part des Handelnden bei der Konstruktion und Interpretation sozialer Situationen und ihrer Bedeutungen. Soziale Interaktion wird zweitens als wesentlich durch Symbole vermittelt angesehen. Sie vollzieht sich in Situationen, die von den Beteiligten unter Rückgriff auf die (vorab geteilten oder in Aushandlungsprozessen erst zu vereinbarenden) Bedeutungen definiert werden [...]. Besondere Bedeutung kommt da bei der im Sozialisationsprozess erworbenen Fähigkeit der Rollenübernahme zu, d.h. der Fähigkeit, sich an die Stelle des anderen zu versetzen, um den Standpunkt des anderen zu erfassen, dessen Verhalten antizipieren und entsprechend reagieren zu können. Im Sozialisationsprozess lernt das Individuum auch, sich selbst aus der Perspektive anderer zu sehen – ein für die Entstehung des Selbst zentraler interaktiver Lernprozess. Die Sozialstruktur wird in der Sicht des Symbolischen Interaktionismus nicht als etwas Vorgegebenes, als statisch, sondern als ständig im Wandel begriffen aufgefasst, sodass ihre Beschreibung zu einem bestimmten Zeitpunkt nicht mehr sein kann als die Momentaufnahme eines in ständiger Entwicklung begriffenen gesellschaftlichen Phänomens. [...] Kritisch wird gegen den Symbolischen Interaktionismus eingewendet, dass sich dieser zu stark auf mikrosoziologische Phänome konzentriere und gesamtgesellschaftliche Aspekte, wie z.B. Macht- und Herrschaftsbeziehungen, vernachlässige. Weiter wird darauf hingewiesen, dass Individuen die Bedeutungen, auf deren Grundlage sie handeln, gewöhnlich nicht schaffen, sondern gesellschaftlich vorgegebene Bedeutungen aufgreifen.

Paul B. Hill, Rüdiger Peuckert, Albert Scher, Verhaltens- und Handlungstheorien. 3.Symbolischer Interaktionismus, in: Bernhard Schäfers, Johannes Kopp (Hg.), Grundbegriffe der Soziologie, 9. Auflage, Wiesbaden 2006, S. 295

George Herbert Mead (1863-1931) war ein amerikanischer Soziologe und gilt als einer der Hauptvertreter des „Symbolischen Interaktionismus".

Aufgaben

1. Arbeiten Sie (ggf. arbeitsteilig) aus M26 und M27 heraus, inwiefern Familie und Schule zu unserer Sozialisation beitragen. Verwenden Sie dabei die Fachbegriffe *Sozialisation, Sozialisationsprozess, -instanz und -phase.*
2. Erklären Sie mithilfe folgender Fragen die Unterschiede zwischen Strukturfunktionalismus und Symbolischem Interaktionismus und stellen Sie diese tabellarisch gegenüber (M28):
   - Woher weiß eine Person, wie sie gesellschaftlich „richtig" handelt?
   - Welche Auswirkung hat unser Handeln auf die Existenz unserer Gesellschaft?
3. Ordnen Sie folgende Aussagen den beiden Theorien zu und begründen Sie Ihre Einordnung (M28).
   - Es ist wichtig, sich vorstellen zu können, wie andere Menschen sich verhalten, um in der Gesellschaft zurechtzukommen. Das lernen wir von Kind auf in der Familie. Wenn wir das verstanden haben, können wir flexibel auch mit Veränderungen in der Gesellschaft umgehen.
   - Die Familie ist eine wichtige Sozialisationsinstanz. In ihr lernen wir von den Eltern die Struktur unserer Gesellschaft kennen und die Regeln, nach denen unsere Gesellschaft funktioniert.

F Aufgabe 3
Soziologen sind vom wichtigen Stellenwert der Familie für die Sozialisation des Menschen überzeugt. Wie erklären jeweils die Anhänger beider Theorien diese Bedeutung?

Wissen kompakt

Sozialisation
M1 – M3

Als Sozialisation bezeichnet man die Verinnerlichung der durch die Gesellschaft vermittelten Sitten, Bräuche, Normen und Werte durch ein Individuum und die damit verbundene Persönlichkeitsentwicklung. Erst durch die Kenntnis dieser Regeln wird das Individuum in einer Gesellschaft sozial handlungsfähig. Sozialisation ist somit ein lebenslanger Prozess.

Sozialisationsinstanzen
M3, M4, M6 – M16

Sozialisationsinstanzen können Personen (Eltern, Freunde) oder auch Organisationen (Vereine, Parteien) und Institutionen (Kindergarten, Schule) sein. Sozialisationsinstanzen spielen unterschiedliche Rollen: Sie können sich bei der Sozialisation eines Menschen unterstützen, sich aber auch gegenseitig hemmen. Die wichtigsten Sozialisationsinstanzen sind neben der Familie die Gleichaltrigengruppe (Peer-group), die Schule und die Medien.

Sozialisationsphasen
M3, M4, M9, M14, M15

Gewöhnlich wird der Prozess der Sozialisation in drei Phasen unterteilt:

- die **primäre Sozialisationsphase**: Herausbildung der Grundstrukturen der Persönlichkeit, Entwicklung von Grundmustern für soziales Verhalten.
  Instanzen: Eltern bzw. Familie, Kindergarten, Vorschule; ...
- die **sekundäre Sozialisationsphase**: Erlernen von neuen und Weiterentwicklung bestehender Verhaltensweisen (Rollen).
  Instanzen: Schule, Peer-groups, kirchliche oder berufliche Gruppierungen, Medien;
- die **tertiäre Sozialisation**: Weiterentwicklung im Berufs- und Privatleben („lebenslanges Lernen").
  Instanzen: Berufsgruppen, politische Organisationen, Medien.

Soziale Gruppen
M19

Die sozialen Gruppen sind die Bausteine der Gesellschaft. Sie sind soziale Gebilde, die immer dann entstehen, wenn sich mindestens zwei Menschen als Gruppe begreifen. Typische Merkmale sind:

- gemeinsame Interessen und Ziele
- gemeinsames Normen- und Wertesystem
- unterschiedliche aufeinander bezogene Rollen und Positionen
- ein „Wir-Gefühl"

Formelle Gruppen
M19

Formelle Gruppen findet man überall dort, wo Menschen planvoll ein gemeinsames Ziel erreichen wollen, also insbesondere im beruflichen Bereich. Unternehmen oder auch andere Organisationen sind in erster Linie formal strukturiert.

Informelle Gruppen
M19

Informelle Gruppen bilden sich innerhalb der formellen Gruppen und Organisationen aufgrund persönlicher Zuneigung oder gemeinsamer Interessen. Diese Gruppen sind i. d. R. klein und dienen persönlichen Bedürfnissen (Kommunikation, Geselligkeit, Geborgenheit usw.), die in den Großgruppen nicht befriedigt werden können.

Wissen kompakt

Peer-group
M17 – M19

Die Gruppe der Gleichaltrigen, die sogenannte Peer-group, ist für viele Jugendliche besonders wichtig. Gleiche oder ähnliche Interessen und Sorgen geben Orientierung und Unterstützung. Auf der anderen Seite kann die Gruppe auch einen Druck ausüben, dem man sich nur schwer entziehen kann.

Normen
M21 – M24

Im Alltag beherrschen wir eine Vielzahl von sozialen Verhaltensweisen, ohne dass wir permanent darüber nachdenken müssen. Uns erscheint es als selbstverständlich, dieses oder jenes von anderen Menschen zu erwarten oder selbst so oder so zu handeln. Die Erwartungen an das Handeln von Menschen innerhalb einer Gesellschaft bezeichnet man auch als **soziale Normen**. Normen sind bestimmte Regeln, die von der Allgemeinheit anerkannt werden: Einander bekannte Menschen grüßen sich, bei Theateraufführungen und Konzerten verhält man sich ruhig usw. Alle diese Normen werden als selbstverständlich befolgt, ohne dass sie schriftlich fixiert sind. Der junge Mensch, der Schritt für Schritt in die eigene Kultur hineinwächst, übernimmt dabei die herrschenden Normen mehr oder weniger automatisch, ohne sie ausdrücklich lernen zu müssen.

Werte
M21 – M24

Von der Norm zu unterscheiden sind die **Werte**, kulturell verbreitete Vorstellungen von Wünschbarem, die als Grundprinzipien oder als Leitbilder der Handlungsorientierung dienen. Die Werte beinhalten die in einer Gesellschaft oder auch innerhalb einer bestimmten Gruppe anerkannten gemeinsamen Zielsetzungen. Man unterscheidet zwischen

- moralischen Werten (z.B. Treue, Wahrheit, Aufrichtigkeit, Gerechtigkeit),
- religiösen Werten (z.B. Gottesfurcht, Nächstenliebe),
- politischen Werten (z.B. Freiheit, Gleichheit, Toleranz, Frieden, Gemeinwohl),
- ästhetischen Werten (z.B. Schönheit, Kunst) und
- materiellen Werten (z.B. Wohlstand, Eigentum).

Werte entstehen nicht aus dem Nichts, vielmehr erwachsen sie einer Kultur und können sich, ähnlich wie auch die Normen, im Laufe der Zeit ändern. Ein Beispiel aus der Erziehung kann dies verdeutlichen: So erzog man die Kinder früher zu absolutem Gehorsam und Unterordnung, heute hingegen haben sich die Werte verändert und man erzieht sie zur Selbständigkeit und Verantwortungsübernahme.

Sozialisation im Symbolischen Interaktionismus
M28

Durch Sozialisation lernen wir die Übernahme anderer Sichtweisen. Wir lernen, uns in andere Menschen und ihre Situation hineinzuversetzen. Das hilft uns in der sozialen Interaktion, da wir so immer wieder neu verstehen können, wie unser soziales Umfeld sich verhält. Die Sozialstruktur ist nicht starr, da sie aus der Interaktion ihrer Akteure besteht und somit einem ständigen Wandel unterliegt.

Sozialisation im Strukturfunktionalismus
M28

Sozialisation bedeutet, die Rollen und Strukturen der Gesellschaft kennen zu lernen und sich in diese einzufinden und sie anzunehmen. Die gesellschaftliche Struktur, die Institutionen, die Regeln und Rollenvorgaben sind eine große Hilfe für die Menschen, da sie ihnen aufzeigen, wie sie sich gesellschaftlich richtig verhalten.

Kompetenzen prüfen

I. Selbstdiagnose

Ich kann …

	Sehr gut ++	Gut +	Nicht gut 0	Übung durch z.B.
den Stellenwert des Mediums Smartphone für die (Medien-)Sozialisation von Jugendlichen beschreiben und den eigenen Umgang mit dem Handy reflektieren (AFB I, II).				• Auftaktseite (Grafik) • M2, M5, M21
wichtige Grundbegriffe rund um den soziologischen Fachbegriff „Sozialisation" darstellen (AFB I).				• M3, M4, M19 • Wissen kompakt auf S. 36
Diagramme am Beispiel einer Grafik zu den Wertorientierungen Jugendlicher auswerten (AFB I, II, III).				• M24 • Methode „Statistikbearbeitung I" auf S. 30
verschiedene Arten von Gruppen und Rollen in der Gruppe charakterisieren und auf Beispiele anwenden (AFB II).				• M18 – M20
den Begriff „Gruppendynamik" erklären und gruppendynamische Prozesse mittels einer Übung simulieren (AFB II).				• M20 • Methode „Sozialwissenschaftliches Experiment I" auf S. 27
die Entwicklung von Werten in (West-)Deutschland seit den 50er Jahren erläutern (AFB II).				• M23, M24, M25
soziologische Theorien zur Erklärung des Sozialisationsprozesses vergleichen und ihren Stellenwert einschätzen (AFB II).				• M28 • Wissen kompakt auf S. 37
den Stellenwert der Familie und der Schule für die Sozialisation des Menschen beurteilen (AFB III).				• M10, M11, M13, M14, M26, M27 • Aufgabe 3 auf S. 35

Kompetenzen anwenden – am Beispiel

Referat über Mediensozialisation

An einem Elternabend in der 9. Klasse soll ein Informationsvortrag über den alltäglichen Gebrauch von Handys oder Smartphones stattfinden. Die Klassenlehrerin/der Klassenlehrer bittet Sie um Unterstützung. Bereiten Sie ein Referat (→ Methodenglossar) vor, in dem Sie die Eltern über Ihre Erkenntnisse zur Mediensozialisation von Jugendlichen informieren und ihnen Ratschläge aus Ihrer Sicht über den Umgang von Handys oder Smartphones geben. Wählen Sie die Materialien aus, die Sie präsentieren wollen. Das Referat soll frei mit Stichworten gehalten werden. Halten Sie das Referat probeweise vor einer Mitschülerin/einem Mitschüler und bitten Sie sie/ihn um eine Rückmeldung.

II. Klausurtraining

Tippen ohne Tabu

Papier und Stift sieht man hier nicht, im Projektunterricht der Neuntklässler. Stattdessen surft Jan Winkelmann mit seinem Smartphone, während ihm sein Lehrer wohlwollend über die Schulter blickt. In dieser Klasse an der Walter-Bader-Realschule in Xanten am Niederrhein ist die Nutzung des eigenen Handys – an normalen Schulen strengstens untersagt oder gar mit Abnahme des Geräts bestraft – nicht nur erlaubt. Sondern Programm.

Jan arbeitet an einer Präsentation über Ausbildungen bei einem großen Salzhersteller in der Region – für ein Berufswahlprojekt. Um eine Powerpoint-Präsentation zu erstellen, füttert er ein Notebook der Schule mit Daten, recherchiert sie aber mit seinem eigenen Handy. Das sei schon praktisch, meint er. Zumal der PC-Pool auf der anderen Seite des Flurs gerade besetzt ist, dort findet gerade eine Informatikstunde statt.

Für Schulleiterin Regina Schneider ist der Handy-Einsatz im Unterricht nur konsequent. „Es geht darum, die Lernmöglichkeiten zu erweitern. Unser Denken muss sich verändern, weg von dem, was verboten ist, hin zu dem, was nützt.“ Deshalb ist die Schule Partner im europäischen Förderprojekt „School IT Rhein Waal“ des Lehrstuhls für Mediendidaktik und Wissensmanagement der Universität Duisburg-Essen. [...]

Dahinter steht die Überlegung, dass viele Schüler heutzutage privat ohnehin über ein internetfähiges Gerät verfügen. Studien etwa des Medienpädagogischen Forschungsverbundes Südwest besagen, dass inzwischen 100 Prozent aller Jugendlichen zwischen zwölf und 19 Jahren in ihrem Haushalt einen Zugang zu Computer oder Laptop haben, 97 Prozent besitzen ein eigenes Handy. [...]

„Die tägliche Medienwirklichkeit von Jugendlichen und die schulische Arbeit mit digitalen Medien klaffen immer weiter auseinander“, meinen die BYOD-Forscher aus Duisburg. Das Potenzial ihres Konzepts liege weniger in der Debatte um schulische IT-Ausstattung, sondern betreffe die Weiterentwicklung von Schulalltag und Unterricht generell.

Auch wenn in Xanten erst ein Bruchteil der Schüler durchgängig Handys im Unterricht einsetzt, hat der Wegfall des Handy-Verbots die Atmosphäre verändert. Man gehe entspannter miteinander um, sagt die Schulleitung. Und: Ärger um Handy-Missbrauch im Unterricht sei fast kein Thema mehr.

Alexandra Straush, Tippen ohne Tabu, www.sueddeutsche.de, 24.6.2013

Aufgaben

1. Erklären Sie die Begriffe Sozialisation, Sozialisationsprozess, Sozialisationsphasen und Mediensozialisation.
2. Analysieren Sie den Text, indem Sie herausarbeiten, welche Position zum neuen Konzept im Umgang mit Handys im Text vertreten wird.
3. Erörtern Sie vor dem Hintergrund Ihrer Kenntnisse über die Mediensozialisation Ihrer Generation mögliche Vor- und Nachteile des Konzeptes und beziehen Sie selbst Stellung.

Erwartungshorizonte zu den Aufgaben 1 – 3

Mediencode: 72021-03

Beyoncé Giselle Knowles ist eine R&B- und Soul-Sängerin aus den USA. Ihr Song „If I Were a Boy" erschien im November 2008. Beyoncé gewann mehrere Preise, u.a. den „Grammy Award", der als die höchste Auszeichnung für Künstler gilt.

Deutsche Übersetzung von „If I were a boy"

Mediencode: 72021-04

If I Were a Boy (Beyoncé)

If I were a boy
Even just for a day
I'd roll outta bed in the morning
And throw on what I wanted and go
Drink beer with the guys
And chase after girls
I'd kick it with who I wanted
And I'd never get confronted for it
Cause they'd stick up for me

If I were a boy
I think I could understand
How it feels to love a girl
I swear I'd be a better man
I'd listen to her
Cause I know how it hurts
When you lose the one you wanted
Cause he's taken you for granted
And everything you had got destroyed

If I were a boy
I would turn off my phone
Tell everyone it's broken
So they'd think that I was sleepin' alone
I'd put myself first
And make the rules as I go
Cause I know that she'd be faithful
Waitin' for me to come home
(to come home)

If I were a boy
I think I could understand
How it feels to love a girl
I swear I'd be a better man
I'd listen to her
Cause I know how it hurts
When you lose the one you wanted
Cause he's taken you for granted
And everything you had got destroyed

It's a little too late for you to come back
Say it's just a mistake
Think I'd forgive you like that
If you thought I would wait for you
You thought wrong

But you're just a boy
You don't understand
Yeah you don't understand
How it feels to love a girl someday
You wish you were a better man
You don't listen to her
You don't care how it hurts
Until you lose the one you wanted
Cause you've taken her for granted
And everything you have got destroyed
But you're just a boy

Quelle: http://lyricwiki.org, Abruf am 5.1.2014

Rollen – am Beispiel der Geschlechterverhältnisse

2

„Frauen und Männer sind gleichberechtigt." So bestimmt es das Grundgesetz in Artikel 3 (2). Der Weg dorthin war nicht einfach. Das würden uns zumindest die vier Frauen berichten, die damals dafür sorgten, dass dieser Artikel 1949 tatsächlich so ins Grundgesetz aufgenommen wurde. Und was haben wir daraus gemacht? Wie ist es in unserer Lebenswirklichkeit um die Gleichberechtigung von Mann und Frau bestellt – in unseren Familien, den Schulen und in der Berufswelt? Was tragen Erziehung und Medien dazu bei, wie wir uns als Männer und Frauen wahrnehmen? Und wer oder was sagt uns, was ein Mädchen oder ein Junge tut oder eben auch nicht? Das Kapitel versucht auf diese Fragen Antworten zu geben, indem es am Ende u.a. über die Rollentheorie und das unterschiedliche Verständnis von Rollen informiert.

Kompetenzen

Am Ende dieses Kapitels können Sie:

- die Entwicklung von Rollenbildern und der rechtlichen Rahmenbedingungen darstellen;
- verschiedene Fachbegriffe rund um das Thema soziale Rolle unterscheiden;
- alltägliche Interaktionen und Konflikte mithilfe von strukturfunktionalistischen und interaktionistischen Rollenkonzepten und Identitätsmodellen analysieren;
- das Gesellschaftsbild des Homo sociologicus erläutern;
- die Erkenntnisse zum Wandel der Rollenbilder auf Ihre eigene Familie anwenden;
- analysieren, wo sich im Alltag Rollenbenachteiligungen ergeben;
- Menschen- und Gesellschaftsbilder des strukturfunktionalistischen und interaktionistischen Rollenkonzepts erörtern;
- beurteilen, inwiefern geschlechtstypische Rollenbilder Einfluss auf die Berufswahl haben;
- Stellung nehmen, welche politische Maßnahmen eine Möglichkeit zur Überwindung von Rollenbenachteiligungen sein könnte;
- verschiedene Theorien zur Erklärung des Rollenhandeln unterscheiden und ansatzweise beurteilen.

Was wissen und können Sie schon?

Beyoncé beschreibt in ihrem Song „If I Were a Boy", wie es wäre, ein Junge zu sein.

1. Arbeiten Sie mit Ihrem Nachbarn heraus, welche Verhaltensweisen sie Jungen, welche sie Mädchen zuschreibt und listen Sie diese tabellarisch auf. Stimmen Sie dem zu?
2. Stellen Sie sich vor, Sie wären für einen Tag kein Mann/keine Frau mehr, sondern das jeweils andere Geschlecht: In welchen Bereichen oder Situationen würde sich Ihr Leben ändern/nicht ändern?

2.1 Rollen – wie beeinflussen sie unser Leben?

M1 Rollen im Alltag

M2 Rolle – Geschlechterrolle

Rollenklischees
Rollenklischees/Stereotype sind vereinfachte und starre Vorstellungen (Vorurteile) über Eigenschaften und Verhaltensweisen von anderen Menschen oder Gruppen. Stereotype können neutral sein, meistens sind sie jedoch mit Wertungen verbunden.
Medienkoffer „Frauen und Männer – Gleich geht's weiter. Begleitbroschüre", Hg.: BFSFJ, Berlin 2008, S. 17f.

Rollen sind [...] Erwartungen der Gruppe an das Verhalten des Einzelnen. [...] Viele Rollen sind gesellschaftlich vorgegeben. Dies gilt sowohl für selbstgewählte Rollen (z.B. Berufsrollen) als auch für „Zwangsrollen" (Alter, Geschlecht, Hautfarbe etc.). Trotzdem besteht für den Rollenträger ein Verhaltensspielraum: er gestaltet seine Rollen selber mit.

Otto Marme, Ich und du und so weiter. Kleine Einführung in die Sozialpsychologie, Beltz Verlag 1999, S. 30, 33

Geschlechterrollen sind Verhaltensmuster, Vorstellungen und Normen, die Frauen und Männern in einer Gesellschaft zugewiesen werden. Geschlechterrollen werden bereits in der frühen Kindheit erlernt und unterscheiden sich stark zwischen verschiedenen Kulturen.

Medienkoffer „Frauen und Männer – Gleich geht's weiter. Begleitbroschüre", Hg.: BFSFJ, Berlin 2008, S. 17f.

M3 Soziale Rollen als Verhaltensvorschriften

Drei Merkmale vor allem bezeichnen die Kategorie der sozialen Rolle als Element soziologischer Analyse:

1. Soziale Rollen sind gleich Positionen quasiobjektiver, vom Einzelnen prinzipiell unabhängiger Komplexe von Verhaltensvorschriften.
2. Ihr besonderer Inhalt wird nicht von irgendeinem Einzelnen, sondern von der Gesellschaft bestimmt und verändert.
3. Die in Rollen gebündelten Verhaltenserwartungen begegnen dem Einzelnen mit einer gewissen Verbindlichkeit des Anspruches, sodass er sich ihnen nicht ohne Schaden entziehen kann. [...]

Wer seine Rolle nicht spielt, wird bestraft; wer sie spielt, wird belohnt, zumindest aber nicht bestraft. Konformismus mit den vorgeprägten Rollen ist keineswegs nur die Forderung bestimmter moderner Gesellschaften, sondern ein universelles Merkmal aller gesellschaftlichen Formen.

Ralf Dahrendorf, Homo sociologicus, Opladen 1977, S. 29ff.

M4 Die Zeiten ändern sich – Familie und Frauen-Rollen

Die Singers: Heute [...] ist Katharina Singer 75 Jahre alt. Sie hat vier Kinder und sechs Enkel. Welche Träume und Pläne hatte sie früher? Was ist aus ihnen geworden? Wie denkt Tochter Steffi über ihre Mutterrolle? Wie sieht Enkelin Nina ihre Zukunft?

Katharina Singer – Hausfrau und Mutter von vier Kindern, geb. 1927:
„Um zwölf steht das Essen auf dem Tisch." – Die gemeinsamen Mahlzeiten zu festen Zeiten organisierten die Familie. Katharinas Vater, ein Handwerksmeister, führte das Wort. Ihre Mutter bereitete den Tisch für die Großfamilie mit sechs Kindern. Wer zu spät kam, bekam Ärger [...]. Und Katharina fühlte sich immer eingeengt durch den streng organisierten Familienhaushalt ihrer Eltern. [...]
Nach dem Schulabschluss war Krieg, für Ausbildung keine Zeit. Direkt nach Kriegsende heiratete Katharina ihren Verlobten Hans. Das Paar war in einigen Dingen sehr modern. Nicht urlaubslose Dauerarbeit: „Egal wie wenig Geld wir hatten, wir sind jedes Jahr in den Urlaub gefahren [...] Dafür war Emanzipation überhaupt kein Thema. „Meine Frau braucht nicht zu arbeiten" – auf diesem Standpunkt beharrte der Ehemann und verbot seiner Frau, eine Stelle anzunehmen. [...] „Ich habe die Familie versorgt und meinem Mann den Rücken frei gehalten. Er war Maurermeister und ich seine Frau." [...]

Steffi Singer – Friseurin und Mutter von zwei erwachsenen Kindern, in zweiter Ehe verheiratet, geb. 1949:
Ein Leben, „klassisch an der Seite des Mannes" – für Steffi war das anfangs ganz normal, aber nur mit einer Berufsausbildung. [...] Natürlich hat sie nach den beiden Kindern aufgehört zu arbeiten, es war schließlich genug Arbeit zu Hause da. Als die dann aus dem Gröbsten heraus waren, konnte Steffi stundenweise wieder in ihrem alten Beruf arbeiten. Die erste Ehe hielt nicht. Ihre Mutter konnte das nicht verstehen. „Da muss man durch – jede Ehe hat mal ein Tief". Doch Steffi hat schließlich einen Schlussstrich gezogen. Sie ist heute glücklich in zweiter Ehe verheiratet. Den Nachnamen ihres Ehemannes wollte sie aber nicht annehmen. „Ich habe erkannt, dass ich ich selbst bleiben muss. Ich habe meinen Mädchennamen wieder angenommen."

Nina – Sekretärin und Mutter von zwei Kindern, verheiratet, geb. 1973:
Nina hat wie ihre Mutter nach der Schule eine Berufsausbildung absolviert: Bürokauffrau, weil sie sich dafür interessierte und weil ein solcher Beruf so gut mit einem Familienleben zu vereinbaren ist. Aber nach der Ausbildung hat sie erst einmal ihr Leben und ihre Jugend genossen. Sie ist seit drei Jahren verheiratet, hat zwei kleine Kinder (vier und zwei Jahre alt: „Wir mussten ja nicht gleich heiraten, bloß weil wir ein Kind erwarteten"). Beim ersten Kind ist sie noch ein Jahr zu Hause geblieben, beim zweiten hat sie gleich nach dem Mutterschaftsurlaub wieder angefangen zu arbeiten. „Wir haben eine wunderbare Tagesmutter [...]. Mein Gehalt können wir gut gebrauchen, denn die Eigentumswohnung muss abbezahlt werden." Nina möchte mehr: Sie hat die Möglichkeit, in der Firma, in der sie arbeitet, zur EDV-Sachbearbeiterin aufzusteigen – wenn sie an einer halbjährigen Fortbildung in der Hauptstelle in einer anderen Stadt teilnimmt. [...]

Timo – Kfz-Mechaniker und Ninas Ehemann, geb.1972:
An sich findet Timo sein Familienleben optimal: Beide sind erwerbstätig (unterschiedlich viel), beide können sich (unterschiedlich viel) um die Kinder kümmern und die Wohnung konnten sie sich auch leisten. Für ihn ist es kein Thema, im Haushalt mit anzupacken, er hat seine Aufgaben (z.B. am Samstag einkaufen, den Abfall entsorgen, Fenster putzen). Von Ninas Ambitionen ist er nicht so recht überzeugt: „Alles könnte bleiben, wie es ist. Die Kinder sind doch noch so klein. Da müssten wir viel organisieren ... "

Petra Beckmann-Schulz, Themenblätter im Unterricht: Familie und Frauen-Rollen, Herbst 2002, Nr.19

Staatliche Familienleistungen (Stand 2014)

- Kindergeld: 1. + 2. Kind: 184 Đ; 3. Kind: 190 Đ ab dem vierten Kind: 215 Đ
- Steuererleichterung: 2/3 der Kinderbetreuungskosten für Kinder unter 14 Jahren können steuerlich abgesetzt werden.
- Elternzeit: Rechtsanspruch auf drei Jahre Elternzeit; während dieser Zeit darf der Arbeitgeber nicht kündigen.
- Elterngeld: 65 – 67% des vorherigen Nettoeinkommens aus Erwerbsarbeit für maximal zwölf bzw. 14 Monate. Das Elterngeld beträgt monatlich mindestens 300 Đ und höchstens 1.800 Đ.
- Betreuungsgeld: Eltern die Ihre Kinder im zweiten und dritten Lebensjahr nicht mit öffentlicher Hilfe (z.B. durch Krippen, Tagesmütter, etc.) betreuen, erhalten monatlich 150 Euro. (→ S. 54)

M5 Der Kampf um die Gleichberechtigung

Elisabeth Selbert, 1896 – 1986, gehörte zu den vier „Müttern des Grundgesetzes". Die deutsche SPD-Politikerin und Juristin kämpfte mit hohem Engagement erfolgreich für die Aufnahme des Artikels 3 Absatz 2 in das Grundgesetz.

Art. 3, Absatz 2 GG
Männer und Frauen sind gleichberechtigt. *[Der nachfolgende Satz wurde am 15.11.1994 ergänzt; Anm. d. R.]* Der Staat fördert die tatsächliche Durchsetzung der Gleichberechtigung von Frauen und Männern und wirkt auf die Beseitigung bestehender Nachteile hin.

Es war dies der große Kampf der sozialdemokratischen Rechtsanwältin Elisabeth Selbert aus Kassel, die erst ihre drei Kolleginnen im Parlamentarischen Rat anfeuerte; alle vier zusammen überzeugten dann ihre widerstrebenden 61 männlichen Kollegen von der zukunftsweisenden, damals fast abenteuerlichen Formulierung „Männer und Frauen sind gleichberechtigt". Die drei Kolleginnen waren: Die Sozialdemokratin Friederike Nadig, die Zentrumspolitikerin Helene Wessel , die in den fünfziger Jahren zu den bekanntesten Frauen im politischen Leben der Bundesrepublik gehörte [...] und erbitterte Gegnerin der Wiederbewaffnung wurde. Schließlich Helene Weber, die „Mutter der CDU-Fraktion"; sie war bis 1962 [...] Mitglied des Bundestages [...].

Die männlichen Räte hatten ursprünglich nicht vor, die geltende Rechtslage grundlegend zu ändern. Diese Rechtslage wurde in einem Lehrbuch des Familienrechts [...] wie folgt beschrieben: Der Mann bestimmt „Art und Umfang des Lebensaufwandes, den Ablauf des häuslichen Lebens, die Erziehung der Kinder, Wohnort und Wohnung". Der Mann hat „Herrschaftsbefugnis über das Frauenvermögen", er kann den Arbeitsplatz der Frau kündigen, „sofern die ehelichen Interessen beeinträchtigt sind". Der Mann hatte das Entscheidungsrecht, die Frau die „Folgepflicht".

Die Kompetenz der Frau beschränkte sich auf ihre persönlichen Angelegenheiten. Die erste Fassung des Gleichheitssatzes wollte es dabei belassen; sie sprach lediglich davon, dass Männer und Frauen „dieselben staatsbürgerlichen Rechte und Pflichten haben". Das war aber nicht mehr, als auch schon in der Weimarer Verfassung von 1919 gestanden hatte. Es wäre bei der altbackenen Formulierung geblieben, hätte es nicht unter den 65 Parlamentariern in Bonn die genannten vier Frauen gegeben. Sie haben die juristische Revolution ins Grundgesetz getragen.

Als zum ersten Mal der Vorschlag der Rechtsanwältin Selbert zur Diskussion stand, entfuhr es dem FDP-Abgeordneten Thomas Dehler: „Dann ist das Bürgerliche Gesetzbuch verfassungswidrig." Die Gleichberechtigung blieb denn auch in erster Lesung noch erfolglos: „Das bisherige Recht würde in sich zusammenfallen", sagte der CDU-Abgeordnete Hermann von Mangoldt. Er hatte in gewisser Weise Recht mit diesem Urteil. Als die Gleichberechtigung schließlich doch Grundrecht wurde, brachte es der Gesetzgeber nicht fertig, den Verfassungsauftrag einzuhalten. Das Gleichberechtigungsgesetz trat erst 1958 in Kraft.

Die einstimmige (!) Verabschiedung des Gleichheitssatzes im Parlamentarischen Rat war die Sternstunde der Elisabeth Selbert. Wie eine Wanderpredigerin war sie durchs Land gezogen, hatte Frauengruppen und Gewerkschaften, Betriebsrätinnen und die weiblichen Abgeordneten der Landesparlamente mobilisiert, Ende 1948 eine der wenigen öffentlichen Aktionen zur Grundrechtsdebatte organisiert. Die Frauen aller Landtage meldeten sich beim Parlamentarischen Rat, nur die aus Bayern nicht. „Waschkorbweise" sollen die Briefe in Bonn eingetroffen sein; sie sind nicht erhalten. Und den parlamentarischen Räten redete Elisabeth Selbert ins Gewissen: „Die Frau, die während der Kriegsjahre auf den Trümmern gestanden und den Mann an der Arbeitsstelle ersetzt hat, hat heute einen moralischen Anspruch darauf, so wie ein Mann bewertet zu werden."

Honoriert wurde der Kampf der Elisabeth Selbert um die Gleichstellung der Frau auf allen Lebens- und Rechtsgebieten nicht. Ein Sitz im Bundesverfassungsgericht wurde ihr nicht angetragen. Sie blieb die einzige weibliche Abgeordnete des Parlamentarischen Rates, die nicht in den Bundestag einzog.

Heribert Prantl, Süddeutsche Zeitung, Nr. 238, 16.10.2006 , S. 8

M6 Bürgerliches Gesetzbuch (BGB) im Wandel

Gesetz	1900	1958	1977
§1356	Die Frau ist [...] berechtigt und verpflichtet, das gemeinschaftliche Hauswesen zu leiten. Zu Arbeiten im Hauswesen und im Geschäfte des Mannes ist die Frau verpflichtet, soweit eine solche Tätigkeit nach den Verhältnissen, in denen die Ehegatten leben, üblich ist.	Die Frau führt den Haushalt in eigener Verantwortung. Sie ist berechtigt, erwerbstätig zu sein, soweit dies mit ihren Pflichten in Ehe und Familie vereinbar ist. Jeder Ehegatte ist verpflichtet, im Beruf oder Geschäft des anderen Ehegatten mitzuarbeiten, soweit dies nach den Verhältnissen, in denen die Ehegatten leben, üblich ist.	(1) Die Ehegatten regeln die Haushaltsführung im gegenseitigen Einvernehmen. Ist die Haushaltsführung einem der Ehegatten überlassen, so leitet dieser den Haushalt in eigener Verantwortung. (2) Beide Ehegatten sind berechtigt, erwerbstätig zu sein. Bei der Wahl und Ausübung einer Erwerbstätigkeit haben sie auf die Belange des anderen Ehegatten und der Familie die gebotene Rücksicht zu nehmen.
§1358	Hat sich die Frau einem Dritten gegenüber zu einer von ihr in Person zu bewirkenden Leistung verpflichtet, so kann der Mann das Rechtsverhältnis ohne Einhaltung einer Kündigungsfrist kündigen, [...] wenn sich ergibt, dass die Tätigkeit der Frau die ehelichen Interessen beeinträchtigt.	aufgehoben	
§1360	Der Mann hat der Frau nach Maßgabe seiner Lebensstellung, seines Vermögens und seiner Erwerbsfähigkeit Unterhalt zu gewähren. Die Frau hat dem Manne, wenn er außerstande ist, sich selbst zu unterhalten, den seiner Lebensstellung entsprechenden Unterhalt nach Maßgabe ihres Vermögens und ihrer Erwerbsfähigkeit zu gewähren. Der Unterhalt ist in der durch die eheliche Lebensgemeinschaft gebotenen Weise zu gewähren. [...]	Die Ehegatten sind einander verpflichtet, durch ihre Arbeit und mit ihrem Vermögen die Familie angemessen zu unterhalten. Die Frau erfüllt ihre Verpflichtung, durch Arbeit zum Unterhalt der Familie beizutragen, in der Regel durch die Führung des Haushalts; zu einer Erwerbstätigkeit ist sie nur verpflichtet, soweit die Arbeitskraft des Mannes und die Einkünfte der Ehegatten zum Unterhalt der Familie nicht ausreichen und es den Verhältnissen der Ehegatten auch nicht entspricht, daß sie den Stamm ihrer Vermögen verwerten.	Die Ehegatten sind einander verpflichtet, durch ihre Arbeit und mit ihrem Vermögen die Familie angemessen zu unterhalten. Ist einem Ehegatten die Haushaltsführung überlassen, so erfüllt er seine Verpflichtung, durch Arbeit zum Unterhalt der Familie beizutragen, in der Regel durch die Führung des Haushalts.

Aufgaben

1. Beschreiben Sie die Bilder in M1 (Kleidung, Aufschriften, Haltung, Gesichtsausdruck, Bildhintergrund, Farbigkeit, Symbole).
   a) Tauschen Sie sich mit einem Partner über ihre erwünschte Wirkung aus.
   b) Stellen Sie fest, welche Rollenklischees hier vermittelt werden.
   c) Stellen Sie dar, wie „Rollen" in M2 definiert werden.
2. Ralf Dahrendorf nennt drei Merkmale von sozialen Rollen (M3). Bestimmen Sie diese Merkmale anhand der dargestellten Bilder in M1.
3. Beschreiben Sie, welche Leitbilder für Frauen und Männer in den fünfziger und sechziger Jahren in der Bundesrepublik Deutschland gegolten haben und arbeiten Sie ihre Veränderungen heraus (M4).
4. Spielen Sie die Entscheidungsfindung, vor der Timo und Nina stehen, in einem Rollenspiel nach (→ Methodenglossar).
5. Arbeiten Sie aus M5 die Gründe für die Schwierigkeiten bei der Entstehung des Artikels 3 (2) GG heraus.
6. Erschließen Sie, welche Lebensbereiche mit den Gesetzen im Bürgerlichen Gesetzbuch (BGB) geregelt werden und formulieren Sie Überschriften für die einzelnen Paragraphen (M6).

F Aufgabe 3
Vergleichen Sie die Situation der Familie Singer mit Ihrer Familie. Befragen Sie dazu Ihre Eltern und Großeltern.

F Aufgabe 4
Beziehen Sie die neue familienpolitische Leistung des Betreuungsgeldes in Ihre Überlegungen mit ein (→ S. 54).

F Aufgabe 6
Art. 3 (2) Satz 2 wurde erst 1994 eingefügt. Beurteilen Sie mit einem Partner, warum dies nötig wurde und was es bewirken sollte.

2.2 Rollenverteilung im 21. Jahrhundert

M7 Überzeugung ist alles

Erzieher im Kindergarten

Ursprünglich überlegte Alex Rädle (23) aus Mühldorf, ob er Medizin oder Jura studieren sollte. Aber nach einem Praktikum im Kindergarten änderte er seine Pläne. Heute steht er von dem Anerkennungsjahr zum Erzieher und ist froh über seine Entscheidung.

Aber nicht nur die Kreativität, auch die Spontaneität, die ihn jeden Tag mit etwas anderem überrascht, die Neugierde und die Reaktionen der Kinder, sind Gründe, warum sich der 23-Jährige für den Erzieherberuf entschieden hat: „In der elften Klasse habe ich ein Praktikum in einem Kindergarten absolviert und nach dem ersten Tag stand für mich fest, dass ich Erzieher werden möchte. Ich hatte sofort das Gefühl, hier kann ich etwas bewirken", erinnert er sich. Die Reaktionen seines Umfelds waren gemischt, einige fanden seine Berufsentscheidung toll und zeigten Neugier. Andere hingegen verstanden nicht, wie man als Mann Erzieher werden konnte. Alex Rädle war es egal – er war überzeugt von seiner Wahl. (...)

Dass Erzieher als typischer Frauenberuf gilt, stört Alex Rädle nicht: „Männer gehen anders mit Kindern um als Frauen, bringen einfach noch einmal eine andere Perspektive mit, da kann man sicherlich viel voneinander lernen", meint er. Als Mann quasi „allein unter Frauen" zu sein, bringe auch Vorteile: „Männliche Erzieher werden gesucht!"

abi – dein Weg in Studium und Beruf. Mai 2010, Heft 3, S. 20f.

M8 „Ich will zeigen, dass ich das kann"

Karina Schmitt, 20 Jahre, macht eine Ausbildung als IT-Systemelektronikerin in einem Automobilunternehmen in Hannover. Der Frauenanteil unter Auszubildenden in den IT-Berufen lag dem Branchenverband Bitkom zufolge 2007 bei 9,1 Prozent.

Als angehende IT-Systemelektronikerin behauptet sich Karina Schmitt in einer Männerdomäne. [...]

Nicht einmal jede zehnte IT-Auszubildende ist eine Frau. Fühlen Sie sich da nicht als Exotin?

Ja, ich fühle mich schon als Exotin in meinem Beruf, da es sehr selten ist, dass eine Frau so einen Beruf erlernt. Bei uns im dritten Lehrjahr sind unter 12 Auszubildenden zwei Frauen. Und das sind schon richtig viele Frauen für den IT-Bereich, in anderen Lehrjahren unter uns gibt es gar keine oder nur eine Frau.

Warum haben Sie sich für diesen Beruf entschieden?

Mein Vater ist Informatiker, das hat mich sehr geprägt. Ich bin mit dem Computer aufgewachsen, habe ihn schon ab dem sechsten Lebensjahr genutzt und damit ist auch meine Neugier gewachsen, was in einem Computer passiert. Außerdem interessiere ich mich für Elektronik und mache gerne Handwerkliches – und ich wollte in einen sogenannten Männerberuf und zeigen, dass ich das kann.

Ihre Familie hat Ihre Berufswahl dann vermutlich unterstützt?

Ja, die fanden das von Anfang an super.

Wie sind die Reaktionen im Kollegen- und Freundeskreis?

Mit Kollegen habe ich gar keine Probleme. Ich gehe sehr offen auf Leute zu und zeige auch, dass ich kompetent bin. Ich habe nicht das Gefühl, dass ich anders betrachtet werde als Männer in meinem Beruf. Überraschte Reaktionen ernte ich eher in der Freizeit, wenn ich gefragt werde, was ich mache. Dann heißt es öfters mal: »Hast du wirklich Ahnung davon?« oder: »Wirklich? Das trauen Sie sich zu, das schaffen Sie?« Vor allem Frauen sind verwundert und manchmal fast geschockt – gerade jene, die in typischen Frauenberufen arbeiten. Ich reagiere da aber sehr selbstbewusst. Ich bin stolz auf das, was ich mache. Leider trauen sich viele Mädchen nicht, in eine Männerbranche zu gehen. Das merke ich immer wieder bei meiner Arbeit mit Schülerinnen.

Was machen Sie da?

Ich bin in zwei Berufsorientierungsprojekten engagiert. Ich begleite Schülerinnen bei der Berufsfindung und unterstütze sie bei Bewerbungen. Dabei sage ich den Mädchen immer wieder, dass sie auch einen technischen Beruf schaffen können. Viele trauen sich das nicht zu, weil sie von ihrer Familie nicht ermutigt werden oder es sogar ausgeredet bekommen, beispielsweise weil die Mutter auch einen typischen Frauenberuf hat.

Glauben Sie, dass Frauen heute in männlich dominierten Berufen die gleichen Chancen haben wie Männer?

Ja. Ich habe sogar das Gefühl, dass große Unternehmen Frauen bei gleichwertiger Bewerbung teilweise bevorzugen. So habe ich das auf jeden Fall in meinem Ausbildungsbetrieb erfahren. Frauen sind dort gerne gesehen und der Frauenanteil soll erhöht werden. In Kleinunternehmen ist das vielleicht etwas anders, diesen Eindruck hatte ich zumindest, als ich mich damals um einen Ausbildungsplatz beworben habe. Kleine Unternehmen trauen sich da vielleicht nicht so recht ran und denken eher, dass Frauen das nicht leisten können – was Unsinn ist, allein logisch Denken können wir wirklich besser.

Und insgesamt in der Arbeitswelt: Haben Frauen die gleichen Chancen wie Männer?

Ja, weil Frauen das Gleiche leisten können und gute Voraussetzungen mitbringen. In der Schule sind Frauen sogar besser und ihr Sozialverhalten ist manchmal wohl auch positiver, das fördert das Arbeitsklima.

Nach: BMFSFJ (Hg.), Rollenbilder im Wandel, Interaktive Ausstellung, 2008

M9 Anteile von jungen Frauen in sogenannten „Männerberufen"

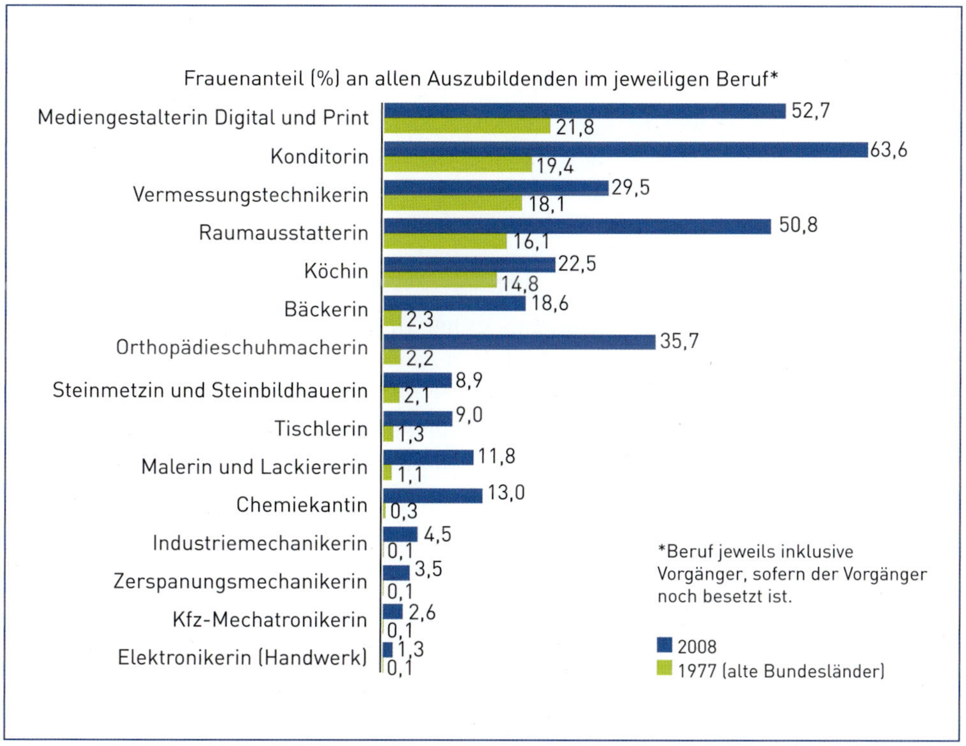

Datenquelle: Datenbank Aus- und Weiterbildungsstatistik des Bundesinstituts für Berufsbildung auf Basis der Daten der Berufsbildungsstatistik der statistischen Ämter des Bundes und der Länder (Erhebung zum 31.12.); Berechnungen des BIBB

M10 Derjenige fürs Werkzeug und für die Küche

Familie Huber beim Abendessen

Felix Huber übernahm für mehrere Jahre die Rolle des Hausmanns

Erklären musste er schon manchmal, warum er zu Hause geblieben ist, um sich um die vier Kinder zu kümmern – und nicht seine Frau. Felix Huber aus Hamburg ist Hausmann. »Das ist einfach so gekommen«, sagt er. Als sich das erste Kind ankündigte, studierte seine Frau noch, er hatte seine Schauspielausbildung abgebrochen und war auf der Suche nach einer neuen Perspektive. »Die eröffnete sich dann mit der Geburt unserer Tochter.« Felix Huber blieb zu Hause, um für seine Kinder da zu sein, während seine Frau ihr Medizinstudium beendete und begann, als Ärztin Vollzeit zu arbeiten.

»Uns war immer klar, dass wir beide für die Kinder da sind und dass wir beide eine Rolle spielen, aber eher die Elternrolle und nicht die Vater- oder Mutterrolle«, erzählt der 29-Jährige. Schlussendlich haben sich beide zu einer Rollenaufteilung entschlossen, die noch immer als untypisch gilt: er blieb bei den vier Kindern, sie ging arbeiten. Im Alltag fühle er sich deshalb häufig »allein unter Frauen«, meint Felix Huber.

Die unwiederbringliche Chance, seine Kinder aufwachsen zu sehen

Er und seine Frau haben sich außerdem dazu entschieden, die Kinder früh in Betreuung zu geben, damit sie in ein soziales Netz hereinwachsen und mit Gleichaltrigen zusammen sind. Gerade im Umfeld seiner Frau ist das auf gemischte Reaktionen gestoßen. »Da kam dann schon mal so ein Spruch wie ‚Man bekommt doch keine Kinder, um sie dann gleich wieder abzugeben'«, erinnert er sich. Aber gerade die offene Atmosphäre im Kindergarten und die Tatsache, dass viele Mütter in ihrem Bekanntenkreis arbeiten, habe dazu beigetragen, dass stereotype Rollenbilder den Alltag seiner Kinder bisher wenig beeinflussten. Viel mehr beobachtet er, dass bei Familien, in denen beide Elternteile arbeiten und insbesondere die Väter stark in ihren Beruf eingebunden sind, die Mütter oft mehr oder weniger alleinerziehend seien. Dabei würde Felix Huber anderen Vätern auf jeden Fall empfehlen, auch eine gewisse Zeit zu Hause zu bleiben und sich um die Kinder zu kümmern. »Man muss dabei nicht unbedingt komplett die Rollen tauschen«, betont er, aber die Chance, den eigenen Kindern beim Aufwachsen zuzusehen, sei unwiederbringlich. »Jeden Tag erlebt man etwas Neues und die Bindung zu den Kindern ist eine ganz andere.«

Seit Kurzem arbeitet Felix Huber wieder freiberuflich als Promoter. Seine Frau hat dafür Erziehungsurlaub genommen. »Jetzt wird es spannend zu sehen, wie wir in unserer Rollenaufteilung damit umgehen.« Das sieht er jedoch sehr entspannt: »Sicher werde ich noch derjenige fürs Werkzeug sein oder der, der die Schaukel im Garten anhängt«, sagt er. Doch auch in der Küche möchte er weiterhin präsent sein: »Dafür koche ich einfach viel zu gerne.«

Aber andere Dinge, die er bislang erledigt hat, wie beispielsweise das Wäschewaschen, wer den jetzt wieder von seiner Frau erledigt. Dieser flexible Umgang mit dem Rollenverständnis, ist er sich sicher, zeige den Kindern, dass sowohl die Mutter als auch der Vater alles machen könnten und nicht auf bestimmte Aufgaben beschränkt seien.

Rollenbilder entspannter sehen

Generell wünscht sich Felix Huber, dass der Umgang mit Rollenbildern entspannter und weniger starr wird. »Da, wo Rollen flexibel und im Prinzip austauschbar sind, fühlen sich eigentlich die meisten am wohlsten«, ist seine Erfahrung.

BMFSF, in Kooperation mit der Bundesagentur für Arbeit (Hg.), Rollenbilder im Wandel. Interaktive Ausstellung, 2008, S. 46ff.

M11 Mein Beruf – meine Rolle: meine Vorstellungen

Ich kann mir vorstellen, in diesem Beruf zu arbeiten...

1. Kinderkrankenschwester/-pfleger ja: nein:
2. Hausfrau/-mann ja: nein:

Stichpunkte

Kinderkrankenschwester/-pfleger
1.
2.
3.

Hausfrau/-mann
1.
2.
3.

Leitfragen

A Füllen Sie den „Wahlzettel" aus, tragen Sie Stichpunkte zur Begründung Ihrer Wahl ein.

B Arbeiten Sie in geschlechtergetrennten Gruppen.

- Sammeln Sie Pro- und Kontra-Argumente für die Berufe Kinderkrankenschwester/-pfleger bzw. Hausfrau/-mann.
  Gestalten Sie für jeden der genannten Berufe ein Plakat in Form einer Pro-Kontra-Liste.
  Erstellen Sie ein Ranking aus jeweils fünf Argumenten für jede Seite.
- Vergleichen Sie die Listen der Gruppen: Lassen sich geschlechtsspezifische Unterschiede feststellen?
- Diskutieren Sie mögliche Gründe im Kurs.

Dorothea Hecht, Erik Müller (Hg.), Die Sozialstruktur, in: Politik betrifft uns, 3/2012, S. 17

Aufgaben

1. Beschreiben Sie, wie es Alex (M7) und Karina (M8) mit ihrer Entscheidung, einen für ihr Geschlecht untypischen Beruf zu erlernen, geht. Wie reagiert/e das jeweilige Umfeld darauf und wie sehen sie ihre Chancen?
2. Nennen Sie Gründe, die Karina (M8) für die Scheu vieler Mädchen anführt, einen technischen Beruf zu wählen.
3. Fassen Sie die wesentlichen Aussagen des Diagramms (M9) zusammen.
4. Machen Sie eine Umfrage im Kurs: Welche Berufswünsche haben die Mädchen, welche die Jungen? Vergleichen Sie die (Kurs-) Ergebnisse mit M9.
5. Erarbeiten Sie in Gruppenarbeit anhand der Materialien M7 – M10, inwiefern sich traditionelle Rollenbilder verabschiedet haben. Begründen Sie Ihre Antworten.
6. Bearbeiten Sie die Aufgaben in M11 und setzen Sie sich anschließend mit Ihren persönlichen Vorstellungen auseinander: Woher kommt Ihre eigene Präferenz für oder gegen diese beiden Berufe?

2.3 Geschlechterrollen im Alltag

M12 Verdienst und Karriere – eine Frage des Geschlechts?

Nettoeinkommen in Euro	Zusammen	Fach- / Hochschulabschluss	Lehrausbildung
	%		
	Männer		
unter 900	3,9	2,0	3,8
900 – 2.600	73,7	44,3	84,5
2.600 und mehr	22,4	53,7	11,7
	Frauen		
unter 900	10,5	4,0	11,6
900 – 2.600	80,7	69,4	84,8
2.600 und mehr	8,7	26,6	3,6

Statistisches Bundesamt, Frauen und Männer in verschiedenen Lebensphasen, 2010

M13 Nicht meine Art, aber meine Rolle

Rollenkonflikte
Die Soziologie unterscheidet bei Rollenkonflikten zwischen Intra- und Interrollenkonflikten.

- **Intrarollenkonflikt**
Hierbei geht es um unterschiedliche / widersprüchliche Erwartungen, die andere an ein und dieselbe Rolle eines Statusinhabers richten.

- **Interrollenkonflikt**
Hierbei geht es um unterschiedliche / widersprüchliche Erwartungen, die andere an die verschiedenen Rollen eines Statusinhabers richten.

Ich stand in diesem Klub, die Musik war nicht schlecht, aber auch nicht gut. Das Mädchen aber, das da an der Wand lehnte und ständig lachte, das war wunderbar. [...] Sie verharrte an der Wand, sah mich an, lächelte. Ich seufzte und verstand. Auch wenn wir beide recht offensichtlich wollten, dass hier etwas passierte, war es wohl meine Aufgabe, den ersten Schritt zu tun. [...] Vor diesen „Aufgaben eines Mannes“ hatte ich mich immer gedrückt, wo es nur ging. Mit dieser Rollenverteilung wollte ich nichts zu tun haben. Schuld an dieser Misere sind meine Eltern und ein Mädchen namens Ulrike. Meine Eltern, weil sie mir – sicher mit besten Absichten – eine Welt vorgegaukelt hatten, in der Jungs und Mädchen gleichberechtigt sind und gleich behandelt werden. Konkret hieß das: Meine Schwester und ich bekamen keine himmelblauen und rosafarbenen Hemden, dafür beide Autos und Puppen als Spielzeug, wir hatten die gleichen Pflichten in der Küche und beim Fahrradreparieren. Außerdem war da Ulrike. Ulrike war ein Rabaukenmädchen, mit ihr konnte ich alles tun, was man sich von guten Freunden so erwartet: Fußball spielen, auf Bäume klettern, Sandburgen bauen. [...]
Ich war überzeugt, dass es so bleiben würde. Bis ich in die Schule kam. Ich war ein netter, langweiliger Junge, der seine Hausaufgaben machte und eher zurückhaltend war. Trotzdem bekam ich die volle Breitseite der Geschlechterrollen ab: Strafarbeiten, Ermahnungen, mäßige Noten in Betragen. Ich saß in einer Bank mit Jungs, und in den Augen der Grundschullehrerin war es wohl Gleichbehandlung, dass alle Jungs die gleiche Strafarbeit bekamen. [...] Erst war ich verärgert, dann wütend. Wichtig war offenbar nicht, wer ich war, sondern allein, was ich war: ein Junge. Aus der Wut wurde Trotz: Wenn ich schon die volle Wucht der Klischees abbekam, dann wollte ich auch die Narrenfreiheiten. Ich wollte unvernünftig, vorlaut und großmäulig sein [...], kurzum: Ich wollte mich in meine Rolle als Junge fügen. [....] Auch wenn das nicht meine Art war, es war meine Rolle.

Daniel Erk, Ellbogen und Straftaten, in: fluter, Januar 2007, S. 24ff.

M14 Wie alte Vorurteile den Schulalltag prägen

Eigentlich dachte die Lehrerin immer, dass sie schon viel richtig machen würde. Claudia Gehe-Becker unterrichtet Naturwissenschaften an einer Realschule in Berlin-Charlottenburg – und sie will dabei auch die Mädchen fördern: Sie besucht mit ihnen einen Technik-Parcours, damit sie einen Tag lang – ohne ihre männlichen Schulkollegen – löten, basteln und schweißen können, sie unterrichtet an manchen Tagen geschlechtergetrennt, und sie unterstützt den Girls' Day, der den Mädchen spannende Berufe in den Naturwissenschaften schmackhaft machen soll.

Dann aber ließ sie einen ihrer Schüler während des Unterrichts notieren, welche Schüler sie aufrief, wer sich meldete und wer nicht. Damit wollte sie zeigen, dass sie alle gleichmäßig drannehmen würde.

Die Strichliste zeigte: Meldete sich ein Junge achtmal und ein Mädchen zehnmal, kam der männliche Schüler häufiger zu Wort. „Wie kann das sein? Ausgerechnet du als Frau bevorzugst die Jungen?", fragte sie sich.

Heute glaubt sie, die Gründe zu kennen: Die männlichen Schüler seien dominanter und deshalb auch präsenter im Unterricht. Schon um die Klasse ruhig zu halten, hat sie manchmal den Impuls, eher Jungen aufzurufen als Mädchen. [...]

Auch die Schulforscherin Bettina Hannover von der Berliner Freien Universität kommt zu einem ähnlichen Schluss, auch sie vermisst in der Schule das, was sie „Genderkompetenz" nennt [...].

„Genderkompetenz spielt in der Lehrerausbildung kaum eine Rolle", beklagt Hannover. Worauf sich die Forscher in Sachen Geschlechterförderung einigen können, ist nicht allzu viel: Mädchen und Jungen sind unterschiedlich, sie denken und verhalten sich unterschiedlich, sie werden unterschiedlich sozialisiert. Darauf, so der Konsens der Wissenschaftler, müssten die Schule, der Unterricht und die Lehrer reagieren. Umstritten bleibt, auf welche Weise das geschehen soll. „Kompensatorisch", sagen Forscherinnen wie Hannover: Lehrer und Schulen sollten auf diese unterschiedlichen Vorerfahrungen eingehen. Das könnte sogar im Extremfall dazu führen, dass Mädchen und Jungen wieder auf unterschiedliche Schulen aufgeteilt würden, wie es einigen Wissenschaftlern vorschwebt.

Die Alternative zu dieser Extremvariante wäre eine abgespeckte Version: Mädchen und Jungen könnten in bestimmten Altersstufen und in bestimmten Fächern, die als „typisch weiblich oder typisch männlich" angesehen werden, in Mädchen- und Jungenklassen aufgeteilt werden.

Die Berliner Lehrerin Gehe-Becker ist für die abgespeckte Version, sie plädiert für einen getrennten Unterricht in einigen Fächern, den Naturwissenschaften etwa, und auch hier nur in einer bestimmten Altersstufe. Mit dem geschlechtergetrennten Unterricht in der Klasse 9 und 10 hat sie gute Erfahrungen gemacht: „Sowohl Mädchen als auch Jungen sind viel gelöster und freier, sich zu melden." [...]

Unverzichtbar hingegen seien Lehrer und Lehrerinnen, die eine größere Sensibilität dafür entwickeln, dass Mädchen häufig eine andere Herangehensweise an Problemstellungen haben als ihre männlichen Mitschüler.

Was die Schülerinnen bräuchten, seien daher Denkanstöße, auch wenn es darum geht, sich von den traditionellen Berufsvorstellungen zu lösen. Gehe-Becker erlebt in ihrem Schulalltag, dass Mädchen genau in diesen gewohnten Berufskategorien denken: „Schülerinnen, die sehr gut in Naturwissenschaften sind, entscheiden sich dann trotzdem häufig für einen sozialen Beruf."

Linda Tutmann, Löten Mädchen anders?, in: Die Zeit, 02.09.2010, Nr. 36

Girls' Day
Bundesweiter Orientierungstag für Mädchen zwischen 10 und 15 Jahren, der den Mädchen spannende Berufe u.a. in den Naturwissenschaften schmackhaft machen soll.

Boys´Day
Analog zum Girls´ Day ist der Boys´ Day ein bundesweiter Aktionstag zur Berufsorientierung und Lebensplanung für Jungen. Der Boys´ Day existiert seit 2010.

Rollenbilder im Unterricht
Die Hamburger Erziehungswissenschaftlerin Hannelore Faulstich-Wieland sieht den Grund für fehlende Gleichberechtigung im Klassenzimmer u.a. im Vorhandensein von Rollenbildern bei den Lehrkräften. Immer noch vorherrschende Stereotypen wie *„Jungen interessieren sich für Mathe und Mädchen für Deutsch"* führen bei Mädchen zu mangelndem Selbstbewusstsein, das sich negativ auf die Leistung auswirkt.

M15 Was bedeutet Gender-Mainstreaming?

Genderkompetenz im Unterricht
Fähigkeit der Lehrer und Lehrerinnen, die eigenen Rollenbilder kritisch zu hinterfragen und zu korrigieren, aber auch das Bewusstsein darüber, dass Mädchen und Jungen schon vor der Schule unterschiedlich sozialisiert wurden.

Gender-Mainstreaming bedeutet, dass in allen Phasen des politischen Prozesses –Planung, Durchführung, Monitoring und Evaluation – der Geschlechterperspektive Rechnung getragen wird. Ziel ist die Förderung der Gleichstellung von Frauen und Männern. Nach dem Gender-Mainstreaming-Konzept sind politische Maßnahmen stets daraufhin zu prüfen, wie sie sich auf die Lebenssituation von Frauen und Männern auswirken, und gegebenenfalls neu zu überdenken. Das Anfang 2007 eingeführte Elterngeld sollte beispielsweise die veränderten Lebensumstände und -entwürfe von Familien berücksichtigen. Laut Bundesministerium für Familie, Senioren, Frauen und Jugend ist der familienpolitische Dreiklang aus finanzieller Förderung, verbesserter Infrastruktur und mehr Zeit vor allem durch das Elterngeld erreicht worden.

Nach: © Europäische Union, Strategie für die Gleichstellung von Frauen und Männern 2010 – 2015, www.ec.europa.eu, S. 35, Abruf am 20.5.2014

M16 Frauenquote – kontrovers diskutiert

Frauenquote – im Erklärfilm

Mediencode: 72021-05

Unter „Frauenquote" versteht man eine Regelung, die vorsieht, dass bei der Besetzung von Gremien und Stellen darauf geachtet wird, dass genauso viele Frauen wie Männer vertreten sind. Vor allem bei Führungspositionen hat sich nämlich herausgestellt, dass ein wesentlich höherer Anteil der Positionen von Männern besetzt ist. Ziel ist die tatsächliche Gleichstellung von Mann und Frau in allen Bereichen der Gesellschaft.

Für die Frauenquote im Unternehmen	Gegen die Frauenquote im Unternehmen
Die Top-Positionen in den Unternehmen nehmen immer noch vor allem Männer ein	Die Unternehmen müssen selbst entscheiden dürfen, wen sie einstellen.

Nach: Jan Weber, Das Betreuungsgeld zwischen Interessen und Ideologien, Praxis Politik, 4/2011, S. 41

Aufgaben

1. Werten Sie M12 aus und nehmen Sie Stellung dazu.
2. Ermitteln Sie, ob Daniel sich in einem Intra- bzw. Interrollenkonflikt befand und sammeln Sie darauf aufbauend mit Ihrem Nachbarn Kriterien für ein Erziehungshandbuch, das besondere Aufmerksamkeit auf die Ausgeglichenheit von Rollenerwartungen legt (M13).
3. Erarbeiten Sie aus M14 die dargestellte Problematik.
   a) Stellen Sie die Positionen der Forschung zu Geschlechtsunterschieden dar.
   b) Machen Sie Vorschläge für mehr Geschlechtergerechtigkeit an Schulen.
   c) Erarbeiten Sie mit einem Partner Vor- und Nachteile eines getrenntgeschlechtlichen Unterrichts.
4. Erkundigen Sie sich zu den Projekten „Boys' Day" und „Girls' Day" und beurteilen Sie den Sinn solcher Projekte (M14).
5. Erläutern Sie, inwiefern das 2007 eingeführte Elterngeld dem Gedanken des Gender-Mainstreaming entspricht (M15).
6. Sammeln Sie mithilfe des Erklärfilms (Randspalte zu M16) weitere Gründe für und gegen eine Frauenquote (M16) und führen Sie eine Podiumsdiskussion (→ Methodenglossar) darüber.

Methode

Modellbildung am Beispiel des Betreuungsgeldes: das Eisberg-Modell

Das Eisberg-Modell ist eine visualisierende Darstellung, die zu einem besseren Verständnis von kommunikativen Abläufen führen kann. Das Modell eignet sich zur Beschreibung privater Kommunikation (v.a. bei Konfliktlösungsversuchen) genauso wie zur Analyse von politischen Positionen.

Bei Eisbergen ist in der Regel nur ein kleiner Teil, die Spitze, zu sehen. Der Rest bleibt, da er unter Wasser ist, im Verborgenen. Im Konfliktfall stoßen deshalb nicht die Spitzen aufeinander, sondern die unter Wasser befindlichen Blöcke. Auf die politische Diskussion übertragen heißt das Folgendes: Für die meisten von uns, die die Abläufe der Politik vor allem von außen verfolgen, sind meist nur die Sachargumente (Daten und Zahlen), bewusst veröffentlichte Äußerungen und die finalen Entscheidungen sichtbar, nicht jedoch die unterschwelligen Ängste, Unsicherheiten, Tabus, Gefühle und meist ideologisch aufgeladenen Interessen und Ideen der Beteiligten.

Wer diese kennt und um deren Bedeutung weiß, kann politische Diskussionen und Konflikte besser verstehen und deren Abläufe beurteilen.

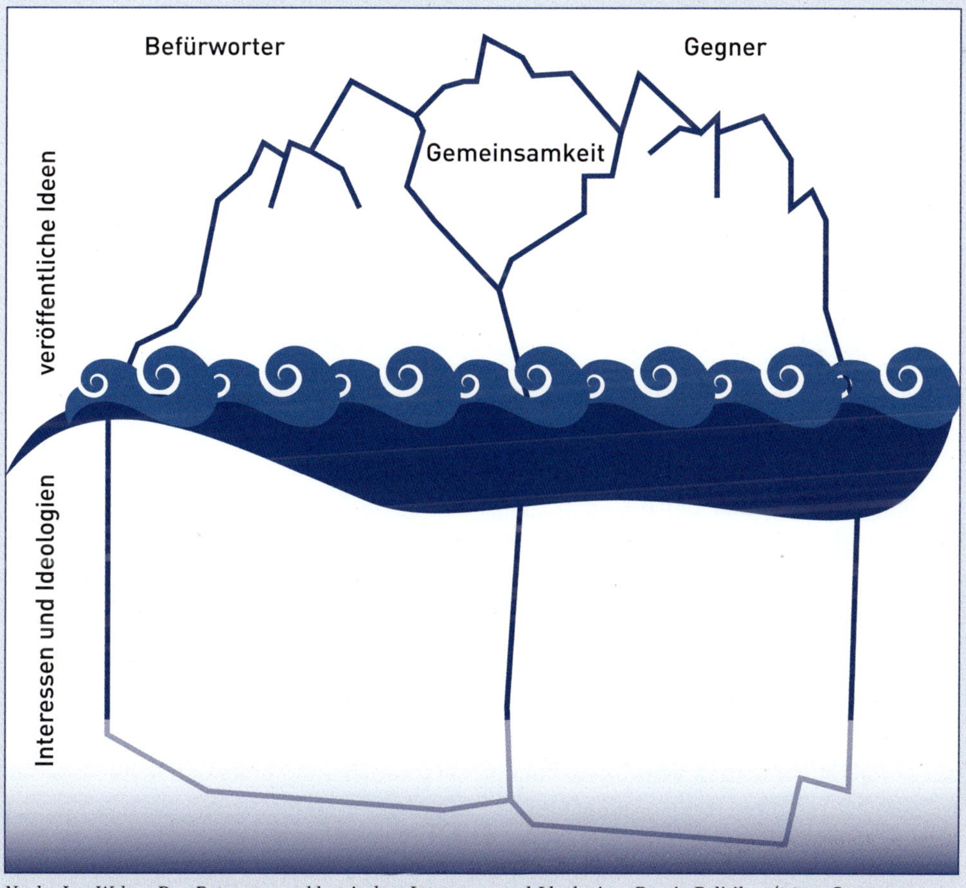

Nach: Jan Weber, Das Betreuungsgeld zwischen Interessen und Ideologien, Praxis Politik, 4/2011, S. 45

Pro Betreuungsgeld – Meilenstein für die Wahlfreiheit der Familien

Der Weg ist frei für die Wahlfreiheit bei der Kinderbetreuung. Der Bundestag hat am Freitag in Berlin dem von der CSU geforderten Betreuungsgeld zugestimmt. Das Betreuungsgeld tritt somit in 265 Tagen zum 1. August 2013 gleichzeitig mit dem Rechtsanspruch auf einen Krippenplatz in Kraft. „Wir unterstützen alle Familien, die Krippenplätze brauchen. Wir dürfen aber die zwei Drittel der Familien in Bayern nicht aus dem Auge verlieren, die in den ersten Lebensmonaten die Kinderbetreuung in den Mittelpunkt ihres Lebens stellen", erklärte der CSU-Vorsitzende, Ministerpräsident Horst Seehofer. „Die überwiegende Mehrheit der Experten, die für mich maßgeblich sind - die Eltern – ist dankbar, dass wir uns für das Betreuungsgeld einsetzen", machte die stellvertretende Generalsekretärin Dorothee Bär deutlich. Neben dem Betreuungsgeld geht der Ausbau der Kitaplätze mit großen Schritten voran. Mit dem Betreuungsgeld sei das ein „wunderbares Gesamtpaket" für die Eltern in Deutschland, betont Bär. Krippenausbau und Betreuungsgeld gehören untrennbar zusammen, so die CSU-Familienministerin Christine Haderthauer. „Wenn der Staat den Eltern von Ein- und Zweijährigen bei der Lösung der Betreuungsfrage mit Milliarden von Steuergeldern helfen will, dann muss er das für alle Eltern tun." Dorothee Bär hielt den Kritikern der Opposition vor, den Eltern nicht zuzutrauen, die richtigen Entscheidungen über die Betreuung ihrer Kinder zu treffen. CSU-Generalsekretär Alexander Dobrindt: „Das ist Familienpolitik à la SPD, dass sie die Familien beschimpft, die ihre Kinder zu Hause erziehen wollen, und dass sie gegen die freie Entscheidung der Eltern über die Betreuung ihrer Kinder vor Gericht ziehen will." CSU-Landesgruppenchefin Gerda Hasselfeldt ergänzte, Mütter sollten sich nicht für ihre Biografie und ihren Weg der Kindererziehung rechtfertigen müssen. „Die Opposition disqualifiziert Eltern als Amateure, wenn sie allein staatlicher Betreuung den Vorzug gibt."

© CSU, Meilenstein für die Wahlfreiheit der Familien, www.csu.de, 9.11.2012

Kontra Betreuungsgeld – das Betreuungsgeld ist eine moderne Herdprämie

Mit dem Betreuungsgeld fällt die Bundesregierung zurück in alte Denkmuster. Anstatt das wirklich Notwendige für den Ausbau der Kinderbetreuung aufzubringen, damit alle Eltern endlich eine Möglichkeit haben, Familie und Beruf zu vereinbaren, will Schwarz-Gelb Mütter finanziell unterstützen, wenn sie zu Hause bleiben. Das Betreuungsgeld ist damit eine „Herdprämie". Diese widerspricht allen Prinzipien einer modernen Gesellschaft und konterkariert die Familienpolitik der jüngsten Vergangenheit. Das früher noch ehrgeizige Ziel zum Ausbau der Kinderbetreuungsplätze war ein wichtiger Schritt hin zu einer Familienpolitik, die sich am Leitbild einer partnerschaftlichen Arbeitsteilung orientiert - wie sie sich eben viele jüngere Elternpaare wünschen. Eine Geldprämie wie das Betreuungsgeld fällt dahinter wieder zurück. Wir lehnen das Betreuungsgeld entschieden ab, weil es als „Herdprämie" den Wiedereinstieg in den Beruf erschwert und Kinder von frühkindlicher Förderung fernhält.

Bündnis90/Die Grünen, Dagegen: Herdprämie, www.gruene.de, Abruf am 15.11.2012

Modelle der geschlechtsspezifischen Arbeitsteilung

Familienpolitische Programme sind stets eingebettet in kontroverse Wertvorstellungen (Normen und Ideen) und reale Lebensbedingungen (Praxis), die in der folgenden Tabelle idealtypisch dargestellt werden.

<table>
<tr><th>Modelle / Gesellschaftliche Sphären</th><th>Traditionelles Ernährermodell</th><th>Modelle allgemeiner Erwerbstätigkeit (Zweiverdienermodelle)</th><th>Modell der partnerschaftlichen Integration von Betreuungs- und Erwerbsarbeit</th></tr>
<tr><td>Erwerbsarbeit</td><td>Normgeschlechterspezifische Arbeitsteilung: Praxis des männlichen Ernährers im „Normalarbeitsverhältnis“ und ggf. des Zuverdienens der Ehefrau</td><td rowspan="2">Idee der individuellen (Wahl-)Freiheit und Verantwortlichkeit für die private Lebensführung auf der Basis der Idee der Leistungsgerechtigkeit; Praxis des Doppelverdienerhaushalts mit individuellen Arrangements der Kinderbetreuung bei Doppelbelastung der Frau</td><td>Idee der gleichen und unabhängigen Erwerbschancen; Praxis der gleichzeitigen Ausübung von Betreuungs- und Erwerbsarbeit durch die Partner</td></tr>
<tr><td>Kinderbetreuung und -erziehung</td><td>Norm der Subsidiarität: Zuständigkeit der Familie als „Keimzelle der Gesellschaft“ für die Kindererziehung; Praxis der exklusiven Hausfrauen- und Mutterrolle</td><td>Norm der gesellschaftlichen (Mit-)Verantwortung für und gleichberechtigte Teilung von Kinderbetreuung; Praxis der Kombination öffentlicher und elterlicher Betreuung und Erziehung</td></tr>
<tr><td>Soziale Sicherung</td><td colspan="3">Praxis der Bundesrepublik Deutschland ermöglicht bzw. behindert die Realisierung der Modelle:
Erwerbszentrierung der sozialen Sicherungssysteme (insbesondere Arbeitslosigkeit und Alterssicherung): Anspruchsberechtigung und -höhe ergeben sich aus den auf Lohnarbeit bezogenen Versicherungsbeiträgen
In der Folge: „abgeleitete“ Sicherung der Ehefrau, finanzielle Abhängigkeit vom Familienernährer; soziale (Folge-) Probleme u.a.: Schwierigkeiten der Einkommenssicherung für junge Eltern, Altersarmut geschiedener Ehefrauen</td></tr>
</table>

Nach: Jan Weber, Das Betreuungsgeld zwischen Interessen und Ideologien, Praxis Politik, 4/2011, S. 41

Aufgaben

1. Analysieren Sie die Pro- und Kontra-Positionen zum Betreuungsgeld, indem Sie die Argumente und dahinter stehenden Werthaltungen identifizieren.
2. Erläutern Sie die vorrangigen familienpolitischen Zielsetzungen von CDU/CSU und Bündnis 90/Die Grünen sowie die damit verbundenen Familienleitbilder.
3. Fassen Sie Ihre Analyseergebnisse zusammen, indem Sie (a) die programmatischen Aussagen und Argumente der Parteien in den „sichtbaren“ Teil des Eisberg-Modells eintragen, (b) die bei der Formulierung dieser Programmatik wirksamen Wertvorstellungen (Gefühle, Wünsche, Ängste etc.) und politischen Interessen in den unteren Teil des Eisberg-Modells eintragen.
4. Stellen Sie fest, welche weiteren Aspekte und Überlegungen für die Parteien noch ausschlaggebend für die jeweilige Haltung sein könnten und übernehmen Sie auch diese in das Modell.
5. Nehmen Sie nun zum familienpolitischen Instrument des geplanten Betreuungsgeldes begründet Stellung.

H Aufgaben 1 – 4
M4 auf S. 43 bietet ein Fallbeispiel über Familien und „Frauen-Rollen“, das als Hintergrundinformation zur Bearbeitung der Aufgaben verwendet werden kann.

2.4 *Vertiefung:* Rollen – theoretisch erklärt

M17 Ralf Dahrendorf: „Homo sociologicus" – bestimmen Rollen unser Verhalten?

Ralf Dahrendorf (1929 – 2009), deutscher Soziologe, veröffentlichte 1959 sein berühmtes Werk „Homo sociologicus", das den Begriff der Rolle in die deutsche Soziologie einführte. Bis heute beeinflusst Dahrendorfs Werk die Diskussion über Rollentheorien maßgeblich.

Soziale Positionen sind ohnehin ein Danaergeschenk [unheilvolle Gabe] der Gesellschaft an den Einzelnen. Auch wenn er sie nicht mit eigener Kraft erworben hat, sondern sie ihm ungefragt zugeschrieben wurden, verlangen sie von ihm eine Leistung; denn jeder einzelnen Position haftet eine Rolle an, ein Satz von Erwartungen an den Träger, der von den Bezugsgruppen seines Feldes sanktioniert wird. Bevor der Einzelne seine Rolle spielen kann, muss er sie kennen; wie der Schauspieler muss auch das gesellschaftliche Wesen seine Rollen lernen, sich mit ihrem Inhalt und ihren Sanktionen vertraut machen. [...] Durch Beobachtung, Nachahmung, Indoktrination und bewusstes Lernen muss er in Formen hineinwachsen, die die Gesellschaft für ihn als Träger seiner Positionen bereithält. Seine Eltern, Freunde, Lehrer, Priester und Vorgesetzten sind der Gesellschaft vorwiegend als Agenten wichtig, die der sozialen tabula rasa [leeres Blatt] des rollenlosen Menschen den Plan seines Lebens in der Gesellschaft einritzen. In dem Interesse der Gesellschaft an Familie, Schule und Kirche bekundet sich keineswegs nur der Wunsch, dem Einzelnen zur Entfaltung seiner individuellen Anlagen zu verhelfen, sondern vor allem auch die Absicht, ihn auf die Aufgaben, deren Erfüllung die Gesellschaft von ihm erwartet, effektiv und kostensparend vorzubereiten. Für Gesellschaft und Soziologie ist der Prozess der Sozialisierung stets ein Prozess der Entpersönlichung, in dem die Individualität und Freiheit des Einzelnen in der Kontrolle und Allgemeinheit sozialer Rollen aufgehoben wird.

Ralf Dahrendorf, Homo sociologicus, S. 163 f.

M18 Beispiel für Rollenkonflikte: der Bäcker

Nehmen wir das Beispiel eines Bäckers, der gleichzeitig Vater, Ehemann und Fußballspieler im Dorfverein ist. Dies sind nur vier von wahrscheinlich Dutzenden von Rollen, die diese Person tagtäglich einnimmt – einnehmen muss! – und die sein Dasein als homo sociologicus bestimmen. Jede dieser Rollen ist mit bestimmten Erwartungen verbunden, die von den jeweiligen Bezugsgruppen an ihn gestellt werden. Die Bezugsgruppe Familie erwartet etwa, dass er ein guter Vater ist (und bestimmt, was unter "gut" verstanden wird), die Bezugsgruppe Fußballmannschaft, dass er immer pünktlich ins Training kommt und jeden Sonntag seine berüchtigte Blutgrätsche ausfährt. Von dem Bäcker erwarten die Kunden, dass sie jeden Morgen frisches Brot bekommen, er muss daher jeden Werktag um vier Uhr aufstehen. Verweigert er sich, so bekommt er entsprechende Sanktionen zu spüren. Die Familie wird mißmutig, die Kinder jammern ständig, die Mitspieler betrachten ihn als "Weichei", der Trainer setzt ihn schließlich auf die Bank, die Kunden tuscheln über ihn oder kommen nicht zu einer Bäckerei, die nur nachmittags geöffnet hat. Es gibt dabei verschiedene Intensitäten der Erwartungen (Muß-, Kann-, Soll-) und entsprechend verschiedene Intensitäten der Sanktionen [...]. Dahrendorf nennt dies die "ärgerliche Tatsache der Gesellschaft" – sie übt Zwang aus, man kann ihr, ihren Erwartungen und Sanktionen nicht entfliehen.

Martin Booker (Hg.), Was ist ein homo sociologicus?, www.homosociologicus.de, Abruf am 27.11.2013

M19 Talcott Parsons: Sind Menschen „nur" Rollentypen?

Die Sozialisationsfunktion [von Rollen, Anm.d.R.] kann zusammenfassend gekennzeichnet werden als die Entwicklung von Bereitschaften und Fähigkeiten der Individuen als wesentliche Voraussetzung ihrer späteren Rollenerfüllung. Bereitschaft kann wiederum in zwei Komponenten (Bestandteile) aufgeteilt werden: Bereitschaft zur Verwirklichung der allgemeinen Werte der Gesellschaft und Bereitschaft zur Erfüllung eines spezifischen Rollentyps innerhalb der Struktur der Gesellschaft. So kann eine Person mit einem verhältnismäßig bescheidenen Beruf ein „solider Bürger" im Sinn einer Bereitschaft zur ernsthafte Arbeit in diesem Beruf sein, ohne jedoch intensives und aufgeklärtes Interesse an der Verwirklichung der differenzierteren Werte der Gesellschaft zu besitzen. [...] Fähigkeiten können ebenfalls in zwei Komponenten aufgeteilt werden: erstens, Kompetenz oder Fertigkeiten, die mit den individuellen Rollen verbundenen Aufgaben zu erfüllen; zweitens, „Rollenverantwortlichkeit" oder Fähigkeit, den Erwartungen der anderen hinsichtlich dem diesen Rollen angemessenen interpersonellen Verhalten zu entsprechen. So bedarf ein Mechaniker ebenso wie ein Arzt nicht nur der grundlegenden „Fertigkeiten eines Gewerbes", sondern auch der Fähigkeit, sich verantwortungsvoll gegenüber jenen Leuten zu verhalten, mit denen er durch seine Arbeit in Berührung kommt.

Talcott Parsons, Sozialstruktur und Persönlichkeit, Harvard Educational Review, Bd. 29, Nr. 4, 1959

Talcott Parsons (1902 – 1979), amerikanischer Soziologe, kommt im Gegensatz zu Ralf Dahrendorf zu anderen Rollenerkenntnissen. Seine Theorie begründete den sogenannten Strukurfunktionalismus. (→ Kapitel 1.6)

M20 Lothar Krappmann: Rollenhandeln als Grundlage für unsere Identität?

Wir alle treten in verschiedenen Situationen in unterschiedlicher Weise auf. Wir verhalten uns kooperationsbereit und nachgiebig unter unseren Arbeitskollegen, pochen dagegen hartnäckig auf unser Recht, wenn unser Wagen in der Werkstatt unsachgemäß repariert wurde. [...] Gespräche und gemeinsames Handeln sind nur möglich, wenn wir uns auf unsere Partner einstellen. Aber dies findet dort seine Grenze, wo nicht mehr zu erkennen ist, wofür wir denn „wirklich" eintreten. [...] Obwohl also gemeinsames Handeln und Kommunikation auf der einen Seite voraussetzen, daß die Partner sich in Handlungsorientierungen und Sprache einander angleichen, muß jeder auf der anderen Seite doch zugleich verdeutlichen, „wer er ist". [...] Das Individuum steckt folglich in einem Dilemma: Wie soll es sich den anderen präsentieren, wenn es einerseits auf seine verschiedenartigen Partner eingehen muß, um mit ihnen kommunizieren und handeln zu können, andererseits sich in seiner Besonderheit darzustellen hat, um als dasselbe auch in verschiedenen Situationen erkennbar zu sein? [...] „Man" erwartet von einem Wissenschaftler rationale Argumentation, von einem Künstler Exzentrizität und Phantasie, von einem Arzt Hilfsbereitschaft und Sorgfalt. Wer gegen allgemein geteilte Vorstellungen, wie er sich als Angehöriger bestimmter Personengruppen zu verhalten hat, wiederholt verstößt, läuft Gefahr, in seiner individuellen Besonderheit nicht akzeptiert zu werden. [...] Die vom Individuum für die Beteiligung an Kommunikation und gemeinsamem Handeln zu erbringende Leistung soll hier mit der Kategorie der Identität bezeichnet werden. Damit das Individuum mit anderen in Beziehungen treten kann, muß es sich in seiner Identität präsentieren; durch sie zeigt es, wer es ist. Diese Identität interpretiert das Individuum im Hinblick auf die aktuelle Situation und unter Berücksichtigung des Erwartungshorizontes seiner Partner. Identität ist nicht mit einem starren Selbstbild, das das Individuum für sich entworfen hat, zu verwechseln.

Lothar Krappmann, Soziologische Dimensionen der Identität, Stuttgart 1982, S. 7 – 9

Lothar Krappmann, deutscher Soziologe, sieht in der Fähigkeit, Rollenerwartungen infrage zu stellen, eine Bedingung zur Identitätsbildung. Krappmann ist wie G.H. Mead Anhänger des symbolischen Interaktionismus. (→ Kapitel 1.6)

Methode

Textbearbeitung I

I. Aufgaben

1. **Stellen Sie dar, wie Krappmann die Identität des Individuums definiert. Legen Sie auch dar, welchen Stellenwert der symbolische Interaktionismus dieser Identität beim Handeln in unterschiedlichen Handlungssituationen (Interaktionen) zuschreibt.**
2. Analysieren Sie die Vorstellungen in M20, indem Sie sie u.a. mit den Vorstellungen in M17 und M19 vergleichen und Gemeinsamkeiten und Unterschiede herausarbeiten.
3. Begründen Sie, welcher Ansatz Ihnen bei der Reflexion über eigenes Rollenhandeln am hilfreichsten ist.

II. Tipps zur Bearbeitung von Aufgabe 1

1. Lesen Sie zunächst in den „allgemeinen Hinweisen zur Textbearbeitung" auf S. 268 ff. die Abschnitte II und III.
2. Bei der Bearbeitung der Aufgabe 1 sollten Sie sich an den Hinweisen auf S. 268 ff. orientieren. Die folgende Handlungsanleitung gibt Ihnen einen roten Faden, mit dessen Hilfe Sie die Darstellung des Textes üben können.

III. Anleitung zur Darstellung des Textes in M20 (AFB I)

Bevor Sie mit der Darstellung beginnen, überfliegen Sie bitte noch einmal die Texte M17 und M19 und machen Sie sich klar, in welchen inhaltlichen Zusammenhang M20 einzuordnen ist.

1. Nennen Sie Überschrift des Textes, den Verfasser, die Textsorte, Erscheinungsort und Erscheinungsjahr
2. Überfliegen Sie zuerst den Text und versuchen Sie, das zentrale Thema des Textes zu erfassen. Markieren Sie unbekannte Begriffe und Schlüsselwörter. Bei dem vorliegenden Text hilft Ihnen schon die Überschrift, das zentrale Thema zu erfassen. Tipp: Am Ende des Textes fasst der Autor sein Verständnis von Identität des Individuums als handelnder Person in verschiedenen Rollen zusammen. Es bieten sich zwei Wege an, den Text darzustellen:
   a) Sie beginnen Ihre Darstellung des Textes mit der Definition des Begriffs „Identität des Individuums" (Abschnitt ab Z. 36), um dann im Folgenden der Chronologie des Textes zu folgen. Gliedern Sie den ersten Teil des Textes in zwei Abschnitte (Zeilen 1 – 26 und Zeilen 27 – 36), formulieren Sie ein Thema für jeden Abschnitt und stellen dann abschnittweise dar, mit welchen Rollenerwartungen das Individuum konfrontiert wird und wie es sich nach den Rollenerwartungen der Gesprächspartner verhalten sollte, um seine Identität zu wahren.
   b) Sie gliedern den Text ebenfalls in drei Abschnitte, beginnen aber mit dem ersten Abschnitt ab Zeile 1. Ansonsten verfahren Sie wie in a) beschrieben.
3. Bei Ihrer Textdarstellung (mündlich oder schriftlich) sollten Sie einen Einleitungssatz formulieren, in dem Sie das Thema des Textes nennen und dann entweder mit dem Abschnitt ab Zeile 36 beginnen oder mit dem Abschnitt ab Zeile 1. Die folgenden Schlüsselwörter (hier in chronologischer Reihenfolge) sollten auf jeden Fall in Ihrer

Textdarstellung vorkommen: *kooperationsbereites oder hartnäckiges Verhalten, auf Partner einstellen, erkennen, „wer er ist", auf verschiedene Partner eingehen, in verschiedenen Situationen erkennbar sein, unterschiedliche Erwartungen an einen Wissenschaftler, Künstler oder Arzt, bei Verstößen gegen die Erwartungen fehlende Akzeptanz.*

4. Zitieren Sie nur einzelne Begriffe und nicht ganze Sätze. Belegen Sie Ihre Darstellung mehrfach durch Zeilenangaben (Z. xy).
5. Verwenden Sie den Konjunktiv Präsens, um die Aussagen des Autors wiederzugeben. Wenn deutlich ist, dass es sich nicht um Ihre Position, sondern um die des Autors handelt, können Sie (müssen es aber nicht) auch den Indikativ verwenden (z.B.: *Der Autor stellt fest, dass an einen Wissenschaftler andere Rollenerwartungen gestellt werden (oder würden) als an einen Künstler*). In dem folgenden Satz muss aber der Konjunktiv verwendet werden: *An einen Wissenschaftler würden andere Rollenerwartungen gestellt als an einen Künstler.*
6. Vermeiden Sie Wiederholungen, verwenden Sie nicht zu häufig dieselben Verben, wie z.B.: *„Der Autor sagt"*, sondern verwenden Sie u.a. auch die folgenden Verben: *darstellen, zusammenfassen, aufzählen, nennen, beschreiben, darlegen, wiederholen.*

Bearbeiter

Aufgaben

1. Erstellen Sie in Gruppenarbeit ein Lernplakat (→ Methodenglossar):
   a) Stellen Sie Struktur und Inhalt von M17 dar, indem Sie die Begriffe *Soziale Positionen, Rollen, Sanktionen, Bezugsgruppe, Entpersönlichung, Gesellschaft, Positionen* und *Einzelne* jeweils auf Karteikarten schreiben, sortieren, in Beziehung setzen und übersichtlich auf ein Plakat kleben. Sie können fehlende Begriffe aus dem Text auf weitere Karteikarten schreiben.
   b) Fügen Sie zu den Begriffen aus M17 jeweils die passenden Begriffe aus dem Beispiel in M18 hinzu.
   c) Überlegen Sie, wie Sie die Beziehung zwischen den Begriffen verdeutlichen können; arbeiten Sie z.B. mit Pfeilen, Beschriftungen, Farben, Zeichen, Symbolen usw.
   d) Stellen Sie Ihrem Kurs Ihr Lernplakat und Ihre gewählte Vorgehensweise vor.
2. Übertragen Sie das Beispiel des Bäckers aus M18 auf Ihre eigene Situation. Welche Rollen und Positionen nehmen Sie ein? Welche Erwartungen stellen die Bezugsgruppen an Sie? Beurteilen Sie, inwiefern der „Prozess der Entpersönlichung" auch auf Sie zutrifft.
3. Analysieren Sie M19 und ordnen Sie die Position dem Strukturfunktionalismus zu (→ Kapitel 1.6).
4. Bearbeiten Sie den Text aus M20 mithilfe der Methode „Textbearbeitung I" auf Seite 58.

F Aufgaben 3 – 4
Analysieren Sie selbst erfahrene Geschlechterkonflikte mithilfe der strukturfunktionalistischen Rollentheorie von Parsons einerseits und des interaktionistischen Ansatzes von Krappmann andererseits. Ziehen Sie dabei auch Ihr Wissen aus Kapitel 1 heran.

Wissen kompakt

Rollen / Soziale Rollen
M2

Die Erwartungen, die an einen Menschen von seinem Umfeld gestellt werden, bündeln sich in der sozialen Rolle. Dabei beinhaltet jede soziale Rolle immer ganz bestimmte Erwartungen, je nachdem, was in einer Gesellschaft, einem Kulturkreis, zu einem historischen Zeitpunkt als üblich angesehen wird. So erwartet man z.B. von einem Lehrer bestimmte Aufgaben, Verhaltensweisen und Auftreten. Die gleiche Person kann auch zusätzlich Familienvater sein, in dieser Rolle werden dann andere Erwartungen an sie gestellt.

Rollenklischee
M2, M11, M12

Rollenklischees sind Vorurteile über Eigenschaften und Verhaltensweisen von Menschen. Bei den Geschlechterrollen sind häufige Rollenklischees, dass Frauen nicht Autofahren können und Männer nicht sensibel sein sollen.

Geschlechterrollen in Wandel
M4 – M9

Die Geschlechter-Rollenerwartungen haben sich im Laufe der Zeit stark geändert. Während es früher klar definierte Rollen und Aufgabenbereiche gab.

- Frauen als Mütter und Hausfrauen, die dem Ehemann unterlegen und hörig waren
- Männer als Ernährer der Familie,

sind diese Bilder durchlässiger geworden. Auch Frauen sind heute meistens berufstätig und Männer helfen im Haushalt. Dennoch gibt es auch weiterhin Berufe, die überwiegend von Männern oder von Frauen ausgeübt werden.

Rollenkonflikte
M13

Menschen haben nicht nur eine soziale Rolle inne, sondern viele verschiedene, je nachdem, in welchem Teil ihres sozialen Umfeldes sie sich bewegen. Zwischen diesen Rollen kann es zu Konflikten kommen, so können z.B. Eltern und Lehrer von einem erwarten, dass man als guter Schüler und Sohn zuverlässig zur Schule geht und seine Hausaufgaben macht, gleichzeitig können die Freunde von einem erwarten, dass man als Mitglied einer Clique die Schule schwänzt, feiern geht und um die Häuser zieht.

Interrollenkonflikt

In diesem Fall spricht man von einem Interrollenkonflikt, einem Konflikt zwischen verschiedenen Rollen.

Intrarollenkonflikt

Ein Intrarollenkonflikt ist ein Konflikt, der sich durch unterschiedliche Erwartungen an eine Person aus ein und derselben Rolle ergibt. So kann die Erwartung an eine Mutter z.B. sein, dass sie einerseits immer für ihre Kinder da ist und gleichzeitig auch Grenzen aufzeigt und ihre Kinder nicht in allen ihren Wünschen unterstützt.

Gender-Mainstreaming
M15

Auf den verschiedenen gesellschaftlichen Ebenen und in der Politik soll darauf geachtet werden, dass die Interessen beider Geschlechter berücksichtigt und einbezogen werden. Dabei geht es in der Praxis häufig um die Förderung der gleichberechtigten Einbeziehung von Frauen, aber es ist keine einseitige Politik der Frauenförderung, sondern soll die Perspektive beider Geschlechter berücksichtigen.

Wissen kompakt

Frauenquote
M16

Ausgangspunkt ist die sehr ungleiche Besetzung der Führungsposten in Unternehmen: In Deutschlands Chefetagen und Vorständen haben überwiegend Männer das Sagen. Gleichzeitig gibt es sehr viele gut qualifizierte Frauen. Dieses wird darauf zurück geführt, dass sich in vielen Köpfen die Gleichstellung von Mann und Frau noch nicht durchgesetzt hat.
Außerdem treffen häufig Männer die Entscheidung darüber, wer eingestellt wird und stellen dann häufiger Männer ein. Diesen Phänomenen soll die Frauenquote entgegenwirken, die gesetzlich festlegen soll, wie viel Prozent der Führungspositionen an Frauen vergeben werden müssen. Die Frauenquote ist sehr umstritten. Befürworter gehen von einem wichtigen Schritt der Gleichberechtigung aus, Kritiker halten dagegen, dass Frauen dann nur aufgrund ihres Geschlechtes und nicht wegen ihrer Qualifikation eingestellt werden.

Homo sociologicus
M17

Der Homo sociologicus ist ein Fachbegriff der Soziologie, geprägt von Ralf Dahrendorf. Er beschreibt den Menschen als soziales Wesen, als Teil einer Gesellschaft. Dabei gehen Soziologen nicht davon aus, dass das Bild der Homo sociologicus die einzige Sichtweise auf den Menschen ist, vielmehr ist er ein wissenschaftliches Modell, das zu Forschungszwecken den Menschen auf seine Eigenschaften als soziales, gesellschaftliches Wesen reduziert. Ähnlich gehen Wirtschaftswissenschaftler beim Homo oeconomicus vor.

Rollen im Strukturfunktionalismus
M19

Durch den Sozialisationsprozess lernen wir, welche Erwartungen an eine Rolle gestellt werden. Wir erlernen sowohl die Bereitschaft, eine bestimmte Rolle zu erfüllen, als auch übergeordnete gesellschaftliche Werte, die zur wirklichen Rollenerfüllung notwendig sind. Zwar ist es möglich, einen Beruf auszuüben, wenn man die entsprechenden Kenntnisse und Fertigkeiten dazu erworben hat. Seine Rolle z.B. als Arzt füllt man aber erst aus, wenn man auch die gesellschaftlich an diese Rolle gerichteten Erwartungen erfüllt, beim Arzt z.B. Hilfsbereitschaft, Menschlichkeit usw.

Rollen im Symbolischen Interaktionismus
M20

Damit das gesellschaftliche Zusammenleben funktioniert, müssen wir uns in der Kommunikation und im Umgang mit anderen aufeinander einlassen. D.h., dass man sich unterschiedlichen Menschen gegenüber unterschiedlich verhält. Z.B. tritt man seinen Lehrern gegenüber meistens anders auf als man sich in einer Gruppe von Freundinnen oder Freunden verhalten würde.
Daraus ergibt sich für den Einzelnen ein Problem: Wenn er so unterschiedliche Rollen einnimmt, so unterschiedliche Persönlichkeiten darstellt, je nachdem, mit wem er gerade kommuniziert und interagiert, stellt sich die Frage: Wer ist man eigentlich selbst? Die Anhänger des symbolischen Interaktionismus gehen davon aus, dass unsere Identität kein fester, starrer Zustand ist, sondern sich aus den unterschiedlichen Situationen, in denen wir auftreten, zusammensetzt.

Kompetenzen prüfen

I. Selbstdiagnose

Ich kann ...

	Sehr gut ++	Gut +	Nicht gut 0	Übung durch z.B.
die Entwicklung der Rollenbilder am Beispiel des BGB darstellen (AFB I).				• M6 • Aufgabe 6 auf S. 45
Fachbegriffe wie Soziale Rolle, Geschlechterrolle, Rollenklischees, Homo sociologicus vergleichen (AFB II).				• M2, M3, M17, M19 • Methode auf S. 53 • Wissen kompakt auf S. 60
die Erkenntnisse zum Wandel der Rollenbilder auf meine eigene Familie anwenden und mit der Beispielfamilie in M4 vergleichen (AFB II).				• M4 • Aufgaben 3 – 4 auf S. 45 • F Aufgabe 3 auf S. 45 • Wissen kompakt auf S. 60
Geschlechtsunterschiede im Beruf, in der Schule und im Alltag analysieren (AFB II).				• M6 – M16
beurteilen, inwiefern geschlechtstypische Rollenbilder auch Einfluss auf die Berufswahl und Einkommen haben (AFB III).				• M8, M12, M16 • Erklärfilm auf S. 52
Stellung nehmen, wie das Elterngeld, das Betreuungsgeld, der Girls'/Boys' Day oder die Frauenquote eine Möglichkeit zur Überwindung von Geschlechterunterschieden im Beruf, in der Karriere oder bei der Entlohnung sein können (AFB III).				• M14, M16 • Erklärfilm auf S. 52 • Aufgabe 5 auf S. 55 • Wissen kompakt auf S. 61

Kompetenzen anwenden – am Beispiel

Rollenerwartungen – karikiert

Karikatur: Marie Marcks

Aufgaben

1. Beschreiben Sie die Karikatur hinsichtlich der dargestellten Rollenerwartungen an Jugendliche.
2. Erklären Sie die Karikatur mithilfe des Modells des „Homo sociologicus“ (M17).

II. Klausurtraining

Die Rolle türkischer Väter in Deutschland

Kazim Erdoğan, türkischer Psychologe in Berlin, im Interview

Herr Erdoğan, in Berlin leben 170.000 Menschen mit türkischem Migrationshintergrund. Wissen Sie, wie viele davon alleinerziehende Väter sind?

Darüber gibt es keine Statistik. Aber ich schätze mal, von den Vätern ausgehend, die meine Gruppe besuchen, dass es so 1.500 sind. Tendenz von Monat zu Monat steigend.

Warum ist die Tendenz steigend?

Weil sich die Scheidungsraten bei uns schätzungsweise verdreifacht haben. Das hat mit den Eheschließungen zu tun, die man als Import- oder Heiratsehen bezeichnet. Man ist fälschlicherweise in Deutschland immer davon ausgegangen, dass das zu neunzig Prozent Frauen sind und hat fünfzig Jahre lang nur von Importbräuten geredet. Und die Importbräutigame haben keine Rolle gespielt. [...] Bis vor fünf Jahren haben bundesweit jährlich zwischen dreißig- und fünfunddreißigtausend Eheschließungen zwischen Menschen stattgefunden, von denen ein Teil in Deutschland lebte und einer eingereist ist. Der Frauenanteil ist bei 70 Prozent, also bleiben 30 Prozent Männer. Und nur, weil man die gleiche Sprache spricht und die gleiche Religion hat, ist das kein Garantieschein für eine Ehe. Der Mann kündigt zum Beispiel in der Türkei seine Arbeit und träumt vom Paradies in Deutschland. Und dann bekommt er erstmal Taschengeld. Von der Frau.

Wieso bekommt er von der Frau Taschengeld?

Weil er herkommt und die ersten Jahre nicht arbeitet. Er ist der deutschen Sprache nicht mächtig, und die Frau arbeitet, weshalb er überhaupt erst ein Visum bekommt.

Wie passt das zum Verständnis des türkischen Mannes, dass er der Alleinernährer der Familie zu sein hat?

Diese Zeit wird als vorübergehend angesehen, bis er Deutsch gelernt und Arbeit gefunden hat. Solange, sagt er sich, beiße ich in den sauren Apfel und mache mit.

Das bedeutet doch eine große Belastung für den Mann.

Schon ab dem Tag der Eheschließung entsteht bei ihm Stress. Die Frau ist ihm voraus, und er sitzt da, ein hilfloser, unbrauchbarer Mensch. Er hat zwar Qualitäten und Fähigkeiten, kann sie aber nirgends ausstellen. Nach spätestens acht Jahren hat man sich völlig auseinander gelebt, weil die Wünsche auf beiden Seiten nicht in Erfüllung gegangen sind. Dann kommt es zur Trennung und der Mann ist davon überrascht. In diesem Moment rücken die Begriffe Ehre, Würde, Stolz, Versager der Nation in sein Bewusstsein.

Annett Heide und Andreas Kopietz (Interviewer), „Du Eselsohn, sei brav", www.berliner-zeitung.de, 28.6.2013

Kazim Erdoğan über das Scheitern von Importehen

Bei den Importehen geht die Trennung zu 90 Prozent von der Frau aus. Der Mann hat sich isoliert und sich nur in türkischen Kreisen bewegt. Er hat kein Deutsch gelernt. Er hat keine Arbeit gefunden. Er hat in türkischen Männercafés gespielt und ist wahrscheinlich auch spielsüchtig geworden. Oder er hat mit Drogen zu tun bekommen. All das sorgt dafür, dass die Frau sich löst. Das kriege ich immer wieder mit.

Kazim Erdogan, in: Annett Heide und Andreas Kopietz (Interviewer), „Du Eselsohn, sei brav", www.berliner-zeitung.de, 28.6.2013

Aufgaben

1. Beschreiben Sie die soziologischen Begriffe „Soziale Rolle", „Geschlechterrollen" und „Rollenkonflikt".
2. Analysieren Sie die im Interview vertretene Position bzgl. der Lage türkischer Väter. Verwenden Sie dabei die soziologischen Fachbegriffe aus Aufgabe 1.
3. Diskutieren Sie, welche Gründe dafür verantwortlich sein könnten, dass die Trennung bei den Importehen zu 90% von den Frauen ausgeht und entwickeln Sie Ideen für mögliche Problemlösungsstrategien.

Erwartungshorizonte zu den Aufgaben 1 – 3

Mediencode: 72021-06

1

50 JAHRE
GRUNDGESETZ
Artikel 1
DIE WÜRDE DES MENSCHEN IST UNANTASTBAR. SIE ZU ACHTEN UND ZU SCHÜTZEN IST VERPFLICHTUNG ALLER STAATLICHEN GEWALT.
49
99
DEUTSCHLAND
110

2

GRUNDGEDANKEN
» VOLKSSOUVERÄNITÄT «
DIE STAATSGEWALT GEHT VOM VOLKE AUS SIE WIRD VOM VOLKE IN WAHLEN UND ABSTIMMUNGEN AUSGEÜBT
60
DER DEMOKRATIE
DEUTSCHE BUNDESPOST
1981

3

GRUNDGEDANKEN
» GEWALTENTEILUNG «
DIE STAATSGEWALT WIRD DURCH BESONDERE ORGANE DER GESETZGEBUNG, DER VOLL-ZIEHENDEN GEWALT UND DER RECHTSPRECHUNG AUSGEÜBT
50
DER DEMOKRATIE
DEUTSCHE BUNDESPOST
1981

4

GRUNDGEDANKEN
» RECHTSSTAAT «
DIE GESETZGEBUNG IST AN DIE VERFASSUNGSMÄSSIGE ORDNUNG DIE VOLLZIEHENDE GEWALT UND DIE RECHTSPRECHUNG SIND AN GESETZ UND RECHT GEBUNDEN
40
DER DEMOKRATIE
DEUTSCHE BUNDESPOST
1981

5

100
DEUTSCHE BUNDESPOST
50
DEUTSCHE BUNDESPOST
9.NOVEMBER 1989
FRIEDLICHER AUFBRUCH ZUR DEUTSCHEN EINHEIT

Das Grundgesetz – Grundrechte und Grundwerte

3

Mit dem Grundgesetz sollte 1949 für die neu gegründete Bundesrepublik eine Verfassung verabschiedet werden, die die Grundlage für Demokratie, Sicherheit und Wohlstand für die Menschen in Westdeutschland schaffen sollte. Es galt zunächst nur für Westdeutschland. Im Mai 2009 wurde der 60. Jahrestag der Verabschiedung des Grundgesetzes gefeiert. Deutschland war inzwischen zu einem Land mit einer stabilen Demokratie geworden. Die Teilung Deutschlands in zwei Staaten war durch die Wiedervereinigung im Jahre 1990 beendet worden. Die Deutsche Post hat in den letzten Jahrzehnten in gewissen Abständen mit Sondermarken an wichtige Bestimmungen unseres Grundgesetzes und Jahrestage erinnert, deren Inhalte dieses Kapitel strukturieren.

Kompetenzen

Am Ende dieses Kapitels können Sie:

- das Demokratiekonzept des Grundgesetzes darstellen und die ideengeschichtlichen Wurzeln wiedergeben;
- projektbezogen in einem Lernplakat die Verfassungsgrundsätze erklären und präsentieren;
- die Gründe für die zentrale Bedeutung der Menschenrechte im Grundgesetz beschreiben;
- Menschen- und Bürgerrechte auf der Basis der Analyse von Fallbeispielen analysieren und Verstöße gegen Grundrechte herausarbeiten;
- eine politische Rede hinsichtlich der Bedeutung des deutschen Bundestages analysieren;
- ein begründetes Urteil zu dem Demokratiekonzept des Grundgesetzes formulieren.

Was wissen und können Sie schon?

Betrachten Sie in kleinen Arbeitsgruppen die Briefmarken. Bearbeiten Sie unter Beachtung der Jahreszahlen, der Bilder und Texte auf den Briefmarken die folgenden Aufgaben und präsentieren Sie Ihre Ergebnisse im Kurs.

1. Wie werden die Grundgedanken des Grundgesetzes auf den ersten vier Briefmarken dargestellt? Erläutern Sie die Bedeutung der dargestellten Begriffe.
2. Was wissen Sie über die deutsche Teilung und die deutsche Einheit (fünfte Briefmarke)?
3. Was bedeutet es für Ihre Eltern und Großeltern und für Sie, in der Demokratie der Bundesrepublik Deutschland zu leben? Berücksichtigen Sie bei Ihrer Einschätzung die Geschichte der letzten 60 Jahre.

3.1 Grundrechte im Grundgesetz – Menschen- und Bürgerrechte

M1 Grundrechte im Alltag – verstößt die Schwimmunterrichtspflicht für Muslima gegen das Grundgesetz?

Burkini-Urteil des Bundesverwaltungsgerichts
Die Entscheidung des OVG Münster wurde vom Bundesverwaltungsgericht inhaltlich im September 2013 für einen ähnlich gelagerten Fall aus Hessen bestätigt.

Zwei Schülerinnen im Burkini (rechts) beim Schwimmunterricht

Immer wieder gab es in der Vergangenheit Unsicherheit, wenn muslimische Schülerinnen ihre Befreiung vom Schwimmunterricht beantragt haben. Klärung hat das OVG Münster nunmehr in zwei Entscheidungen von grundsätzlicher Bedeutung gebracht. Es hat bestätigt, dass auch strenggläubigen muslimischen Schülerinnen das Tragen einer den islamischen Bekleidungsvorschriften entsprechenden Schwimmkleidung in aller Regel zumutbar ist. Seit einigen Jahren gibt es als taugliche Bade- und Schwimmbekleidung für muslimische Mädchen und Frauen etwa einen Badeanzug mit hoch geschlossenem Kragen und fest sitzender Kopfbedeckung (sog. Burkini). Das OVG sieht im Tragen derartiger Schwimmbekleidung eine diskriminierungsfreie Ausweichmöglichkeit, die geeignet ist, einen im Einzelfall auftretenden Glaubenskonflikt ohne Trennung der Geschlechter und ohne Befreiung von der Unterrichtsteilnahme zu bewältigen.

Ministerium für Schule und Weiterbildung des Landes Nordrhein-Westfalen (Hg.), Teilnahme von muslimischen Schülerinnen am Schwimmunterricht, www.schulministerium.nrw.de, Abruf am 17.9.2013

M2 Zwei Verfassungsrechte prallen aufeinander

Art. 7 GG
(1) Das gesamte Schulwesen steht unter der Aufsicht des Staates.

Art. 4 GG
(1) Die Freiheit des Glaubens, des Gewissens und die Freiheit des religiösen und weltanschaulichen Bekenntnisses sind unverletzlich.
(2) Die ungestörte Religionsausübung wird gewährleistet.

Kern der Problematik ist nach Auffassung verschiedener Gerichte, dass hier zwei Verfassungsrechte aufeinanderprallen: Der staatliche Bildungs- und Erziehungsauftrag (Art. 7 (1) des Grundgesetzes) und die Glaubensfreiheit (Art. 4). Diese beinhaltet auch das Recht, sein gesamtes Verhalten an den Lehren seines Glaubens auszurichten. Dies betrifft auch die von tiefgläubigen Moslems als Vorschrift des Korans angesehene Regel, die körperliche Blöße müsse komplett verhüllt werden. [...] Da auf keinen Fall ein Verfassungsgut hinter ein anderes zurücktreten dürfe, betrachtet das Schulministerium den „Burkini" als einen „schonenden Ausgleich" zwischen Verfassungsgütern. Mithilfe des „Burkinis" trage eine Schülerin im Schwimmunterricht eine den Bekleidungsvorschriften des Islam entsprechende Kleidung. Deshalb hätten Gerichte in mehreren Fällen Anträge von Eltern auf Befreiung vom gemeinsamen Schwimmunterricht von Jungen und Mädchen abgelehnt. [...] Die Eltern begründeten ihre Anträge auch damit, dass „die Betroffene dem Anblick leicht bekleideter Mitschüler ausgesetzt" sei. Zudem sei eine den religiösen Vorschriften gemäße Körperbedeckung nicht möglich. Diese Argumente wiesen die Verwaltungsrichter mit dem Verweis auf den „Burkini" zurück [...]. Deshalb sieht das Schulministerium den „Burkini" sogar als Chance für mehr Verständnis: „Im gemeinsamen Schwimmunterricht, an dem die Mädchen in ihrer islamkonformen Kleidung teilnehmen, kann Toleranz veranschaulicht und praktisch eingeübt werden."

Peter Szymaniak, Schulministerium NRW sieht Burkini als Chance für Toleranz, www.derwesten.de, 1.7.2011

M3 Grundrechte-Artikel im Grundgesetz

Artikel 1
(1) Die Würde des Menschen ist unantastbar. Sie zu achten und zu schützen ist Verpflichtung aller staatlichen Gewalt.
(2) Das Deutsche Volk bekennt sich darum zu unverletzlichen und unveräußerlichen Menschenrechten als Grundlage jeder menschlichen Gemeinschaft, des Friedens und der Gerechtigkeit in der Welt.
(3) Die nachfolgenden Grundrechte binden Gesetzgebung, vollziehende Gewalt und Rechtsprechung als unmittelbar geltendes Recht.

Artikel 2
(1) Jeder hat das Recht auf die freie Entfaltung seiner Persönlichkeit, soweit er nicht die Rechte anderer verletzt und nicht gegen die verfassungsmäßige Ordnung oder das Sittengesetz verstößt.
(2) Jeder hat das Recht auf Leben und körperliche Unversehrtheit. Die Freiheit der Person ist unverletzlich. In diese Rechte darf nur auf Grund eines Gesetzes eingegriffen werden.

Artikel 3
(1) Alle Menschen sind vor dem Gesetz gleich.
(2) Männer und Frauen sind gleichberechtigt. Der Staat fördert die tatsächliche Durchsetzung der Gleichberechtigung von Frauen und Männern und wirkt auf die Beseitigung bestehender Nachteile hin.
(3) Niemand darf wegen seines Geschlechtes, seiner Abstammung, seiner Rasse, seiner Sprache, seiner Heimat und Herkunft, seines Glaubens, seiner religiösen oder politischen Anschauungen benachteiligt oder bevorzugt werden. Niemand darf wegen seiner Behinderung benachteiligt werden.

Artikel 5
(1) Jeder hat das Recht, seine Meinung in Wort, Schrift und Bild frei zu äußern und zu verbreiten und sich aus allgemein zugänglichen Quellen ungehindert zu unterrichten. Die Pressefreiheit und die Freiheit der Berichterstattung durch Rundfunk und Film werden gewährleistet. Eine Zensur findet nicht statt.

Artikel 8
(1) Alle Deutschen haben das Recht, sich ohne Anmeldung oder Erlaubnis friedlich und ohne Waffen zu versammeln.

Artikel 9
(1) Alle Deutschen haben das Recht, Vereine und Gesellschaften zu bilden.
(2) Vereinigungen, deren Zwecke oder deren Tätigkeit den Strafgesetzen zuwiderlaufen oder die sich gegen die verfassungsmäßige Ordnung oder gegen den Gedanken der Völkerverständigung richten, sind verboten.

Artikel 10
(1) Das Briefgeheimnis sowie das Post- und Fernmeldegeheimnis sind unverletzlich.
(2) Beschränkungen dürfen nur auf Grund eines Gesetzes angeordnet werden.

Artikel 13
(1) Die Wohnung ist unverletzlich.
(2) Durchsuchungen dürfen nur durch den Richter, bei Gefahr im Verzuge auch durch die in den Gesetzen vorgesehenen anderen Organe angeordnet und nur in der dort vorgeschriebenen Form durchgeführt werden.

Art. 79 GG = „Ewigkeitsklausel"
(3) Eine Änderung dieses Grundgesetzes, durch welche die Gliederung des Bundes in Länder, die grundsätzliche Mitwirkung der Länder bei der Gesetzgebung oder die in den Artikeln 1 und 20 niedergelegten Grundsätze berührt werden, ist unzulässig.

M4 Grund-, Menschen- und Bürgerrechte

Viele betrachten die Grundrechte als etwas Selbstverständliches, das ihre persönliche Sphäre kaum berührt. Wie die geschichtliche Erfahrung zeigt, sind sie keineswegs selbstverständlich gewährleistet, und sie beeinflussen den Alltag des Einzelnen und das Zusammenleben aller in Staat und Gesellschaft. Grundrechte [...] sind Abwehrrechte des Bürgers gegen den Staat. [...] Zu unterscheiden ist zwischen allgemeinen Menschenrechten, die jedem zustehen, und Bürgerrechten, die nur für Staatsangehörige gelten. Menschenrechte sind überstaatliche Rechte, sie gehören zur Natur des Menschen, es sind natürliche, angeborene Rechte. Dazu gehören die meisten Freiheitsrechte oder Grundfreiheiten, wie Freiheit der Person, Meinungsfreiheit, Glaubensfreiheit. Bürgerrechte sind beispielsweise das Recht der Vereinigungs- und Koalitionsfreiheit und der Freizügigkeit. Im Grundgesetz beginnen die Menschenrechte mit den Worten: „Jeder hat das Recht ...", bei den Bürgerrechten heißt es: „Alle Deutschen haben das Recht ..."

Nach: Horst Pötzsch, Die Deutsche Demokratie, 5. überarbeitete und aktualisierte Auflage, Bonn: Bundeszentrale für politische Bildung 2009, S. 18 – 21

M5 Der „Parlamentarische Rat" und das Grundgesetz

Der „Parlamentarische Rat" bei der Verabschiedung des Grundgesetzes

Am 1. September 1948 trat in Bonn der „Parlamentarische Rat" zusammen. Dessen Mitglieder (65 Frauen und Männer) wurden von den Landesparlamenten gewählt und hatten die Aufgabe, eine Verfassung für die Bundesrepublik Deutschland auszuarbeiten. Die Väter und Mütter des Grundgesetzes mussten die richtigen Lehren aus der Zeit der Weimarer Republik und der Herrschaft des Nationalsozialismus ziehen, damit Deutschland dauerhaft in Frieden mit seinen Nachbarn leben konnte und von deutschem Boden kein Krieg mehr ausging. Unsere Verfassung, das Grundgesetz der Bundesrepublik Deutschland, umfasst 146 Artikel. Der Parlamentarische Rat hat sich auf dem Hintergrund der deutschen Geschichte dafür entschieden, die Unantastbarkeit der Menschenwürde an den Beginn des Grundgesetzes zu stellen. Es war zunächst nur für „Westdeutschland" (amerikanische, britische und französische Besatzungszone) und nicht für „Ostdeutschland" (sowjetische [russische] Besatzungszone) konzipiert. Die Präambel endete mit dem Satz: „Das gesamte Deutsche Volk bleibt aufgefordert, in freier Selbstbestimmung Einheit und Freiheit Deutschlands zu vollenden". Nach dem Mauerfall bekam es durch den Einigungsvertrag Gültigkeit für ganz Deutschland. Die Präambel hat seit 1990 den folgenden Wortlaut: „Im Bewusstsein seiner Verantwortung vor Gott und den Menschen, von dem Willen beseelt, als gleichberechtigtes Glied in einem vereinten Europa dem Frieden der Welt zu dienen, hat sich das Deutsche Volk kraft seiner verfassungsgebenden Gewalt dieses Grundgesetz gegeben."

Bearbeiter

M6 Warum das Grundgesetz die Menschenwürde garantiert

„Die Würde des Menschen ist unantastbar. Sie zu achten und zu schützen ist Verpflichtung aller staatlichen Gewalt." [...] Was bedeutet diese Garantie und warum ist sie ins Grundgesetz gekommen? Für den Parlamentarischen Rat war sie eine bewusste Antwort auf die systematische Menschenverachtung und tausendfache Verletzung der Menschenwürde durch das NS-Regime. Die Menschenwürde sollte künftig unantastbar, ihre Achtung und ihr Schutz das Fundament der neu zu errichtenden Ordnung sein. Und dies nicht nur als allgemeine Proklamation, sondern als verbindliche, normativ verpflichtende Grundentscheidung für alles staatliche Handeln und das Zusammenleben in der Gesellschaft. [...] Was ist der Inhalt dieser Menschenwürdegarantie? Über ihren Kerngehalt waren sich die Väter und Mütter des Grundgesetzes [...] einig. [...] Dieser Kerngehalt umfasst die Anerkennung und Achtung jedes Menschen als eigenständiges Subjekt, als Träger grundlegender Rechte und der Freiheit zur eigenen Entfaltung und verantwortlichem Handeln, den Ausschluss von Entwürdigung und Instrumentalisierung nach Art einer Sache, über die beliebig verfügt werden kann. Die so verstandene Garantie ist ein zentraler Gründungsakt, auf dem unsere Verfassungsordnung ruht. Ihr verdanken wir die insgesamt menschenfreundliche Gestalt unserer Rechtsordnung.

Ernst-Wolfgang Böckenförde, Die Garantie der Menschenwürde, in: www.bundestag.de, Abruf am 11.11.2007

M7 Grundrechte im Alltag – Fallbeispiele

In den z.T. fiktiven Fallbeispielen handelt es sich vor allem um Beeinträchtigungen der Grundrechte des Bürgers durch den Staat. Ob auch einzelne Bürgerinnen und Bürger die Grundrechte anderer Bürgerinnen und Bürger beeinträchtigen können, ist unter dem Stichwort „Drittwirkung" der Grundrechte Gegenstand verfassungsrechtlicher Diskussionen.

1 Eine Schülerin beklagt sich auf ihrem Facebook-Account über ihren Lehrer, der sie immer wieder schlecht benote, weil er sie nicht leiden könne. Sie fragt ihre „Freunde", ob sie sich über den Lehrer bei der Schulleiterin beschweren solle. Als der Lehrer von der inzwischen breiten virtuellen Diskussion in der Jahrgangsstufe erfährt, stellt er die Schülerin zur Rede. Die Situation eskaliert und die Schülerin droht mit einer Beschwerde. Der Lehrer verliert die Nerven und gibt der Schülerin eine Ohrfeige.

2 Vor der Diskothek „Starlight" verweigern Türsteher Menschen mit dunkler Hautfarbe den Eintritt.

3 Die Polizei durchsucht die Redaktionsräume einer großen Wochenzeitung, beschlagnahmt Aktenordner und Computer und verlangt von dem Chefredakteur die Preisgabe von Informationsquellen.

4 Der Schulleiter einer Schule, die von vielen Schülerinnen und Schülern mit Migrationshintergrund besucht wird, verbietet die russische Sprache auf dem Schulhof.

5 In der Firma „Holzwurm" erhalten Frauen grundsätzlich einen geringeren Stundenlohn als die Männer. Der Chef argumentiert, die Männer seien in der Regel Haupternährer der Familie.

Bearbeiter

Aufgaben

1. Erläutern Sie mithilfe der Grundgesetzartikel 4 und 7 die in M1 und M2 dargestellte Problematik des Aufeinanderprallens von zwei Grundrechten.
2. Diskutieren Sie im Kurs die Entscheidung des Gerichtes. Welche Gründe sprechen für und welche Gründe sprechen gegen die Kompromisslösung des Gerichtes? Sie sollten in Ihrer Diskussion auch zu einem Urteil über die Auffassung des Schulministeriums gelangen, der „Burkini" könne auch ein Beitrag zu mehr Toleranz sein.
3. Stellen Sie die Kernprinzipien des Grundgesetzes dar (M4, M5, M6).
4. Formulieren Sie unter Bezug auf Ihre Geschichtskenntnisse aus der Sekundarstufe I, welche Verstöße gegen die Menschenrechte und andere Verfassungsprinzipien es zur Zeit des Nationalsozialismus gab (M3 – M7).
5. Beurteilen Sie, ob das Grundgesetz als geschriebene Verfassung einen ausreichenden Schutz vor Verstößen gegen die Menschenrechte in Deutschland geben kann.
6. Analysieren Sie die Fallbeispiele, indem Sie
   a) untersuchen, gegen welche der in M3 dargestellten Grundrechte in den genannten Beispielen verstoßen wird. Begründen Sie im Einzelnen, warum es sich um einen Verstoß handeln könnte.
   b) entscheiden, in welchen Fällen ein Verstoß gegen Menschenrechte bzw. gegen Bürgerrechte vorliegt.
   c) die Fälle kennzeichnen, in denen es sich nicht um Grundrechtsverstöße staatlicher Institutionen handelt. Formulieren Sie in einem Urteil, ob Sie die Grundrechte der Bürgerinnen und Bürger gegenüber Mitbürgerinnen und Mitbürgern für genau so schützenswert halten wie gegenüber staatlichen Institutionen.

F Aufgaben 2 – 5
Entwickeln Sie eine Stellungnahme zu der folgenden Fragestellung: In Nordrhein-Westfalen können sich Schülerinnen und Schüler mit Vollendung des 14. Lebensjahres auch ohne Erlaubnis der Eltern vom Religionsunterricht abmelden. Sollte es nach Ihrer Auffassung ähnliche Regelungen für das Tragen von Kleidung (z.B. Kopftuch, Burkini, Jeans, u.a.) geben?

F Aufgabe 6
Entwickeln Sie auf der Grundlage der Fallbeispiele weitere Beispiele für Fälle, in denen die Grundrechte betroffen sind.

Methode

Analyse einer politischen Rede

Festvortrag des Bundestagspräsidenten Norbert Lammert zum 60. Jahrestag der Verabschiedung des Grundgesetzes am 7.9.2009 im Bundestag

Sehr geehrter Herr Bundespräsident! Verehrte Gäste!
Liebe Kolleginnen und Kollegen!

Als vor 60 Jahren, am 7. September 1949, der Erste Deutsche Bundestag zusammentrat, hatte der westdeutsche Teilstaat des geteilten Deutschland, den manche Zeitgenossen ebenso spöttisch wie liebevoll „Trizonesien" nannten, seine erste parlamentarische Vertretung. Alterspräsident Paul Löbe erklärte zu Beginn der konstituierenden Sitzung: Das deutsche Volk erhoffe sich von seinem Parlament – ich zitiere –: „Dass wir eine stabile Regierung, eine gesunde Wirtschaft, eine neue soziale Ordnung in einem gesicherten Privatleben aufrichten, unser Vaterland einer neuen Blüte und neuem Wohlstand entgegenführen."

Der frühere langjährige Reichstagspräsident machte zugleich deutlich, wie schwer diese Aufgabe war. Er fügte hinzu: „Schier unüberwindlich scheinen die Hindernisse, die auf diesem Wege liegen, und ungezählte Scharen unserer Landsleute sind es, die von unserer Arbeit eine Minderung ihrer Sorge erwarten." [...] 60 Jahre später dürfen wir dankbar feststellen: Die von Paul Löbe beschriebenen Hoffnungen, die 1949 angesichts des Scheiterns der Weimarer Demokratie und der verheerenden Folgen des Zweiten Weltkrieges nur als äußerst optimistisch, geradezu kühn bezeichnet werden konnten, haben sich erfüllt. Mit dem Inkrafttreten des Grundgesetzes und mit dem neubegründeten politischen System einer parlamentarischen Demokratie in Deutschland begann, zunächst nur im Westen unseres Landes, eine beispiellose Zeit des Friedens, der Freiheit, des wirtschaftlichen Aufschwungs und Wohlstands. Das Grundgesetz, die freiheitlichste Verfassung, die Deutschland je hatte, hat dem Parlament zum ersten Mal in der deutschen Verfassungsgeschichte die entscheidende Position im Verfassungsgefüge eingeräumt. Es hat den Bundestag zu einem starken Parlament gemacht, zu der zentralen Institution im Gesetzgebungsprozess, die als das einzige unmittelbar vom Volk demokratisch legitimierte Verfassungsorgan maßgeblichen Einfluss auch auf die Besetzung und die Kompetenzen der anderen Organe ausübt, zu einem Parlament, ohne dessen Mitwirkung keine rechtswirksamen politischen Entscheidungen von Gewicht getroffen werden und ohne dessen Zustimmung keine völkerrechtlichen Verträge wirksam werden können. [...] In den ersten Jahren gelang es dem Deutschen Bundestag, durch weitreichende gesetzgeberische Maßnahmen [...] die Folgen von Krieg und Vertreibung zu lindern. In den gleichen Zeitraum fielen grundlegende außenpolitische Weichenstellungen. [...] Mit der Sozialgesetzgebung der 50er-Jahre legte der Deutsche Bundestag die Fundamente für die Sozialstaatlichkeit der Bundesrepublik Deutschland. [...] Als 1989 infolge der friedlichen Revolution in der DDR die Mauer fiel, flankierte der Deutsche

→→

→

Bundestag die außenpolitischen wie die innenpolitischen Initiativen der Bundesregierung zur Wiederherstellung der deutschen Einheit. Der Einigungsvertrag wurde ratifiziert. Am 20. Dezember 1990 nahm zum ersten Mal seit 1932 ein frei gewähltes gesamtdeutsches Parlament seine Arbeit auf. [...] Den Prozess der europäischen Integration hat der Deutsche Bundestag seit den 50er-Jahren konstruktiv begleitet und maßgeblich mitbestimmt. [...] Alle weiteren Integrationsschritte von der Wirtschaftsgemeinschaft über die Europäische Gemeinschaft bis zur Union und die damit verbundenen europäischen Verträge sind im Deutschen Bundestag verhandelt und regelmäßig mit hohen fraktionsübergreifenden Mehrheiten ratifiziert worden. [...]
Meine Damen und Herren, wer um die Anfänge weiß, muss diese 60 Jahre nicht für ein Wunder halten, aber doch für eine glückliche Fügung, ein Geschenk, für das wir dankbar sein sollten. [...] Liebe Kolleginnen und Kollegen, meine Damen und Herren, eine stabile Regierung, eine gesunde Wirtschaft, eine neue soziale Ordnung in einem gesicherten Privatleben – das waren vor 60 Jahren die von Paul Löbe beschriebenen Erwartungen der Deutschen an ihr Parlament. Unser Dank und Respekt gilt nicht nur den Müttern und Vätern unserer Verfassung, sondern allen Frauen und Männern, den bekannten und den in der Regel nicht namentlich genannten, die dieses Land unter schwierigen Bedingungen wieder aufgebaut und zu einem der angesehensten Mitglieder der Völkergemeinschaft gemacht haben. [...]
Meine Damen und Herren, 60 Jahre nach Gründung der Bundesrepublik Deutschland und 20 Jahre nach Überwindung der Teilung haben wir in ganz Deutschland nicht nur Frieden, Stabilität und Wohlstand. Wir haben endlich Einigkeit und Recht und Freiheit. Im Glanze dieses Glücks können wir voller Dankbarkeit dieses Fest feiern.

Norbert Lammert, Festvortrag anlässlich der Feierstunde zum 60. Jahrestag der Konstituierung des ersten Deutschen Bundestages am 7.9.2009 in Berlin, in: www.bundestag.de, Abruf am 18.11.2013

Schritte zur Analyse der politischen Rede

Einleitung

- Klärung der Kommunikations- und Redesituation: Redner? Adressat? Anlass? Zeitpunkt? Ort?
- Klärung der Redeabsicht: Wirkungsabsicht der Rede (überzeugen, überreden, manipulieren)

Hauptteil: Ermittlung und Wiedergabe der Hauptaussagen der Rede

Sie müssen hier eine Grundsatzentscheidung treffen, ob Sie chronologisch der Argumentationsstruktur des Textes folgen oder den Text nach Aspekten analysieren. Die chronologische Vorgehensweise ist oft einfacher, da Sie den Argumenten des Autors folgen. Sie können dabei aber weniger eigene Schwerpunkte setzen, durch die Sie selbständig einzelne Punkte, die Sie für wichtig halten, hervorheben. Es gibt politische Reden, bei denen sich der aspektgeleitete Zugriff direkt anbietet. Das ist bei der Rede von Lammert der Fall.

- Erläuterung des Aufbaus der Rede wahlweise nach Gliederungsabschnitten oder Aspekten (z.B. Gegenüberstellung von Gegenwart und Vergangenheit)
- Darstellung der Hauptaussagen (chronologisch oder aspektgeleitet)
- Wirkungsabsicht der Rede: Art der Darstellung: sachlich, emotional (nach Möglichkeit im Zusammenhang mit der Darstellung der Hauptaussagen analysieren), Berufung auf anerkannte Autoritäten, Auf- und Abwertung von Personen und ihren Leistungen (hier bitte beachten, wie der Bundestagspräsident die Mitglieder der Bundestages anspricht, wodurch er die Bedeutung des Parlaments hervorhebt)
- Verwendung rhetorischer Mittel (rhetorische Fragen, Schlüsselbegriffe, lustige Worte, direkte Ansprachen der Zuhörerschaft, Wortwahl (normalsprachlich, gehoben-dichterisch, umgangssprachlich), Erheiterung des Publikums durch Anekdoten

Schluss

- Zusammenfassende Charakterisierung der Rede: Intentionen, mögliche Wirkung, Erörterung relevanter Fragen
- Persönliche Stellungnahme: kritische Auseinandersetzung mit den Inhalten der Rede, Beurteilung der sprachlichen Qualität der Rede, Angemessenheit in Bezug auf die Adressaten, Wirkung der Rede, Sachlichkeit, Überzeugungskraft des Redners

Tipps

- Verleihen Sie Ihrer Darstellung einen roten Faden.
- Machen Sie die Struktur Ihrer Darstellung durch Absätze deutlich.
- Arbeiten Sie mit Textbelegen (Vermeiden Sie aber lange Zitate, geben Sie die Zeilen an).

H Aufgabe
Wenn nicht genügend Zeit für eine vollständige (schriftliche) Analyse zur Verfügung steht, sollten Sie nach Möglichkeit die folgende Aufgabe schriftlich bearbeiten: Untersuchen Sie, mit welchen Argumenten der Bundestagspräsident die besondere Bedeutung der Verfassungsinstanz „Parlament" hervorhebt.

Aufgabe

Analysieren Sie die Rede des Bundestagspräsidenten Lammert, indem Sie folgende Aspekte berücksichtigen: Gegenüberstellung und Vergleich des Bundestages unmittelbar nach der Gründung der Bundesrepublik und nach 60 Jahren, die erfolgreich bewältigten Aufgaben des Parlaments, die Beurteilung der Arbeit des Parlaments durch den Bundestagspräsidenten u.a.
Untersuchen Sie bei Ihrer Analyse die Begründungen, Argumente und Belege, Aufwertungen und Abwertungen, sprachliche Elemente und Redeintention.

3.2 Grundwerte im Grundgesetz – die Staatsprinzipien

M8 Verfassung in Kurzform – Artikel 20 GG

(1) Die Bundesrepublik Deutschland ist ein demokratischer und sozialer Bundesstaat.
(2) Alle Staatsgewalt geht vom Volke aus. Sie wird vom Volke in Wahlen und Abstimmungen und durch besondere Organe der Gesetzgebung, der vollziehenden Gewalt und der Rechtsprechung ausgeübt.
(3) Die Gesetzgebung ist an die verfassungsmäßige Ordnung, die vollziehende Gewalt und die Rechtsprechung sind an Gesetz und Recht gebunden.

M9 Die politische Struktur Deutschlands – die Staatsprinzipien

Demokratie (→ M10a – M10e), Republik (→ M11a – M11b), Bundesstaat (→ M12a – M12b), Rechtsstaat (→ M13a – M13b), Sozialstaat (→ M14a – M14b)

Autorengrafik

Was genau sind Staatsprinzipien?
Staatsprinzipien sind diejenigen grundlegenden Verfassungsnormen, die den Geist und den Charakter der Verfassung und somit auch des Staates, dessen Ordnung auf ihr beruht, erkennen lassen, besonders hinsichtlich Staatsform, Herrschaftsform und Rechtsstaatlichkeit sowie ihrer territorialen Gliederung.
Nach: Duden Recht A-Z. Fachlexikon für Studium, Ausbildung und Beruf, 2. Aufl. Mannheim, Bibliographisches Institut & F.A. Brockhaus 2010. Lizenzausgabe Bonn, Bundeszentrale für politische Bildung

Aufgaben

1. Kennzeichnen und erklären Sie im Text des Artikels 20 GG (M8) die Staatsprinzipien, die im Schaubild M9 in den Tortenstücken dargestellt werden. Die Begriffe in den Rechtecken helfen Ihnen bei der Erklärung der Staatsprinzipien.
2. Bearbeiten Sie nachfolgende Materialien M10a – M14b u.a. mithilfe des Gruppenpuzzles (→ Methodenglossar) und gestalten Sie am Ende ein gemeinsames Lernplakat (→ Methodenglossar), indem Sie auf die im Schaubild von M9 verwandten Begriffe zurückgreifen.

M10a Demokratie in Nordkorea? – eine polemische Stellenanzeige

Seit dem 29.12.2011 ist Kim Jong-un „Oberster Führer" Nordkoreas.

Sind Sie unser Typ?

Wir sind ein kleiner, familiär betriebener Staat im Norden der koreanischen Halbinsel mit einer langen Familientradition seit 1953.

Für unsere demokratische und volksnahe Regierung in Pjöngjang suchen wir ab dem 29.12.2011 eine/n motivierte/n

DIKTATOR/IN

Sie haben langjährige Erfahrung in Unterdrückung der Pressefreiheit, Verletzung der Menschenrechte, Folter, Mord und Verfolgung politisch Andersdenkender oder religiöser Minderheiten? Dann sind Sie unser/e Mann/Frau!

Möchten Sie mehr über uns oder unser herzliches Arbeitsumfeld erfahren, dann informieren wir Sie gerne unter:

www.igfm[1].de

Wir freuen uns auf Sie!

[1] *igfm = Internationale Gesellschaft für Menschenrechte*

Am 17.12.2011 verstarb der nordkoreanische Führer Kim Jong-il, weshalb Nordkorea ein neues Staatsoberhaupt suchte.
Am 20.12.2011 schaltete die „igfm" eine Stellenanzeige für diese „frei gewordene Stelle", um auf die Menschenrechtsverletzungen in Nordkorea aufmerksam zu machen. Schließlich trat Kim Jong-un, der Sohn des verstorbenen Führers, am 29.12.2011 die Nachfolge an.

Nach: Internationale Gesellschaft für Menschenrechte, Stellenanzeige: Diktator für Nordkorea gesucht, in: http://www.igfm.de, Abruf am 13.12.2012

M10b Demokratie in Russland? – Putins ungeteilte Macht

Wladimir Putin ist seit 2012 wieder Präsident von Russland. Dasselbe Amt hatte Putin schon von 2000 bis 2008 inne.

Die russischen Versuche, [einen freiheitlichen Rechtsstaat] zu schaffen, sind [...] ein monströser Schwindel. Das System ist zwar nicht erklärtermaßen diktatorisch. Oppositionsparteien dürfen existieren, jedoch nur an den Rändern des politischen Geschehens. Sie können nicht frei demonstrieren. Sie haben keinen Zugang zu den wichtigen Medien. In einem freien Rechtsstaat wird die Exekutivgewalt von allen Seiten kontrolliert und ausgeglichen: durch gewählte Volksvertreter, durch die Medien, öffentliche Organisationen und die Judikative. All das – fast alles, was die Macht des Kreml beschränken könnte – ist zerbrochen oder kooptiert. Dasselbe gilt für die fundamentalsten politischen Rechte: Redefreiheit und Versammlungsfreiheit. Von der russischen Verfassung werden sie garantiert, und während der neunziger Jahre hatten sie ihre Blütezeit. Aber unter Putin sind sie verkümmert. Die schockierendste Form der Repression ist die Zwangseinweisung von Kritikern in psychiatrische Anstalten. [...] Zunehmend betrachten die Behörden Widerspruch als Zeichen einer gestörten geistigen Gesundheit. Wenn die meisten Leute mit ihrem Leben zufrieden sind und eine überwältigende Mehrheit in Präsident Putin einen fast gottgleichen Führer sieht, kann sich doch gewiss nur ein Verrückter gegen ihn stellen – oder gegen das von ihm regierte System.

Edward Lucas, Der kalte Krieg im Kreml. Wie das Putin-System Russland und die Welt bedroht, München 2008, S. 100 ff.

M10c Demokratie – was bedeutet das eigentlich?

Der Begriff Demokratie kommt aus dem Griechischen und setzt sich aus den Wörtern Demos (Volk) und Kratein (Herrschaft) zusammen. Demokratie ist also eine Herrschaftsform und bedeutet „Herrschaft des Volkes" bzw. „Volksherrschaft."
Fast alle Staaten der Welt beanspruchen für sich, eine demokratische Herrschaftsform zu haben. Wann jedoch eine freie Demokratie vorliegt, kann nicht eindeutig bestimmt werden, da es immer von den Merkmalen abhängt, die untersucht werden. Modernen Vergleichsstudien zufolge weisen jedoch freie Demokratien vor allem folgende Merkmale auf: Volkssouveränität, Mehrheitsentscheidungen, Pluralismus und Gewaltenteilung.

Volkssouveränität

Die Lehre von der Volkssouveränität löste die traditionelle Vorstellung ab, nach der dem König oder Fürsten kraft seiner Abstammung aus einer von Gott begnadeten Dynastie die Herrschaft zustehe. [...] Die Demokratie sieht im Staate nicht eine von übernatürlichen Kräften eingesetzte und also hinzunehmende obrigkeitliche Herrschaft, sondern erkennt ihn als Ausfluss des Willens aller beteiligten Individuen zur Lösung der gemeinsam zu bewältigenden Aufgaben. [...] Dass alle Staatsgewalt vom Volke ausgeht, bedeutet freilich nicht, dass das Volk auch regiert und bei allen Einzelheiten der politischen Entscheidungen mitwirkt.

Pharos e.V. (Hg.), Demokratie, www.dadalos-d.org, Abruf am 7.10.2013

Mehrheitsentscheidungen

In einer Demokratie gilt der Grundsatz, dass bei Wahlen und Abstimmungen die Mehrheit entscheidet und dass die Minderheit die Mehrheitsentscheidung anerkennt. Sie hat dafür die Chance, bei künftigen Wahlen und Abstimmungen ihrerseits die Mehrheit zu erringen, und kann erwarten, dass dann ihre Entscheidungen respektiert werden. Das Mehrheitsprinzip ist eine Kompromisslösung. Die Entscheidung der Mehrheit muss nicht „richtig" sein. Das Mehrheitsprinzip gewährleistet aber, dass Konflikte friedlich ausgetragen werden.

Horst Pötzsch, Demokratie, www.bpb.de, 15.12.2009

Pluralismus

Puralismus ist ein zentrales Leitbild moderner Demokratien, deren politische Ordnung und Legitimität ausdrücklich auf der Anerkennung und dem Respekt vor den vielfältigen individuellen Meinungen, Überzeugungen, Interessen, Zielen und Hoffnungen beruhen. Keine (politische, religiöse o.ä.) Instanz darf in der Lage sein, (allen) anderen ihre Überzeugung etc. aufzuzwingen, d.h. die prinzipielle Offenheit pluralistischer Demokratien zu gefährden. Grundlage des politischen und sozialen Zusammenlebens fortschrittlicher Gesellschaften ist daher das pluralistische Prinzip der Vielfalt (nicht das der undemokratischen Einfalt).

Klaus Schubert, Martina Klein, Pluralismus, in: Das Politiklexikon, 5. aktual. Auflage, Bonn 2011, S. 225

Gewaltenverschränkung
Für die Demokratie in der Bundesrepublik Deutschland trifft die in der Grafik dargestellte strenge Trennung zwischen Legislative und Exekutive nicht zu. Die Bundesregierung (der Bundeskanzler) stützt sich auf die Mehrheit des Parlaments („Regierungskoalition"), die den Bundeskanzler gewählt hat. Viele Ministerinnen und Minister und auch der Bundeskanzler oder die Bundeskanzlerin sind zugleich Mitglieder des Bundestags. Der Bundesrat besteht nicht aus Vertretern der Länderparlamente, sondern der Länderregierungen. Man spricht daher von „Gewaltenverschränkung". Die Rechtsprechung bleibt jedoch streng getrennt.

Gewaltenteilung

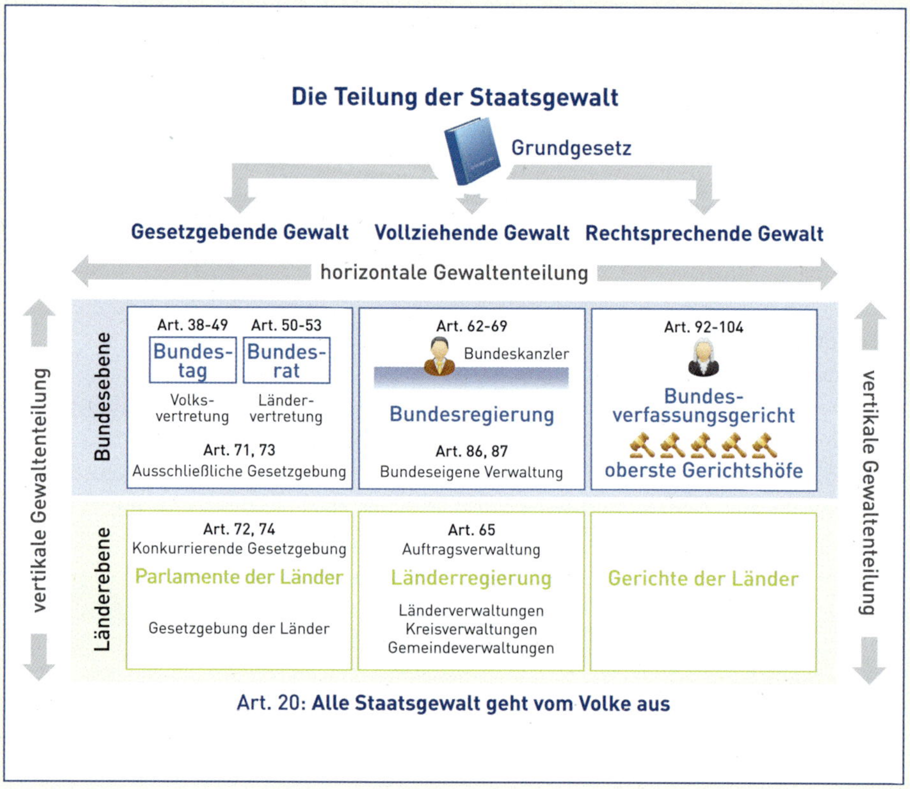

Bergmoser + Höller Verlag AG, Aachen *Zahlenbilder 61110*

Durch die Gewaltenteilung werden die Konzentration und der Missbrauch politischer Macht verhindert und die Ausübung politischer Herrschaft begrenzt. Die Teilung der Staatsgewalt soll die Freiheit des Staatsbürgers sichern und ihn vor einem übermächtigen Staat schützen. Die Staatsgewalt wird geteilt zwischen der gesetzgebenden Gewalt (Legislative), der ausführenden Gewalt (Exekutive) und der rechtsprechenden Gewalt (Judikative) unterschieden. Diese Funktionen werden unabhängigen Staatsorganen (Parlamenten, Regierung, Gerichten) zugewiesen.

Bearbeiter

M10d Formen der Demokratie

Es gibt unterschiedliche Formen der Demokratie. Eine Form ist die **direkte Demokratie**, bei der das Volk (z.B. in Gestalt einer Volksversammlung) die Staatsgewalt unmittelbar (das heißt direkt) ausübt. Es entscheidet mit Volksabstimmungen („Plebiszit") über alle politisch wichtigen Anliegen, einschließlich der Wahl und Abwahl wichtiger Amtsträger in Staat und Gesellschaft. Im Gegensatz zur direkten Demokratie wird die Herrschaft in der **repräsentativen Demokratie** mittelbar (das heißt indirekt) über vom Volk gewählte „Abgeordnete" ausgeübt. Diese sind „Repräsentanten" des Volkes und sollen für dieses in eigener Verantwortung zeitlich befristet handeln, wobei ihr Auftrag sich in regelmäßig stattfindenden Wahlen bewähren muss und erneuert werden kann.

Bearbeiter

M10e Warum es zur Demokratie keine Alternative gibt

Nach wie vor gilt [...]: „die zweitbeste Demokratie ist immer noch besser als die beste Nicht-Demokratie". Die Demokratie mag nur als das kleinere Übel angesehen werden, vereint aber andererseits so viele Vorteile auf sich, dass sie als die beste bekannte Herrschaftsform bezeichnet werden kann. Einer dieser Vorteile ist ihre Lernfähigkeit, die sie in die Lage versetzt, auch große Herausforderungen zu bestehen [...]. Die moderne Demokratie ist gemäßigt, basiert auf Gewaltentrennung, repräsentativer Willens- und Entscheidungsbildung und, ganz entscheidend, auf Recht und Verfassung. Mit der Achtung von Recht und Gesetz, mit unabhängigen Gerichten und einer Verfassungsgerichtsbarkeit kann auch der von Alexis de Tocqueville und John Stuart Mill in der Mitte des 19. Jahrhunderts beschworenen Gefahr einer Tyrannei der Mehrheit begegnet werden. Individuen und Minderheiten müssen sich nicht bedingungslos einer Mehrheit beugen, die sich ja auch irren kann. Leben, Freiheit und Eigentum genießen den Schutz des Rechtes. Individuelle Freiheit und demokratische Selbstregierung lassen sich in der modernen Demokratie miteinander vereinbaren. [...] Demokratien haben auch gelernt, mit grundlegenden gesellschaftlichen Problemen umzugehen. Sie können besser als nicht-demokratische Systeme zwischen Staat und Gesellschaft vermitteln. Durch Repräsentativität und Responsivität ihrer Institutionen greifen sie Problemlagen aus der Gesellschaft auf und entschärfen sie, indem sie sie zu allgemein verbindlichen Entscheidungen verarbeiten. So hat sich durch die Entwicklung wohlfahrtsstaatlicher Maßnahmen in Reaktion auf die „soziale Frage" beispielsweise die soziale Demokratie herausgebildet. Gleichwohl vermag die Demokratie keineswegs alle Probleme zu lösen. Immer wieder wird ihr vorgehalten, dass sie nur die gut organisierten und machtvoll artikulierten Interessen berücksichtige und dabei nur die kurzfristigen Ziele, nicht aber das nachhaltige Gemeinwohl, auch nicht die Belange nachfolgender Generationen im Auge habe. Das mag in der Tat eine Achillesferse der Demokratie sein, aber ein prinzipieller Einwand gegen diese Herrschaftsform ist es nicht. Die Demokratie ist die einzige Herrschaftsform, die es den Bürgern erlaubt, Regierende zu sanktionieren, ohne das politische System selbst beseitigen zu müssen. Politische Führung kann ausgewechselt werden, weil es in der Demokratie nur Herrschaft auf Zeit gibt. [...] Und vor allem: Nur der Wille der Bürgerinnen und Bürger, artikuliert in Wahlen und Abstimmungen, begründet und legitimiert die Herstellung kollektiv verbindlicher Entscheidungen. Nur die Demokratie bietet den Menschen die Chance, sich umfassend an Willensbildung und Entscheidungsfindung zu beteiligen, ihre Angelegenheiten selbst in die Hand zu nehmen. Denn - schon die alten Griechen wussten es, als sie die Demokratie erfanden -: Die Politik ist vor allem die Sache ihrer Bürgerinnen und Bürger.

Hans Vorländer, Demokratie – die beste Herrschaftsform, in: Demokratie Information zur politischen Bildung Nr. 284/2004, S. 56 ff.

Aufgaben

1. Untersuchen Sie die Texte in M10a und 10b auf jene politischen Verhältnisse in Korea und Russland, die nicht den Staatsprinzipien des Grundgesetzes der Bundesrepublik Deutschland entsprechen.
2. Stellen Sie Vor- und Nachteile einer demokratischen Herrschaft tabellarisch gegenüber und beurteilen Sie, ob Hans Vorländer mit seiner Bewertung von Demokratie uneingeschränkt Recht hat (M10a – 10e).

F Aufgabe 2
Erläutern Sie den Unterschied zwischen horizontaler und vertikaler Gewaltenteilung.

M11a Republik oder Monarchie? Staatsformen in Deutschland

Kaiser Wilhelm II – Staatsoberhaupt des Deutschen Reiches von 1888 – 1918

Bundespräsident Joachim Gauck – Staatsoberhaupt der Bundesrepublik Deutschland seit 2012

M11b Bestimmung der Staatsformen – im Wandel

Die Bestimmung von Staatsformen unterliegt einem Bedeutungswandel. Den Beginn machte Niccolò Machiavelli (1469 – 1572). Er hatte die aristotelische Dreiteilung (Alleinherrschaft, Herrschaft weniger, Herrschaft vieler) auf eine Zweiteilung reduziert und die Staaten der Welt nach Republiken und Monarchien unterschieden. In den Republiken herrschten viele, in den Monarchien gehe die Staatsgewalt von einem Einzigen aus. Das Unterscheidungskriterium war – wie bei Aristoteles – „Anzahl der Herrschenden". Nachdem jedoch in den späteren Befreiungs- und Unabhängigkeitskriegen viele Monarchien „parlamentarisiert" wurden, verlor das Unterscheidungskriterium „Anzahl der Herrschenden" seine Bedeutung. In der modernen Vergleichsforschung werden Staatsformen daher hauptsächlich nach der Stellung des Staatsoberhauptes unterschieden: Während die Monarchie über ein gekröntes oder fürstliches Staatsoberhaupt verfügt, sind alle Staaten ohne Kaiser, Könige oder Fürsten Republiken.

Bearbeiter

M11c Republik als Staatsstrukurprinzip

Mit Republik ist jede Nicht-Monarchie gemeint. Das Staatsoberhaupt wird also nicht durch Erbfolge bestimmt. Die Frage der Staatsform – Republik oder Monarchie – ist demnach weitaus weniger wichtig als die Frage nach der [Herrschafts-]form – Demokratie oder Diktatur. Schließlich sagt die jeweilige Staatsform noch nichts über die tatsächlichen Herrschaftsträger und über die Legitimität des Staates aus. Die DDR war ebenso eine Republik wie die BRD. In diesem Sinne ist Republik ein bloßer Formalbegriff, der eine klare Einteilung der Staaten nach diesem Kriterium ermöglicht. [...] Wer Republik nicht bloß als Gegensatz zur Monarchie begreift, kommt in Schwierigkeiten bei der Begründung, worin sich denn die Republik von der Demokratie oder dem Rechtsstaat unterscheidet. Mit dieser Verwischung ist einer klaren Begrifflichkeit nicht gedient. Auch die Herleitung aus der Tradition überzeugt nicht: „Republik ist freiheitliche Ordnung. Demokratie ist Freiheit schlechthin. Die Republik stammt aus der römischen, die Demokratie aus der griechischen Tradition. Beide antiken Welten haben unsere Kultur geprägt, aber auf verschiedene Weise. Römisch ist das Gesetz und das Festhalten und vorsichtige Ändern des Überkommenen, griechisch ist das freie Denken und Gestalten".

Uwe Andersen, Wichard Woyke (Hg.), Handwörterbuch des politischen Systems der Bundesrepublik Deutschland, 5. aktual. Aufl., Leske+Budrich 2003, Lizenzausgabe Bonn, BpB 2003

Methode

Eine politische Rede verfassen und halten

Politik lebt von der Überzeugung und politisches Gestalten vom „Überzeugenkönnen". Eine Rede ist dann gut, wenn es dem Redner oder der Rednerin gelingt, den Funken der eigenen Überzeugung auf die Zuhörerinnen und Zuhörer überspringen zu lassen. Nur wenn Sie genau wissen, wovon Sie sprechen und zu wem Sie sprechen, wird Ihre Rede überzeugen. Anders als ein Referat wird eine politische Rede in der Regel Wort für Wort vorbereitet und ausformuliert. Trotzdem soll man ihr gut als Zuhörer folgen können – das ist gar nicht einfach!

Gliederung einer politischen Rede

1. Einleitung

Warum spreche ich? Worin besteht der Anlass? Welches Problem nehme ich mir vor?

2. Hauptteil

a) Wie sind die Zustände (Was war, was ist?) Wie ist das Problem entstanden?
b) Was müsste stattdessen sein? Welchen Zustand wünsche ich mir?
c) Wie können die herrschenden Zustände geändert werden? Welche Maßnahmen müssten ergriffen werden? Welche Maßnahmen halte ich für ungeeignet und warum?

3. Der Schluss enthält die Aufforderung zur Tat, den vom Redner gewiesenen Weg zu gehen und so die Zustände zu ändern: Was können, was müssen wir tun?

Worauf Sie bei Ihrer Rede achten sollten

Verwenden Sie kurze Sätze

Den Zuhörern fällt es schwer, den Inhalt langer und verschachtelter Sätze aufzunehmen. Eine Rede wird durch kurze (Haupt-)Sätze klarer und verständlicher. Setzen Sie Nebensätze nur sparsam ein.

Reden Sie langsam

In einem mit vielen Zuhörern gefüllten Raum gehen undeutlich gesprochene Silben verloren. Ein ruhiges Sprechtempo wirkt dem entgegen.

Setzen Sie Pausen ein

Angemessene Pausen verleihen einer Rede Wirkung. Deshalb folgt nach wichtigen Punkten eine Pause. Sagen Sie innerlich „Punkt. Pause.", dann ist die Pause lang genug und Sie können weiterreden und sich dem nächsten Themenpunkt zuwenden. Pausen schenken Ihnen und den Zuhörern außerdem Zeit zum Mit- und Nachdenken. Pausen erzeugen dabei Bilder und beflügeln die Fantasie der Hörer. Eine Rede ohne Pause ist daher wie ein Buch ohne Bilder.

Bearbeiter

Tipps für das Halten einer politischen Rede

- **Suchen Sie den Blickkontakt zum Publikum**
  Wählen Sie dazu eine oder mehrere Personen aus dem Publikum aus, die Sie während Ihres Vortrages hin und wieder für mindestens eine Sekunde lang anschauen. Noch besser ist es, den Blick beim Sprechen durch die Zuschauerränge schweifen zu lassen, um das ganze Publikum anzusprechen.
- **Kleiden Sie sich passend**
  Tragen Sie Kleidung, in der Sie sich wohl fühlen und die dem Redeanlass angemessen ist.

Aufgaben

1. Wilhelm II. und Joachim Gauck symbolisieren die Staatsformen Monarchie und Republik. Erklären Sie mithilfe von M11a – M11c zentrale Unterschiede dieser Staatsformen.
2. Die derzeitige Vergleichsforschung unterscheidet Staatsformen hauptsächlich nach dem „Staatsoberhaupt". Andere Unterscheidungskriterien sind aber auch denkbar: Entwickeln Sie eigene Kriterien für die Unterscheidung von Staatsformen.
3. Es gibt vereinzelt Forderungen, Deutschland solle wieder monarchisch werden. Verfassen Sie mithilfe der oben stehenden Methode eine politische Rede über diese Forderung, indem Sie u.a. auf deren Konsequenzen hinweisen.

H Aufgabe 1
Bestimmen Sie für die Beantwortung der Aufgabe geeignete Kriterien wie Macht, Amtsdauer und Legitimation.

F Aufgaben 1 – 2
Seit 1871 hat es fünf deutsche Staaten gegeben. Bestimmen Sie deren Staatsformen.

H Aufgabe 3
→ Kapitel 5.6, M32 – M35

M12a Bundesstaatlichkeit – am Beispiel des Bildungsföderalismus

Bundesstaat
Ein Bundesstaat (oder auch föderaler Staat) setzt sich aus mehreren Teilstaaten zusammen. Anders als beim sog. Einheitsstaat hat die Bundesebene hier die ausschließliche Gesetzgebungskompetenz lediglich bei Aufgaben, die eine gesamtstaatliche Regelung zwingend erfordern. Alle anderen Gesetze werden auf der Ebene der Gliedstaaten beschlossen (Subsidiarität). Dennoch ist der Bundesstaat ein viel engerer Zusammenhang als ein Staatenbund, bei dem sich die Mitglieder nur für einen oder wenige politische Regelungsbereiche zusammenschließen.

Karikatur: Thomas Plassmann, Baaske Cartoons

M12b Aufgabenverteilung zwischen Bund und Ländern – eine Auswahl

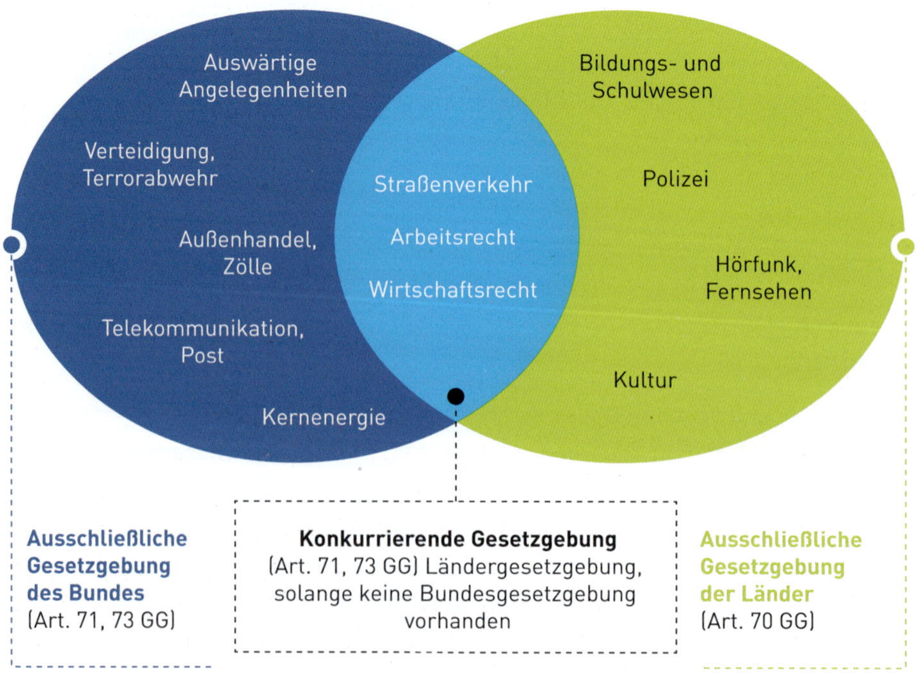

Autorengrafik

Föderalismus – im Erklärfilm

Mediencode: 72021-07

M12c Bundesstaatlichkeit – kontrovers diskutiert

a) Heribert Prantl: Bildungsföderalismus macht keinen Sinn

Der deutsche Föderalismus ist so, dass er sogar die alten Spruchweisheiten Lügen straft: „Variatio delectat“ sagen die Lateiner. Vielfalt macht Freude. Die Vielfalt gibt es in Deutschland, die Freude nicht: Die 16 Bundesländer leisten sich 16 verschiedene Bildungssysteme. Das ist keine schöne Abwechslung. Wem macht es Freude, wenn in Deutschland einige tausend verschiedene Lehrpläne gelten? Wem macht es Freude, wenn jedes Bundesland seine eigenen Hochschulen betreibt? Wenn hier Studiengebühren erhoben werden und dort nicht? [...] Die Anforderungen im Gymnasium weichen so stark voneinander ab, dass Jugendliche besser in Köln bleiben, wenn Väter oder Mütter eine neue Arbeitsstelle in München antreten. Ist das die Bürgernähe, von der Landespolitiker reden, wenn sie den Föderalismus verteidigen? Dieser Bildungsföderalismus ist praktizierte Bürgerferne.

Heribert Prantl, Ein deutscher Sadismus, in: Süddeutsche Zeitung, 22.10.2008

Heribert Prantl ist ein deutscher Jurist, Journalist und Autor. Er leitet seit 1995 das Ressort für Innenpolitik bei der Süddeutschen Zeitung.

b) Roman Herzog: Für einen Wettbewerbsföderalismus

Was mich stört, ist [...] die unbefragte Annahme, Einheitlichkeit sei ein Wert an sich, oder die ebenso unkritische Unterstellung, der höheren Entscheidungsebene stehe automatisch auch die höhere Weisheit bei ihren Entscheidungen zu Gebote. [...] Einheitlichkeit ist manchmal nötig, um uns das Leben durch Verlässlichkeiten zu erleichtern (auf welcher Straßenseite rollt der Verkehr?). Aber produktiv ist sie nicht. Das produktive Prinzip heißt Vielfalt. Das Prinzip Vielfalt ist das Leitprinzip eines jeden recht verstandenen Föderalismus. Es geht darum, vorgefundener Vielfalt gerecht zu werden: Die Verhältnisse im Saarland sind anders als in Mecklenburg- Vorpommern. Darum werden ihnen Entscheidungen, die in Saarbrücken bzw. in Schwerin getroffen werden, eher gerecht als Entscheidungen, die in Berlin für die ganze Bundesrepublik getroffen werden. Es geht um das vielbeschworene (aber wenig praktizierte) Prinzip der Subsidiarität. [...] Ist Vielfalt damit zum einen Ausdruck und Bedingung von Freiheit, so beruht zum anderen ihre produktive Kraft auf dem Wettbewerb, den sie ja erzeugt, sobald man sie als „Vielfalt der Lösungsansätze“ versteht. Geht man davon aus, dass es dem Erkenntnisvermögen nur ausnahmsweise gelingt, auf Anhieb die richtige Lösung eines Problems zu finden, so wird klar: Dass sich unter 16 Lösungsansätzen der richtige findet, ist 16-mal wahrscheinlicher, als dass ein einziger flächendeckender Ansatz die Lösung bringt.

Roman Herzog, Kooperation und Wettbewerb – Essay, in: Aus Politik und Zeitgeschichte 50/2006, S. 5 – 7

Roman Herzog (CDU) war Präsident des Bundesverfassungsgerichts und von 1994 – 1999 Deutscher Bundespräsident.

Aufgaben

1. Analysieren Sie die Karikatur (M12a). Welches Bild des deutschen Föderalismus wird gezeichnet?
2. Erklären Sie, warum der Bund für die Landesverteidigung und die Terrorabwehr zuständig ist und die Länder für die Polizei verantwortlich sind (M12b).
3. Stellen Sie Heribert Prantls Kritik an der Länderzuständigkeit für das Bildungs- und Schulwesen dar und beziehen Sie sie auf die Karikatur (M12a, M12c).
4. Stellen Sie Roman Herzogs Forderung nach einem „kooperativen Wettbewerbsföderalismus“ Heribert Prantls Föderalismuskritik gegenüber (M12c).
5. Beurteilen Sie die derzeitige Verteilung der Zuständigkeiten zwischen Bund und Ländern.

F Aufgaben 1 – 5
Charakterisieren Sie die föderale Struktur der Bundesrepublik Deutschland unter dem Aspekt der Gewaltenteilung (→ S. 76).

M13a Rechtsstaat – Schlagzeilen

Gäfgen bekommt Schmerzensgeld
3.000 Euro bekommt der verurteilte Kindsmörder Magnus Gäfgen vom Land Hessen. Nach dem Mord an dem 11-jährigen Jakob von Metzler hatten ihm [Polizei-]Beamte mit Folter gedroht. [...] Das Vorgehen der Ermittler sei eine „schwerwiegende Rechtsverletzung" und könne nicht auf andere Weise befriedigend ausgeglichen werden als durch die Zahlung einer Entschädigung, sagte der Vorsitzende Richter.
dpa/afp/dapd,Gäfgen bekommt Schmerzensgeld, die tageszeitung, 4.8.2011

Hartz IV – Klagen im Zwölf-Minuten-Takt
Noch in diesem Monat wird im Berliner Sozialgericht die 150.000 Hartz-IV-Klage eingehen, in mehr als jedem zweiten Fall bekommen die Kläger recht.
Thomas Öchsner, Hartz IV – Klagen im Zwölf-Minuten-Takt, Süddeutsche Zeitung, 12.1.2012

Karlsruhe kippt Vorratsdatenspeicherung
Das [...] Bundesverfassungsgericht [...] erklärte die seit 2008 geltende gesetzliche Regelung zur massenhaften Speicherung von Telefon- und Internetverbindungsdaten für verfassungswidrig und nichtig – sie verletze das Telekommunikationsgeheimnis.
tagesschau.de, Karlsruhe kippt Vorratsdatenspeicherung, www.tagesschau.de, 2.3.2010

M13b Der Rechtsstaat – Schutz vor dem Staat

(D)ie Gesetzgebung (ist) an die Verfassung und die Verwaltung und die Justiz an Recht und Gesetz gebunden. [...] Alle staatlichen Maßnahmen müssen eine förmliche gesetzliche Grundlage haben, man muss immer eine Antwort auf die Frage bekommen (und fragen dürfen!): „Wo steht das, dass der Staat das darf?" Und es muss die Möglichkeit geben, die Rechts- und Verfassungsmäßigkeit hoheitlicher Maßnahmen überprüfen zu lassen und sein Recht auch gegen den Staat durchzusetzen. [...] Die umfassende Rechtskontrolle durch den ungehinderten Zugang zu allen Gerichten ist ein wichtiges Grundelement des Rechtsstaatsprinzips.

LpB Baden-Württemberg (Hg.), Der Rechtsstaat, www.politikundunterricht.de, Abruf am 18.9.2013

M13c Formales und materielles Rechtsstaatsprinzip

[D]ie bloße Bindung der Staatsgewalt an das Gesetz, der nur formale Gesetzesstaat, [bietet] keinen Schutz vor staatlicher Willkür. Das nationalsozialistische Herrschaftssystem kleidete seine Unrechtsmaßnahmen formal in Gesetze, vom Ermächtigungsgesetz bis zu den Rassengesetzen, und zerstörte damit den Rechtsstaat. In der DDR herrschte die „sozialistische Gesetzlichkeit", in der das Recht dazu diente, den Willen der Partei zu vollziehen. Die bloß formale Bindung der Staatsgewalt an das Gesetz reicht offensichtlich nicht aus, um den Rechtsstaat zu bewahren. Hinzutreten muss die inhaltliche Bindung an eine höherrangige Wertordnung, zum Beispiel an das Naturrecht. Das formale Prinzip des Gesetzesstaates muss ergänzt werden durch das inhaltliche, materielle Rechtsstaatsprinzip. Nach dem Grundgesetz ist die Würde des Menschen der oberste Grundwert, dem alle staatliche Gewalt verpflichtet ist.

Horst Pötzsch, Rechtsstaat, www.bpb.de, 15.12.2009

M14a Der Sozialstaat – wo kann man ihm begegnen?

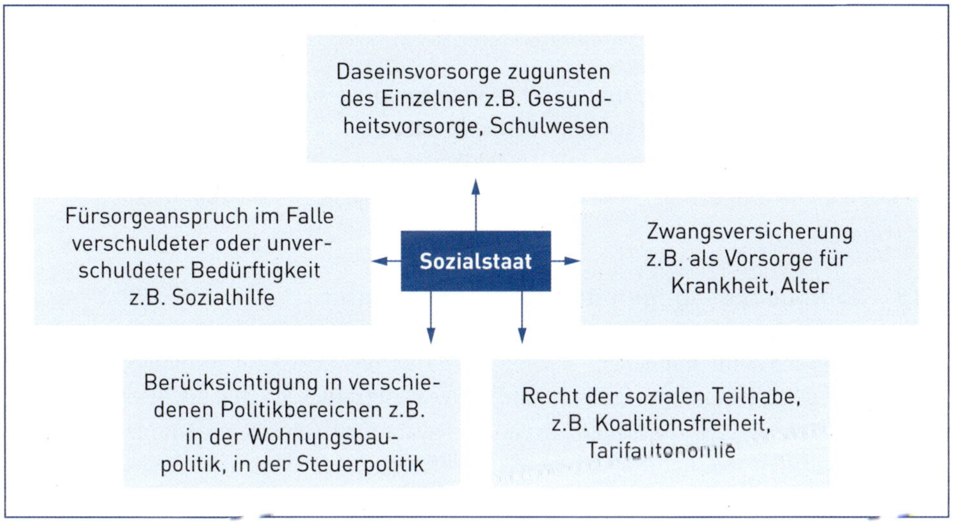

Autorengrafik

M14b Was bedeutet das Sozialstaatsprinzip – im Alltag?

[Der Sozialstaat drückt aus], dass sich die Gesetzgebung in unserem Staat auch um soziale Gerechtigkeit und die soziale Sicherheit der Bürgerinnen und Bürger zu kümmern hat, also – kurz gesagt – auch Sozialpolitik zu betreiben hat. Soziale Gesetzgebung hat in Deutschland eine lange Tradition. Ihr historisch ältester Zweig ist die Sozialversicherung. Als erstes Land der Welt führte Deutschland 1883 eine gesetzliche Krankenversicherung für Arbeiter ein. Sie besteht heute für alle abhängig Beschäftigten als Pflichtversicherung (bis zu einer bestimmten Einkommenshöhe). Weitere gesetzliche Versicherungen sind hinzugekommen, die bei Arbeitslosigkeit, Unfall, Arbeitsunfähigkeit, Pflegebedürftigkeit einspringen und im Alter eine Rente zahlen. Sie sind meist bis zu einer bestimmten Einkommenshöhe verpflichtend (Pflichtgrenze), können darüber hinaus aber auch freiwillig fortgeführt werden. Zusätzlich finanziert der Staat aus seiner Kasse soziale Leistungen, z.B. Kindergeld, Erziehungsgeld, Wohngeld, Hartz IV.

Eckart Thurich, pocket politik. Demokratie in Deutschland. überarb. Neuaufl. Bonn, Bundeszentrale für politische Bildung 2011

Gesetzliche Sozialversicherung – im Erklärfilm

Mediencode: 72021-08

Aufgaben

1. Arbeiten Sie heraus, welche Rechte des Bürgers gegenüber staatlichen Entscheidungen bzw. Stellen (Verwaltung, Polizei ...) in den Zeitungsmeldungen zum Ausdruck kommen und auf welche Weise sie durchgesetzt werden (M13a – 13c).
2. Erklären Sie, wie sich in den Zeitungsnachrichten sowie im juristischen Streit um die Höhe der Arbeitslosengeld II-Sätze Rechts- bzw. Sozialstaatlichkeit zeigt (M13a – M14b).
3. Erläutern Sie den Begriff „soziale Rechtsstaatlichkeit" (M14a).
4. „Wer anderen in verbrecherischer Absicht schweres Leid zufügt, sollte damit seine rechts- und sozialstaatlichen Ansprüche verwirken.", heißt es oft an Stammtischen. Problematisieren Sie diese Forderung.

H Aufgabe 3
Unterscheiden Sie dabei zwischen formalem und materiellem Rechtsstaatsprinzip (→ M 13c).

H Aufgabe 4
Beziehen Sie sich u.a. auf Artikel 1 GG.

3.3 *Vertiefung:* Die ideengeschichtlichen Grundlagen des Grundgesetzes

Die Staatsprinzipien unseres Grundgesetzes knüpfen an Ideen an, die vor allem im 17. und 18. Jahrhundert von Philosophen und Politikern entwickelt wurden, als die Völker Europas und der USA nach mehr Freiheit und Unabhängigkeit von Fürsten und Königen strebten. Ihre Ideen wurden in der weiteren Geschichte häufig angepasst und konkretisiert.

M15 John Locke – gegen das „Gottesgnadentum"

Der englische Arzt und Philosoph John Locke (1632 – 1704) gehört zu den bedeutendsten Philosophen der englischen Aufklärung. In seinem politischen Hauptwerk, den „Two Treatises of Government" von 1690, wendet er sich gegen damals gängige Herrschaftstheorien des Gottesgnadentums. Locke behauptet, die Grundlage der staatlichen Ordnung sei ein Vertragsverhältnis – der sogenannte Gesellschaftsvertrag – zwischen der Regierung und den Bürgern.

§87 Der Mensch wird mit einem Rechtsanspruch auf vollkommene Freiheit und uneingeschränkten Genuss aller Rechte und Privilegien des natürlichen Gesetzes in Gleichheit mit jedem anderen Menschen [...] auf dieser Welt geboren. Daher hat er von Natur aus nicht nur die Macht, sein Eigentum, das heißt sein Leben, seine Freiheit und seinen Besitz, gegen die Schädigungen und Angriffe anderer Menschen zu schützen, sondern auch jede Verletzung des Gesetzes seitens anderer zu verurteilen und sie so zu bestrafen, wie es nach seiner Überzeugung das Vergehen verdient. [...]

§134 Das große Ziel, das Menschen, die in eine Gesellschaft eintreten, vor Augen haben, liegt im friedlichen und sicheren Genuss ihres Eigentums, und das große Werkzeug und Mittel dazu sind die Gesetze, die in dieser Gesellschaft erlassen worden sind. So ist das erste und grundlegende positive Gesetz aller Staaten die Begründung der legislativen Gewalt, so wie das erste und grundlegende natürliche Gesetz, das sogar über der legislativen Gewalt gelten muss, die Erhaltung der Gesellschaft und (so weit es mit dem öffentlichen Wohl vereinbar ist) jeder einzelnen Person in ihr ist. Diese Legislative ist nicht nur die höchste Gewalt des Staates, sondern sie liegt auch geheiligt und unabänderlich in den Händen, in welche die Gemeinschaft sie einmal gelegt hat. Keine Vorschrift irgendeines anderen Menschen, [...] kann die verpflichtende Kraft eines Gesetzes haben, wenn sie nicht ihre Sanktion von derjenigen Legislative erhält, die das Volk gewählt und ernannt hat.

John Locke, Zwei Abhandlungen über die Regierung. Hg. von Walter Euchner, übersetzt von Hans Jörn Hoffmann, 4. Auflage, Frankfurt/M. 1989, S. 216 ff.

M16 Montesquieu – Gewaltenteilung

Charles-Louis de Secondat, Baron de la Brède et de Montesquieu (1689 – 1755) gilt als Begründer der modernen Lehre von den drei staatlichen Gewalten und ihrem Verhältnis zueinander.

Vom Geist der Gesetze (1748)

Die politische Freiheit des Bürgers ist jene Ruhe des Gemüts, die aus dem Vertrauen erwächst, das ein jeder zu seiner Sicherheit hat. Damit man diese Freiheit hat, muss die Regierung so eingerichtet sein, dass ein Bürger den anderen nicht zu fürchten braucht. Wenn in derselben Person oder der gleichen obrigkeitlichen Körperschaft die gesetzgebende Gewalt mit der vollziehenden vereinigt ist, gibt es keine Freiheit; denn es steht zu befürchten, dass derselbe Monarch oder derselbe Senat tyrannische Gesetze macht, um sie tyrannisch zu vollziehen. Es gibt ferner keine Freiheit, wenn die richterliche Gewalt nicht von der gesetzgebenden und vollziehenden getrennt ist. Ist sie mit der gesetzgebenden Gewalt verbunden, so wäre die Macht über Leben und Freiheit der Bürger willkürlich, weil der Richter Gesetzgeber wäre. Wäre sie mit der vollziehenden Gewalt verknüpft, so würde der Richter die Macht eines Unterdrückers haben. Alles wäre verloren, wenn derselbe Mensch oder die gleiche Körperschaft der Großen, des Adels oder des Volkes diese drei Gewalten ausüben würde: die Macht, Gesetze zu geben, die öffentlichen Beschlüsse zu vollstrecken und die Verbrechen oder die Streitsachen der einzelnen zu richten. [...] Da in einem freien Staate jeder, dem man einen freien Willen zuerkennt, durch sich selbst regiert sein sollte, so müsste das Volk als Ganzes die gesetzgebende Gewalt haben. Das aber ist in den großen Staaten unmöglich, in den kleinen mit vielen Misshelligkeiten verbunden. Deshalb ist es nötig, dass das Volk durch seine Repräsentanten das tun lässt, was es nicht selbst tun kann.

Charles de Montesquieu, Vom Geist der Gesetze, in: Ernst Forsthoff (Hg.), 2. Aufl., Tübingen 1992, S. 214 ff. (XI. Buch, 6. Kapitel), in: www.bpb.de, Abruf am 7.10.2013

M17 James Madison / Federal Papers – Interessenausgleich durch Pluralismus

Unter „Federalists" werden die drei Politiker der amerikanischen Gründungsgeschichte verstanden, die zwischen 1787 und 1788 gemeinsam den Entwurf der Verfassung der Vereinigten Staaten von 1787 verteidigten und deren Ratifizierung forderten: John Jay (1745 - 1829), Alexander Hamilton (1755 - 1804) und James Madison (1751 - 1836).

Federalist-Artikel Nr. 10 (1788)

Unter den zahlreichen Vorteilen, die eine gut aufgebaute Union verspricht, verdient keiner genauer dargelegt zu werden, als die mögliche Fähigkeit, die Gewalttätigkeit von Faktionen zu beenden und auf Dauer zu kontrollieren. [...]

Unter einer Faktion verstehe ich eine Gruppe von Bürgern - das kann eine Mehrheit oder eine Minderheit der Gesamtheit sein -, die durch den gemeinsamen Impuls einer Leidenschaft oder eines Interesses vereint und zum Handeln motiviert ist, welcher im Widerspruch zu den Rechten anderer Bürger oder dem permanenten und gemeinsamen Interesse der Gemeinschaft steht. [...]

Der Eifer, unterschiedliche Meinungen in Glaubensdingen, in Fragen des politischen Systems und zu vielen anderen Fragen, theoretisch wie auch praktisch zu vertreten; die Bindung an bestimmte politische Führer, die ehrgeizig um Vorrang und Macht konkurrieren; oder die Bindung an andere Personen, deren Schicksal für die Menschen emotional interessant ist, haben die Menschen in Parteien gespalten, die sich feindselig gegenüberstehen und eher dazu tendieren, die anderen zu schikanieren und zu unterdrücken, als für das Gemeinwohl zusammenzuarbeiten. [...] Diese vielfältigen und widersprüchlichen Interessen zu regulieren, ist die vordringliche Aufgabe moderner Gesetzgebung, die auch Parteigeist und Interessengegensätze in die nötigen und normalen Funktionen eines Regierungssystems einbeziehen muss. [...]

Eine Republik, womit ich ein Regierungssystem meine, in dem das Konzept der Repräsentation verwirklicht ist, [...] bietet das Heilmittel, nach dem wir suchen. Je kleiner ein Gemeinwesen ist, desto weniger Parteien und Sonderinteressen werden darin existieren. [...]

Je weniger Parteien und Sonderinteressen bestehen, desto häufiger kann sich eine Mehrheit aus derselben Partei bilden. Je weniger Personen eine Mehrheit bilden können und je enger sie beieinander leben, desto leichter fällt es ihnen, ihre Pläne zur Unterdrückung anderer zu koordinieren und ins Werk zu setzen. Vergrößert man das Gebiet, so umfasst es eine größere Vielfalt von Parteien und Interessen, damit aber wird es weniger wahrscheinlich, dass eine Mehrheit des Ganzen ein gemeinsames Motiv hat und die Rechte der anderen Bürger verletzt.

Hamilton, Madison, Jay, Die Federalist-Artikel. Politische Theorie und Verfassungskommentar der amerikanischen Gründungsväter. Hg. und übersetzt, eingeleitet und kommentiert von Angela Adams und Willi Paul Adams, Paderborn u.a. 1994, S. 50 ff, in: www.bpb.de, Abruf am 21.11.2013

James Madison (1751 – 1836) war der vierte Präsident der Vereinigten Staaten.

Methode

Textbearbeitung II

I. Aufgaben

1. Stellen Sie die Autoren der Federal Papers vor und legen Sie dar, welche Aufgabe sie sich gestellt haben.
2. **Analysieren Sie die Vorstellungen der „Federalists" über eine gute Verfassung.**
3. Begründen Sie, welche Ideen der „Federalists" Sie besonders überzeugen.

II. Tipp zur Bearbeitung von Aufgabe 2

Lesen Sie zunächst in den „allgemeinen Hinweisen zur Textbearbeitung" auf S. 268 ff. den Abschnitt „III.2" und machen Sie sich mit den „Schritten der Textanalyse" auf S. 270 vertraut.

Auch in einer Analyse werden einzelne Aussagen eines Textes dargestellt und an einzelnen Stellen durch Textverweise (Z. xy) belegt. Eine Analyse geht aber deutlich über eine Textdarstellung hinaus. Beachten Sie bitte die im „Abschnitt III. 2" genannten Aspekte und wählen Sie aus, welche Aspekte in Ihrer Analyse einen zentralen Stellenwert haben sollen.

III. Anleitung zur Analyse des Textes in M17 (AFB II)

1. Gehen Sie bei der Bearbeitung von Aufgabe 2 zunächst in einem **Einleitungssatz** global auf den Artikel Nr. 10 und seine Bedeutung für „eine gut aufgebaute Union" (Z. 13) ein.
2. Im Anschluss an den Einleitungssatz sollten Sie die **Position** und bestimme Vorstellungen der Autoren über die Interessen und das Verhalten von Menschen, die ab Zeile 27 beschrieben werden, herausarbeiten. Sie sollten in diesem Zusammenhang auch den Begriff „Faktionen" erläutern und die Bedeutung von „Faktionen" für die Durchsetzung von Interessen ermitteln. Dabei ist es wichtig, dass Sie die positiven Aspekte des Zusammenschlusses von Menschen in „Faktionen" für den Einzelnen den negativen Aspekten der Aktivitäten gegnerischer „Faktionen" für dieselbe Person gegenüberstellen und diesen Gegensatz in Ihrer Darstellung akzentuieren. Dabei können Sie die Begriffe: „Konflikte", „Interessen" und „Gemeinwohl" verwenden und den Begriff „Gemeinwohl" mit eigenen Worten erläutern.
3. Im dritten Teil Ihrer Analyse sollten Sie den **Argumentationsgang** analysieren, indem Sie u. a. klarstellen, dass die „Federalists" die Lösung des zuvor von Ihnen beschriebenen Problems der Gefährdung des Gemeinwohls für die „vordringlichste Aufgabe moderner Gesetzgebung" (Z. 42, 43) halten. Dann erläutern Sie die von den „Federalists" vorgeschlagene Lösung, d.h. eine von den Autoren näher definierte Form der Republik (gemeint ist der Staat) (ab Z. 46) und erklären, wie eine Republik mit den Interessengegensätze der Menschen umgeht. Berücksichtigen Sie in Ihrer Analyse zudem die unterschiedlichen Auswirkungen der Anzahl von Interessengruppen und der Größe der Republik.
4. Im vierten Teil der Analyse sollten Sie die **Argumentationsweise** der Autoren analysieren. Gehen Sie hierbei auf den Sprachstil, die Art des Textes und die Gestaltung der Darstellung ein.
5. Am Ende Ihrer Analyse sollten Sie die **Intention** der Autoren ermitteln. Fassen Sie dabei Ihre Ergebnisse zusammen und berücksichtigen Sie den Titel des Textes „Interessenausgleich durch Pluralismus".

Bearbeiter

M18 Jean Jacques Rousseau – Herrschaft des Gemeinwillens

Es muss eine Gesellschaftsform gefunden werden, die mit der gesamten gemeinsamen Kraft aller Mitglieder die Person und die Habe eines jeden Mitglieds verteidigt und beschützt; in der jeder Einzelne, mit allen verbündet, nur sich selbst gehorcht und so frei bleibt wie zuvor. ... *[Aus diesem Antrieb entwickelt er die Theorie vom „Gesellschaftsvertrag" (contrat social):]* Jeder von uns unterstellt gemeinschaftlich seine Person und seine ganze Kraft der höchsten Leitung des Gemeinwillens (volonté générale) und wir empfangen als Körper jedes Glied als unzertrennlichen Teil des Ganzen. ... *[Rousseau lehnt deshalb die Gewaltenteilung und eine repräsentative Demokratie ab. Regierung, gewählte Abgeordneten und die Regierten, das Volk, müssen identisch sein:]* Ich behaupte also, dass die Staatshoheit, die nichts anderes als die Ausübung des Gemeinwillens ist, nie veräußert werden kann und sich das Staatsoberhaupt als ein kollektives Wesen nur so durch sich selbst darstellen lässt. Die Macht kann wohl übertragen werden, aber nicht der Wille. Derselbe Grund, aus dem die Staatshoheit unveräußerlich ist, spricht auch für ihre Unteilbarkeit, denn der Wille ist allgemein, oder er ist es nicht; er ist der Ausfluss der Gesamtheit des Volkes oder nur eines seiner Teile. ... Die Staatshoheit kann aus dem gleichen Grund, der ihre Veräußerung verbietet, auch nicht vertreten werden. Denn die Staatshoheit besteht wesentlich im Gemeinwillen, und dieser lässt sich nicht vertreten; er bleibt derselbe oder er ist ein anderer, ein mittelbares gibt es nicht. Die Abgeordneten des Volkes sind also nicht seine Vertreter und können es gar nicht sein; sie sind nur seine Bevollmächtigten und dürfen nichts beschließen. Jedes Gesetz, das das Volk nicht persönlich bestätigt hat, ist null und nichtig; es ist kein Gesetz. Das englische Volk meint frei zu sein; es täuscht sich außerordentlich; nur während der Wahlen der Parlamentsmitglieder ist es frei, danach lebt es wieder in Knechtschaft, ist es nichts.

Jean-Jacques Rousseau, Auszüge aus dem Contrat Social, übersetzt von Ludwig Schmidts, zit. nach: J.-J. Rousseau, Politische Schriften, Band 1, Verlag Ferdinand Schöningh, Paderborn 1977, S. 73 f., 84 – 86, 158

Der französische Philosoph Jean-Jacques Rousseau (1712 – 1778) gilt als ein Aufklärer und Vorbereiter der Französischen Revolution. In seiner Schrift „Vom Gesellschaftsvertrag" (1762) knüpfte er an die Theorien von Locke und Montesquieu an, vertrat aber eine ganz andere Theorie von Demokratie als die beiden genannten Autoren. Er bezieht sich ursprünglich – seine Heimatstadt ist Genf – auf kleine politische Einheiten.

Aufgaben

1. Bearbeiten Sie M17 mithilfe der Methode „Textbearbeitung II" auf S. 86.
2. Analysieren Sie nun – analog zu Aufgabe 1 – die übrigen Texte in diesem Unterkapitel mithilfe des Gruppenpuzzles (→ Methodenglossar):
   a) Bilden Sie drei Gruppen (A, B, C), in denen Sie arbeitsteilig jeweils die zentralen Vorstellungen der Philosophen und Politiker (erste Gruppe M15 und M16, zweite Gruppe M17, dritte Gruppe M18) erarbeiten und thesenhaft auf einer Wandzeitung (→ Methodenglossar) festhalten .
   b) Präsentieren Sie Ihre Ergebnisse im Kurs.
   c) Bilden Sie nun neue Gruppen, in denen jeweils ein Mitglied der Gruppen A, B und C vertreten ist. Untersuchen Sie, an welche Vorstellungen der Philosophen und Politiker das Grundgesetz anknüpft. Greifen Sie dabei auf M3, M4, M6 und M8 zurück.

F Aufgaben 1 – 3
Bereiten Sie einen Vortrag vor, in dem Sie Ihren Zuhörern die Errungenschaften der Demokratie, wie sie im Grundgesetz enthalten sind, erklären.

Wissen kompakt

Grund-, Menschen- und Bürgerrechte
M4

Als Grundrechte werden die Menschenrechte und Bürgerrechte bezeichnet, die jedem Bürger der Bundesrepublik Deutschland zugesichert sind. Menschenrechte sind die Rechte, die jedem Menschen in der Bundesrepublik zustehen, gleichgültig, ob er deutscher Staatsangehöriger ist oder nicht. Bürgerrechte sind die Rechte, die nur Deutschen zustehen. Die Grundrechte schützen jeden einzelnen Menschen gegen Ansprüche und Übergriffe der Staatsgewalt.

Grundgesetz
M5

Grundgesetz ist die Bezeichnung für die Verfassung der Bundesrepublik Deutschland. Es wurde am 23. Mai 1949 verkündet und galt zunächst nur für Westdeutschland und ab 1990 für ganz Deutschland. Die Bezeichnung „Grundgesetz" wurde vom Parlamentarischen Rat gewählt, weil es ursprünglich nicht für ganz Deutschland galt. In dem Grundgesetz sind die Grundzüge der Staatsordnung festgelegt.

Menschenwürde
M6

Die Vorstellung einer unantastbaren Würde des Menschen geht geistesgeschichtlich auf die christliche Lehre vom Menschen als Ebenbild Gottes sowie die „Naturrechtslehre" der Aufklärung zurück. Ausnahmslos jeder Mensch hat demnach ein Recht auf Leben, körperliche Unversehrtheit und Gleichbehandlung vor dem Gesetz; als eigenverantwortliches Wesen soll er außerdem seine Persönlichkeit frei entfalten können, solange er nicht die Rechte anderer verletzt und nicht gegen die verfassungsmäßige Ordnung oder das Sittengesetz verstößt. Im Unterschied zur Weimarer Reichsverfassung stellten die Väter und Mütter des Grundgesetzes den Schutz der Menschenwürde bewusst an den Anfang des Verfassungstextes (Art. 1 GG). Sie steht damit in der Wertordnung der Bundesrepublik Deutschland an oberster Stelle. Alle anderen Grundrechte leiten sich letztlich von dieser Fundamentalnorm ab.

Staatsprinzipien
M10

Die Staatsprinzipien Deutschlands sind in Artikel 20 des Grundgesetzes festgelegt. Die wichtigsten Prinzipien sind: Republik, Demokratie, Rechts-, Sozial- und Bundesstaat.

Demokratie
M10

Deutschlands Herrschaftsform ist die Demokratie. Der Begriff kommt aus dem Griechischen und setzt sich aus den Wörtern *demos* (Volk) und *kratein* (Herrschaft) zusammen. Demokratie bedeutet also Herrschaft des Volkes bzw. Volksherrschaft.
In einer direkten Demokratie ist das Volk unmittelbar an politischen Entscheidungsprozessen beteiligt. In der äußersten Konsequenz stimmen also alle Bürger über jede einzelne politische Frage selbst ab. Da diese Herrschaftsform nur in kleineren politischen Einheiten zu verwirklichen ist, überträgt das Volk in der mittelbaren oder repräsentativen Demokratie seine Entscheidungsbefugnisse durch die Wahl von Abgeordneten an eine Volksvertretung.

Volkssouveränität
M10

Volkssouveränität bedeutet, dass alle Gewalt vom Volk ausgeht, also jede staatliche Betätigung nur dann gerechtfertigt ist, wenn sie sich auf eine eindeutige Willensäußerung der entscheidungsberechtigten Staatsbürger zurückführen lässt.

Wissen kompakt

Gewaltenteilung
M10a

Der Idee der Gewaltenteilung liegt die Auffassung zugrunde, dass nur eine klare Trennung der staatlichen Gewalt in Legislative (Parlament), Exekutive (Regierung) und Judikative (Rechtsprechung) und deren wechselseitige Kontrolle der Gefahr von Machtmissbrauch und Willkür vorbeugen kann. In parlamentarischen Regierungssystemen wie der Bundesrepublik spricht man eher von „Machtverschränkung", weil die Mitglieder der Regierung meistens Mitglieder des Parlaments sind. Die Rechtsprechung bleibt jedoch streng getrennt.

Bundesstaat
M12a – M12c

Die Bundesrepublik Deutschland besteht aus mehreren Gliedstaaten bzw. Bundesländern – seit 1990 aus insgesamt 16. Diese sind ebenso Staaten wie der Bund, jedoch mit eingeschränkter Souveränität. Die staatliche Qualität der Länder zeigt sich in ihren eigenen Verfassungen, ihren eigenen staatlichen Organen der Legislative, der Exekutive und der Judikative: den Landtagen, den Landesregierungen und den Verfassungs- und Staatsgerichtshöfen (Art. 28 Abs. 1 GG). Dass die Länder andererseits nur teilsouverän sind, verdeutlicht die Tatsache, dass sie nicht über ein Verteidigungsministerium und eine eigene Außenpolitik verfügen.

Rechtsstaat
M13a – M13c

Das Rechtsstaatsprinzip bindet die gesamte Staatsgewalt an Recht und Gesetz. Es wird u.a. durch folgende Grundsätze konstituiert:

- **Rechtsbindung:** Bindung der Legislative an die Grundsätze der Verfassung: Vorrang des Gesetzes gegenüber jeder anderen staatlichen Handlung
- **Gesetzesvorbehalt:** Handeln der Verwaltung nur auf Grundlage eines Gesetzes
- **Rechtssicherheit:** Rechtswegegarantie, rechtliches Gehör für jedermann
- **Rechtsgleichheit:** Gleichbehandlung gleich liegender Sachverhalte
- **Verhältnismäßigkeit:** Schutz des Einzelnen vor unnötigen staatlichen Eingriffen
- **Unabhängigkeit der Gerichte:** Freiheit der Rechtsprechung, keine Bindung an Weisungen der Regierung; aber Ausrichtung juristischer Entscheidungen an Recht und Gesetz

Sozialstaat
M14a, M14b

Das Sozialstaatsprinzip verpflichtet die staatliche Gemeinschaft zum Schutz von sozial und wirtschaftlich Schwachen. Anders als die anderen Verfassungsprinzipien ist es im Grundgesetz nur als Postulat formuliert und lässt dem Gesetzgeber damit einen großen Gestaltungsspielraum.

Kompetenzen prüfen

I. Selbstdiagnose

Ich kann ...

	Sehr gut ++	Gut +	Nicht gut 0	Übung durch z.B.
die Verfassungsgrundsätze des Grundgesetzes nennen und ideengeschichtliche Wurzeln wiedergeben (AFB I).				• M8 – M19 • Aufgabe 3 auf S. 69 • Aufgabe 2 auf S. 73
die zentrale Bedeutung der Menschenwürde auf dem Hintergrund der deutschen Geschichte darstellen (AFB I).				• M4, M5, M6 • Wissen kompakt auf S. 88
Verstöße gegen Grundrechte fallbezogen analysieren (AFB II).				• M1, M2, M3, M4, M7
die Bedeutung des Bundestages als zentrales Verfassungsorgan aus einer politischen Rede herausarbeiten. (AFB II).				• Methode: Analyse einer politischen Rede auf S. 70
beurteilen, inwiefern die demokratische Ordnung des Grundgesetzes die Herrschaft des Volkes bedeutet (AFB III).				• M10a – M10e • Aufgabe 2 auf S. 77 • Wissen kompakt auf S. 88

Kompetenzen anwenden – am Beispiel

Erstellung eines Vortrags mit anschließender Diskussion

Bereiten Sie in Gruppen oder in Einzelarbeit die folgende Aufgabe vor:

Erklären Sie die Grundprinzipien unseres Grundgesetzes. Bereiten Sie einen kleinen Vortrag mit einer Präsentation vor, in der die folgenden Aspekte berücksichtigt werden sollen:

- Entstehung des Grundgesetzes
- Menschenrechte
- repräsentative Demokratie
- Rechts- und Sozialstaat
- Bundesstaat

Formulieren Sie abschließend eine eigene Stellungnahme zur Weiterentwicklung der Demokratie in Deutschland und stellen Sie Ihre Position zur Diskussion.

II. Klausurtraining

Kritik an der Identitätstheorie

Die von Rousseau geprägte Homogenitätstheorie orientiert sich an einem einheitlichen (homogen) Volkswillen und einem vorgegebenen Gemeinwohl („identitäre" Demokratietheorie). Sie leugnet die Legitimität von Interessenkonflikten. In diesem Verständnis bedeutet Demokratie Identität von Regierenden und Regierten. Das Repräsentationsprinzip wird grundsätzlich missbilligt: Der „Volkswille" könne nicht vertreten werden. Der demokratische Anspruch des Modells, das den politisch aktiven Bürger voraussetzt, sei nicht bestritten - die Gefahren, die ihm innewohnen, liegen jedoch offen zutage. Der Versuch nämlich, die Einheit des Staatsvolkes herzustellen, sie aufrechtzuerhalten und die unterschiedlichen Interessen zu unterdrücken, schlägt im Extremfall in totale Herrschaft um. Daher ist hierfür auch der Begriff „totalitäre Demokratie" geprägt worden. Der „Führer" oder „die Partei" setzt den einmal als richtig erkannten Gemeinwillen in die Tat um. Abweichungen und oppositionelle Strömungen gelten als Ketzerei. Die Menschen sollen zu ihrem Glück gezwungen werden.

Eckard Jesse, Was ist Demokratie?, in: Informationen zur politischen Bildung Nr. 227, Parlamentarische Demokratie 1, Bonn 1993, S. 2

„Identitäre" Demokratietheorie
Demokratietheorie, die von der Möglichkeit einer völligen Identität zwischen Herrschern und Beherrschten ausgeht und diese anstrebt.

„Totalitäre" Demokratie
Herrschaftsform, die das gesamte politische und gesellschaftliche Leben unterwerfen will.

Die Pluralismustheorie

Eine jede totalitäre Diktatur geht von der Hypothese eines eindeutig bestimmbaren, [a priori] vorgegebenen Gemeinwohls aus. [...] Eine jede pluralistische Demokratie [...] beruht [...] auf der Hypothese, in einer differenzierten Gesellschaft könne im Bereich der Politik das Gemeinwohl lediglich a posteriori als das Ergebnis eines delikaten Prozesses der divergierenden Ideen und Interessen der Gruppen und Parteien erreicht werden. [...] Die pluralistische Theorie des Gemeinwohls bestreitet keineswegs, dass es weite Gebiete des staatlichen und gesellschaftlichen Lebens gibt, über deren Ordnung ein consensus omnium vorliegt; ja sie betont mit Nachdruck, dass auf die Dauer ein Staat nicht lebensfähig ist, in dem weder über ein Minimum fundamentaler noch über zahlreiche detaillierte Fragen der Wirtschaft, Gesellschaft und Politik eine weitgehende Übereinstimmung besteht. Sie nimmt jedoch den Umstand, dass es weite Gebiete des staatlichen und gesellschaftlichen Lebens gibt, über deren Regelung Meinungsverschiedenheiten zwischen verschiedenen Gruppen existieren, nicht nur mit Gleichmut hin, sondern erachtet dies als unvermeidlich, ja geradezu als ein Indiz eines in Freiheit pulsierenden öffentlichen Lebens.

Ernst Fraenkel, Deutschland und die westlichen Demokratien, erweiterte Ausgabe, Suhrkamp Verlag, Frankfurt 1991, S. 300 f.; Festvortrag zum 45. Dt. Juristentag in Karlsruhe 1964

a priori
(lateinisch) unabhängig, von vornherein

a posteriori
(lateinisch) aus Erfahrung gewonnen, nachträglich, im Nachhinein

delikat
hier: behutsam

divergierend
hier: auseinanderstrebend; gegensätzlich

consensus omnium
(lateinisch) Übereinstimmung aller Menschen bzgl. einer Idee

Aufgaben

1. Stellen Sie dar, wie nach dem Grundgesetz die Rolle des Volkes in der deutschen Demokratie definiert ist (textunabhängig).
2. Analysieren Sie die demokratietheoretischen Vorstellungen in den Darstellungen von Jesse und Fraenkel.
3. Entwickeln Sie eine Stellungnahme zu den Vorstellungen von Jesse und Fraenkel.

Erwartungshorizonte zu den Aufgaben 1 – 3

Mediencode: 72021-09

Bürgerbegehren in Deutschland

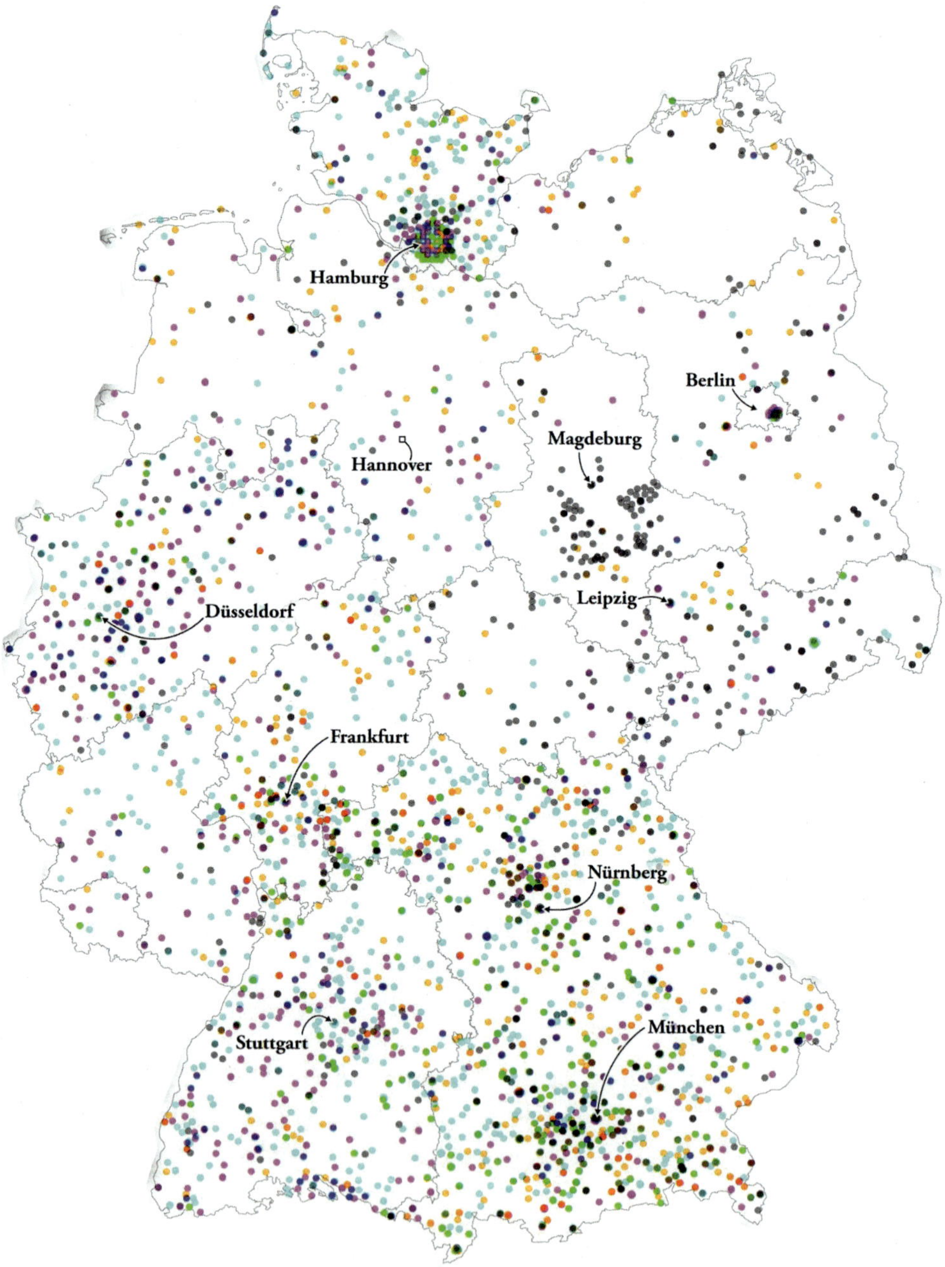

Bürgerbegehren seit 1957 (auch „Ratsreferenden")
zu den Themen:

- Öffentliche Infrastruktur, Versorgung, Entsorgung, Verkehr
- Soziale Infrastruktur, Kultur
- Wirtschaft, Mobilfunk
- Wohngebiete, andere Bauleitplanungen
- Abgaben, Hauptsatzung, Gebietsreform, Sonstiges

Nach: Matthias Stolz, Zeitmagazin, Nr. 49, 2.12.2010

Demokratie – wie können wir sie (mit)gestalten?

4

Eine Bevölkerung von mehr als 80 Millionen Menschen wie in Deutschland kann nicht alle politischen Entscheidungen selbst fällen. Die Bürgerinnen und Bürger müssen sich vertreten lassen, obwohl „alle Staatsgewalt vom Volk" ausgeht. Dazu wählen sie Vertreter (Abgeordnete) auf Zeit, die dann im „Namen des Volkes" entscheiden und handeln. Die Bundesrepublik Deutschland ist also eine repräsentative Demokratie. Mit den Wahlen entscheiden die Bürgerinnen und Bürger über die Verteilung der politischen Macht und legitimieren diese. Gibt es außer der Wahl auch andere Möglichkeiten, sich politisch zu beteiligen und Einfluss auf politische Entscheidungen zu nehmen? Was heißt überhaupt politische Beteiligung?

Kompetenzen

Am Ende dieses Kapitels können Sie:

- Beteiligungsrechte und -chancen in Nordrhein-Westfalen, auf Bundesebene und auf europäischer Ebene darstellen;
- Parteienlandschaft in Deutschland beschreiben;
- Formen politischen Engagements charakterisieren;
- Stellung und Bedeutung von Parteien in Staat und Gesellschaft analysieren;
- Bedeutung von Wahlen als Form politischer Beteiligung begründen;
- neue Beteiligungsformen wie „Liquid Democracy" beurteilen.

Was wissen und können Sie schon?

1. Werten Sie die Karte auf der linken Seite aus, indem Sie mögliche Gründe für folgende Fragen diskutieren: Weshalb gibt es im Süden mehr Bürgerbegehren als im Norden? Warum gibt es zwischen einzelnen Bundesländern Unterschiede in der Art der Bürgerbegehren?
2. Das Bürgerbegehren ist eine immer beliebtere Form der politischen Beteiligung in Deutschland. Recherchieren Sie in Ihrer Gemeinde/in Ihrer Stadt, wann welches Bürgerbegehren zuletzt initiiert wurde und informieren Sie sich über deren Hintergründe (Initiatoren, Befürworter, Gegner, Ergebnis).
3. Bürgerbegehren sind nur eine Form von politischer Partizipation. Sammeln Sie in Ihrem Kurs andere Partizipationsmöglichkeiten.

4.1 Sich einmischen – engagieren oder partizipieren?

M1 Formen politischen Engagements

Nach dem erfolgreichen Bürgerentscheid muss das Freibad saniert werden.

Rednerin im Jugendparlament

„Guerilla Gardening" in London

Freiwillige Helfer zählen Briefwahlstimmen aus.

Demonstration gegen Studiengebühren in Münster

Junge Frau beim Wählen

Stadtschülersprecher

M2 Wo sich Bürgerinnen und Bürger engagieren

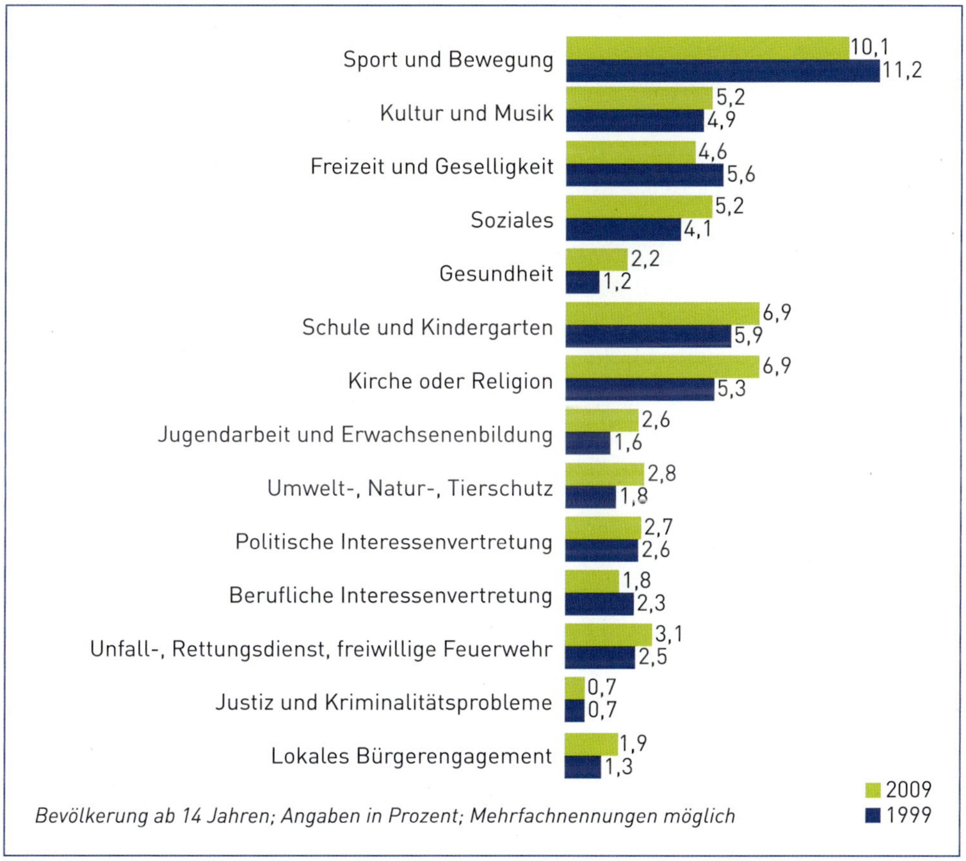

Bundesministerium für Familie, Senioren, Frauen und Jugend (Hg.), Freiwilligensurveys, Berlin 1999 – 2010

Partizipation
Der Begriff Partizipation kommt aus dem Lateinischen und leitet sich ab von „pars" (Teil) und „capere" (Geben / Nehmen), also: „Teil-Habe".

Engagement
Der Begriff Engagement kommt aus dem Französischen, in der Grundbedeutung heißt es Verpflichtung oder Einsatz.

M3 Formen politischer Beteiligung

Dimension politischer Beteiligung	Formen politischer Beteiligung	Konkrete Akte politischer Beteiligung
Konventionell bzw. verfasst	– Staatsbürgerrolle	– sich an Wahlen beteiligen
	– parteiorientierte Partizipation	– in eine Partei eintreten, aktiv mitarbeiten
Unkonventionell bzw. unverfasst a) legal	– problemorientierte Partizipation	– Mitarbeit in einer Bürgerinitiative, Teilnahme an einer genehmigten Demonstration, Unterschriften sammeln, sich in Versammlungen beteiligen
b) illegal – gewaltlos	– ziviler Ungehorsam	– Teilnahme an einer verbotenen Demonstration, Beteiligung an wilden Streiks, Hausbesetzungen, Blockaden
– gewaltsam	– politische Gewalt	– Gewalt gegen Personen und Sachen

Beate Hoecker, Politische Partizipation: systematische Einführung, in: Dies (Hg.), Politische Partizipation zwischen Konvention und Protest, Opladen 2006, S.11

Was bedeutet Politik?
Nach dem „engen Politikbegriff“ umfasst Politik all die Faktoren, die man im Alltagsverständnis als „politisch“ bezeichnet: das politische System, das aus Staaten, Parlamenten, Parteien, Politikern usw. besteht und in dem Meinungsbildungs- und Entscheidungsprozesse stattfinden.
Der „weite Politikbegriff“ bezeichnet Politik darüber hinaus als etwas, das immer und überall dort geschieht, wo Menschen ihr gesellschaftliches Leben organisieren: in Bürgerinitiativen, Demonstrationen, aber auch in scheinbar unpolitischen Bereichen, wie zum Beispiel dem Zusammenleben von Mann und Frau. Danach kann auch das Private politisch sein.

M4 Beteiligungsrechte im Grundgesetz

Das Grundgesetz verankert die rechtlichen und politischen Voraussetzungen für die Beteiligung der Bürger an der Politik als Bestandteil der Grundrechte in Art. 4 GG (Glaubens-, Gewissens- und Bekenntnisfreiheit und Prinzip der freien Religionsausübung), in Art. 5 GG (Meinungs-, Informations- und Pressefreiheit), in Art. 8 GG (Versammlungsfreiheit) und in Art. 17 GG (Petitionsrecht). Damit werden Rechte und Chancen bestimmt, die die einzelnen Bürger oder Gruppen von Bürgern nutzen oder auch ausschlagen können. [...] Den institutionellen Rahmen für politische Beteiligung normiert das Grundgesetz in drei Bereichen: der Stellung der Bürger bei der Bildung des Willens in Art. 20 Abs. 2 GG, in der Hervorhebung der politischen Parteien in Art. 21 Abs. 1 GG und in der Vereinigungs- und Koalitionsfreiheit des Art. 9 GG.

1. Die Formulierung in Art. 20 Abs. 2 GG, dass alle staatliche Gewalt vom Volke ausgehe und vom Volk in Wahlen und Abstimmungen und durch besondere Organe der Gesetzgebung, der vollziehenden Gewalt und der Rechtsprechung ausgeübt werde, bedeutet nach der übereinstimmenden Interpretation der Verfassungsrichter, dass neben den Wahlen auch andere Formen der Beteiligung an der Staatsgewalt wie Volksinitiativen, Volksbegehren und Volksentscheide durch das Grundgesetz gedeckt sind. Einigkeit besteht auch darüber, dass die Schöpfer des Grundgesetzes einem eindeutig repräsentativen System den Vorzug gegeben haben. In den Länderverfassungen, vor allem denen jüngeren Datums, sind plebiszitäre Elemente eingebaut.

2. Die herausragende Rolle der Parteien in Art. 21 GG als politische Organisationen, die „bei der politischen Willensbildung mitwirken“ und daher in ihrer Binnenstruktur demokratischen Grundsätzen entsprechen müssen, etabliert sie als Mittler zwischen der Herrschaftsstruktur des Staates und den Bürgern.

3. Die Sicherung der Vereinigungs- und Koalitionsfreiheit in Art. 9 GG stellt die freien Vereinigungen der Bürger unter Grundrechtsschutz und betont zusätzlich im Abs. 3 die besondere Bedeutung von Vereinigungen „zur Wahrung und Förderung der Arbeits- und Wirtschaftsbedingungen“. Beteiligung an Wahlen, die Mitgliedschaft in Parteien, Verbänden und Vereinen sind die traditionellen, verfassungsrechtlich garantierten und im Laufe der Jahrzehnte rechtlich differenziert ausgestalteten Formen der politischen Beteiligung.

Gert Joachim Glaeßner, Politik in Deutschland, 2. aktualisierte Auflage, Wiesbaden 2006, S. 499 f.

Aufgaben

1. Erläutern Sie in Partnerarbeit die jeweilige Situation, die auf den Fotos (M1) dargestellt wird.
2. Analysieren Sie die Tabelle in M2. Welche Aktivitäten werden nach Ihrer Auffassung von Ihrer Altersgruppe bevorzugt? Welche werden von Erwachsenen bevorzugt?
3. Ordnen Sie die Beispiele politischen Engagements in M1 den Kategorien in M2 zu.
4. Analysieren Sie die Aktionen in M1 im Hinblick auf Formen politischer Beteiligung (M3).
5. Stellen Sie dar, welche Beteiligungsrechte der Bürgerinnen und Bürger im Grundgesetz verankert sind und notieren Sie diese auf einer Wandzeitung oder einer Folie (M4).
6. Beurteilen Sie, ob es sich in M1 um eine Form des bürgerschaftlichen Engagements oder einer politischen Partizipation im Sinne des Grundgesetzes handelt (M4).

F Aufgaben 1 – 2
Recherchieren Sie im Internet Daten über gesellschaftliches Engagement von Jugendlichen und vergleichen Sie die Ergebnisse mit den Daten aus M2.

M5 Wer engagiert sich?

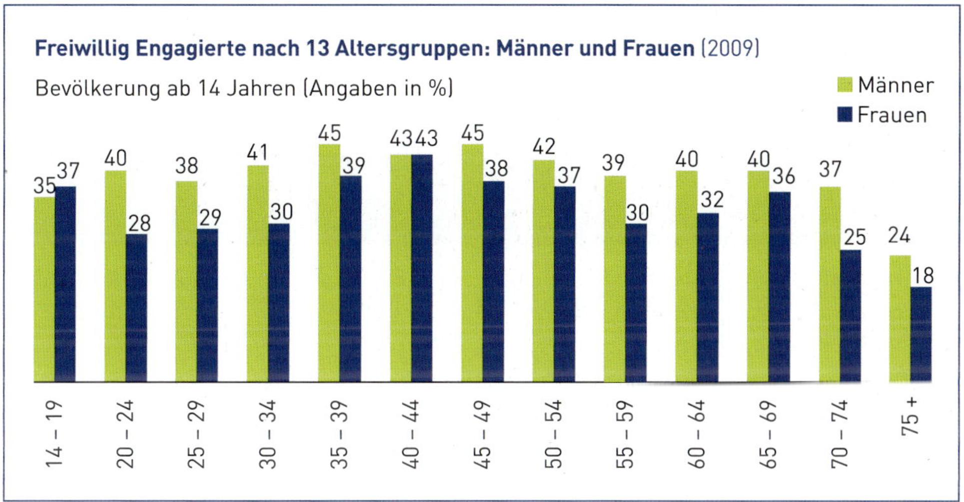

Quelle: Freiwilligensurveys

Nicht alle Bürgerinnen und Bürger engagieren sich in gleichem Maß. Zu beobachten sind Differenzen abhängig von den sozialstrukturellen Merkmalen, das heißt vom Bildungsstand, Beruf, der Höhe des Einkommens, dem Alter und Geschlecht. [...] Befunde aktueller Untersuchungen belegen: Besonders engagiert sind Personen, die auch aufgrund anderer Merkmale gut in die Gesellschaft integriert sind, die über einen höheren Bildungsstand und ein höheres Einkommen verfügen. Erwerbstätige sind die am stärksten engagierte Gruppe. [...] Das Engagement ist bei männlichen Erwerbstätigen und Menschen mit behobenem Berufsprofil besonders ausgeprägt. Arbeitslose und Menschen mit niedrigem Sozial- und Bildungsstatus sind stark unterrepräsentiert.

Bundesministerium für Familie, Senioren, Frauen und Jugend (Hg.), Erster Engagementbericht 2012, Berlin 2012, S. 13

M6 Was ist politisches Handeln?

Bevor es zu einer politischen Handlung kommt, müssen sowohl die Möglichkeiten als auch der Wille zu dieser Handlung gegeben sein. [...] Voraussetzung für die [politische] Teilhabe ist ein Minimum an Interesse an und Wissen über Politik, um Einstellungen zu bestimmten Partizipationsformen entwickeln zu können. Sie stellt den Grundstock für die konkrete Beteiligung dar und repräsentiert den Willen zur politischen Partizipation, der dann noch auf entsprechende Gelegenheitsstrukturen treffen muss, die die Handlungen auslösen. Allerdings ist zwischen diesen Einstellungen und realer politischer Partizipation zu unterscheiden. Erst die Handlung selbst lässt die politische Partizipation entstehen [...], passives politisches Verhalten (Wahrnehmung politischer Nachrichten, politisches Interesse) ist eben nur Verhalten und nicht Handeln. Politische Partizipation ist somit ein zielgerichtetes Verhalten der Bürger/-innen mit Bezug auf Politik und Entscheidungen. Ziele können der Ausdruck von Zufriedenheit wie Unzufriedenheit mit politischen Entscheidungen sein. Politische Partizipation ist auf die Beeinflussung des politischen Prozesses angelegt.

Susanne Pickel, Das politische Handeln der Bürgerinnen und Bürger, in: Georg Weißeno, Hubertus Buchstein (Hg.), Politisch Handeln, Bonn 2012, S. 40 f.

M7 Direkte Demokratie in Nordrhein-Westfalen

Direkte und indirekte Demokratie
Die Demokratie hat im Wesentlichen zwei Ausformungen: In einer direkten Demokratie ist das Volk unmittelbar an politischen Entscheidungsprozessen beteiligt. In der äußersten Konsequenz stimmen also alle Bürger über jede einzelne politische Frage selbst ab. Da diese Herrschaftsform nur in kleineren politischen Einheiten zu verwirklichen ist, überträgt das Volk in der mittelbaren oder repräsentativen Demokratie seine Entscheidungsbefugnisse durch die Wahl von Abgeordneten an eine Volksvertretung. (→ Kapitel 3.2)

Laut Landesverfassung Artikel 2 und 68 kann die Bevölkerung in Nordrhein-Westfalen durch Volksbegehren und Volksentscheid in die Gesetzgebung eingreifen. Seit 2002 bzw. 2004 stehen auch die Volksinitiative als direktdemokratisches Mittel, sowie der kommunalpolitische (Bürger-)Einwohnerantrag zur Verfügung.

Landesebene NRW	Ziele	Hürden
Volksbegehren	Gesetzesänderung/ -erlass, Volksentscheid	8% Unterschriften binnen 8 Wochen, 50% Zustimmung bei Verfassungsänderung, Kostenerstattung nur bei Erfolg
Volksentscheid	Gesetzbeschluss	Mehrheit der abgegebenen Stimmen inkl. 15% Zustimmung aller Stimmberechtigten, ja/nein-Entscheidung gefordert, Verfassungsänderung 50% Beteiligung bei 66% Zustimmung

Kommunale Ebene NRW	Ziele	Hürden
Bürgerbegehren	Entscheidung, Bürgerentscheid	Zulässigkeitsprüfung, 3 – 10% Unterschriften, Kostendeckungsvorschlag
Bürgerentscheid	Verordnung, Kommunale Entscheidung	20% Zustimmungsquorum, ja/nein ist vorgeschrieben, Kostendeckungsvorschlag, Briefwahl

Quelle: Bearbeiter

M8 Direkte Demokratie auf Bundes- und Europäischer Ebene

Bund

- Den Volksentscheid auf Bundesebene gibt es nur bei einer Neugliederung des Bundesgebiets in den betroffenen Ländern.
  Ein Gesetzentwurf der rot-grünen Bundesregierung zur Einführung von Volksentscheiden auf Bundesebene scheiterte am Bundesrat, in dem damals die Unionsparteien (CDU/CSU) eine Mehrheit hatten.
- Beim Deutschen Bundestag können Petitionen eingebracht werden.

Europa

- Mithilfe der Europäischen Bürgerinitiative können EU-Bürger die Europäische Kommission auffordern, einen Vorschlag zur Änderung des europäischen Rechts vorzulegen.
- Der Europäische Bürgerbeauftragte untersucht Beschwerden über Missstände in der Verwaltungstätigkeit der Organe und Institutionen der Europäischen Union.
- Auch das Europäische Parlament kennt das Petitionsrecht.

Bearbeiter

M9 Wie engagieren sich junge Menschen?

„Wenn Sie politisch in einer Sache, die Ihnen wichtig ist, Einfluss nehmen, Ihren Standpunkt zur Geltung bringen wollen: Welche der Möglichkeiten kämen für Sie in Frage und welche nicht?"

	Kommt in Frage	Bereits gemacht
Sich an Wahlen beteiligen	94	87
Beteiligung an einer Unterschriftensammlung	87	75
Teilnahme an einer genehmigten Demonstration	65	43
Sich in Versammlungen an öffentlichen Diskussionen beteiligen	53	34
Aus politischen, ethischen oder Umweltgründen Waren boykottieren oder kaufen	51	37
Sich an einer Online-Protestaktion beteiligen	50	25
Mitarbeit in einer Bürgerinitiative	39	5
In einer Partei aktiv mitarbeiten	22	4
Teilnahme an einer nicht genehmigten Demonstration	20	7

Quelle: AID:A-DJi-Survey 2009 (gewichtet); 18- bis 29-Jährige; N=6.454.

Für die genannten Bereitschaften erfolgte dann die Nachfrage: „Welche der genannten Möglichkeiten haben Sie schon einmal gemacht bzw. waren Sie schon einmal beteiligt?"
Wolfgang Gaiser, Martina Gille, Politische Partizipation junger Menschen, in: POLIS Heft 1/2012, S. 15

Was ist eine Bürgerinitiative?
Eine Bürgerinitiative bezeichnet den (in der Regel) parteinunabhängigen Zusammenschluss von Personen, die öffentlich gemeinsame Interessen und Ziele, meist bezogen auf ein Einzelprojekt, verfolgen. In Deutschland existieren mehrere tausend Bürgerinitiativen, die zumeist an lokalen Brennpunkten insbesondere für den Umweltschutz tätig sind. In Deutschland entstanden die ersten Bürgerinitiativen Ende der 1960er Jahre.
Klaus Schubert, Martina Klein, Bürgerinitiative, in: Das Politiklexikon, Dietz, Bonn 2011, S. 63

Aufgaben

1. Nennen Sie Faktoren, die Ihrer Meinung nach die Bereitschaft zur Beteiligung beeinflussen. Berücksichtigen Sie dazu auch M5 und M6.
2. Werten Sie die Tabelle in M9 aus und analysieren Sie, welche Form der politischen Beteiligung jeweils vorliegt.
3. Beurteilen Sie vor dem Hintergrund Ihrer bisher erworbenen Kenntnisse, ob es mehr politische Beteiligungsmöglichkeiten geben sollte. Sammeln Sie Pro- und Kontra-Argumente (M7 – M9).
   a) Notieren Sie zunächst in Einzelarbeit Ihre Überlegungen.
   b) Tauschen Sie sich anschließend in Kleingruppen aus.
   c) Notieren Sie Pro- und Kontra-Argumente auf Wandzeitungen im Kursraum.
   d) Führen Sie ein Streitgespräch (→ Methodenglossar), in dem Sie auf die erarbeiteten Argumente zurückgreifen.
4. Verfassen Sie eine Stellungnahme zu der folgenden These: *Das Maß der politischen Beteiligung gilt allgemein als „Gradmesser für eine starke Demokratie".* Erörtern Sie die Pro- und Kontra-Argumente.

4.2 Wählen – Partizipation von gestern?

M10 Wahl-Frust oder Wahl-Lust?

Wählertypen

–14 bis –10 Punkte
Politikverdrossener Nichtwähler
–9 bis –3 Punkte
Wahlmuffel
-2 bis +2 Punkte
Unentschlossener Wackelkandidat
+3 bis +9 Punkte
Überzeugter Wähler
+10 bis +14 Punkte
Begeisterter Wähler

Nach: Bruno Zandonella, Wahlen für Einsteiger, BpB, Bonn 2011, S. 3

	+	–	0
1. „Demokratie funktioniert nur, wenn sich alle Bürger daran beteiligen."	+1	–1	0
2. „Mein Alltag hat mit Politik nichts zu tun, ich interessiere mich nicht sonderlich für Politik. Wieso sollte ich da wählen gehen?"	–2	+2	0
3. „Jede Stimme ist wichtig, auch meine. Ich gehe wählen, weil ich so mit geringem Aufwand über die Zukunft unseres Landes mitentscheiden kann."	+2	–2	0
4. „Die Parteien gleichen sich wie ein Ei dem anderen. Da kann ich mich gar nicht entscheiden."	–1	+1	0
5. „Das Recht zur Wahl der eigenen Volksvertretung ist das wichtigste Bürgerrecht. Darauf sollte man nicht leichtfertig verzichten, denn viele Menschen haben dafür gekämpft und gelitten."	+2	–2	0
6. „In der Masse der Wähler zählt meine Stimme ohnehin nichts."	–2	+2	0
7. „Ich gehe wählen, weil sonst andere über mich entscheiden."	+1	–1	+1
8. „Ich würde gerne an einem Volksentscheid teilnehmen und über eine politische Sachfrage abstimmen, aber wählen und Politikern einen Blankoscheck ausstellen, damit sie vier Jahre tun und lassen können, was sie wollen, dazu bin ich nicht bereit."	–1	+1	0
9. „Ich gehe wählen, weil wir einen Politikwechsel in unserem Land dringend nötig haben."	+1	–1	0
10. „Ich kenne keine Partei, die meine Interessen vertritt."	–1	+1	0
SUMME			

Nach: Bruno Zandonella, Wahlen für Einsteiger, BpB, Bonn 2011, S. 3

M11 „... eigentlich ist es logisch, wählen zu gehen"

Wählen oder nicht wählen? Ein Schlagabtausch unter Erst(nicht)wählern.

Luisa: Ich finde, es ist meine Pflicht, wählen zu gehen. Andere Menschen auf der Welt haben dieses Recht gar nicht. Dann kann ich doch dieses Recht nicht einfach so wegschmeißen, wenn Menschen in anderen Ländern sich darum schlagen, wählen zu dürfen.

Alex: Jede Stimme, die nicht abgegeben wird, ist eine Stimme für eine extreme Partei.

Christian: Die Wahl könnte für mich ein Weg sein für meine Ziele und Wünsche. Eine Partei zu wählen, die meine Vorstellungen in gewisser Weise bestmöglich vertreten kann. [...]

Luisa: Mir geht es beim Wählen darum, dass auf keinen Fall eine falsche Partei an die Macht kommen darf. Das möchte ich verhindern. [...] Wenn ich mal gucke, was in der Vergangenheit durch politische Fehlentscheidungen passiert ist, wenn ich nur ans Dritte Reich denke, dann wird mir schon klar, wen ich garantiert nicht wähle. Nämlich die rechte Partei, NPD und so. [...]

Doreen: Von dem Argument würde ich mich noch am ehesten überzeugen lassen, obwohl ich eigentlich mit den Bundestagswahlen nichts am Hut habe.

Wolfram: Na ja, vielleicht gibt es doch falsche Parteien. Aber wenn jetzt alle die falsche Partei wählen, dann regeln das sowieso die anderen Parteien untereinander durch eine Koalition. Jedenfalls, das Thema interessiert mich nicht, und es schlägt mir keiner den Kopf ab, wenn ich nicht wähle. Es ändert sich einfach nichts für mich durch die Wahlen.

Andrea: Eigentlich ist es logisch, dass man wählen gehen sollte, wenn man das Recht dazu hat. Aber bei mir ist einfach mein Desinteresse größer! Denn es wird sich nix ändern, egal ob ich wählen gehe oder nicht.

Anne-Katrin: Genau das ist es: Es ändert sich morgen nichts dadurch, dass ich heute nicht wählen gehe – das ist der Grund, warum die jungen Leute nicht so einen Bezug zur Politik haben oder nie hatten. Denn auf lange Sicht macht es schon einen Unterschied, ob eine Partei an der Macht ist, die viel für Sozialpolitik macht, wenn ich irgendwann mal eine Familie gründen will. Im Vergleich zu einer Partei, die alles in die Wirtschaft buttert oder in die Rüstung.

Alex: Ist doch egal, wohin die das buttern, weil nach vier Jahren die nächste Partei kommt und alles wieder ändert.

Fabian: Eure Argumente überzeugen mich überhaupt nicht! Ihr habt alle möglichen Gründe, warum ihr wählen geht, und kein einziger davon hat mich überzeugt. Ich kann doch wählen, wen ich will – es versprechen alle dasselbe. Also ist meine Stimme doch komplett egal! Egal, in welche Partei ich sie reinstecke.

Wolfram: Toll wäre es, wenn mir die Partei 500 Euro rübergeben würde, dafür, dass ich sie wähle. Das wäre eine schöne Sache! Das wäre für mich persönlich ein Anreiz.

Das Interview führte Alexandra von Streit, Fluter Nr. 3/ Juni 2002

M12 Die Bedeutung von Wahlen

Aufgrund der regelmäßig stattfindenden freien Wahlen muss die Politik den Aspekt der Herrschaft auf Zeit stets mit einkalkulieren. Die Politikverantwortlichen müssen, wenn sie wieder gewählt werden wollen, die Meinungs- und die Willensbildung der Wählerschaft berücksichtigen. Das gilt unabhängig davon, ob sich durch Kreuze auf dem Wahlzettel die Machtverhältnisse ändern oder nicht. Die Einflussmöglichkeiten der Bürgerinnen und Bürger auf die Politik sind somit umfassender und längerfristiger, als es der kurze Wahlakt suggeriert – sofern faktisch unterschiedliche Personen, Parteien und Programme zu wählen sind. Parteien sowie Politikerinnen und Politiker reagieren auf Trends der öffentlichen Meinung und berücksichtigen die Erwartungen sowie die Reaktionen derjenigen, die sie gewählt haben, in ihren Entscheidungen. Karl R. Popper hat diesen Zusammenhang treffend beschrieben: „Jede Regierung, die man wieder loswerden kann, hat einen starken Anreiz, sich so zu verhalten, dass man mit ihr zufrieden ist. Und dieser Anreiz fällt weg, wenn die Regierung weiß, dass man sie nicht so leicht loswerden kann." Die Bürgerinnen und Bürger entscheiden nicht nur über die Verteilung der politischen Macht für eine bestimmte Zeit, sondern sie legitimieren sie auch. Regieren kann nur dann legitim sein, wenn es auf einer Form der Zustimmung der Regierten beruht. Wahlen legitimieren politische Herrschaft, kontrollieren die Regierenden und garantieren die Bindung der Politik an die Meinungen der Regierten. Die Regierung bleibt durch die Wahlen gegenüber der Wählerschaft politisch verantwortlich. Der Wahlakt ist eine aktive Teilhabe am politischen Entscheidungsprozess. Aber auch diejenigen, die nicht wählen, üben Einfluss aus. Die Höhe der Wahlbeteiligung hat Auswirkungen auf das Ergebnis. Je nach Wahltypus können die Wählenden über die Zusammensetzung der Parlamente, die Regierungsbildung und somit über die politischen Sachprogramme der *kommenden* Jahre entscheiden. Die Auswirkungen der Stimmabgabe sind vielfältig. Sie bedeutet weit mehr als die Entscheidung darüber, wer die zukünftige Regierung bilden wird.

Karl-Rudolf Korte, Wahlen in Deutschland, Bonn 2010, S. 9 f.

Karl Raimund Popper, 1902 – 1994, österreichisch-britischer Philosoph, begründete u.a. die empirische Methode.

M13 Wahlbeteiligung in Deutschland seit 1949

Das Wahlsystem des Deutschen Bundestages – im Erklärfilm

Mediencode: 72021-10

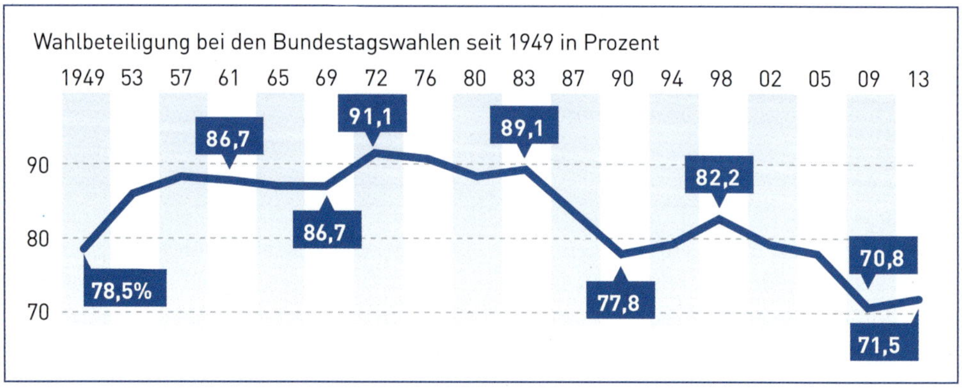

Quelle: Bundeswahlleiter, Stat. Bundesamt

M14 Warum Nichtwähler nicht wählen

Karl-Rudolf Korte ist Professor für Politikwissenschaft und Leiter der School of Governance an der Universität Duisburg-Essen. Für das ZDF kommentiert und analysiert er Wahlergebnisse und politische Ereignisse.

Im Interview mit heute.de informiert der Politikwissenschaftler Karl-Rudolf Korte über Gründe und Folgen der niedrigen Wahlbeteiligung vergangener Wahlen.

heute.de: Welche Auswirkungen hat es, wenn immer weniger Bürger wählen gehen?

Karl-Rudolf Korte: Immer weniger entscheiden über immer mehr. Denn auch die wenigen Stimmen, die abgegeben werden, führen am Ende zu einer Entscheidung. Außerdem sind auch die Chancen höher, dass extreme Parteien bei geringer Wahlbeteiligung aufgewertet werden. Geringe Wahlbeteiligung führt also immer mehr dazu, dass das Ergebnis am Ende nicht repräsentativ ist, dass nicht alle Bevölkerungsgruppen abgedeckt werden – und letztlich auch dazu, dass sich die Spaltung unserer Gesellschaft vergrößert. Geringe Wahlbeteiligung ist immer auch ein Indiz für nachlassende Integrationskraft einer Gesellschaft.

Liegt darin auf Dauer auch eine Gefahr für die Demokratie?

Wenn es Ausmaße annimmt, die die Legitimität der Wahlen generell unterhöhlen. Es gibt aus der Wahlforschung zwar keine Zahl, bei der man sagt: Jetzt wird es kritisch für die Demokratie. Bei Bundestagswahlen ist die Beteiligung noch relativ hoch. Dramatischer ist es bei all den Ebenen darunter. Es gab schon Landtagswahlen, bei denen der Anteil der Nichtwähler höher war als der Anteil der Wähler. Das verändert die Qualität der Demokratie, die sich ja durch Teilhabe ausdrückt.

Sehen Sie die Einführung einer Wahlpflicht als Möglichkeit, die Wahlbeteiligung zu erhöhen?

Nein! Oft existiert eine solche Wahlpflicht in Unrechtsregimen, die mit diesem einmaligen Zwang ihre Politik vier oder fünf Jahre lang rechtfertigen. Dort heißt es dann: Die Bürger haben ein Mal abgestimmt, jetzt müssen sie nicht mehr weiter beteiligt werden. Das passt nicht in unsere demokratische Kultur. Zur Systematik der Demokratie passt, wenn die Bürger aus freier Entscheidung wählen und nicht nur Vorschriften befolgen. Parteien und Politiker sollten attraktive Politikangebote machen, die auch Anreize setzen, wählen zu gehen.

Das misslingt gerade bei jungen Menschen. Besonders niedrig ist die Wahlbeteiligung bei denen, die zum ersten Mal wählen dürfen. Was lässt sich konkret dagegen tun?

Schulen können zum Beispiel spezielle Formate anbieten, in denen Wählen geübt wird. Solche simulierten Wahlen gibt es teilweise schon. Wer das einmal mitmacht, der kann sich auch dafür begeistern. Der weiß nämlich, was dahintersteckt und wird sich, wenn er endlich richtig wählen darf, darauf freuen. Außerdem müssen Parteien selbst Ideen entwickeln, um junge Menschen anzusprechen. Jugendliche haben ein großes Vertrauen gegenüber bestimmten Sängern und Musikern. Wenn man diese Idole dazu bringt, für eine Partei Farbe zu bekennen, erreicht man auch die Jüngeren.

Zum ersten Mal tritt bei der Bundestagswahl die „Partei der Nichtwähler" an. Was halten Sie davon?

Ich kann nicht erkennen, worin der Reiz liegen sollte, diese Partei zu wählen. Bei der Wahl geht es darum, eine Regierung abzuwählen oder Macht neu zu verteilen. Mir stellt sich die Frage, warum ich die Macht einer Partei geben sollte, die praktisch ohne Programm antritt. Sie erhält Aufmerksamkeit, weil das irgendwie originell klingt. Es gibt genügend Auswahl an unterschiedlichen Parteien, die ein inhaltliches Programm haben.

Das Interview führte Christine Haas, Warum Nichtwähler nicht wählen, www.heute.de, 20.9.2013

Typen von Nichtwählern

Der Unzufriedene
Der Unzufriedene ist ein Protestwähler, der dem politischen System kritisch gegenübersteht und sich bewusst für die Nichtwahl entscheidet.

Der Rationale
Der Rationale tendiert zu wechselhaftem Wahlverhalten und entscheidet sich je nach Bedeutung der Wahl kurzfristig auch für die Nichtwahl.

Der Gleichgültige
Der Gleichgültige ist desinteressiert und hat keinerlei Verbindung zur Politik.

Der Verhinderte
Der Verhinderte ist im Urlaub, krank oder kürzlich verstorben. Diese Gruppe ist in den meisten Fällen die geringste Gruppe der Nichtwähler.

Aufgaben

1. Die unter M10 aufgeführten Meinungen über das Wählen sind in der Öffentlichkeit häufig zu hören. Stellen Sie sich vor, Sie dürften wählen. Welchen Aussagen stimmen Sie zu? Bestimmen Sie Ihre persönliche Punktzahl (+ = ich stimme zu; - = ich stimme nicht zu; 0 = unentschieden) und ermitteln Sie, welcher Wählertyp (Randspalte zu M10) Sie sind. Vergleichen Sie abschließend Ihre Ergebnisse im Kurs.
2. Analysieren Sie in Kleingruppen die Meinungen der Jugendlichen in M11 hinsichtlich einer positiven oder negativen Einstellung zu Wahlen.
   - Halten Sie auf einer Folie oder auf einer Wandzeitung (→ Methodenglossar) positve und negative Einstellungen zu Wahlen fest.
   - Vergleichen und ergänzen Sie Ihre Ergebnisse.
   - Diskutieren Sie abschließend die Meinungen und beurteilen Sie, welche Argumente Sie überzeugen.
3. Erläutern Sie, welche Einflussmöglichkeiten die Bürgerinnen und Bürger durch die Wahlen in unserem Staat haben (M12).
4. Nehmen Sie Stellung zu der These: *„Wenn ein Abgeordneter erst einmal gewählt ist, kann er vier Jahre lang machen, was er will!"*
5. Werten Sie die Grafik in M13 aus und diskutieren Sie mögliche Gründe für die Entwicklung der Wahlbeteiligung.
6. Analysieren Sie, wie der Politikwissenschaftler Korte die Entwicklung der Wahlbeteiligung beurteilt und welche Lösungsmöglichkeiten er für eine Erhöhung der Wahlbeteiligung für sinnvoll hält bzw. ablehnt (M14).
7. a) Führen Sie abschließend ein Streitgespräch (→ Methodenglossar) zu folgender These: *„Nichtwahl ist vor allem ein Ausdruck von Politikverdrossenheit"*. Stellen Sie hierfür arbeitsteilig in Gruppen auf dem Hintergrund der bisher von Ihnen erarbeiteten Argumente Gründe zusammen, die für die These und gegen die These sprechen könnten.
   b) Bestimmen Sie eine Gruppe, die die These verteidigt und eine andere, die gegen die These spricht. Entscheiden Sie, wer die Diskussion leitet und welche Aufgaben die übrigen Kursmitglieder als Beobachter haben sollen.

F Aufgaben 4 – 5
Recherchieren Sie die Wahlbeteiligung in anderen Ländern der EU auf verschiedenen Ebenen (Bund, Land, Kommune). Welche Gründe werden von Experten für die Veränderung der Wahlbeteiligung genannt?

H Aufgabe 5
Beziehen Sie in Ihre Bewertung insbesondere die Repräsentationsfunktion von Wahlen mit ein.

4.3 Parteien – Mittler zwischen Staat und uns?

M15 Ein Chat von Jugendlichen über Parteien

Dennis: Für mich wäre eine große Abschreckung, in eine Partei zu gehen, sicher, dass ich mich denen da oben unterwerfen müsste. Die da oben machen den ganzen Tag irgendwelche Schlammschlachten und ich muss das dann auch noch toll finden, was die machen. Und auch inhaltlich hat die Basis weniger zu sagen als der Parteivorsitzende.

Karim: Bin selbst bei den JuLis und bei der FDP. Die allgemeine Parteiverdrossenheit liegt meiner Einschätzung nach daran, dass es sehr mühsam und langwierig ist, eine konkrete Idee durch eine Partei zu tragen, damit vielleicht irgendwann mal die Umsetzung folgt. Außerdem glaube ich, dass viele Leute ein Problem damit haben, sich in einer Partei zu engagieren, mit deren Programm sie nicht vollständig übereinstimmen. Es gibt aber wohl nur sehr wenige Leute, die sich komplett mit einem Parteiprogramm identifizieren können.

Kim: Die Parteiverdrossenheit kommt davon, dass Leute gerne selbst Sachen machen wollen, mit denen sie sich selbst identifizieren wollen und nicht mit einer Partei bzw. dass das, was man will, nicht mit einer Partei vereinbar ist (bspw. gegen AKWs, aber für das dreigliedrige Schulsystem). Ich persönlich finde aber nur, dass man als Gemeinschaft gut agieren kann. „Zusammen sind wir stärker", dieser Grundsatz trifft auf die Parteien zu.

Julian: Man kann nur in einer Partei „den da oben" (O-Ton Dennis) auch durch Abstimmung oder Beteiligung verklickern, was die Basis denn will. Die Parteien in Deutschland sind sehr streitbar. An den Programmen wird regelmäßig geschliffen. Viel konstruktiver wäre dieser Prozess, würden nicht ständig irgendwelche Medienvertreter in ihrer Skandalhascherei in eine Meinungsverschiedenheit (an der in einer Demokratie die Partei wächst!) eine Schwäche, eine Niederlage, einen Triumph oder ein politisches Schicksal interpretieren. [...]

Selma: Bin Mitglied in der Grünen Jugend und kann die Parteiverdrossenheit der meisten Jugendlichen verstehen. Immerhin ändern Parteien ihre Richtungen mehrere Male innerhalb einer kurzen Zeit und Streitpunkte werden in der Regel totgeschwiegen oder auf andere Tage vertagt. Es ist nicht so sehr der Fakt, dass Jugendliche nicht an Politik oder auch Parteipolitik interessiert sind, aber eher die immer noch viel zu bürokratischen Einstellungen der verschiedenen Parteien und die Intransparenz. Welcher Jugendliche möchte sich schon nach der Schule mit Papierbergen beschäftigen? Es ist klar abzusehen, dass Parteien in den nächsten Jahren immer mehr an Wert verlieren und dies insbesondere aufgrund ihrer unnatürlichen und zum Erbrechen langweiligen Wahlkämpfer, die weder aktuelle Themen noch die Realität widerspiegeln. Versprechen können mir Parteien viel, aber wenn ich einen Blick auf Staats-, Länder- und Stadtdefizit werfe, dann ist mir klar, dass es sich dabei sowieso nur einmal wieder um leere Versprechen handelt, die nur erwähnt werden, um die Wahl zu gewinnen.

Nach: Mitmischen.de – das Jugendportal des Deutschen Bundestages: Thema: Politik ohne Partei, www.mitmischen.de, Abruf am 3.1.2012

Parteien
Menschen schließen sich zu einer Partei zusammen oder treten einer Partei bei, weil sie ähnliche politische Meinungen oder Ziele vertreten. Diese Vorstellungen werden in Parteiprogrammen festgeschrieben. Die Mitglieder einer Partei sind überzeugt, dass sie zusammen mehr erreichen, als wenn jeder für sich alleine arbeitet. Deswegen versucht jede Partei auch, andere Menschen, die in keiner oder in einer anderen Partei sind, von ihrem Programm zu überzeugen.

Gerd Schneider, Christiane Toyka-Seid, Parteien, in: Das junge Politik-Lexikon, Bonn 2009, S. 233

M16 Wofür brauchen wir Parteien?

Für das Funktionieren der bundesrepublikanischen Demokratie entscheidend sind gerade jene Funktionen, die Parteien als Mittler zwischen Gesellschaft und Staat wahrnehmen. So problematisch diese Trennung von Gesellschaft und Staat theoretisch auch sein mag, so sind Parteien in ihrer konkreten Tätigkeit doch in beiden Bereichen verankert. Die eigentlichen Tätigkeiten der Parteien zwischen Gesellschaft und Staat lassen sich auf vier wesentliche Funktionen zuspitzen:

- **Auswahlfunktion**

Durch Parteien findet die Rekrutierung und Auswahl der politischen Elite aus der Gesellschaft – vom Ortsrat bis zum Kanzleramt – statt. Was häufig übersehen und moralisierend abgewertet wird: Parteien waren und sind immer auch Patronageorganisationen, das bedeutet Vereinigungen von Bürgern, die Ämter, Posten, Funktionen, Beförderungen und Karrieren zu vergeben haben. Daran ist nichts Anrüchiges. Politisch problematisch (und dann moralisch fragwürdig) ist es, wenn Machtpositionen um ihrer selbst willen erobert werden, es also nicht mehr um die Durchsetzung von Inhalten geht. Ein Verdienst der bundesdeutschen Parteien in den 1950er- und 1960er-Jahren bestand nicht zuletzt darin, den öffentlichen Dienst demokratisiert und ehemalige NSDAP-Mitglieder weitgehend durch Demokraten ersetzt zu haben.

- **Vermittlungsfunktion**

Parteien und ihre Vertreter in Parlamenten und Regierungen sind Repräsentanten von Partikularinteressen, von spezifischen Interessen, die in der Gesellschaft angelegt sind. Parteien vertreten immer nur Teilinteressen, nicht das Gesamtinteresse einer Gesellschaft, nicht das Gemeinwohl.
Der Politikwissenschaftler Ernst Fraenkel hat das sinngemäß so ausgedrückt: Erst wenn die Parteien und ihre Parlamentarier sich auch dazu bekennen, Repräsentanten von – zugespitzt formuliert – Sonderinteressen bzw. Sonderbedürfnissen zu sein, wird die freimütige Austragung von kollektiven Interessengegensätzen möglich. Dann wird auch ein daraus resultierender Kompromiss akzeptabel und die eigene interessengefärbte Position muss nicht mit dem Heiligenschein des Gemeinwohls umgeben werden.

- **Interessenausgleichsfunktion**

Auch innerparteilich bemühen Parteien sich, gegenläufige und widerstreitende Interessen verschiedener gesellschaftlicher Gruppen, die außerhalb wie innerhalb der Partei organisiert sein können, auszugleichen, zwischen ihnen einen Kompromiss zu finden und zugleich eine eigene „parteiliche" Position zu formulieren. Parteien integrieren also die breit gestreuten Gruppeninteressen. Im Idealfall wirken sie als soziale und politische Katalysatoren.
Wer die politische Tätigkeit der Interessengruppen nicht durch den Filter „Parteien" leitet, sondern direkt in den Prozess staatlicher Willensbildung eingliedern will, endet [...] notwendigerweise beim Stände- oder beim Verbändestaat, in dem es keinen Pluralismus gibt und Verbände die Macht ausüben.

- **Legitimierungsfunktion**

Indem Parteien die Vermittlungs- und die Interessenausgleichsfunktionen wahrnehmen, tragen sie zur Begründung des politischen Systems und zur Konsensstiftung bei. Die bundesrepublikanische Demokratie, der Parteienstaat, bietet Regelungsmechanismen zur Konfliktaustragung zwischen den Parteien und innerhalb der Parteien und damit auch zwischen auseinander gehenden gesellschaftlichen Interessen. Es sind Regeln festgelegt, nach denen ein Kampf um Macht(anteil) stattfindet, ohne dass dieser in Bürgerkrieg ausartet.

Peter Lösche, Informationen zur politischen Bildung (Heft 292), Bonn 2013, S. 12 f.

Art. 21 GG
(1) Die Parteien wirken bei der politischen Willensbildung des Volkes mit. Ihre Gründung ist frei. Ihre innere Ordnung muss demokratischen Grundsätzen entsprechen. Sie müssen über die Herkunft und Verwendung ihrer Mittel sowie über ihr Vermögen öffentlich Rechenschaft geben.

M17 Stellung der Parteien im Gesetz

Parteien – eine Interessengruppe unter vielen
Interessengruppen sind frei gebildete Interessenvertretungen bestimmter gesellschaftlicher Gruppen. Allen Interessengruppen eint der Grundgedanke der Mitbestimmung, sodass jedes Mitglied die Möglichkeit der Entscheidungsbeteiligung hat. Interessengruppen unterscheiden sich vor allem nach Zweck, Ziel und Organisationsgrad. Die häufigsten Interessengruppen in Deutschland sind

- Verbände (z.B.: Gewerkschaften, Rotes Kreuz, Nichtregierungsorganisationen),
- Vereine (z.B. ADAC, Fußballvereine, etc.),
- Parteien (Politische Parteien)
- öffentliche Institutionen (z.B. Industrie- und Handelskammer) oder
- örtliche und regionale Gruppierungen (Bürgerinitiativen, etc.).

Auszug aus dem Parteiengesetz

§1 Verfassungsrechtliche Stellung und Aufgaben der Parteien

(1) Die Parteien sind ein verfassungsrechtlich notwendiger Bestandteil der freiheitlichen demokratischen Grundordnung. Sie erfüllen mit ihrer freien, dauernden Mitwirkung an der politischen Willensbildung des Volkes eine ihnen nach dem Grundgesetz obliegende und von ihm verbürgte öffentliche Aufgabe.

(2) Die Parteien wirken an der Bildung des politischen Willens des Volkes auf allen Gebieten des öffentlichen Lebens mit, indem sie insbesondere auf die Gestaltung der öffentlichen Meinung Einfluss nehmen, die politische Bildung anregen und vertiefen, die aktive Teilnahme der Bürger am politischen Leben fördern, zur Übernahme öffentlicher Verantwortung befähigte Bürger heranbilden, sich durch Aufstellung von Bewerbern an den Wahlen in Bund, Ländern und Gemeinden beteiligen, auf die politische Entwicklung in Parlament und Regierung Einfluss nehmen, die von ihnen erarbeiteten politischen Ziele in den Prozess der staatlichen Willensbildung einführen und für eine ständige lebendige Verbindung zwischen dem Volk und den Staatsorganen sorgen.

(3) Die Parteien legen ihre Ziele in politischen Programmen nieder.

Gesetz über die politischen Parteien (Parteiengesetz), in der Fassung der Bekanntmachung vom 31.1.1994

M18 Ab wann ist eine Partei eine Partei?

§ 2 Begriff der Partei

(1) Parteien sind Vereinigungen von Bürgern, die dauernd oder für längere Zeit für den Bereich des Bundes oder eines Landes auf die politische Willensbildung Einfluss nehmen und an der Vertretung des Volkes im Deutschen Bundestag oder einem Landtag mitwirken wollen, wenn sie nach dem Gesamtbild der tatsächlichen Verhältnisse, insbesondere nach Umfang und Festigkeit ihrer Organisation, nach der Zahl ihrer Mitglieder und nach ihrem Hervortreten in der Öffentlichkeit eine ausreichende Gewähr für die Ernsthaftigkeit dieser Zielsetzung bieten. Mitglieder einer Partei können nur natürliche Personen sein.

(2) Eine Vereinigung verliert ihre Rechtsstellung als Partei, wenn sie sechs Jahre lang weder an einer Bundestagswahl noch an einer Landtagswahl mit eigenen Wahlvorschlägen teilgenommen hat.

(3) Politische Vereinigungen sind nicht Parteien, wenn

1. ihre Mitglieder oder die Mitglieder ihres Vorstandes in der Mehrheit Ausländer sind oder
2. ihr Sitz oder ihre Geschäftsleitung sich außerhalb des Geltungsbereichs dieses Gesetzes befindet.

Gesetz über die politischen Parteien (Parteiengesetz), in der Fassung der Bekanntmachung vom 31.1.1994

M19 Die Piraten – ein neuer Parteityp?

„Wir haben es geschafft, eine gemeinsam empfundene politische Unzufriedenheit zu bündeln und uns dafür wählen zu lassen", hat er eben einer Frau aus dem Publikum auf die Frage geantwortet, was die Piratenpartei denn bislang eigentlich Großartiges geleistet habe. Auch mir hatte diese Leistung kurzzeitig imponiert. Aber sie allein ist noch kein Plan. Spätestens jetzt, da die Piraten gezeigt haben, dass sie in der Lage sind, Wählerstimmen an sich zu binden – sollten sie da nicht endlich eine ernst zu nehmende Partei werden? „Ihr braucht ein Manifest", sage ich. Ein Programm, Inhalte für die Fragen, mit denen wir, die Jungen, uns so schwer tun, weil sie so schnell pathetisch klingen: Wie wollen wir leben? Was heißt Gesellschaft, was Gerechtigkeit? Welche Werte sind uns wichtig? Wenn über den Grünen Umwelt steht, über der SPD sozial, über der CDU Tradition, über der Linken links und über der FDP liberal, was wäre dann die Headline der Piraten? WLAN? Transparenz? Ratlose aller Länder, verkabelt euch? Christopher ist ein professioneller Zuhörer. Obwohl er nun wieder auf sein iPhone hinunterschaut, nickt er. „Ja. Ja", sagt er, es ist ein Stakkato, das glaubhaft signalisiert, dass er wirklich zuhört. Es ist die Welt des Multitaskings, in der ich auch lebe. „Ihr wisst doch besser als alle anderen Parteien, wie man mit uns spricht!", rede ich weiter auf ihn ein. „Ihr seid doch die Einzigen, die checken, wie man auf Facebook kommuniziert. Warum schreibt ihr dann nicht ein Manifest, zehn Punkte wenigstens, irgendetwas, das die Leute liken können?", werfe ich ihm vor. [...] „Warum schreibst du nicht das Manifest?", fragt er mich. Ungläubig schüttele ich den Kopf. [...] Christophers Do-it-yourself-Einstellung macht mich auf einmal aggressiv. „Aber du bist doch der Politiker!", entgegne ich, es klingt heftiger, als ich gewollt hatte. [...] „Das ist diese typische Einstellung", regt er sich auf. „Die Piraten machen das schon. Hauptsache, man selber muss nichts tun." [...] Warum sollte ich etwas tun, bevor ich überhaupt weiß, wofür? „Alles, was ich dir versprechen kann, Nina", sagt Christopher überhöflich, [...] „ist, dass, wenn du gute Ideen hast, ich dir Kontakte geben werde. Ich sorge dafür, dass das, was du schreibst, Widerhall findet ..." – „Ich will deine Kontakte aber nicht!", explodiere ich. „Ich will eine Partei und kein besseres Facebook!" [...] Repräsentiert Christopher einen ganz neuen Typus Politiker, jemand, der keine Idee mehr haben muss, keinen Inhalt, nur eine Methode, eine Sammelstelle für Einzelfragen bietet, in die sich jeder je nach Kompetenz einbringen soll?

Nina Pauer, DIE ZEIT Nr. 30, 5.8.2012

Aufgaben

1. Untersuchen Sie in Einzelarbeit die Einstellung der Jugendlichen zu Parteien im Live-Chat in M15 und notieren Sie stichpunktartig die wichtigsten Argumente.
2. Simulieren Sie einen Live-Chat mithilfe eines „stummen Schreibgesprächs" (→ Methodenglossar).
3. Entwerfen Sie in Partnerarbeit ein Schaubild, das die Aufgaben der Parteien einprägsam visualisiert (M16).
4. Beschreiben Sie die rechtliche Stellung der Parteien (M17).
5. Recherchieren Sie in Gruppenarbeit Hintergründe und Strukturen jeweils einer politischen Interessengruppe (z.B. Bürgerinitiative (→ M9), NGOs, etc.) im Internet und grenzen Sie diese von Parteien ab (M17, M18, Randspalte auf S. 106).
6. Christopher Lauer von den PIRATEN stellt in M19 fest, dass es ihnen gelungen sei, „eine gemeinsam empfundene politische Unzufriedenheit zu bündeln" und sich dafür wählen zu lassen.
   a) Untersuchen Sie, welche Auffassung er über die Aufgabe der Piratenpartei vertritt und notieren Sie seine Argumente stichpunktartig.
   b) Stellen Sie seinen Argumenten die Argumente von Nina Pauer gegenüber.
   c) Beurteilen Sie, welche Position eher den in M17 dargestellten Aufgaben der Parteien entspricht.
7. Nehmen Sie Stellung zu den unterschiedlichen Auffassungen über Parteien des Zeit-Herausgebers Bucerius und der Bundespräsidenten von Weizsäcker und Gauck. Welche Argumente überzeugen Sie, welche nicht (Randspalte auf S. 107)?

Stimmen zu Parteien

„Die Parteien sind es, mit denen das demokratische Leben in Deutschland nun wieder beginnen soll."
Gerd Bucerius, DIE ZEIT, 21.2.1946

„Nach meiner Überzeugung ist unser Parteienstaat von beiden zugleich geprägt, nämlich machtversessen auf den Wahlsieg und machtvergessen bei der Wahrnehmung der inhaltlichen und konzeptionellen politischen Führungsaufgabe".
Richard v. Weizsäcker, Im Gespräch mit Gunter Hofmann und Werner A. Perger, DIE ZEIT, 19.6.1992, Nr. 26

„Die Parteien tragen seit Jahrzehnten wesentlich zur Ausgestaltung unserer Freiheit, unseres sozialen Friedens, unseres Wohlstandes bei. Ohne sie wären wir nicht da, wo wir heute sind."
Bundespräsident Joachim Gauck, in: Der Spiegel, 4.3.2013

4.4 Parteien – Produkte gesellschaftlicher Konfliktlinien?

M20 (Worin) unterscheiden sich die Parteien?

Aussagen deutscher Parteien zu inhaltlichen Schwerpunkten und zukünftigen Herausforderungen:

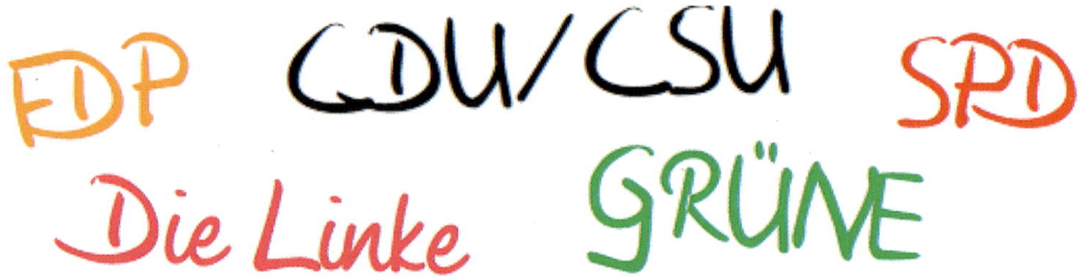

a) Der Schwerpunkt liegt auf der Wirtschaft und einer gemäßigten Modernisierung: z.B. verbindliche Lohnuntergrenzen in Bereichen ohne tarifvertraglich festgelegte Löhne, „Flexiquote“ für Frauen in Aufsichtsräten und Vorständen, bessere Vereinbarkeit von Familie und Beruf. In der Euro-Krise wird die Vergemeinschaftung von Schulden abgelehnt, eine starke politische Union Europas jedoch ebenso befürwortet wie eine stärkere Regulierung der Finanzmärkte.

b) Soziale Gerechtigkeit steht im Vordergrund: gesetzlicher Mindestlohn von 8,50 Euro pro Stunde, verbindliche Frauenquote, bessere Bildung und Kinderbetreuung. Deckelung von Mietpreisen, Bankenregulierung, Stärkung der Finanzen der Gemeinden. Gutverdiener sollen stärker belastet und eine Vermögenssteuer eingeführt werden. Altersarmut soll durch eine steuerfinanzierte Solidarrente von 850 Euro bekämpft werden.

c) Der wichtigste Punkt ist für diese Partei die Konsolidierung der Haushalte: 2015 soll der Bund keine neuen Schulden mehr aufnehmen, außerdem sollen die Steuerbelastungen für die Bürger nicht erhöht werden. In der Eurokrise verspricht diese Partei Solidarität, wehrt sich aber dagegen, die Schulden anderer Staaten zu übernehmen.

d) Hier geht es um radikale Umverteilung: Mindestrente von 1.050 Euro, einen Hartz-IV-Regelsatz von 500 Euro und einen Mindestlohn von 10 Euro pro Stunde. Um das zu finanzieren, sollen unter anderem Einkommen und Vermögen stärker belastet werden, so soll der Spitzensteuersatz von 42 auf 53 Prozent steigen.

e) Schwerpunktthemen sind die Energiewende, soziale Gerechtigkeit und eine moderne Gesellschaftspolitik; z.B. Verabschiedung eines Klimaschutzgesetzes zur weiteren Reduzierung des Ausstoßes von Treibhausgasen, Einführung einer Bürgerversicherung zur Verhinderung der fortschreitenden „Zwei-Klassen-Medizin“, Abschaffung des Betreuungsgeldes sowie Schaffung einer Kindergrundsicherung.

Nach: Wichard Woyke, www.bpb.de, 1.4.2013

M21 Gesellschaftliche Konfliktlinien bilden Parteien

Parteien sind ein Produkt gesellschaftlicher Konflikt- oder Spaltungslinien *(cleavages)*. Diese stellen einerseits einen Reflex der sozialen Verhältnisse dar, können also an Merkmalen wie Erwerbsposition, Gruppenzugehörigkeit, Lebensstil u.a. festgemacht werden.

Auf der anderen Seite dienen sie als analytische Klammer, um eine Vielzahl von politischen Streitfragen zu wenigen Grundkonflikten zusammenzufassen. In der heutigen Parteienforschung wird angenommen, dass für eine solche Zusammenfassung im Wesentlichen zwei Kategorien genügen. Alle Konflikte lassen sich danach entweder auf ökonomische oder kulturelle Gegensätze zurückverfolgen.

Die kulturelle Konfliktlinie hat ihren historischen Ursprung im Staat-Kirche Gegensatz, der in Deutschland durch den konfessionellen Gegensatz zwischen Protestanten und Katholiken zusätzlich überlagert wurde. Er trennte im 19. Jahrhundert die liberalen von den konservativen Parteien und diese wiederum von der Zentrumspartei als politischem Arm des Katholizismus.

Die ökonomische Konfliktlinie bildete sich zuerst entlang des Stadt-Land-Gegensatzes heraus, bevor sie ausgangs des 19. Jahrhunderts vom Klassenkonflikt beherrscht wurde. Auf ihr positionierten sich die sozialdemokratischen und kommunistischen Parteien als Interessenvertreterinnen der Arbeiterschaft, während die konservativen und liberalen Parteien auf der Gegenseite für die Landbesitzer und das aufstrebende Bürgertum eintraten.

Dass die jeweiligen Pole der Konflikte in Deutschland nicht nur von einer, sondern von zwei, mitunter sogar von drei Parteien besetzt wurden, verweist auf die politischen Gegensätze, die diese Parteien jenseits der ökonomischen und kulturellen Sphäre trennten. [...]

Die Ära des stabilen Zweieinhalbparteiensystems währte knapp zwei Jahrzehnte, ehe ausgangs der siebziger Jahre eine „postmaterialistische“ Konfliktlinie die Etablierung der Grünen als vierter Partei nach sich zog. Charakteristisch für das neue *cleavage* war zum einen, dass es sich weniger an sozialstrukturellen als an Einstellungs- und Lebensstilmerkmalen festmachte.

Zum anderen lag das Umweltthema, aus dem sich der Gegensatz Materialismus – Postmaterialismus speiste, quer zu den bestehenden kulturellen und ökonomischen Konfliktlinien. Als Katalysator für die Umweltbewegung erwies sich die Wirtschaftspolitik des damaligen Bundeskanzlers Helmut Schmidt, die ganz dem traditionellen Wachstumsdenken verpflichtet blieb. [...]

Die unverhofft möglich gewordene deutsche Vereinigung bescherte der Bundesrepublik 1989/90 eine nochmalige Erweiterung ihres Parteiensystems in Gestalt der postkommunistischen PDS. [...] Indem sie sich als Interessenvertreterin der Ostdeutschen stilisierte, profitierte die Partei massiv von den materiellen und mentalen Enttäuschungen, die der Vereinigungsprozess hinterließ.

Mit der PDS hielt also ein regionalistisches *cleavage* in das Parteiensystem Einzug, das durch ökonomische und kulturelle Konflikte gleichermaßen unterfüttert wurde. Ablesen ließ sich das zum einen an der sozialstrukturellen Zusammensetzung der PDS-Wähler in Ostdeutschland, unter denen Arbeitslose und Leistungsempfänger keineswegs überrepräsentiert waren. [...]

Mit der Entstehung der gesamtdeutschen Linkspartei ist die Entwicklung des deutschen Parteiensystems in ihre vorerst letzte Phase getreten.

Der Übergang von der Viereinhalb- zur Fünfparteienstruktur wurde möglich, nachdem sich in den alten Ländern 2005 eine Abspaltung von der SPD gebildet hatte und diese mit der ostdeutschen PDS zur Partei „Die Linke“ fusionierte.

Frank Decker, Regieren im „Parteienbundesstaat“, Wiesbaden 2011, S. 81 ff.

Frank Decker, Politikwissenschafter, forscht an der Universität Bonn u.a. über das deutsche Parteiensystem.

M22 Konfliktlinien („Cleavages") im deutschen Parteiensystem – ein Modell

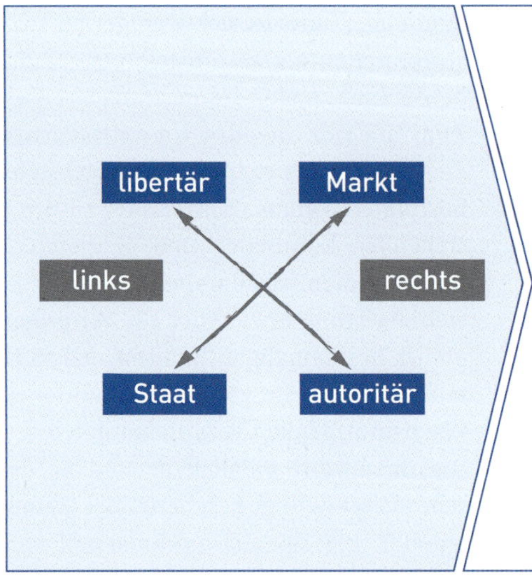

Die Grundausrichtung der politischen Parteien in Deutschland ist geprägt von unterschiedlichen Menschenbildern sowie von verschiedenen Vorstellungen davon, was ein Staat zu leisten hat. Auf der libertär – autoritären Achse geht es vor allem um das Verhältnis Staat-Bürger, z.B.: (Wie sehr) Soll der Staat in die Bürgerrechte eingreifen, um die Sicherheit seiner Bürger zu gewährleisten?

Bei der Zuordnung der Parteien auf der Markt-Staat-Achse werden deren Aussagen zur Wirtschafts- und Sozialpolitik herangezogen, z.B.: Soll sich der Staat in die Wirtschaft einmischen? Soll der Staat für eine staatliche Grundsicherung sorgen?

Nach: Frank Decker, Regieren im „Parteienbundesstaat", Wiesbaden 2011, S. 84

M23 Verschiebungen im politischen Koordinatensystem durch die Piraten?

Die Piraten sind keine Internet-, sondern eine Freiheitspartei. Ihr grundlegendes Anliegen besteht in einer Rückkehr zu humanistischen Prinzipien. Das Internet kann in diesem Zusammenhang als angewandte Metapher für ein zeitgenössisches Verständnis von Freiheit begriffen werden. Freiheit durch Gleichberechtigung, Freiheit durch Meinungsäußerung, Freiheit durch allgemeinen Zugang zu Bildung und Wissen. Freiheit durch die Erosion von Hierarchien und Autoritäten. Freiheit durch Teilhabe und Pluralismus. [...] Das meint Christopher Lauer, wenn er sagt: „Wir machen keine Politik für das Internet, sondern für eine durch das Internet veränderte Gesellschaft."

Das Thema „Freiheit" wird derzeit von keiner anderen Partei des Spektrums bedient. Die FDP, deren Niedergang mit dem Aufstieg der Piraten zusammenfällt, ist in der öffentlichen Wahrnehmung längst zu einer reinen Wirtschaftspartei mutiert, weshalb der bürgerliche Liberalismus schon lange kein politisches Zuhause mehr besitzt. Die Piraten füllen diese Lücke. Sie sind die einzige deutsche Partei, die „Freiheit" nicht nur als idealistische Utopie oder ökonomisches Programm, sondern als ganz reales Organisationsprinzip behandelt. [...] Es taucht in allen politischen Bereichen auf, weil es die grundlegende Verfasstheit einer Gesellschaft betrifft. Wie wollen wir leben? Was sind unsere Werte? Welches Menschenbild vertreten wir?

Wer Antworten auf solche Fragen sucht, zielt nicht auf eine politische Nische, sondern auf Veränderungen der Wirtschafts-, Arbeits-, Bildungs-, Familien-, Sozial- und Sicherheitspolitik. Seine Forderungen werden sich nicht an Sachzwängen, Kostengründen und anderen Alternativlosigkeiten orientieren, sondern zunächst einmal an der Grundüberzeugung. Auch Sozialdemokratie, Konservatismus, Liberalismus waren oder sind Querschnittsthemen, die einst zur Gründung von Parteien führten.

Juli Zeh, Augen zu und durch, SZ Magazin Heft 47/2011

M24 Die Bürger als launische Polit-Kunden

Parteien haben es nach außen zunehmend mit Menschen zu tun, die sich oft weniger als (Staats-)Bürger denn als Kunden verstehen. Der Bürger als Kunde aber muss sich nicht aufgefordert fühlen, aktiv und selbstverantwortlich an den öffentlichen Angelegenheiten mitzuwirken. Er schaut sich stattdessen in den Regalen des politischen Angebots um, wählt aus, was seine Konsumbedürfnisse rasch und preiswert befriedet. Der Zeitrhythmus von Kunden ist ein anderer als derjenige vernünftiger Politik. Sobald der Bürger in seiner Rolle als Kunde sein Bedürfnis – per Klick – äußert, erwartet er auch die sofortige Bedürfnisbefriedigung durch prompte Offerte. Solide Politik dagegen ist notwendigerweise an lange Fristen gebunden, gewissermaßen auf die innere Fähigkeit zum Aufschub angewiesen. Problemfindung, Erörterung, Bündnissuche, Konfliktaustragung, Konsensherstellung und Ausgleich dauern nun mal. Dabei: Sehr konsistent sind die Erwartungen der Kunden-Bürger an das Politische nicht. Politiker sollen ihr Geschäft nicht wie Amateure betreiben, aber puren Professionalismus nimmt man ihnen auch übel. Sie sollen führen und vorangehen, aber doch auch sensibel auf die Basis hören. Sie sollen keine Populisten sein, aber doch nicht an der Stimmung des Volkes vorbeiagieren. [...] Beschimpft man den Zustand der Parteien, beschimpft man in großen Stücken sich selbst – auch wenn man das nur sehr ungern wahrnehmen möchte.

Franz Walter, in: Praxis Politik 4/2013, S. 7 f.

Franz Walter, lehrt als Professor für Politikwissenschaft an der Universität Göttingen. Er gilt als einer der führenden Parteienforscher Deutschlands.

M25 Ausblick: zehn Thesen für eine politische „Partei der Zukunft"

Die „Partei mit Zukunft" ...

- katalysiert bürgerschaftliches Engagement
- fördert unterschiedlichste Formen der Partizipation
- besitzt durchgängig hohe Standards im Umgang mit Neumitgliedern und Interessenten
- erlaubt kommunikative Durchlässigkeit und Transparenz
- nutzt das Netz zur Profilschärfung
- befähigt ihre Mitglieder
- betreibt verantwortungsbewusste Nachwuchsarbeit
- befördert innerparteiliche Innovation
- benötigt einen flexibleren Rechtsrahmen
- ist Klarheit und Leidenschaft verpflichtet.

Knut Bergmann u. a., Policy-Brief, Stiftung neue verantwortung, 01/2010

Aufgaben

1. Ordnen Sie die Parteipositionen den vertretenen Parteien zu (M20).
2. Recherchieren Sie in Gruppen die Parteipositionen zu folgenden Themen: *Mindestlohn, Drogen, Wahlrecht ab 16 Jahren, Führerschein mit 17, Studiengebühren, Kindergeld*. Sammeln Sie Ihre Ergebnisse im Kurs und erstellen Sie ein Wandplakat.
3. Erklären Sie die Entstehung von Parteien am Beispiel der Partei Die Linke/und/oder der Piraten (M21 – M23).
4. Erstellen Sie ein Schaubild des deutschen Parteiensystems. Ordnen Sie dazu die im Bundestag bzw. die im Landtag vertretenen Parteien den im Schaubild (M22) dargestellten Konfliktlinien (cleavages) zu.
5. Wählen Sie die beiden Thesen aus M25, die Ihrer Meinung nach am ehesten zutreffen werden. Begründen Sie Ihre Auswahl vor dem Hintergrund von M24.

F Aufgabe 4
Erläutern Sie, ob bzw. inwiefern sich die Piraten als freiheitlich-libertäre Partei charakterisieren lassen.

4.5 Politische Strömungen und Parteien – was sind ihre ideologischen Grundlagen?

M26 Joachim Gauck: „Ich bin ein linker, liberaler Konservativer"

Joachim Gauck am 2.10.2009 in der Frankfurter Paulskirche

Das Interview mit Joachim Gauck wurde im Juni 2010, als er gegen Christian Wulff um das Amt des Bundespräsidenten kandidierte, geführt.

RP Online: Sind Sie denn nun ein Konservativer?

Gauck: Selbstverständlich bin ich auch ein Konservativer. Ich habe aber auch liberale und linke Elemente in meinem Denken. Daher gilt: Ich bin ein linker, liberaler Konservativer.

Was ist derzeit besonders ausgeprägt?

Das kann ich nicht sagen. Ich bin zunächst und vor allem Joachim Gauck und nicht etwas mehr oder weniger sozialdemokratisch, christdemokratisch oder liberal.

Sind Sie ein Patriot?

Absolut. Und zwar im Sinne von Johannes Rau. Ein Patriot liebt sein Vaterland. Ein Nationalist verachtet die Vaterländer der Anderen. [...]

Sind Sie stolz auf Deutschland?

Ja. Und das hätte ich vor 20 Jahren noch nicht gesagt. Aber wann dürfen Deutsche stolz sein, wenn nicht heute? Wir haben Rechtsstaat und Freiheit in unserem Land verankert. Wir haben Großartiges geleistet. Ich habe 1989 erlebt, dass Deutsche Freiheit wollen und dafür auch kämpfen können. Dass das geglückt ist, gibt diesem Land und seinen Bürgern eine große Kraft. Da wurde es zur puren Freude, Bürger zu sein. Daraus ist eine Dankbarkeit erwachsen, aus der auch Stolz werden kann. Ein wunderschönes, befreiendes Gefühl. Wir sind nicht mehr eine Mördernation. Wir sind eine freiheitliche, demokratische Nation, ein schönes Land mit aktiven Bürgern. [...]

Die Linken vermissen bei Ihnen den Sinn für die soziale Gerechtigkeit.

Wer Politik nur als Sozialpolitik versteht, hat einen verengten Politikbegriff. Das Wesen der Politik ist umfassender. Im Mittelpunkt der Demokratiebewegungen standen zunächst nicht die Versorgung der Menschen, sondern gleiche Rechte und Chancen für alle. Ich halte es mit Hannah Arendt. Der Sinn von Politik ist Freiheit. Erst danach stellt sich die Frage, wie in Freiheit die gleichen Rechte für jeden realisiert werden

Was heißt das konkret?

Freiheit, wie ich sie verstehe, bindet sich an das Gemeinwohl. Sie nimmt den besser Gestellten, um es den schlechter Gestellten zu geben und schafft damit soziale und ökonomische Voraussetzungen für eine möglichst große Chancengleichheit. Selbstverwirklichung in Freiheit gelingt beispielsweise nur, wenn Kinder und Jugendliche über gleiche Bildungschancen verfügen – unabhängig von ihrem Elternhaus oder ihrer sozialen Herkunft. So berühren sich liberales und wertkonservatives Denken mit dem Denken in sozialen Dimensionen.

Haben Sie einen Staatsbegriff zwischen Nachtwächter- und Fürsorgestaat, der besser wäre?

Ja, das ist die solidarische Gesellschaft, in der der Einzelne für sich Verantwortung übernimmt und wir alle füreinander. Dieses Modell steht auch im Grundgesetz: Die Bundesrepublik Deutschland ist ein sozialer Rechtsstaat. Das Modell kommt aber an seine Grenzen, wenn es die Menschen nicht zu selbstbewusstem Handeln ermutigt, sondern ein Leben in Abhängigkeit in abwartender Erwartung auf einen fürsorglichen Staat fördert.

Das Interview führten Michael Bröcker und Eva Quadbeck, Ich bin ein linker, liberaler Konservativer, www.rp-online.de, 20.2.2012

Hannah Arendt

Hannah Arendt (1906 – 1975) war eine deutsch-amerikanische Politikwissenschaftlerin. Als Journalistin und vor allem als Hochschullehrerin leistete sie wichtige Beiträge zur Politischen Theorie (Teilgebiet der Politikwissenschaft).

M27 Politische Ideologien – was sind das eigentlich und wofür brauchen wir sie?

Ideologie ist (im neutralen Sinne) die Lehre von den Ideen, d.h. der wissenschaftliche Versuch, die unterschiedlichen Vorstellungen über Sinn und Zweck des Lebens, die Bedingungen und Ziele des Zusammenlebens etc. zu ordnen. Aus diesen Bemühungen entstanden historisch unterschiedliche Denkschulen. Im politischen Sinne dienen Ideologien zur Begründung und Rechtfertigung politischen Handelns. Ideologien sind daher immer eine Kombination von a) bestimmten Weltanschauungen (Konservatismus, Liberalismus, Sozialismus), die jeweils eine spezifische Art des Denkens und des Wertsetzens bedingen, und b) eine Kombination von bestimmten Interessen und Absichten, die i.d.R. eigenen (selten: uneigennützigen) Zielen dienen, d.h. neben der Idee und Weltanschauung auch den Wunsch (und die Kraft) zur konkreten politischen und sozialen Umsetzung ausdrücken. Ideologien sind wesentlicher Teil politischer Orientierung; sie sind sowohl Notwendigkeit als auch Begrenzung politischen Handelns.

Nach: Klaus Schubert, Martina Klein, Ideologie, in: Das Politiklexikon, Bonn 2011, S. 142 f.

Ideologie
Ideologie ist ein vieldeutiger Begriff. Es gibt außer der neutralen Definition besondere Ausprägungen, die beispielsweise Ideologie als notwendiges und zugleich falsches Bewusstsein verstehen, in dem sich Wahres und Unwahres verschränkt. Aus diesem Begriffsverständnis ist der Begriff „Ideologiekritik" abgeleitet.

M28 Die zentralen politischen Ideologien: Liberalismus, Konservativismus und Sozialismus

Liberalismus
Liberalismus ist eine politische Weltanschauung, die die Freiheiten des einzelnen Menschen in den Vordergrund stellt und jede Form des geistigen, sozialen, politischen oder staatlichen Zwangs ablehnt. Die vier wichtigsten Prinzipien des Liberalismus sind:

a) das Recht auf Selbstbestimmung auf der Basis von Vernunft und Einsicht,
b) die Beschränkung politischer Macht und
c) die Freiheit gegenüber dem Staat,
d) die Selbstregulierung der Wirtschaft auf der Basis persönlichen Eigentums.

Als eine Hauptströmung der Moderne geht der Liberalismus auf zentrale Ideen der Aufklärung zurück. [...] Der politische Liberalismus. zielt auf die Förderung der Freiheit des Individuums (z.B. Glaubens-, Meinungsfreiheit) und auf die Beschränkung politischer Herrschaft (J. Locke) nach der Maxime, dass die Reichweite staatlicher Gewalt durch die Freiheit des Individuums begrenzt wird, dessen Freiheit aber dort endet, wo die Freiheit eines anderen Individuums beeinträchtigt wird. Aus der Sicht des Liberalismus wird daher keineswegs die Notwendigkeit des Staates bestritten, vielmehr sollen die Ziele des Liberalismus durch die Institutionen des Rechtsstaats (z.B. Grundrechte, Verfassung) sowie durch staatlich garantierte Rechtssicherheit (zu der auch das staatliche Gewaltmonopol zählt) erreicht werden. Der L. ist heute keine geschlossene Weltanschauung, sondern stellt eher eine große »Denkfamilie« dar, die auch konträre (politische und ökonomische) Vorstellungen und Flügel umfasst. Dies wird bspw. durch die Vielfalt liberaler Parteien in der EU deutlich, v.a. aber auch im Unterschied zwischen dem europäischen und dem L. in den USA, wo liberal in erster Linie immer noch für die Achtung der Bürgerrechte, die öffentliche Kontrolle wirtschaftlicher Macht und für soziale Verbesserungen steht.

Ebd., S. 180 ff.

Etappen des politischen Liberalismus

Magna Charta (1215) in England
↓
Bill of Rights in England (1689)
↓
Bill of Rights von Virginia (1776)
↓
Verkündung der Verfassung der USA (1787)
↓
Erklärung der Menschenrechte während der Französischen Revolution (1789)

Entwicklung des politischen Konservatismus
Die *geistige* Entwicklung des Konservatismus reicht von der Kritik der Aufklärung und des Rationalismus über den Sozialkonservatismus […], die „konservative Revolution“ und die Kritik an der Frankfurter Schule bis zur heutigen Kultur- und Gesellschaftskritik. Die *politische* Linie setzt bei der Auseinandersetzung mit der französischen Revolution an, führt über die Gründung der ersten konservativen Parteien (1832 in England), die Sozialgesetzgebung Bismarcks (1883 ff.) und den National-Konservatismus in der Weimarer Republik bis zu den christlichdemokratisch-konservativen Parteien der Bundesrepublik Deutschland (CDU und CSU).

Klaus Weigelt, Konservativismus, www.kas.de, Abruf am 12.5.2014

Konservativismus

Umgangssprachlich wird unter Konservatismus (oder Konservativismus) eine allgemein menschliche Haltung des Bewahrens verstanden (Traditionalismus), die manchmal zu einem starren Festhalten an Überholtem (reaktionäres Denken) führt. Von dieser Ebene bis zum Konservatismus als einer besonderen Strömung der Geistes- und Politikgeschichte zwischen Liberalismus und Sozialismus führt kein eindeutiger Weg. […] In allen Phasen seiner geistigen und politischen Entwicklung hat der Konservatismus zeitgemäß seine eigenen, ausgleichenden und weiterführenden Akzente gesetzt. Gegen die Betonung der Gleichheit setzte er Freiheit, Verantwortung und Autorität; gegen den Rationalismus die ordnungsgebundene Vernunft; Evolution und Tradition gegen Revolution; Werte, Ethik und Moral gegen Indifferenz und Beliebigkeit; Nation und Staat gegen Anarchie und Chaos; Vertrauen in die Zukunft und Erfahrung gegen Konstruktivismus und Interventionismus. Vor allem aber ist der Konservatismus aller Schattierungen mit einer realistischen Auffassung vom Menschen verbunden und damit widerstandsfähig gegen extremistische anthropologische Utopien, die von einer Selbstüberschätzung des Menschen und seiner Möglichkeiten ausgehen. Moderner Konservatismus als Position der Mitte ist darum nicht mehr denkbar ohne eine christliche oder humanistische Anthropologie (Lehre vom Menschen) als Grundlage für ein kritisches Geschichtsbewusstsein, eine personale Pflicht- und Verantwortungsethik, Familien- und Gemeinschaftsdenken, Naturliebe und Umweltverantwortung, gemeinwohlorientiertes Staatsethos und „Verfassungspatriotismus“.

Klaus Weigelt, Konservativismus, www.kas.de, Abruf am 12.5.2014

Sozialismus

Der Sozialismus ist eine politische Lehre mit zwei Hauptströmungen. Es gibt einen revolutionären Sozialismus und einen demokratischen Sozialismus. Einige Grundideen des Sozialismus sind schon im 18. Jahrhundert, in der Zeit der Aufklärung, beschrieben worden und in der Französischen Revolution von 1789 wurde dann der Ruf laut: Freiheit, Gleichheit, Brüderlichkeit […]. Der Sozialismus betont die Gleichheit und Brüderlichkeit, während es Armut und Elend unter den Arbeitern gab, entwickelte sich der Sozialismus zu einer Massenbewegung. Seine verschiedenen Ideen wurden nun zu einer politischen Lehre zusammengefasst. Am Ende des 19. Jahrhunderts vertraten die Arbeiterschaft und die Gewerkschaften den demokratischen Sozialismus, der »gemäßigter Reform-Sozialismus« genannt wurde. Durch eine schrittweise Veränderung sollten die wirtschaftlichen und sozialen Verhältnisse und damit die Lebensbedingungen der Menschen verbessert werden. Keiner darf mehr über andere Menschen Macht ausüben, wenn er dafür nicht von allen demokratisch gewählt wird. Aus dieser Bewegung ist die Sozialdemokratische Partei Deutschlands, die SPD, hervorgegangen. Der revolutionäre Sozialismus, der sich als zweite Hauptströmung entwickelte, strebte dagegen einen gewaltsamen Umsturz und einen radikalen Neuanfang in Wirtschaft und Gesellschaft an […]. Nach der russischen Oktoberrevolution im Jahre 1917 entstand so in der Sowjetunion der »real existierende Sozialismus«.

Gerd Schneider, Christiane Toyka-Seid, Sozialismus, in: Das junge Politiklexikon, Bonn 2013, S. 252f.

M29 Zentrale politische Ideologien im Vergleich

	Liberalismus	Konservativismus	Sozialismus
Zentrale Idee	Die Freiheit des Einzelnen hat Vorrang vor der Gemeinschaft.	Bewahren überlieferter Autoritäten, Werte, Sitten und Gebräuche.	Eine politisch und sozial gerechte Gesellschaft.
Menschenbild	Der Mensch ist vernunftbegabt und hat von Natur aus ein Recht auf Freiheit und Eigentum.	Der Mensch ist von Natur aus schwach und bedarf der Einbindung in Staat, Familie und Religion.	Der Mensch ist von Natur aus gemeinwohlorientiert.
Gesellschaftsbild	Aus der freien Entfaltung des Einzelnen entsteht Wohlstand und Fortschritt der Gesellschaft.	Die Gesellschaft wird durch den Staat, Autoritäten und überlieferte Werte zusammengehalten.	Die Gemeinschaft hat Vorrang vor dem Einzelnen. Alle müssen nach dem Gemeinwohl streben.
Bild vom Staat	Der Staat hat die Funktion, die Freiheit des Einzelnen zu schützen und Rechtssicherheit zu gewährleisten.	Der Staat hat die Funktion, die Menschen zu schützen und für Ordnung zu sorgen.	Der Staat sorgt mittels Umverteilung für soziale und politische Gleichheit.
Zentrale politische Ziele	1. Freiheit des Einzelnen, 2. Beschränkung staatlicher Macht, 3. Trennung von Staat und Kirche, 4. Freie Marktwirtschaft.	1. Verankerung staatlicher Ordnung in traditionellen Werten, 2. Recht und Ordnung als zentrale Staatsaufgaben, 3. Keine revolutionären Veränderungen.	1. Politische und soziale Gleichheit, 2. Vergesellschaftung der Produktionsmittel.
Wichtige Vertreter	John Locke, John Stuart Mill, Adam Smith	Edmund Burke, Thomas Hobbes	August Bebel, Jean-Jacques Rousseau, Karl Marx

Bearbeiter

Anarchismus
Neben Liberalismus, Konservativismus und Sozialismus gilt der Anarchismus als die vierte große ideologische Strömung des 18. und 19. Jahrhunderts. Der Anarchismus lehnt die Herrschaft von Menschen über Menschen ab. Individuen schließen sich auf freier Basis in Kommunen (als kleinste Einheit des Zusammenlebens) zusammen und organisieren selbstbestimmt das gesellschaftliche Leben. Allgemein steht Anarchismus für die Auflösung aller hierarchischen Strukturen – inklusive des Staates. Im weiten Sinne bildet Anarchismus eine Synthese zwischen individueller Freiheit (wie im Liberalismus) und sozialer Verantwortung für die Gemeinschaft (wie im Sozialismus). Im Mittelpunkt stehen neben Freiheit die Selbstbestimmung, Gleichberechtigung, Selbstverwirklichung der Menschen und die kollektive Selbstverwaltung.

Aufgaben

1. Analysieren Sie, welche Aussagen Joachim Gauck im Interview zu den politischen Strömungen in Deutschland macht und stellen Sie in Kleingruppen zusammen, über welche Informationen Sie zu diesen politischen Strömungen verfügen (M26).
2. Erklären Sie mithilfe von M27 – M28 die einzelnen politischen Ideologien.
3. Bilden Sie fünf Gruppen. Jede Gruppe recherchiert in einem Programm der im Landtag vertretenen Parteien *CDU, SPD, Grüne, FDP* und die *Piraten* Forderungen und Ziele, in denen die Kontinuität der in M3 und M4 vorgestellten Ideologien zu erkennen sind. Stellen Sie abschließend Ihre Ergebnisse in einem Kurzreferat (→ Methodenglossar) vor (M28 – M29, Randspalte zu M29).
4. Analysieren Sie abschließend, welche Aussagen von Joachim Gauck bevorzugt einer politischen Strömung zuzuordnen sind (M26 – M29).

F Aufgaben 1 – 3
Diskutieren Sie, inwiefern es möglich ist, ein „linker, liberaler Konservativer zu sein" (M1).

H Aufgabe 2
Benützen Sie hierbei Kategorien aus M4.

4.6 *Vertiefung:* E-Demokratie und Liquid Democracy

M30 E-Demokratie – karikiert

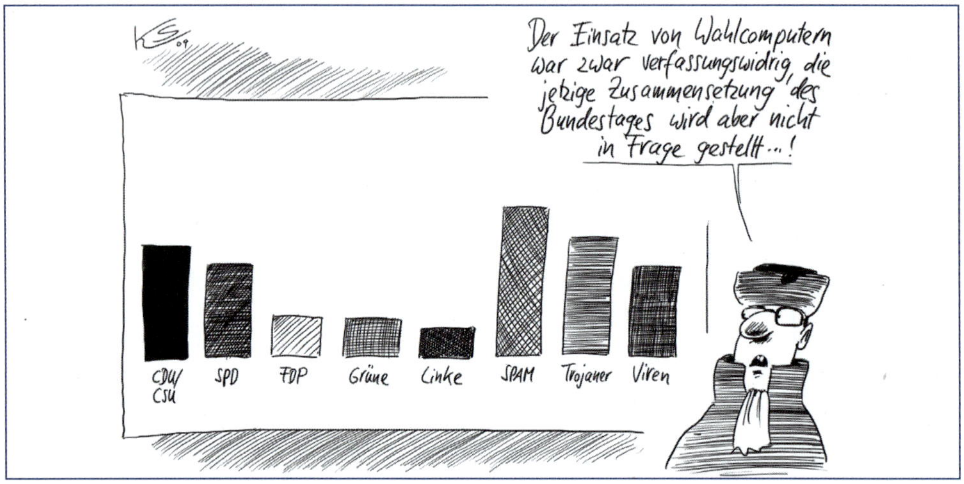

Karikatur: Klaus Stuttmann

Methode

Karikaturbearbeitung I

I. Aufgaben

1. **Beschreiben Sie die Karikatur in M30.**
2. Analysieren Sie die Argumente von Zoi Opitz-Talidou (M31).
3. Erörtern Sie die Vor- und Nachteile des Einsatzes von Wahlcomputern und nehmen Sie Stellung.

II. Tipps zur Bearbeitung von Aufgabe 1

1. Lesen Sie zunächst in den „allgemeinen Hinweisen zur Karikaturbearbeitung" auf S. 272 den Abschnitt „III.1".
2. Wenn Sie den Gegenstand der Karikatur nicht einordnen können, lesen Sie die Texte in M31 – M34, damit Sie den inhaltlichen Zusammenhang verstehen können.
3. Achten Sie darauf, dass Sie auf der beschreibenden Ebene bleiben und noch keine Aussagen zur Aussageabsicht des Karikaturisten machen.

III. Anleitung zur Beschreibung der Karikatur in M30 (AFB I)

1. Beschreiben Sie zuerst die in der Karikatur abgebildeten Säulen.
2. Beschreiben Sie die abgebildete Person und ihre Kleidung. An der Kleidung können Sie erkennen, welchen Beruf die Person hat.
3. Beschreiben Sie danach, worauf die Aussage der Person in der Sprechblase sich bezieht, ohne aber darauf einzugehen, ob Ihnen diese Aussage plausibel erscheint.
4. Gehen Sie auf die graphische Form der Darstellung ein, auch hier ohne eine Interpretation abzugeben.

Bearbeiter

M31 Wahlcomputer und Onlinewahlen – wählen per Mausklick?

Dr. Zoi Opitz-Talidou, Juristin und Mitarbeiterin der Projektgruppe verfassungsverträgliche Technikgestaltung an der Universität Kassel, im Interview mit süddeutsche.de

sueddeutsche.de: Gefährden Wahlcomputer das Wahlsystem und damit die Demokratie?

Zoi Opitz-Talidou: Das muss das Bundesverfassungsgericht entscheiden, ob es fehlerhafte Vorgänge gab, wenn ja, wie groß dieser Einfluss auf das Ergebnis war. Aber bei keiner Wahl gibt es eine 100-prozentige Sicherheit - auch nicht bei der konventionellen Wahl mit Stift und Zettel.

Der Einsatz von Wahlcomputern ist also unproblematisch?

Die Maschinen haben den Vorteil, dass man einfach per Knopfdruck wählt und die Stimmen schnell ausgezählt werden. Sie gefährden nicht das Wahlsystem, aber sie haben auch keinen Mehrwert für die Demokratie.

Welches Wahlverfahren verspricht diesen Mehrwert?

Vielversprechender sind Onlinewahlverfahren, die eine Abstimmung über das Internet ermöglichen. Sie entsprechen viel mehr den Bedürfnissen unserer mobilen Informationsgesellschaft. Denn man erwartet, dass der Grundsatz der Allgemeinheit der Wahl gestärkt wird, weil beispielweise über barrierefreie Online-Wahlverfahren erstmals behinderte Menschen ohne Fremdhilfe wählen können. Ferner steigt möglicherweise die Wahlbeteiligung, weil die Bürger unterwegs oder auch von zu Hause mit dem Handy oder Laptop ihre Stimme abgeben können.

Nicht mehr aus dem Haus gehen zu müssen stärkt die Demokratie?

Tatsächlich befürchten viele, dass Onlinewahlen nicht als ernsthafter Prozess wahrgenommen werden, dass eine Art Sofa-Demokratie entsteht. Man sollte allerdings bei so einer Debatte nicht vergessen, dass Online-Wahlen vorerst einmal auf Ebene von Vereinswahlen zum Zuge kommen. Onlinewahlverfahren sind viel interaktiver, die unterschiedlichsten Kandidaten können sich aufstellen lassen, die Wähler können sich über Informationsforen selbst organisieren, und das könnte die Demokratie vorantreiben. [...]

Aber auch für Onlinewahlen gilt die Kritik. Sie lassen sich manipulieren, und sie sind intransparent, weil der Auszählungsprozess nicht öffentlich stattfindet.

Die Gewährleistung des Öffentlichkeitsgrundsatzes sowohl bei den Wahlgeräten als auch bei Onlinewahlverfahren ist in der Tat eine große Herausforderung. Aber dies lässt sich über verschiedene Wege herstellen, wie über eine beweissichere Protokollierung, Dokumentation und Archivierung der Wahlprozesse.

Und die Systeme müssen sich gegenseitig kontrollieren können, sozusagen nach dem Vieraugen-Prinzip. Der Auszählungsprozess muss nachvollziehbar und immerfort überprüfbar sein. Und natürlich müssen die Daten so verschlüsselt sein, dass sie nicht von Hackern angegriffen werden können. [...]

Bei der nächsten Bundestagswahl wird also online gewählt?

Nein, so schnell wird das nicht gehen. Die nächsten zehn Jahre werden wir auf parlamentarischer Ebene sicher noch konventionell wählen. Aber bei Wahlen, die weniger Brisanz beinhalten wie auf der Vereinsebene, haben wir heute schon Onlinewahlen. [...]

Bei diesen Wahlen gab es keine Beanstandungen?

Nein. Die Wahlen verliefen ohne Probleme. Bei der Präsidiumswahl der Gesellschaft für Informatik beispielsweise stieg die Wahlbeteiligung durch das Onlineverfahren signifikant an.

Das Interview führte Mirjam Hauck, Kein Mehrwert für die Demokratie, www.sueddeutsche.de, 17.10.2010

E-Demokratie und Liquid Democracy

E-Demokratie Unter „E-Demokratie" werden staatliche Handlungen (Kommunikation, Information oder Transaktion) mithilfe moderner Kommunikationstechnologien verstanden. Hierzu gehört z.B. der elektronische Einkommenssteuernachweis und der Akt des Wählens mithilfe des Internets oder des Mausklicks (I-Voting).

Liquid Democracy
„Liquid Democracy" will die Grenzen und Beschränkungen der bestehenden politischen (Partizipations-) Systeme „verflüssigen" bzw. aufheben. Bei Liquid Democracy haben die Bürger mehrere Möglichkeiten der Mitbestimmung. Sie können das Wahlverfahren selbst bestimmen und entscheiden, ob sie ihre Stimme direkt abgeben möchten oder ob sie lieber einem Delegierten oder auch einer Experten-Gruppe (vgl. Parteien) ihr Vertrauen schenken. Zudem können sie diese Entscheidung jederzeit und bei jedem Thema neu ändern und nicht nur alle paar Jahre.

Nach: Piratenpartei Deutschland (Hg.), Liquid Democracy/Veranschaulichung, www.wiki.piratenpartei.de, Abruf am 28.11.2013

M32 Liquid Democracy – was ist das eigentlich?

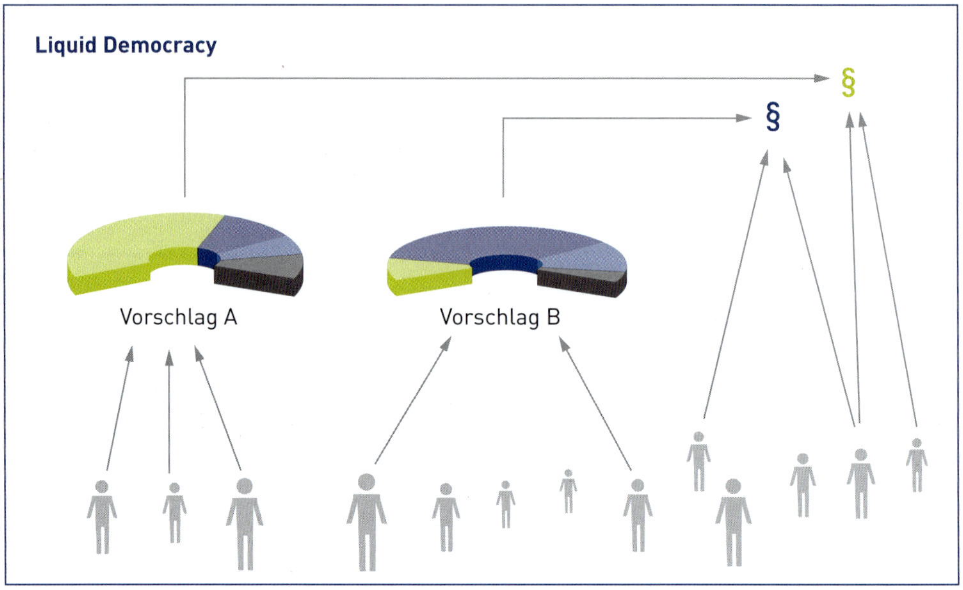

Nach: Liquid Democracy e.V.

M33 „Flüssige Demokratie" – Lösung für mehr Vertrauen in die Politik?

Andreas Nitsche, einer der Programmierer von LiquidFeedback, erzählt im Interview, warum flüssige Demokratie das Vertrauen der Bürger in Politik wieder herstellen könnte.

ZEIT ONLINE: Was will Liquid Democracy?
Andreas Nitsche: Für uns ist das ein Organisationsprinzip, das die Nachteile der beiden Demokratieformen kompensieren will: Direkte Demokratie führt zu einer Überforderung der Menschen; parlamentarische Demokratie hat zwar den Vorteil der Arbeitsteilung, ist dafür aber statisch – wer mitmachen will, muss sich wählen lassen. Liquid Democracy will die Arbeitsteilung dynamisieren: Jeder beteiligt sich genau da selbst, wo er etwas beitragen will und kann. [...]

Könnte eine Liquid Democracy in der Zukunft Wahlen ersetzen?
Es handelt sich um eine Vision, ein Gedankenexperiment. Eine Liquid-Democracy-Gesellschaft lässt sich zwar nicht für alle Zeiten ausschließen. Ich kann allerdings aus heutiger Sicht keinen realistischen Weg dahin sehen. Es ist beispielsweise unklar, ob die vollständige Aufhebung der Arbeitsteilung zwischen Politik und Bürger, also jeden Bürger zum Politiker zu machen, überhaupt ein sinnvolles Ziel ist. [...]

In der derzeitigen Gesellschaftsstruktur ist es also kein Ersatz für Wahlen, sondern höchstens eine Ergänzung?
Uns erschien, als wir die Software LiquidFeedback programmierten, der direkte Parlamentarismus als wenig praxisnah. Das Problem der direkten Demokratie ist aus meiner Sicht die Überforderung des Einzelnen. Es sind viele Entscheidungen über komplexe Probleme zu treffen. [...] Bei Parteien gibt es viel Gestaltungsspielraum, Mitglieder können miteinander die Richtung verhandeln. Das ist in der gesamten Gesellschaft nicht so leicht. Die repräsentative Demokratie wollten wir gar nicht infrage stellen. Wir wollten erreichen, dass Parteien volksnäher werden. Damit wäre schon sehr viel gewonnen.

Das Interview führte Kai Biermann, Repräsentative Demokratie wollten wir gar nicht infrage stellen, www.zeit.de, 15.2.2013

M34 Liquid Democracy wird nicht funktionieren – die Gefahren der Online-Demokratie

Das Konzept „liquid democracy“ soll die Demokratie revolutionieren: Bürger stimmen entweder online über politische Fragen ab - oder delegieren die individuelle Entscheidung an Parteien oder andere Bürger. Doch das System birgt Risiken.

Zurzeit scheint alle Welt davon überzeugt zu sein, dass sich die Probleme auf dem Globus nur durch mehr Bürgerbeteiligung lösen lassen. Egal ob Euro-Rettung, Windrad-Standorte oder ein unterirdischer Bahnhof - was die Politiker nicht hinbekommen, das sollen die Bürger selbst in die Hand nehmen. Allerdings mag man ihnen nicht die Last auferlegen, sich wie im Dauer-Volksabstimmungsland Schweiz jeden dritten oder vierten Sonntag zur Wahlurne schleppen zu müssen. Deshalb sind einige Politik-Theoretiker auf das Internet verfallen. Die Piratenpartei, gerade auf Höhenflug in den Meinungsumfragen, erprobt in ihren eigenen Reihen ein System, das auf lange Sicht die gesamte Gesellschaft permanent in den Zustand der Abstimmungsfähigkeit versetzen würde - jedenfalls jenen Teil der Gesellschaft, der online aktiv ist. Dieses System nennt sich „liquid democracy“. Es soll technisch ermöglichen, dass sich jeder Bürger jederzeit entscheiden kann, ob er über eine politische Frage selbst abstimmen will oder diese Entscheidung - und nur diese Entscheidung - an eine andere Person oder an eine Partei delegieren möchte. So könne man zum Beispiel die Steuerpolitik der SPD überlassen, die Umweltpolitik den Grünen, die Schulpolitik einer Privatperson Hans Müller und über das Hochschulzugangsgesetz selber entscheiden. Würde diese Form der Online-Demokratie zu besserer Politik führen? Vermutlich nicht. Denn die Erfinder der „liquid democracy“ gehen von drei Voraussetzungen aus, die eher von Blauäugigkeit zeugen als von einem realistischen Politikverständnis. Erstens: Die Macher glauben, wer bei einer Abstimmung im Netz unterlegen ist, wird seine Niederlage akzeptieren und schweigen. Das ist unwahrscheinlich. Vielmehr werden die Unterlegenen behaupten, es sei bei der Abstimmung belogen und betrogen worden, die Fragestellung sei falsch gewesen, die falschen Leute hätten abstimmen dürfen oder Ähnliches. Zweitens: „Liquid democracy“ mag zwar in einem theoretischen Sinne die demokratische Legitimität von Entscheidungen erhöhen. Es gibt aber keinen Hinweis darauf, dass permanente Volksabstimmungen am Ende zu einer besseren Politik führen. Im Gegenteil: Wichtige Entscheidungen von der Ostpolitik bis zum Nato-Doppelbeschluss haben sich erst nach einiger Zeit als richtig erwiesen. [...] Drittens: „Liquid democracy“ setzt eine permanente Politisierung der Gesellschaft voraus. Selbst wer die meisten Entscheidungen delegiert, muss zuvor darüber entschieden haben, ob er selber abstimmen will oder nicht.

Markus Reiter, „Liquid Democracy“ wird nicht funktionieren, www.dradio.de, 8.11.2011

Aufgaben

1. Bearbeiten Sie die Karikatur in M30 mithilfe der nachfolgenden Methode.
2. Werten Sie die Argumente für den Einsatz von Onlinewahlverfahren – unter Berücksichtigung Ihrer Ergebnisse aus Aufgabe 1 – aus (M31).
3. Formulieren Sie eine Definition von „Liquid Democracy“ und grenzen Sie diesen Ansatz von „herkömmlichen“ Partizipationsmöglichkeiten ab (M32, M33).
4. Markus Reiter (M34) gibt der „Liquid Democracy“ keine Chance. Arbeiten Sie seine Argumente heraus und beurteilen Sie seinen Standpunkt.

F Aufgabe 4
Erstellen Sie ein Zukunftsszenario (→ Methodenglossar) darüber, wie Politik in 50 Jahren betrieben wird und welche Auswirkungen Veränderungen in der Partizipation auf die Demokratie und den Politikbetrieb haben könnten.

Wissen kompakt

Partizipation
M1 – M6

Die Partizipation der Bürgerinnen und Bürger an der Demokratie in Deutschland erfolgt auf vielfältige Weise: Der informierte Bürger kann sich

- an der öffentlichen Debatte beteiligen (Leserbriefe, Internetforen, Podiumsdiskussionen etc.),
- Vereine und Bürgerinitiativen gründen oder ihnen beitreten,
- sich in Parteien engagieren, oder
- an Demonstrationen teilnehmen.

Die wichtigste Beteiligungsform bleibt jedoch die Teilnahme an Wahlen. Darüber hinaus stellt jedes zivilgesellschaftliche Engagement politische Beteiligung dar. Darunter fallen z.B. die Betreuung von Jugendgruppen oder das ehrenamtliche Engagement für alte Menschen.

Wahlen
M10 – M14

Freie Wahlen erfüllen verschiedene Funktionen zugleich:

- Repräsentation des Wählerwillens,
- Legitimation und Kontrolle der Regierenden,
- Integration der Wähler in das politische System,
- Konkurrenz personeller und programmatischer Alternativen.

Durch das Grundgesetz wird die Bundesrepublik Deutschland als repräsentative Demokratie definiert, in der die Bürger nicht ständig selbst politische Entscheidungen treffen, sondern Abgeordnete wählen, die dies in ihrem Auftrag tun. Weltweit gelten freie Wahlen als ein zentrales Merkmal der Herrschaftsform Demokratie.

Wählerstruktur
M14

Die veränderten gesellschaftlichen Bedingungen lassen gegenwärtig einen Wandel im Wählerverhalten beobachten. Dennoch ist die Bindung an eine Partei immer noch wahlentscheidender als die Sympathie für einzelne Politiker oder aktuelle Themen. Zwar haben langfristige Parteibindungen, die durch soziostrukturelle Merkmale (Konfession, Beruf, ...) beeinflusst sind, tendenziell abgenommen. Ob aber zukünftig mit größeren Wählerwanderungen zu rechnen ist, bleibt abzuwarten.

Parteien
M15

Parteien sind die zentralen Akteure der politischen Willensbildung. Als Zusammenschlüsse von Bürgern mit gemeinsamen politischen Grundüberzeugungen sind sie die eigentlichen Träger des politischen Wettbewerbs. Sie stellen ihre Forderungen in regelmäßig stattfindenden Wahlen zur Abstimmung.

Entstehung von Parteien
M16 – M18

Parteien können als Produkt gesellschaftlicher Konfliktlinien (cleavages) aufgefasst werden. Diese parteibildenden Konfliktlinien, entlang derer sich Parteien ansiedeln, haben neben dem Wahlrecht (Mehrheitswahlrecht bzw. Verhältniswahlrecht) einen erheblichen Einfluss auf die Strukturierung des Parteiensystems. Die dominierenden Konfliktlinien in der Bundesrepublik Deutschland bewegen sich zwischen den Polen Liberalität, Autorität, Marktfreiheit und dem staatlichen Bemühen um sozialen Ausgleich.

Parteien in der Verfassung
M17 – M18

Im Grundgesetz (Art. 21 GG) sind sie als verfassungsmäßige Institution verankert. Dies verdeutlicht ihre herausragende Bedeutung im politischen System der Bundesrepublik Deutschland, nicht zuletzt auch aus den Erfahrungen aus der Zeit der Weimarer Verfassung, in der Parteien nicht erwähnt waren.

Wissen kompakt

Aufgaben und Funktionen von Parteien
M16

Die Aufgaben der Parteien sind im Parteiengesetz konkretisiert. Dazu zählen z.B. die Mitwirkung am politischen Willensbildungsprozess, die Einflussnahme auf die öffentliche Meinung, die Förderung der Teilhabe am politischen Leben, die Rekrutierung des politischen Nachwuchses sowie die Aufstellung von Kandidaten für Wahlen.
Die zentrale Aufgabe der Parteien besteht in der Mittlerfunktion zwischen Staat und Gesellschaft. Als Regierungsparteien bringen sie die von ihnen erarbeiteten politischen Ziele in den Prozess der staatlichen Willensbildung ein und stellen die Verbindung zwischen Volk und politischer Führung her. Als Parteien der Minderheit bilden sie die politische Opposition und ermöglichen den Regierungswechsel. Parteien gleichen intern die unterschiedlichen Interessen in der Bevölkerung aus.

Parteiensystem in Deutschland
M20 – M22

Das nach der Gründung der Bundesrepublik 1949 entstandene Parteiensystem stand zunächst als Vielparteiensystem in der Tradition der Weimarer Republik. Die weitere Entwicklung des deutschen Parteiensystems seit 1949 kann in verschiedene Phasen eingeteilt werden:

- Konzentration auf ein symmetrisches Zweieinhalb- bzw. Drei-Parteiensystem bis in die 1980er Jahre (CDU/CSU, SPD, FDP),
- durch die Gründung und Etablierung der Grünen Erweiterung auf ein Zwei-Parteigruppensystem mit CDU/CSU, FDP auf der einen und SPD und Grünen auf der anderen Seite,
- in den 1990er Jahren nochmalige Erweiterung des Parteiensystems durch die PDS auf ein asymmetrisches Viereinhalbparteiensystem, durch die Fusion von PDS und WASG zur Partei DIE LINKE seit 2007 Fünf-Parteiensystem, Potenzial eines Sechs-Parteiensystems mit dem Aufkommen der Piratenpartei.

Volksparteien
M21

Eine schwächere Verankerung der Parteien in der Gesellschaft, nicht zuletzt durch die rückläufigen Mitgliederzahlen, begünstigt die Entstehung neuer Organisationstypen. Die sogenannte Volkspartei, d.h. ein Parteitypus, der alle Schichten ansprach und damit beanspruchte, für möglichst alle Politik zu machen, scheint sich zunehmend zu einem neuen Organisationstypus, der „professionellen Wählerpartei", weiter zu entwickeln.

Liquid Democracy
M32 – M34

Das Konzept der Liquid Democracy kann als eine neue Form der Demokratie gesehen werden. Es vereint die Merkmale von repräsentativer und direkter Demokratie. Vor allem bisher bekannte, starre Beteiligungsformen sollen im Konzept der Liquid Democracy „verflüssigt" werden.
Bürger können in der Liquid Democracy zum einen gezielt über einzelne Gesetze abstimmen (direkte Demokratie), anstatt nur über von Parteien angebotene Komplettlösungen zu entscheiden. So können sie sich direkt bei der Entstehung von z.B. Gesetzestexten beteiligen. Zum anderen können die Bürger – bei der selben Abstimmung – aber auch ihre Stimme delegieren, andere für sich entscheiden lassen (repräsentative Demokratie). Dies können Parteien, Institutionen oder andere Bürger sein.

Kompetenzen prüfen

I. Selbstdiagnose

Ich kann ...

	Sehr gut ++	Gut +	Nicht gut 0	Übung durch z.B.
Beteiligungsrechte und -chancen in NRW, auf Bundesebene und auf europäischer Ebene darstellen (AFB I).				• M3, M4, M7, M8 • Aufgabe 3 auf S. 96
die Parteienlandschaft in Deutschland beschreiben (AFB I).				• M19, M20, M21, M23
Formen politischen Engagements charakterisieren (AFB II).				• M2, M5, M10, M11, M12, M13 • Aufgaben 1 – 4 auf S. 99
Stellung und Bedeutung von Parteien in Staat und Gesellschaft analysieren (AFB II).				• M14, M15, M16, M17
die Bedeutung von Wahlen als Form politischer Beteiligung begründen (AFB III).				• M10, M11, M12, M13, M14 • Erklärfilm auf S. 102
neue Beteiligungsformen wie „Liquid Democracy" beurteilen (AFB III).				• M32 – 34 • Aufgaben 3 – 4 auf S. 119

Kompetenzen anwenden – am Beispiel

Wahlbeteiligung – Rarität

Karikatur: Gerhard Mester, Baaske Cartoons

Aufgaben

1. Beschreiben Sie die Karikatur.
2. Analysieren Sie die Karikatur.
3. Beurteilen Sie, inwiefern Sie der Aussage des Karikaturisten zustimmen können.
4. Präsentieren Sie Ihre Ergebnisse vor dem Kurs.

II. Klausurtraining

Der Wutbürger – eine neue Form der politischen Einflussnahme?

Anlässlich der Bürgerproteste über den Neubau des Stuttgarter Hauptbahnhofs erschien in dem Nachrichtenmagazin DER SPIEGEL ein Essay über den Wutbürger von Dirk Kurbjuweit:

Eine neue Gestalt macht sich wichtig in der deutschen Gesellschaft: Das ist der Wutbürger. Er bricht mit der bürgerlichen Tradition, dass zur politischen Mitte auch eine innere Mitte gehört, also Gelassenheit, Contenance. Der Wutbürger buht, schreit, hasst. Er ist konservativ, wohlhabend und nicht mehr jung. Früher war er staatstragend, jetzt ist er zutiefst empört über die Politiker. [...] Der Wutbürger denkt an sich, nicht an die Zukunft seiner Stadt. Deshalb beginnt sein Protest in dem Moment, da das Bauen beginnt, also die Unannehmlichkeit. Nun schiebt er das beiseite, was Bürgertum immer ausgemacht hat: Verantwortlichkeit, nicht nur das Eigene und das Jetzt im Blick zu haben, sondern auch das Allgemeine und das Morgen.

Er vergisst zudem, dass er die Demokratie trägt. Es spielt keine Rolle mehr, dass das Bahnhofsprojekt in einem langen Prozess durch alle demokratischen Instanzen gegangen ist. Der Wutbürger hat das Gefühl, Mehrheit zu sein und die Lage besser beurteilen zu können als die Politik. Er macht sich zur letzten Instanz und hebelt dabei das gesamte System aus. Er versteht nicht oder will nicht verstehen, dass ein Sieg der Gegner von Stuttgart 21 jeden anderen Protest in Deutschland beflügelt. Fast jedes neue Kraftwerk, fast jede Hochspannungsleitung, fast jedes Windrad, fast jede Straße ist umstritten, weil sie nicht in Lebensgefühle passen oder Lebenslagen verändern. Deutschland wird erstarren, wenn sich allerorten die Wutbürger durchsetzen. [...]

Die Wutbürger sind zu einem großen Teil ältere Menschen, und wer alt ist, denkt wenig an die Zukunft. Ihm bleiben noch zehn oder zwanzig Jahre, die will er angenehm verbringen, was verständlich ist. Der Bau des Bahnhofs vergällt ihm das Leben, von dem neuen Bahnhof selbst wird er nicht mehr viel haben. Er ist saturiert, er hat keine großen Ziele mehr, strebt nicht, sondern erhält, verteidigt den Status quo, ihm graut vor dem Wandel. Weil Deutschland altert, erlahmt es auch. Denn das Verhältnis von denen, die viel vom Wandel haben, und denen, die wenig davon haben, wird immer ungünstiger für eine dynamische Entwicklung des Landes. [...]

Die Politik muss sich nun stärker um ihn kümmern, seine Wut dämpfen, seine Verantwortlichkeit hervorlocken. Es stimmt, dass da vieles versäumt wurde. [...] Aber es ist wohlfeil, die ganze Schuld auf die Politik zu schieben. Zur Freiheit der Bürger in einer Demokratie gehört auch die Pflicht, über sich nachzudenken, das eigene Verhalten, die eigene Rolle. Die meisten Bürger, die sich jetzt ihrer Wut hingeben, müssten dazu eigentlich in der Lage sein.

Dirk Kurbjuweit, Der Wutbürger, DER SPIEGEL, 41/2010, S. 26 f.

„Wutbürger" auf der 175. Montagsdemonstration gegen „Stuttgart 21" am 10.6.2013

Aufgaben

1. Beschreiben Sie, wie der Autor des vorliegenden Textes den „Wutbürger" sieht.
2. Analysieren Sie, auf welche Weise der Autor seine kritische Beurteilung des „Wutbürgers" deutlich macht.
3. Erörtern Sie die kritische Sicht des Autors. Nehmen Sie Stellung.

Erwartungshorizonte zu den Aufgaben 1 – 3

Mediencode: 72021-11

1

2

3

A Bundesrat

B Bundesregierung

C

D

E

4

5

Verfassungsorgane – wie gestalten sie Politik?

5

„Das Parlament kann nicht anstelle der Regierung verhandeln. Und die Regierung kann nicht anstelle des Parlaments entscheiden." sagte der Bundestagspräsident Norbert Lammert im Interview mit der Frankfurter Allgemeinen Zeitung und spricht damit die unterschiedlichen Aufgaben der Verfassungsorgane in Deutschland an.
Die fünf Verfassungsorgane gestalten die Politik maßgeblich und bestimmen so das Leben jedes in Deutschland lebenden Menschen mit. Durch neue Gesetze passt sich der Staat ständig dem Wandel der Zeit sowie den neuen Herausforderungen an und versucht diese zu bewältigen. Daher kann und darf der politische Prozess nie zum Stillstand kommen.
Durch die vielseitigen Verflechtungen zwischen den Verfassungsorganen müssen diese kooperieren, was nicht selten zu Auseinandersetzungen zwischen den politischen Akteuren darüber führt, welche Inhalte die wichtigsten und welche Wege die richtigen sind. Dabei darf Streit nicht fehlen, denn „Was nicht umstritten ist, ist auch nicht sonderlich interessant." (J.W. von Goethe).
In diesem Kapitel werden die fünf ständigen Verfassungsorgane, ihre Aufgaben und Pflichten sowie deren Zustandekommen und Verantwortung für uns alle thematisiert.

Kompetenzen

Am Ende dieses Kapitels können Sie:

- Arbeitsweisen der Verfassungsorgane wiedergeben;
- die Aufgaben der Verfassungsorgane im Gesetzgebungsprozess darstellen;
- das Gesetzgebungsverfahren an einem Beispiel erläutern;
- ein politisches Fallbeispiel mit dem Politikzyklus erklären;
- aktuelle bundespolitische Fragen kriteriengeleitet auswerten und charakterisieren;
- die Machtverhältnisse einzelner Verfassungsorgane beurteilen.

Was wissen und können Sie schon?

1. Ordnen Sie zu und ergänzen Sie, welches Foto auf der linken Seite für welches Verfassungsorgan steht.
2. Zählen Sie die Ihnen bekannten Funktionen der fünf Verfassungsorgane auf.
3. Erstellen Sie eine Mind-Map (→ Methodenglossar), die die Ergebnisse der ersten beiden Aufgaben zusammenfasst. Gestalten Sie die Visualisierung so, dass noch weitere Informationen im Laufe der Unterrichtsreihe ergänzt werden können.

5.1 Die Bundesregierung – Zentrum der Macht?

M1 Die Bundeskanzler der Bundesrepublik

Bundeskanzler der Bundesrepublik Deutschland

A) Ludwig Erhard
B) Willy Brandt
C) Angela Merkel
D) Konrad Adenauer
E) Kurt Georg Kiesinger
F) Gerhard Schröder
G) Helmut Kohl
H) Helmut Schmidt

...
(CDU)
1949 – 1963
CDU/CSU, FDP und/oder DP

...
(CDU)
1963 – 1966
CDU/CSU und FDP

...
(CDU)
1966 – 1969
CDU/CSU und SPD

...
(SPD)
1969 – 1974
SPD und FDP

...
(SPD)
1974 – 1982
SPD und FDP

...
(CDU)
1982 – 1998
CDU/CSU und FDP

...
(SPD)
1998 – 2005
SPD und Bündnis 90/Die Grünen

...
(CDU)
seit 2005
CDU/CSU und SPD oder FDP

Horst Pötzsch, Die Deutsche Demokratie, 5. Aufl., BpB, Bonn 2009, S. 105.

M2 Werden der Bundeskanzler und seine Minister von allen Bürgern gewählt?

Der Bundeskanzler wird auf Vorschlag des Bundespräsidenten vom Bundestag gewählt. Die Bundesminister werden auf Vorschlag des Bundeskanzlers vom Bundespräsidenten ernannt.

In der politischen Praxis geht die Regierungsbildung der Wahl des Bundeskanzlers voraus. Der designierte (vorgesehene) Kanzler, bisher immer Führer der stärksten Fraktion, handelt zusammen mit den an der Regierung teilnehmenden Parteien (Koalitionspartnern) das Regierungsprogramm aus und legt Anzahl und Zuständigkeitsbereiche der Bundesminister fest. Er überlässt ihnen bestimmte Kabinettssitze und deren personelle Besetzung.

Ebenso muss er darauf achten, dass wichtige Gruppen und Strömungen seiner eigenen Partei, starke Landesverbände und nicht zuletzt Frauen bei der Verteilung der Ministerposten angemessen berücksichtigt werden.

Horst Pötzsch: Die Deutsche Demokratie, 5. Aufl., bpb, 2009, S. 105

M3 Die Bundesregierung in den Schlagzeilen

Kabinett einigt sich auf Neonazi-Datei

Berlin (dpa) Das Bundeskabinett wird wohl am Mittwoch die neue Neonazi-Datei beschließen. Dem ging ein Tauziehen zwischen dem FDP-geführten Justiz- und dem CSU-geführten Innenministerium voraus.

dpa, Kabinett einigt sich auf Neonazi-Datei, in: http://www.moz.de, 16.1.2012

Gabriel will Waffenexporte einschränken

„Ich bin für eine restriktive Haltung beim Waffenexport“: Wirtschaftsminister Sigmar Gabriel möchte die Ausfuhr von Waffen in Bürgerkriegsregionen oder „Unrechtsregime“ einschränken. Auch solle die Genehmigungspraxis transparenter werden.

dpa/jasch/schä, Gabriel will Waffenexporte einschränken, www.sueddeutsche.de, 29.1.2014

„Haushalt: Der Kanzler spricht ein Machtwort“

Nach einem Machtwort von Bundeskanzler Gerhard Schröder haben Finanzminister Hans Eichel und Gesundheitsministerin Ulla Schmidt (alle SPD) ihren Streit über den Haushalt 2004 beigelegt.

BR, P: Haushalt, Der Kanzler spricht ein Machtwort, in: http://merkur-online.de, 25.6.2003

M4 Wie arbeitet die Bundesregierung?

Artikel 64 GG regelt kurz und bündig: „Die Bundesminister werden auf Vorschlag des Bundeskanzlers vom Bundespräsidenten ernannt und entlassen.“ Nur der Kanzler selbst steht gegenüber dem Bundestag in der unmittelbaren Verantwortung. In letzter Instanz hängt jeder Bundesminister vom Vertrauen des Kanzlers ab. Dies verbürgt seine herausragende Stellung gegenüber den Kabinettskollegen. Er ist nicht nur primus inter pares, sondern hat eine prädominierende Position inne. Nicht zu Unrecht hat man schon in den 50er Jahren mit Blick auf die Kanzlerschaft Adenauers von der Bonner „Kanzlerdemokratie“ gesprochen. Wenn hier auch zunächst ein negativer Unterton mitschwang, so herrscht inzwischen unter den Kommentatoren doch weitestgehender Konsens, dass die Lehren, die die Verfassungsväter aus dem Scheitern des ersten deutschen Demokratieversuchs von Weimar zogen, richtig waren: dass die starke Position des Kanzlers wesentlich zur Stabilität der Regierung beiträgt und dass diese wiederum die unabdingbare Voraussetzung für ein erfolgreiches Regieren überhaupt darstellt. Es liegt in der Konsequenz dieser Einsicht, dass das GG das Kanzlerprinzip gegenüber dem Kabinetts- und dem Ressortprinzip als das entscheidende Prinzip exponiert. Die Richtlinien der Politik entscheidet der Kanzler „und trägt dafür die Verantwortung“ (Artikel 65). „Innerhalb dieser Richtlinien“ – das besagt das „Ressortprinzip“ – „leitet jeder Bundesminister seinen Geschäftsbereich selbständig und unter eigener Verantwortung“ (Artikel 65). Die Alleinverantwortlichkeit des Kanzlers verdrängt und überlagert also keineswegs vollständig die individuelle Ministerverantwortlichkeit gegenüber dem Parlament. Und auch das traditionelle Prinzip kollegialer Kabinettsentscheidung ist nicht völlig verschwunden: „Über Meinungsverschiedenheiten zwischen den Bundesministern entscheidet die Bundesregierung“ (Artikel 65) – dies der knappe Hinweis im Grundgesetz auf die Koordinierungs- und Regelungsfunktion des vom Kanzler geleiteten Bundeskabinetts. Dennoch ist das Kanzlerprinzip in diesem eng verzahnten System konkurrierender Prinzipien das entscheidende, weil es allein verfassungsmäßig mit Sanktionsmacht (Ministerentlassung) bewehrt ist.

Uwe Andersen, Wichard Woyke (Hg.): Handwörterbuch des politischen Systems der Bundesrepublik Deutschland. 5. Aufl., 2003, S. XX

Gestaltungsspielraum des Kanzlers
Das Grundgesetz schreibt nicht vor, wie der Bundeskanzler seine Regierung zu führen hat. Es ermöglicht ihm jedoch, seine Regierung straff zu führen. Sein Regierungsstil hängt vielmehr von der Persönlichkeit, von dem Rückhalt in der eigenen Partei sowie der Regierungskoalition und dem Gewicht des Koalitionspartners ab.

M5 Einmal Kanzler, immer Kanzler? – das erste, erfolgreiche konstruktive Misstrauensvotum Deutschlands

Art 67 GG
(1) Der Bundestag kann dem Bundeskanzler das Mißtrauen nur dadurch aussprechen, daß er mit der Mehrheit seiner Mitglieder einen Nachfolger wählt und den Bundespräsidenten ersucht, den Bundeskanzler zu entlassen. Der Bundespräsident muß dem Ersuchen entsprechen und den Gewählten ernennen.

Art 68 GG
(1) Findet ein Antrag des Bundeskanzlers, ihm das Vertrauen auszusprechen, nicht die Zustimmung der Mehrheit der Mitglieder des Bundestages, so kann der Bundespräsident auf Vorschlag des Bundeskanzlers binnen einundzwanzig Tagen den Bundestag auflösen. Das Recht zur Auflösung erlischt, sobald der Bundestag mit der Mehrheit seiner Mitglieder einen anderen Bundeskanzler wählt.

Das eine gilt als Waffe des Parlaments, das andere als Druckmittel des Kanzlers. Und doch dienen die Regelungen, die das Grundgesetz für **das konstruktive Misstrauensvotum und die Vertrauensfrage** festlegt, ein und demselben Zweck: Sie sollen dafür sorgen, dass Regierungskrisen schnell überwunden werden und kein Zustand eintritt, in dem das Land keine handlungsfähige Regierung besitzt.

In der 60-jährigen Bundestagsgeschichte wurde bislang fünf Mal von einem Regierungschef die Vertrauensfrage gestellt, zwei Mal versuchte das Parlament den Kanzler per Misstrauensvotum zu stürzen. [...]

Zehn Jahre war es her, dass Oppositionsführer **Dr. Rainer Barzel (CDU/CSU)** versucht hatte, Bundeskanzler **Willy Brandt** (SPD) mit einem Misstrauensvotum zu stürzen. Am 1. Oktober 1982 gelang der Union dann, woran sie 1972 gescheitert war.

Die Mehrheit des Bundestages entzog dem Regierungschef das Vertrauen. **Helmut Schmidt (SPD)** stürzte, **Dr. Helmut Kohl (CDU)** wurde neuer Bundeskanzler. Erstmals in der bundesdeutschen Geschichte vollzog sich ein Regierungs- und Kanzlerwechsel durch ein konstruktives Misstrauensvotum.

So abrupt das Ende der 13 Jahre währenden sozialliberalen Koalition heute erscheinen mag, so zeichnete sich deren Krise doch bereits seit Monaten ab: Die aufgrund des NATO-Doppelbeschlusses drohende Stationierung von US-amerikanischen Mittelstreckenraketen und die problematische wirtschaftliche Lage brachten sowohl den linken und den rechten Flügel der SPD als auch SPD und FDP immer weiter auseinander. [...] Die Bundesregierung geriet zunehmend unter Druck – und auch die Differenzen zwischen den Koalitionspartnern über den wirtschafts- und sozialpolitischen Kurs wuchsen.

Im Februar 1982 versuchte der Bundeskanzler die Koalitionsfraktionen mit einer Vertrauensfrage zu disziplinieren und geschlossen hinter sich zu bringen. Doch obwohl Schmidt die Abstimmung gewann, mit der er den Bundestag um Unterstützung für seinen wirtschafts- und sicherheitspolitischen Kurs gebeten hatte, verstärkte sich der Zerfall der Koalition in den folgenden Monaten. Die Medien begannen zu spekulieren: Wie lange hält die Koalition noch? [...]

So verlief die mehr als sechsstündige Debatte im Bundestag, die der Abstimmung am 1. Oktober 1982 über den Misstrauensantrag vorausging, auch überaus emotional: Bundeskanzler Schmidt beschuldigte die FDP des Wortbruchs und der Täuschung. [...]

Gegen 14.25 Uhr eröffnete Bundestagspräsident Richard Stücklen (CDU/CSU) die Abstimmung, eine halbe Stunde später, um 15.10 Uhr, konnte er das Ergebnis bekanntgeben: 256 von 495 Abgeordneten hatten mit „Ja" und damit für den Misstrauensantrag gestimmt, 235 dagegen. Damit war der gemeinsame Antrag von CDU/CSU und FDP angenommen – mit sieben Stimmen mehr als notwendig gewesen wären. „Der Abgeordnete Dr. Helmut Kohl ist zum Bundeskanzler der Bundesrepublik Deutschland gewählt", stellte Stücklen fest und fragte unter dem Applaus der Unions- und FDP-Abgeordneten: „Herr Dr. Kohl, nehmen Sie die Wahl an?" Dieser bejahte.

Damit war zum ersten Mal ein Regierungschef durch ein konstruktives Misstrauensvotum an die Macht gekommen. Helmut Schmidt war gestürzt, Helmut Kohl neuer Kanzler.

Deutscher Bundestag, Das Misstrauensvotum gegen Helmut Schmidt, www.bundestag.de, Abruf am 6.1.2013

M6 Von der Kunst, nicht zwischen allen Stühlen zu sitzen …

Sie (die Bundesregierung) hat nicht nur die eigene Mehrheit im Bundestag, die sich im Regelfall aus mehreren Fraktionen zusammensetzt, zu überzeugen. Sie muss auch mit den Ländern bzw. mit dem Bundesrat in weiten Bereichen zu Kompromissen kommen. Sie muss ihre Entscheidungen im steten Blick auf die Verfassung bzw. auf eine mögliche Korrektur durch das Bundesverfassungsgericht treffen. Sie muss gegebenenfalls ihr unliebsame Entscheidungen der Europäischen Zentralbank und der Bundesbank respektieren. Hinzukommen ihre insbesondere durch die EU beschränkte Steuerungskompetenz in der Wirtschaftspolitik sowie außenpolitische Rücksichtnahmen als weitere Restriktionen. Und sie muss – nicht zuletzt – auch auf die Wählerwünsche Rücksicht nehmen, will sie sich die Chance der Wiederwahl erhalten.

Manfred G. Schmidt: Regieren in der Bundesrepublik Deutschland, in: Grundwissen Politik, 1992, S. 220

M7 Die Regierungsmehrheit – wie kommt eine Koalition zustande?

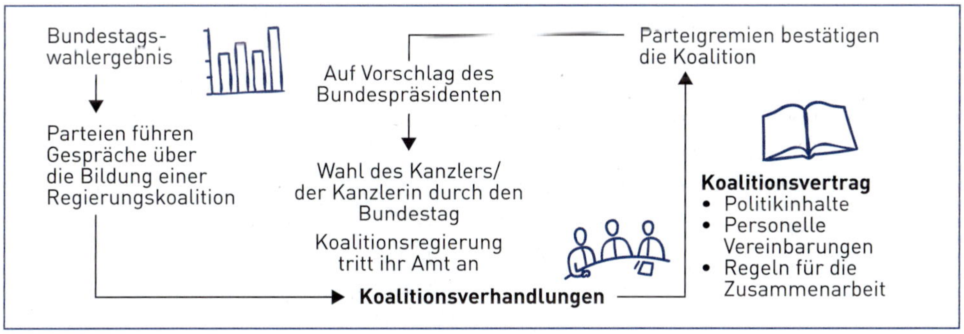

Autorengrafik

Aufgaben

1. Ordnen Sie in M1 den Bildern der Kanzler und Kanzlerin die richtigen Namen aus der Randspalte zu.
2. Erläutern Sie, nach welchem Verfahren laut Grundgesetz der Bundeskanzler/die Bundeskanzlerin gewählt wird und wer über die Regierungsbildung entscheidet (M2, M7).
3. Ordnen Sie die Schlagzeilen (M3) den Aufgaben der Bundesregierung zu (M 4).
4. Fertigen Sie ein Schaubild an, in dem Sie die Stellung des Kanzlers/der Kanzlerin im Grundgesetz und die Zuständigkeiten der Regierungsmitglieder darstellen (M4). Fügen Sie Ihrer Darstellung hinzu, welche Institutionen und Gremien die Bundesregierung von ihrer Politik überzeugen muss, um erfolgreich arbeiten zu können (M6, M7).
5. Erklären Sie den Begriff „Kanzlerdemokratie“ (M4) und diskutieren Sie, welche Argumente für und welche Argumente gegen die starke Stellung des Bundeskanzlers in Deutschland sprechen könnten. Beurteilen Sie abschließend, ob der Begriff angemessen ist.
6. Beurteilen Sie, inwiefern das konstruktive Misstrauensvotum eine „Waffe des Parlaments“ und die Vertrauensfrage ein „Druckmittel des Kanzlers“ sein können (M5, Randspalte auf S. 128).

H Aufgabe 6
Stellen Sie das Verfahren des konstruktiven Misstrauensvotums zunächst grafisch dar, und recherchieren Sie Anzahl und Hintergründe bisheriger (erfolgreicher/erfolgloser) konstruktiver Misstrauensvoten.

5.2 Der Bundestag – was sind seine Aufgaben?

M8 Das Parlament – welche Aufgaben und Befugnisse hat es?

Unterschied zwischen Parlamenten und Kammern
Parlamente bestehen aus Häusern oder Kammern. Staaten wie Frankreich, Großbritannien oder die USA haben jeweils ein „Zwei-Kammer-Parlament". Deutschlands Parlament hingegen besteht aus einer Kammer: dem Bundestag. Zwar wird in den Medien oft von der „zweiten Kammer", dem Bundesrat, berichtet, dies ist aber falsch, denn der Bundesrat ist ein eigenständiges Verfassungsorgan, das an der parlamentarischen Arbeit teilnimmt.

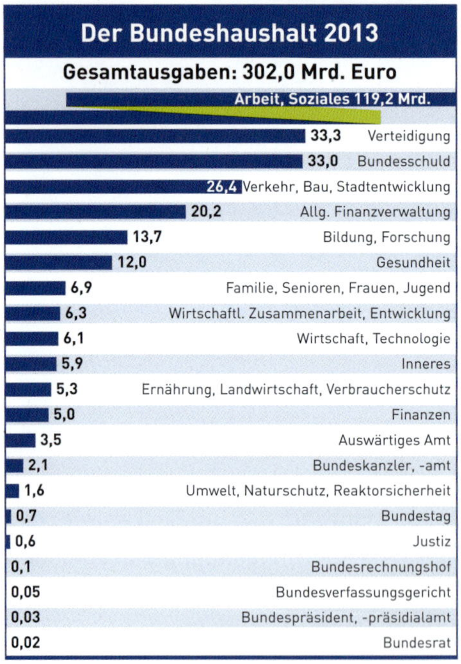

dpa-Grafik 17435; Quelle: Bundesfinanzministerium

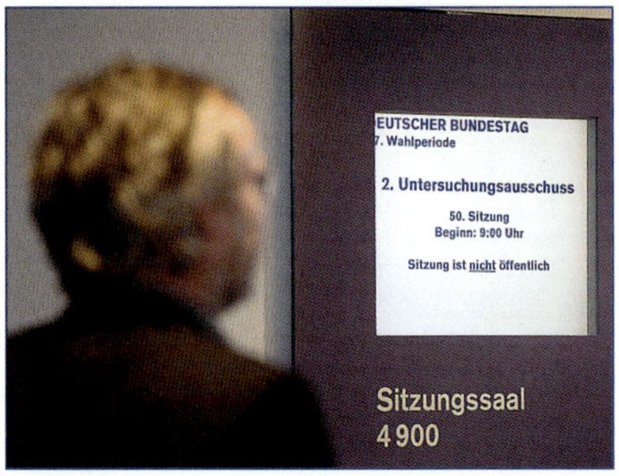

M9 Der Bundestag – Stellung und Hauptaufgaben

Der Deutsche Bundestag ist das höchste Verfassungsorgan der Bundesrepublik. Nicht zu Unrecht wird er als das Herz der bundesdeutschen Demokratie bezeichnet, denn er wird als einziges Verfassungsorgan direkt vom Volk für jeweils vier Jahre gewählt. Im Zusammenspiel der Gewalten (Legislative, Exekutive und Judikative) übernimmt der Bundestag die Rolle des Gesetzgebers, sprich: Der Bundestag beschließt Gesetze, die für alle Menschen in Deutschland gelten. Zu seinen wichtigsten Aufgaben zählen darüber hinaus die Wahl des Bundeskanzlers und die Kontrolle der Bundesregierung.

Bearbeiter

M10 Der Bundestag – ein Rede- oder Arbeitsparlament?

Der große Sitzungsraum, also der Plenarsaal im Berliner Reichstagsgebäude mit der großen Adlerfigur an der Stirnseite – das ist der Ort, an den viele denken, wenn sie »Bundestag« oder »Parlament« hören. Blickt man nur auf das, was im Plenum geschieht, gewinnt man schnell den Eindruck, der Bundestag sei das, was man ein Redeparlament nennt. Von einem Redeparlament spricht man, wenn die parlamentarische Hauptarbeit in der Vollversammlung der Abgeordneten stattfindet, in der öffentlichen Auseinandersetzung im Plenum. Das britische Unterhaus, das House of Commons, ist ein gutes Beispiel für diesen Typ von Parlament. Dass das Reden überhaupt ein wichtiger Bestandteil des Parlamentarismus ist, steckt schon in der Bezeichnung »Parlament«, die sich vom lateinischen Wort für Gespräch ableitet. Schaut man ein wenig genauer auf die Arbeit im Bundestag, stellt man fest, dass das deutsche Parlament auch Merkmale eines Arbeitsparlaments hat. Ein Arbeitsparlament ist dadurch gekennzeichnet, dass der Großteil seiner Tätigkeit in Fachausschüssen abläuft. Die Hauptaufgabe eines solchen Parlaments ist die sachkundige Bearbeitung von Gesetzesvorlagen. Der US-amerikanische Kongress ist ein typisches Arbeitsparlament. Der Bundestag aber scheint Rede- und Arbeitsparlament zugleich zu sein: Zum einen wird im Plenum vor den Augen der Öffentlichkeit debattiert. Das Grundgesetz fordert, dass die Verhandlungen öffentlich sind. Dies bedeutet heutzutage: medienöffentlich. Die parlamentarischen Spielregeln sorgen dafür, dass sich Rede und Widerrede abwechseln. Eigene Argumente werden präsentiert, die Position der Gegenseite kritisiert. Die zivilisierte Auseinandersetzung ist die Aufgabe einer „Volksvertretung“.

Deutscher Bundestag (Hg.), Der Deutsche Bundestag, Stichwort Deutscher Bundestag, Berlin 2010, S. 14 – 16

M11 Die ständigen Ausschüsse

Jeder neu gewählte Bundestag ist im Grunde frei darin, wie viele und welche Ausschüsse er bildet. Vier sind von der Verfassung vorgeschrieben: der Auswärtige Ausschuss, der Verteidigungs- und der Petitionsausschuss sowie der Ausschuss für Angelegenheiten der Europäischen Union. Aus anderen Vorschriften ergibt sich, dass auch ein Haushaltsausschuss und ein Ausschuss für Wahlprüfung, Immunität und Geschäftsordnung immer dazugehören. Bei anderen Ausschüssen wartet der Bundestag, bis klar wird, welche Geschäftsbereiche die sich in Koalitionsverhandlungen abzeichnende Regierung für ihre Ministerien schaffen will. Denn es hat sich als vorteilhaft für die parlamentarische Kontrolle der Regierung herausgestellt, wenn es parallel zu jedem Ministerium mindestens einen Bundestagsausschuss gibt. [...] Große Fraktionen bekommen mehr Sitze als kleine – streng nach der Rangfolge, die sich aus dem Kräfteverhältnis der unterschiedlich großen Fraktionen zueinander ergibt. So greift die Wählerentscheidung bis in jeden Ausschuss durch. [...] Wie aber „funktionieren“ Ausschüsse? Ihre erste Aufgabe besteht darin, Gesetzentwürfe, die in den Bundestag eingebracht worden und in der sogenannten ersten Lesung grundsätzlich debattiert worden sind, im Detail zu beraten. Zu diesem Zweck steht am Ende jeder Beratung im Bundestag ein Beschluss, in welche Ausschüsse der jeweilige Entwurf überwiesen werden soll. [...] Neben Gesetzentwürfen der Bundesregierung werden natürlich auch solche der Fraktionen und des Bundesrates behandelt.

Deutscher Bundestag (Hg.): Blickpunkt Bundestag spezial. Die Ausschüsse des Deutschen Bundestages, Berlin 2010, S. 2 – 4

Besondere Ausschüsse
- Vermittlungsausschuss (→ Randspalte auf S. 144)
- Untersuchungsausschuss

M12 Organisation und Zusammensetzung der Ausschüsse

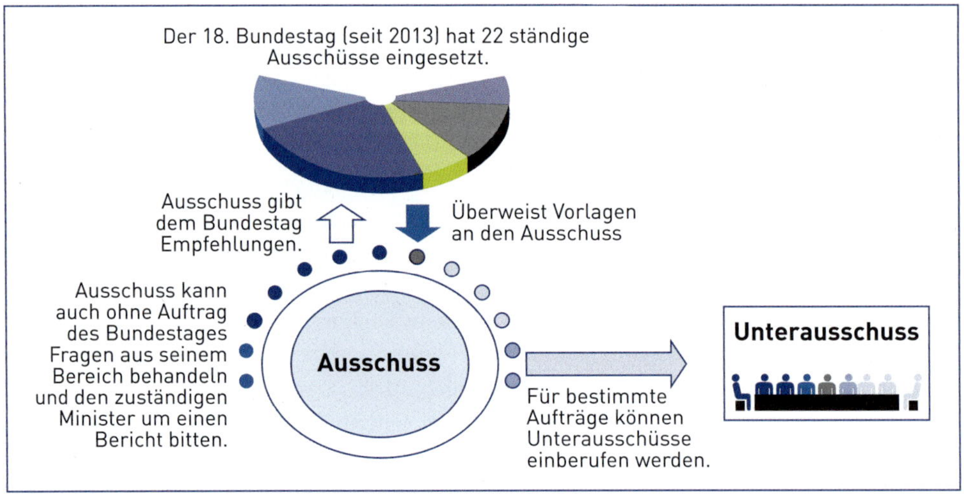

Deutscher Bundestag (Hg.), Blickpunkt Bundestag spezial. Die Ausschüsse des Deutschen Bundestages, Berlin 2010, S. 4, vom Bearbeiter aktualisiert

Kontrollinstrumente des Bundestages gg. der Bundesregierung
- Große Anfrage
- Kleine Anfrage
- Aktuelle Stunde
- Fragestunde
- Untersuchungsausschüsse

M13 Kontrollfunktion

Zum einen dienen die genannten Instrumentarien nur dann der Regierungskontrolle, wenn sie von der Opposition eingesetzt werden. Und selbst die Minderheit verwendet diese Instrumente nicht ausschließlich zur Kontrolle, sondern auch zur Beschaffung von Informationen. Werden sie hingegen von der Regierungsmehrheit eingesetzt, dienen sie im Wesentlichen dem Lob der Regierung oder der Kritik am politischen Gegner. Außerdem kann die Opposition wegen ihrer fehlenden Mehrheit die Regierung nicht direkt in Schwierigkeiten bringen; sie muss den Weg über die Öffentlichkeit wählen und so die Regierung indirekt unter Druck setzen.

Die Regierungsmehrheit ihrerseits wird die Regierung in der Regel nicht in der Öffentlichkeit attackieren, sondern ihre Auseinandersetzungen mit der eigenen Regierung hinter den verschlossenen Türen der Mehrheitsfraktion ausfechten.

Fritz Blumöhr, u.a., Die politische Ordnung in Deutschland, Landeszentrale für politische Bildung Bayern, München 2011, S. 74 f.

Untersuchungsausschuss
Ein bedeutsames Mittel des Bundestages zur Kontrolle der Bundesregierung ist das Recht, Untersuchungsausschüsse einzurichten (Artikel 44 GG). [...] Untersuchungsausschüsse prüfen mögliche Missstände in Regierung und Verwaltung [...]. Dazu können sie Zeugen und Sachverständige vernehmen und sich Akten vorlegen lassen.
Deutscher Bundestag (Hg.): Fakten. Der Bundestag auf einen Blick. Berlin 2011, S. 30

Aufgaben

1. Analysieren Sie die Fotos und das Schaubild in M8 hinsichtlich der Aufgaben des Deutschen Bundestages.
2. Beschreiben Sie mithilfe von M9 – M11 die Aufgaben und die Arbeitsweise des Deutschen Bundestages.
3. Erklären Sie die Organisation und Zusammensetzung der Ausschüsse und ihre Kontrollfunktion (M12/M13).
4. Nehmen Sie Stellung zu der Frage, inwiefern der Deutsche Bundestag eine wirksame Kontrolle der Regierung ausüben kann (M13).
5. Referieren Sie über einen aktuellen Fall aus dem politischen Zeitgeschehen, indem Sie u.a. die unterschiedlichen Standpunkte von Regierung und Opposition untersuchen. Recherchieren Sie mithilfe der Methode „Wochenberichte“ (→ S. 133).

F Aufgaben 1 – 2
Recherchieren Sie für ein Referat die Bedeutung der Parlamente und ihrer Arbeitsweisen in den Verfassungen Großbritanniens und der USA.

Methode

Wochenberichte

1. Themenauswahl

In einem Wochenbericht wird ein aktuelles gesellschaftspolitisches Thema innerhalb von fünf Minuten mündlich präsentiert. Um in dieser Kürze einen Sachverhalt umfassend und gründlich vorzustellen, ist ein fundiertes Wissen zum Thema erforderlich. Unabdingbar dafür sind mind. drei unterschiedliche Quellen. Deren Auswahl kann in die Bewertung einfließen.

2. Recherche

Informieren Sie sich in der Vorwoche Ihres Kurzreferats in den Nachrichten (Printmedien, Fernsehnachrichten, Radio) über wichtige Themen. Wählen Sie einen besonders wichtigen Sachverhalt aus.

3. Den Vortrag planen

Sammeln Sie in (über-)regionalen Tageszeitungen, politischen Zeitschriften und im Internet (Printmedien und seriöse Fernsehnachrichten verfügen über ein breites Online-Angebot) ergiebige Materialien. Denken Sie daran, sich immer zu notieren, woher und wann Sie diese Informationen bezogen haben.

Folgende Aspekte sollte Ihr Wochenbericht unbedingt abdecken:

- Thema: Worum geht es grundsätzlich?
- Akteure: Wer ist beteiligt?
- Inhalte: Worin genau besteht das Problem? Welche unterschiedlichen Standpunkte werden von den Akteuren mit welchem Ziel vertreten?
- Problematisierung / eigene Stellungnahme: Sehen Sie Widersprüche, argumentative Lücken oder Ähnliches in der Argumentation der Akteure? Welche Folgen und Entwicklungen sind zu erwarten?

4. Quellenangaben

Sofern Sie nicht ohnehin ein begleitendes Handout vorbereitet haben, legen Sie abschließend Ihre Quellen offen. Folgende Regeln gelten dafür:

- Zeitungsartikel: Name des Autors: „Titel des Artikels", Name der Zeitung, Datum, Seite.
- Zeitschriftenartikel: Namen des Autors, „Titel", Name der Zeitschrift, Nummer und Jahr der Ausgabe, Seite.
- Internet: Name des Autors (falls erkennbar), „Titel der Seite", Webadresse, Datum des letzten Zugriffs.
  Es genügt nicht, den Haupttitel der Seite (www.tagesschau.de oder www.heute.de) anzugeben, sondern die genaue URL ist erforderlich.

Weitere Tipps

- Erklären Sie unbekannte Fachbegriffe und bereiten Sie sich auf mögliche Nachfragen der Mitschüler diesbezüglich vor.
- Binden Sie in Ihren Kurzvortrag ausgewählte Medien zur Veranschaulichung ein. Wählen Sie dazu geeignete Fotos, Statistiken oder eine Karikatur aus. Prüfen Sie diese jedoch auf Ihre Aussagekraft, es gilt der Grundsatz: Qualität statt Quantität.
- Binden Sie Ihre Mitschüler punktuell und sinnvoll ein: Am Ende des Vortrags können diese anhand der durch Sie präsentierten Informationen z.B. eine Karikatur selbst interpretieren.
- Berücksichtigen Sie die allgemeinen Regeln des Referats (freier Vortrag, deutliche Artikulation, Angemessenheit der Sprache usw.).

Bearbeiter

5.3 Der Bundestag – wie arbeiten seine Abgeordneten?

M14 Abgeordnete – wann sie wo arbeiten...

Der Arbeitsplatz eines Abgeordneten ist zweigeteilt: In den Sitzungswochen liegt der Schwerpunkt auf der Arbeit in Berlin, an den Wochenenden und in sitzungsfreien Wochen betreuen die Abgeordneten meist ihren Wahlkreis und berichten über ihre Abgeordnetentätigkeit.

a) Sitzungsfreie Woche im Wahlkreis

	Montag	Dienstag	Mittwoch	Donnerstag	Freitag	Samstag	Sonntag
7:00		*Flug Frankfurt – Berlin*					
8:00		*Jahresgespräch -- Büro Berlin Paul-Löbe-Haus*		*Kreistag – Kreisstraßenrundfahrt und Straßeneinweihung mit Landrat Helmut M. Jahn und Kreistag Hohenlohe -- Hohenlohekreis*	*Besichtigung der Schulen in Künzelsau durch den Gemeinderat mit Bürgermeister Stefan Neumann*		
9:00							
10:00			*Besuch beim Hauptzollamt -- 74080 Heilbronn, Kastellstraße 53*			*32. Eröffnung des Neuwagenmarktes mit Messerundgang -- Künzelsau*	*Eröffnung der Muswiesen-Ausstellung mit Mittagessen*
11:00	*Festakt zum Tag der Deutschen Einheit -- Schloß Stetten, Brunnenhalle*						
12:00							
13:00							
14:00			*Bürgersprechstunde Wahlkreisbüro Künzelsau*				*Sitzung des Bürgervereins Berlin-Hohenlohe e.V. -- Künzelsau*
15:00	*Zug Crailsheim – München*			*Bürgersprechstunde Wahlkreisbüro Künzelsau*		*Bürgersprechstunde, Wahlkreisbüro Künzelsau*	
16:00					*Bürgersprechstunde, Wahlkreisbüro Künzelsau*		
17:00		*Zug Berlin – Erfurt*					
18:00	*Stiftung Familienunternehmen, Käfer Wies'n-Schänke, München*						
19:00			*Vorbereitungssitzung Festspielsaison 2012, Künzelsauer Burgfestspiele -- Hotel Victoria Bad Mergentheim*				
20:00		*Chris de Burgh, Erfurt, Messehalle*					
21:00							
22:00	*Zug München Hbf – Frankfurt (01:17 Uhr)*						
23:00							

b) Sitzungswoche in Berlin

	Montag	Dienstag	Mittwoch	Donnerstag	Freitag	Samstag	Sonntag
8:00		*Sitzung der Arbeitsgruppe Kommunales der CDU/CSU-Bundestagsfraktion*	*Fußball: Spiel FC Bundestag gegen Mannschaft Gastro Kickers, Jahn Sportpark, Cantianstraße 24, 10437 Berlin*		*Parlamentskreis Mittelstand der CDU/CSU-Bundestagsfraktion, Arbeitsfrühstück mit sächsischem Staatsminister des Innern Markus Ulbig*		

	Montag	Dienstag	Mittwoch	Donnerstag	Freitag	Samstag	Sonntag
9:00	*Bürgersprechstunde Wahlkreisbüro Künzelsau*	*Sitzung der Arbeitsgruppe Finanzen der CDU/CSU-Bundestagsfraktion*	*Sitzung des Finanzausschusses*	*Plenum*	*Plenum*	*Jubiläum Würth-Industrie mit EU-Kommissar Günther Oettinger und Messerundgang bei Würth -- Bad Mergentheim*	*Kreisfeuerversammlung -- Mulfingen, Stauseehalle*
10:00							
11:00		*Sitzung der Arbeitsgruppe Wirtschaft und Technologie der CDU/CSU-Bundestagsfraktion*	*Sitzung des Ausschusses für Geschäftsordnung,*				
12:00			*Gespräch mit Besuchergruppe Ganerbengymnasium Künzelsau, Fraktionssitzungssaal*				*Empfang zum Tag der offenen Tür, Heeresflieger -- Niederstetten, Flugplatz*
13:00			*Gespräch mit Besuchergruppe Ganerbengymnasium Künzelsau, Fraktionssitzungssaal*				
14:00		*Parlamentskreis Mittelstand der CDU/CSU-Bundestagsfraktion, Vorbesprechung zur Fraktionssitzung*	*Öffentliche Anhörung des Finanzausschusses „Beitreibungsrichtlinie-Umsetzungsgesetz"*	*Gespräch zum neuen ÖPP-Gesetz und zum Parlamentarischen Abend*	*Kommunalpolitische Vereinigung der CDU und CSU Deutschlands, Sitzung des Bundesvorstandes und Hauptausschusses*		
15:00	*Flug Nürnberg – Berlin*	*Fraktionssitzung der CDU/CSU-Bundestagsfraktion mit Bundeskanzlerin Dr. Angela Merkel*	*Plenum*				
16:00	*Sitzung: Fraktionsvorstand der CDU/CSU-Bundestagsfraktion*			*Gespräch zum neuen ÖPP-Gesetz und zum Parlamentarischen Abend*			
17:00				*Shuttlebus vom Paul-Löbe-Haus zum Festgottesdienst im Olympiastadion*	*ICE 875/633 nach Würzburg*	*SV Morsbach-Honhardt, Ü-30-Pokalspiel, Sportplatz Honhardt*	
18:00				*Heilige Messe und Predigt des Papstes, Olympiastadion, Berlin*			
19:00	*Parlamentarisches Forum European Friends of Israel (EFI), Allianz Forum, Pariser Platz 6*	*Fußball: Spiel FC Bundestag gegen Mannschaft Gastro Kickers, Jahn Sportpark, Cantianstraße 24, 10437 Berlin*					
20:00	*Sitzung der CDU Landesgruppe Baden-Württemberg -- Berlin*					*Benefizveranstaltung mit PUR -- Bietigheim-Bissingen, am Viadukt*	
21:00							
22:00							
23:00							

Nach: Christian von Stetten (MdB), in: http://www.bundestag-kalender.de, Abruf am 6.12.2012

M15 Rechtliche Stellung der Abgeordneten

1) Art. 38 GG	Die Abgeordneten des Deutschen Bundestages werden in allgemeiner, unmittelbarer, freier, gleicher und geheimer Wahl gewählt. Sie sind Vertreter des ganzen Volkes, an Aufträge und Weisungen nicht gebunden und nur ihrem Gewissen unterworfen.
2) Art. 46 GG	(1) Ein Abgeordneter darf zu keiner Zeit wegen seiner Abstimmung oder wegen einer Äußerung, die er im Bundestage oder in einem seiner Ausschüsse getan hat, gerichtlich oder dienstlich verfolgt oder sonst außerhalb des Bundestages zur Verantwortung gezogen werden. Dies gilt nicht für verleumderische Beleidigungen. (2) Wegen einer mit Strafe bedrohten Handlung darf ein Abgeordneter nur mit Genehmigung des Bundestages zur Verantwortung gezogen oder verhaftet werden, es sei denn, dass er bei Begehung der Tat oder im Laufe des folgenden Tages festgenommen wird.
3) Art. 47 GG	Die Abgeordneten sind berechtigt, über Personen, die ihnen in ihrer Eigenschaft als Abgeordnete oder denen sie in dieser Eigenschaft Tatsachen anvertraut haben, sowie über diese Tatsachen selbst das Zeugnis zu verweigern.
4) Art. 48 GG	(3) Die Abgeordneten haben Anspruch auf eine angemessene, ihre Unabhängigkeit sichernde Entschädigung. Sie haben das Recht der freien Benutzung aller staatlichen Verkehrsmittel.

M16 Wer kann Abgeordneter werden?

Ein Blick auf die Zusammensetzung des Parlaments macht schnell klar, dass der Bundestag die bundesdeutsche Bevölkerung nicht spiegelbildlich abbildet. Dies lässt sich an einigen Zahlen deutlich machen: So liegt der Prozentsatz an Frauen unter den Mitgliedern des Bundestages mit 32,8 Prozent deutlich unter dem Anteil der weiblichen Bevölkerung in Deutschland (Ende 2008: 51 Prozent). Gemittelt sind die Parlamentarier älter als der Bevölkerungsdurchschnitt. Die Anzahl von Personen mit Fachhochschul- oder Hochschulabschluss unter den Parlamentariern ist überdurchschnittlich. Nicht alle Berufe sind im Parlament vertreten, einige wiederum sehr stark. [...]

In den vergangenen Jahrzehnten lässt sich noch ein weiterer Trend beobachten, was die Zusammensetzung des Bundestags betrifft: die Professionalisierung des Abgeordnetenberufs. Die Zahl der Bundestagsabgeordneten, die bereits vor ihrer Wahl einen politischen Beruf hatten, ist gestiegen. So sind beispielsweise einige Parlamentarier vor ihrer Mandatszeit als Mitarbeiter eines Abgeordneten tätig gewesen. Auch steigt die Zahl der Abgeordneten, die nach ihrer Zeit im Parlament nicht mehr in ihren ursprünglichen Beruf zurückkehren. Politik ist für viele Parlamentarier nicht nur zu einer Berufung, sondern zum Beruf geworden. [...]

Selbst wenn dies möglich wäre: Ein repräsentatives Parlament muss nicht zwangsläufig ein besseres sein. Denn die Interessen eines Bevölkerungsteils können auch von jemandem vertreten werden, der nicht aus diesem Bereich kommt – und dies mitunter besser. So wird man als Rechtsbeistand immer jemanden nehmen, der sich im Rechtssystem gut auskennt, und nicht unbedingt jemanden, der einem ähnlich ist. Gerade bei der Gesetzgebung und der Kontrolle der Regierung bedarf es sachkundiger Parlamentarier, die sich im politischen Geschäft auskennen. [...] Allerdings ist darauf zu achten, dass die Berufspolitiker nicht den Kontakt zu denjenigen verlieren, die sie vertreten sollen.

Deutscher Bundestag (Hg.): Der Deutsche Bundestag. Wie parlamentarische Demokratie funktioniert. Berlin 2010, S. 25 – 27.

M17 Was verdient ein Abgeordneter? – am Beispiel von Ulrich Kelber, Mitglied des Bundestages (MDB), aus Bonn

Wie viel Geld und welche Leistungen bekomme ich als Bundestagsabgeordneter? [...]

- **Diäten 2013: 8.252 €/Monat (voll zu versteuern, kein 13. Monatsgehalt)**
  Die Diäten wurden u.a. 2004, 2005, 2006, 2007, 2010, 2011 und 2013 nicht erhöht. 1975 wurde nach einem Urteil des Bundesverfassungsgerichts die Diäten an die Besoldungsstufen R6/B6 angepasst (Bundesrichter/Städtischer Wahlbeamter), diese Bezüge liegen heute wegen der mehrfachen Nullrunden wieder über den Diäten eines Bundestagsabgeordneten.
- **Aufwandsentschädigung 2013: 4.123 €/Monat (steuerfrei)**

Für mandatsbezogene Ausgaben. Hierzu zählen die Miete und Kosten für mein Bürgerbüro in Poppelsdorf, die Miete und Zusatzkosten für die Zweitwohnung in Berlin, Information der Öffentlichkeit (Druckkosten, Veranstaltungen, Website), weitere Reisekosten (Hotel, Taxi, PKW), Bücher, Zeitungen, Porto, Repräsentationsaufgaben, uvm. Die Aufwandspauschale ist steuerfrei, ihre Verwendung muss nicht einzeln gegenüber der Bundestagsverwaltung nachgewiesen werden.

Ulrich Kelber, Der „Gläserne Abgeordnete" Ulrich Kelber, www.ulrich-kelber.de, Abruf am 14.1.2014

Ulrich Kelber (SPD), Mitglied des 18. Deutschen Bundestages

Aufgaben

1. a) Analysieren Sie den Terminkalender eines Bundestagsabgeordneten (M14) arbeitsteilig für eine sitzungsfreie Woche und eine Sitzungswoche.
   b) Erstellen Sie im Anschluss an Aufgabe 1a ein Ranking, wo der Abgeordnete wie viel Zeit verbringt.
   c) Diskutieren Sie abschließend Anspruch und Aufwand der Tätigkeit eines Bundestagsabgeordneten. Berücksichtigen Sie dabei dessen Bezüge aus M17.
2. Bewerten Sie den letzten Satz aus M16 mithilfe von M14 bzw. Ihrer Ergebnisse aus Aufgabe 1.
3. Ordnen Sie die Grundgesetzartikel aus M15 den Begriffen *freies Mandat, Indemnität/Immunität, Zeugnisverweigerungsrecht, Diäten* zu und begründen Sie, inwiefern diese zur Unabhängigkeit der Abgeordneten beitragen.
4. Stellen Sie die Informationen aus M16 über die Zusammensetzung des Bundestages zusammen.
5. a) Analysieren Sie die Position des Autors von M16 zu der Frage, ob das Parlament ein repräsentativer Querschnitt der Bevölkerung sein muss.
   b) Beurteilen Sie anschließend seine Position. Berücksichtigen Sie dabei die Arbeitsanforderungen eines Abgeordneten aus M14 und M15.
6. Abgeordnete bestimmen selbst darüber, wie viel sie verdienen. Die Erhöhung der Diäten sorgt immer wieder für gesellschaftlichen Unmut. Politikwissenschaftler argumentieren hingegen, dass Abgeordnete – im Vergleich zu entsprechenden Positionen in der freien Wirtschaft – zu wenig verdienen. Setzen Sie sich mithilfe von M17 mit diesem Widerspruch auseinander und entwickeln Sie eine eigene Bewertung.

H Aufgabe 1a
Strukturieren Sie bei Ihrer Analyse die verschiedenen Tätigkeiten nach folgenden Kriterien: Bürgerkontakte, Parteiarbeit, Fahrten, Ausschussarbeit, Plenumssitzungen.

F Aufgaben 1a – c
Recherchieren Sie auf der Homepage des / der Abgeordneten Ihres Wahlkreises, womit er / sie wie viel Zeit verbringt: Ausschüsse, Verbände, Parteiarbeit, Vereine, etc. Stellen Sie Ihre Ergebnisse in einem Kurzreferat (→ Methodenglossar) vor.

5.4 Der Bundestag – der Abgeordnete in der Fraktion

M18 Fraktionszwang – karikiert

Karikatur: Gerhard Mester, Baaske Cartoons

Verfassungsnorm – Verfassungsrealtität

Verfassungsnorm
Normen, die in der Verfassung festgeschrieben sind. Beispielsweise Art. 38 GG: Abgeordnete sind nur ihrem Gewissen verpflichtet.

Verfassungsrealität
Verfassungsrealität bedeutet die tatsächliche Umsetzung und Verwirklichung einer im Grundgesetz festgeschriebenen Norm. Oftmals hinkt die Umsetzung der Norm dem Anspruch der Verfassung hinterher. So kann es im Parlamentsalltag von Vorteil sein, wenn Abgeordnete bei Entscheidungen die Fraktionslinie mitberücksichtigen.

M19 Fraktionsmitglied oder Einzelkämpfer?

Anders als mit Arbeitsteilung in den Fraktionen ist die parlamentarische Arbeit kaum zu organisieren. Nicht jeder kann überall sein, sondern muss als Experte stellvertretend für seine Fraktion sein Fachgebiet im Blick behalten. Sonst würde sich das Parlament schnell selbst blockieren. [...]

Der einzelne Abgeordnete arbeitet innerhalb seiner Fraktion in verschiedenen Gremien, um sich mit Kollegen mit ähnlichen Interessen abzustimmen. Da gibt es Facharbeitsgruppen, regionale Landesgruppen, Strömungsgruppen, soziologische Gruppen. Und wenn die dann alle miteinander um die beste Haltung der Fraktion als Ganzes gerungen haben und die Fraktion intern darüber abgestimmt hat, dann wird der Abgeordnete entscheiden müssen, ob er sich der Mehrheitsmeinung anschließt. Vielleicht aus eigener Sachkunde, vielleicht, weil er sich auf den Rat der Kollegen, die sich mit dem Thema intensiver befassen konnten, verlässt. Vielleicht auch in der Erkenntnis, dass er seine politischen Ziele nicht als Einzelkämpfer, sondern nur in der Gemeinschaft und mit Kompromissbereitschaft zu verfolgen vermag. Oder ob er von der mehrheitlichen Auffassung der Fraktion in diesem Punkt abweicht. Dann aber darf die Fraktionsführung verlangen, dass er dies rechtzeitig signalisiert, damit die Fraktionsmitglieder nicht überrascht sind, sondern sich darauf einstellen können.

Der Abgeordnete steht also ständig vor wichtigen Fragen: Wie setzt er den grundsätzlichen Willen der Wähler in praktische Politik um? Wie behält er den besten Kontakt zu den Bürgern und erfährt, wie er am besten deren Einschätzung zu aktuellen Themen in Berlin repräsentieren kann? Wie findet er immer wieder auch eigene, neue Lösungen von Problemen in einer sich ständig verändernden Welt? Und wie behält er die innerliche Unabhängigkeit gegenüber dem, was von außerhalb und innerhalb des Parlaments an Einflussversuchen auf ihn einwirkt? Nur vier von vielen Feldern, die die Arbeit der Abgeordneten buchstäblich spannend machen.

Gregor Mayntz: Mitglieder des Bundestages: Abgeordnet vom Volk. In: Deutscher Bundestag (Hg.): Blickpunkt Bundestag spezial. Die Abgeordneten des Deutschen Bundestages, Berlin 2010, S. 5.

Unabhängigkeit von Abgeordneten des Bundestages

Die Unabhängigkeit der Abgeordneten des Bundestages von äußeren Zwängen gewährleisten im Wesentlichen folgende Rechte:
- freies Mandat
- Indemnität / Immunität
- Zeugnisverweigerungsrecht
- Diäten, Verkehrsmittelnutzung.

Methode

Karikaturbearbeitung II

I. Aufgaben

1. Beschreiben Sie die Karikatur in M18.
2. **Analysieren Sie die Aussage des Karikaturisten zum Fraktionszwang.**
3. Beurteilen Sie die Karikatur und die Aussage des Karikaturisten.

II. Tipps zur Bearbeitung von Aufgabe 2

1. Lesen Sie zunächst in den „allgemeinen Hinweisen zur Karikaturbearbeitung“ auf S. 272 den Abschnitt „III.2“.
2. Beachten Sie, dass eine Karikatur die Absicht hat, durch Übertreibung zum Nachdenken anzuregen.
3. Da der Informationsgehalt einer Karikatur nur bruchstückhaft ist und eine Analyse konkretes Wissen voraussetzt, müssen Sie bei der Analyse von M18 überprüfen, ob Sie über ausreichende Informationen zur rechtlichen Stellung der Abgeordneten verfügen oder ob Sie noch einmal die Texte in M15 – M19 und die Randspalten wiederholen müssen.

III. Anleitung zur Analyse der Karaikatur in M18 (AFB II)

1. Nachdem Sie in Aufgabe 1 die Karikatur detailliert beschrieben haben, sollten Sie nun in einem Einleitungssatz erläutern, welche Problematik der Karikaturist in seiner Zeichnung ansprechen möchte. Die Randspalte auf S. 138 oben kann Ihnen bei der Formulierung Ihrer Ausführungen helfen.
2. Beachten Sie bei Ihrer Analyse die unterschiedliche Größe der Abgeordneten und des Arms. Überlegen Sie, was der Druck des Daumens auf den Kopf der Abgeordneten bedeuten soll. Schauen Sie genau hin, wie das Bein der Abgeordneten dargestellt wird und was daraus zu schließen ist. Interpretieren Sie auch die Haltung der Hände am Rednerpult.
3. Interpretieren Sie die Sprechblase und arbeiten Sie heraus, warum die Abgeordnete den Satz nicht beenden kann. Beachten Sie auch die unterschiedliche Schwärze der Wörter.
4. Erklären Sie zum Abschluss, welche Aussage der Karikaturist zur Stellung des Abgeordneten in seiner Fraktion machen will. Berücksichtigen Sie bei Ihrer Erläuterung die folgenden Aspekte:
   - den Bezug zu Artikel 38 GG und die Sicht des Karikaturisten;
   - die Einbindung der Abgeordneten in Fraktionen und das Urteil des Karikaturisten über den Einfluss der Fraktionen;
   - eine mögliche Begründung, warum der Karikaturist das Thema anspricht.

Bearbeiter

M20 Fraktionsdisziplin oder Gewissensfreiheit?

Dr. Norbert Lammert im Interview mit der Frankfurter Allgemeinen Zeitung (FAZ)

Norbert Lammert, CDU, Präsident des 18. Deutschen Bundestages

Gäbe es weniger Wut-Bürger, wenn mehr Mut-Parlamentarier da wären, die ihre Entscheidungen offen verteidigen?

Ich glaube, ich trete niemandem zu nahe, wenn ich sage, dass der typische Bürger nicht täglich wütend und der typische Parlamentarier nicht täglich mutig ist. Wir reden in beiden Fällen über Ausnahme- und Grenzsituationen.

Täuscht der Eindruck, dass die meisten Parlamentarier am Ende doch regelmäßig der Fraktionsdisziplin den Vorrang vor der eigenen Meinung geben, wenn beide nicht übereinstimmen?

Die Fraktionsdisziplin wird zwar viel kritisiert, ist in Wirklichkeit aber eine Errungenschaft eines parlamentarischen Systems. Denn sie stellt die Kalkulierbarkeit von Entscheidungen sicher, auf die der Wähler Anspruch hat. Denn der wählt ja nicht Solisten ins Parlament, sondern Gruppierungen, von denen er im Saldo am ehesten die Vertretung seiner Interessen erwartet. Deswegen wäre es gewiss kein Fortschritt, wenn jeder der gewählten Abgeordneten zu jeder Frage seine ganz persönliche Auffassung im Parlament verträte. Es ist vielmehr sinnvoll, wenn sich die einer Partei angehörenden und für sie kandidierenden Abgeordneten um eine gemeinsame Willensbildung bemühen.

Wo bleibt das Aber?

Zu den vielen klugen Regelungen unserer Verfassung gehört, dass die Fraktionen in ihr gar nicht vorkommen, wohl aber der Abgeordnete, der an Aufträge und Weisungen ausdrücklich nicht gebunden ist. Der Begriff Fraktionsdisziplin findet sich folgerichtig auch nicht im Grundgesetz.

Fraktionen sind eine Realität, die für das Funktionieren des Parlaments wichtig sind, aber am Ende entscheidet der Abgeordnete ganz allein, wie er abstimmt.

Der langjährig erfahrene Parlamentarier Norbert Lammert hat immer mal ausprobiert, was passiert, wenn man anders als die eigene Fraktion abstimmt. Wie viel Mut braucht man dafür?

Es ist sicher ein Unterschied, ob jemand als Neuling oder als Langgedienter so handelt, ob jemand Gewicht in der Partei hat oder nicht, ob er eine herausgehobene Funktion hat oder keine. Ich bin ganz früh in meiner parlamentarischen Laufbahn in eine solche Situation gekommen und mit den Versuchungen konfrontiert worden, die sich daraus ergeben. Es ging damals um eine beabsichtigte Amnestieregelung in Parteispendenaffären; ich habe als Einziger in der Fraktion erklärt, ich könne da nicht mitwirken, und habe deshalb meine Zustimmung verweigert. Prompt wurde ich von den Medien in die Kategorie Abweichler einsortiert. Seitdem kam regelmäßig bei einschlägigen Entscheidungen die Anfrage, ob ich nicht auch da eine andere Meinung als die Fraktion hätte.

Wie sind Sie aus dieser Falle herausgekommen?

[...] Es gibt zwei Voraussetzungen dafür, notfalls auch gegen die eigene Fraktion an einer Beurteilung festzuhalten. Erstens muss es eine wichtige Angelegenheit sein. Es ist nicht zumutbar, für jede zweit- oder drittrangige Frage die eigene Meinung zur Geltung bringen zu wollen. Das würde den parlamentarischen Betrieb paralysieren. Zweitens muss ich überzeugt sein, von diesem Thema ähnlich viel zu verstehen wie die Fachleute in der Fraktion, auf deren Urteil ich mich in der Regel genauso selbstverständlich verlasse wie die sich auf das meine in den Dingen, in denen ich die größere Expertise habe. Es kommt relativ häufig vor, dass man in einer wichtigen Frage eine abweichende Meinung hat; es kommt ähnlich häufig vor, dass man sich in einer Sache so trittfest glaubt wie andere. Aber dass beides zusammenkommt, ist doch eher selten.

FAZ, Der Parlamentarier ist nicht täglich mutig, in: www.faz.net, 16.10.2011

M21 Wenn im Parlament abgestimmt wird – Fraktionsdisziplin und Gewissensfreiheit auf dem Prüfstand

a) Abstimmungsverhalten zum Betreuungsgeld am 9.11.2012

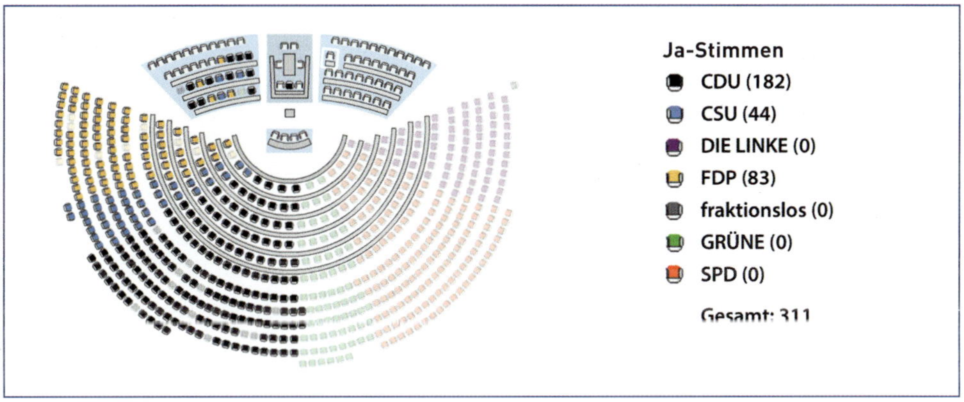

b) Abstimmungsverhalten zur begrenzten Zulassung der Präimplantationsdiagnostik (PID) am 7.7.2011

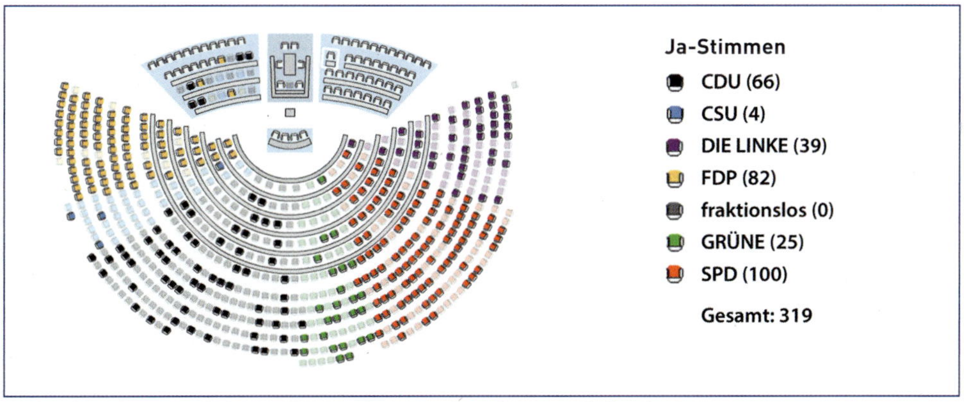

Nach: Abgeordnetenwatch.de, Bundestagsradar, www.abgeordnetenwatch.de, Abruf am 23.5.2013

Abstimmungsverhalten eines Abgeordneten
„Abgeordnetenwatch.de" ist eine überparteiliche und von Institutionen unabhängige Internetplattform, auf der man z.B. Abstimmungsverhalten und Nebentätigkeiten von Abgeordneten einsehen und ihnen schriftlich Fragen stellen kann.

Aufgaben

1. Bearbeiten Sie die Karikatur aus M18 mit der auf S. 139 stehenden Methode.
2. Arbeiten Sie aus den Materialien 19 – 20 heraus, ob ein Abgeordneter nach dem Grundgesetz zur Fraktionsdisziplin gezwungen werden kann.
3. Erschließen Sie aus M19 den Begriff „Fraktion" und die Aufgaben eines Abgeordneten innerhalb seiner Fraktion.
4. Erklären Sie aus der Sicht der Regierung, welche Konsequenzen es hätte, wenn die Abgeordneten häufiger gegen die eigene Fraktion stimmen würden.
5. Beurteilen Sie die Position des Bundestagspräsidenten Lammert zu den Vor- und Nachteilen der Fraktionsdisziplin. Berücksichtigen Sie dabei, wie er sein eigenes Verhalten beschreibt (M20).
6. Erläutern Sie das Schaubild in M21 zum Abstimmungsverhalten der Parlamentarier.

F Aufgabe 6
Halten Sie ein Referat (→ Methodenglossar) zu den in M21 dargestellten Abstimmungen im Bundestag, indem Sie u.a. die Problematik der Gesetzesentwürfe und das Abstimmungsverhalten der Parlamentarier darstellen. Entwickeln Sie eine eigene Stellungnahme.

5.5 Der Bundesrat – wie beeinflusst er die Gesetzgebung?

M22 Folgen ungleicher Machtverhältnisse in Bundesrat und Bundestag

Art. 50 GG
Durch den Bundesrat wirken die Länder bei der Gesetzgebung und Verwaltung des Bundes und in Angelegenheiten der Europäischen Union mit.

Wahltaktik – Opposition feiert Blockade-Festival im Bundesrat

Steuerreform? Abgelehnt. Kürzungen bei der Solarförderung? Mit großer Mehrheit abgeschmettert. Kurz vor der Wahl in NRW blockieren die Oppositionsländer im Bundesrat gleich zwei Großprojekte der Regierung. Das schadet vor allem dem CDU-Spitzenkandidaten Röttgen.

jok, Wahltaktik – Opposition feiert Blockade-Festival im Bundesrat, in: http://www.spiegel.de, 11.5.2012

Ablehnung aus der Opposition – Bundesrat stoppt Steuerabkommen mit der Schweiz

Der Bundesrat hat das umstrittene Steuerabkommen mit der Schweiz gestoppt. Das Abkommen sollte einen rechtlichen Rahmen für die Besteuerung von Schwarzgeldern schaffen. Die Opposition kritisiert jedoch die Höhe der Abgaben als zu gering.

Reuters, Ablehnung aus der Opposition – Bundesrat stoppt Steuerabkommen mit der Schweiz, in: http://www.focus.de, 23.11.2012

M23 Mitwirkung an der Gesetzgebung – wichtigste Aufgabe des Bundesrats?

Zusammensetzung des Bundesrates
Die einzelnen Bundesländer verfügen über unterschiedliche Stimmgewichte im Bundesrat.
- Jedes Land hat mindestens drei Stimmen.
- Länder mit mehr als zwei Millionen Einwohnern haben vier Stimmen.
- Länder mit mehr als sechs Millionen Einwohner haben fünf Stimmen.
- Länder mit mehr als sieben Millionen Einwohnern haben sechs Stimmen.

Das Grundgesetz [hat] dem Bund überwiegend die Kompetenzen im Bereich der Gesetzgebung übertragen. In der eigenen Zuständigkeit der Länder verbleiben nur noch wenige Bereiche, wie zum Beispiel die Bildung, die Kultur und das Polizei- und Ordnungsrecht. Nur dort können die jeweiligen Landesparlamente eigene Gesetze erlassen. Der weit überwiegende Teil der Gesetze wird vom Deutschen Bundestag und damit vom Bund beschlossen. Die Länder wirken jedoch über den Bundesrat an der Gesetzgebung des Bundes mit.

Der Ablauf des Verfahrens

Drei Akteure sind maßgeblich am Gesetzgebungsverfahren beteiligt: die Bundesregierung, der Bundestag und der Bundesrat. Die Rolle der Bundesregierung liegt überwiegend im Initiativbereich. Etwa zwei Drittel aller Gesetzentwürfe werden von der Bundesregierung eingebracht. Zentrales Organ im Gesetzgebungsprozess ist der Deutsche Bundestag. Dort werden alle Bundesgesetze beschlossen. Anschließend befasst sich der Bundesrat mit diesen Gesetzesbeschlüssen. Seine Mitwirkungsrechte sind abhängig vom Inhalt der Gesetze. Auch der Bundesrat kann eigene Gesetzesinitiativen beim Bundestag einbringen.

Zustimmungs- und Einspruchsgesetze

Die Eingangsformel eines jeden Gesetzes lässt erkennen, ob es sich um ein zustimmungsbedürftiges oder nicht zustimmungsbedürftiges Gesetz handelt. Sie lautet entweder „Der Bundestag hat das folgende Gesetz beschlossen“ oder „Der Bundestag hat mit Zustimmung des Bundesrates das folgende Gesetz beschlossen“. Die Unterscheidung von so genannten Zustimmungs- und Einspruchsgesetzen ist wichtig für die Art des Zusammenwirkens von Bundestag und Bundesrat im Rahmen des Gesetzgebungsverfahrens.

Bundesrat (Hg.), Mitwirkung an der Gesetzgebung des Bundes, www.bundesrat.de, Abruf am 5.1.2013

M24 Stimmenverteilung im Bundesrat – im Zeitverlauf

Der Bundesrat im Oktober 2009

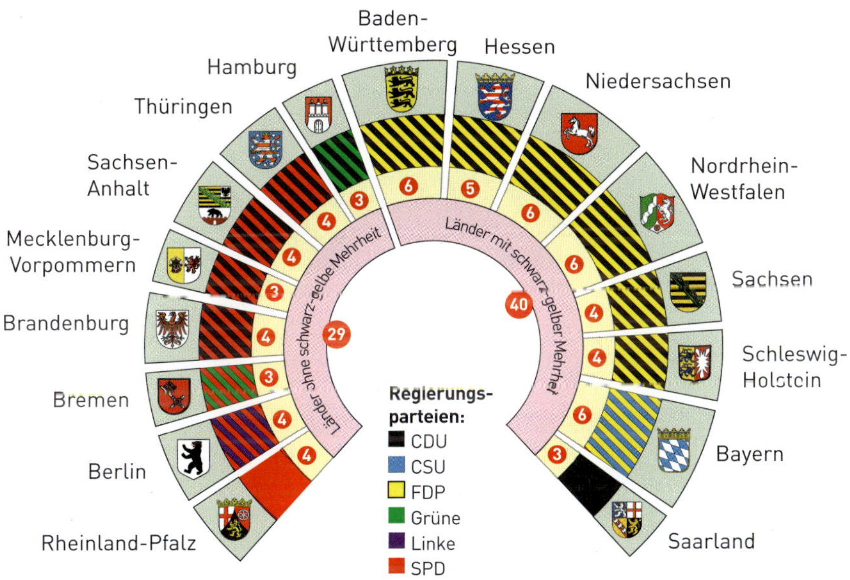

Der Bundesrat im August 2013

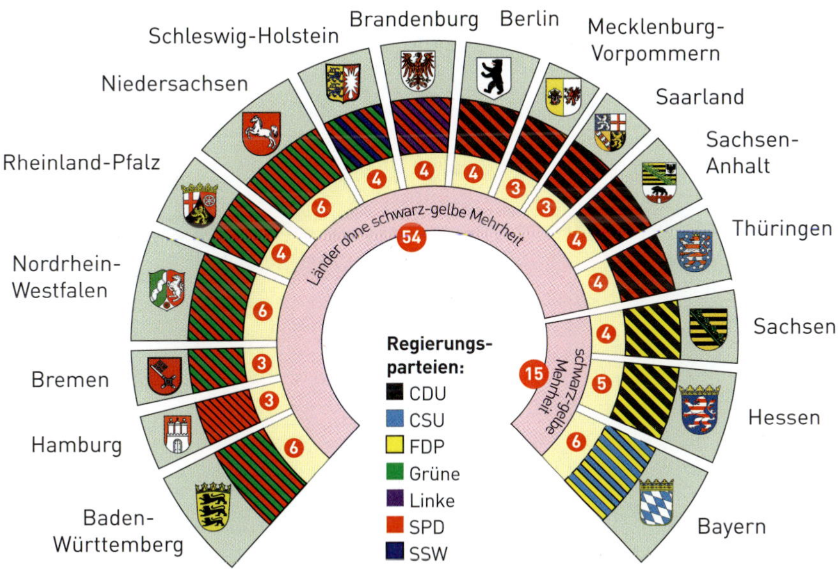

Nach: Spiegelonline, Thema Bundesrat, www.spiegel.de, Abruf am 11.12.2012, vom Bearbeiter aktualisiert

Stimmenverteilung im Bundesrat
Der Bundesrat besteht aus den Mitgliedern der Regierungen der Länder und hat folgende Stimmenverteilung

Nordrhein-Westfalen	6
Bayern	6
Baden-Württemberg	6
Niedersachsen	6
Hessen	5
Sachsen	4
Rheinland-Pfalz	4
Berlin	4
Sachsen-Anhalt	4
Thüringen	4
Brandenburg	4
Schleswig-Holstein	4
Mecklenburg-Vorpommern	3
Hamburg	3
Saarland	3
Bremen	3

Sitzungen des Bundesrates
Der Bundesrat tritt regelmäßig freitags in Abständen von drei bis vier Wochen zu einer Plenarsitzung zusammen.

Abstimmungsverhalten im Bundesrat
Laut Grundgesetz kann jedes Bundesland seine Stimmen nur einheitlich abgeben. Uneinheitliche Stimmabgaben sind ungültig. Daher müssen sich die Landesregierungen vor den Abstimmungen darüber einigen, wie ihre Stimmen abgegeben werden sollen. Können sie sich nicht auf eine einheitliche Stimmabgabe einigen, enthalten sie sich. Wegen der vielen Abstimmungen pro Sitzung werden im Bundesrat nur Ja-Stimmen gezählt, also Mehrheiten oder Minderheiten festgestellt.

M25 Das Gesetzgebungsverfahren

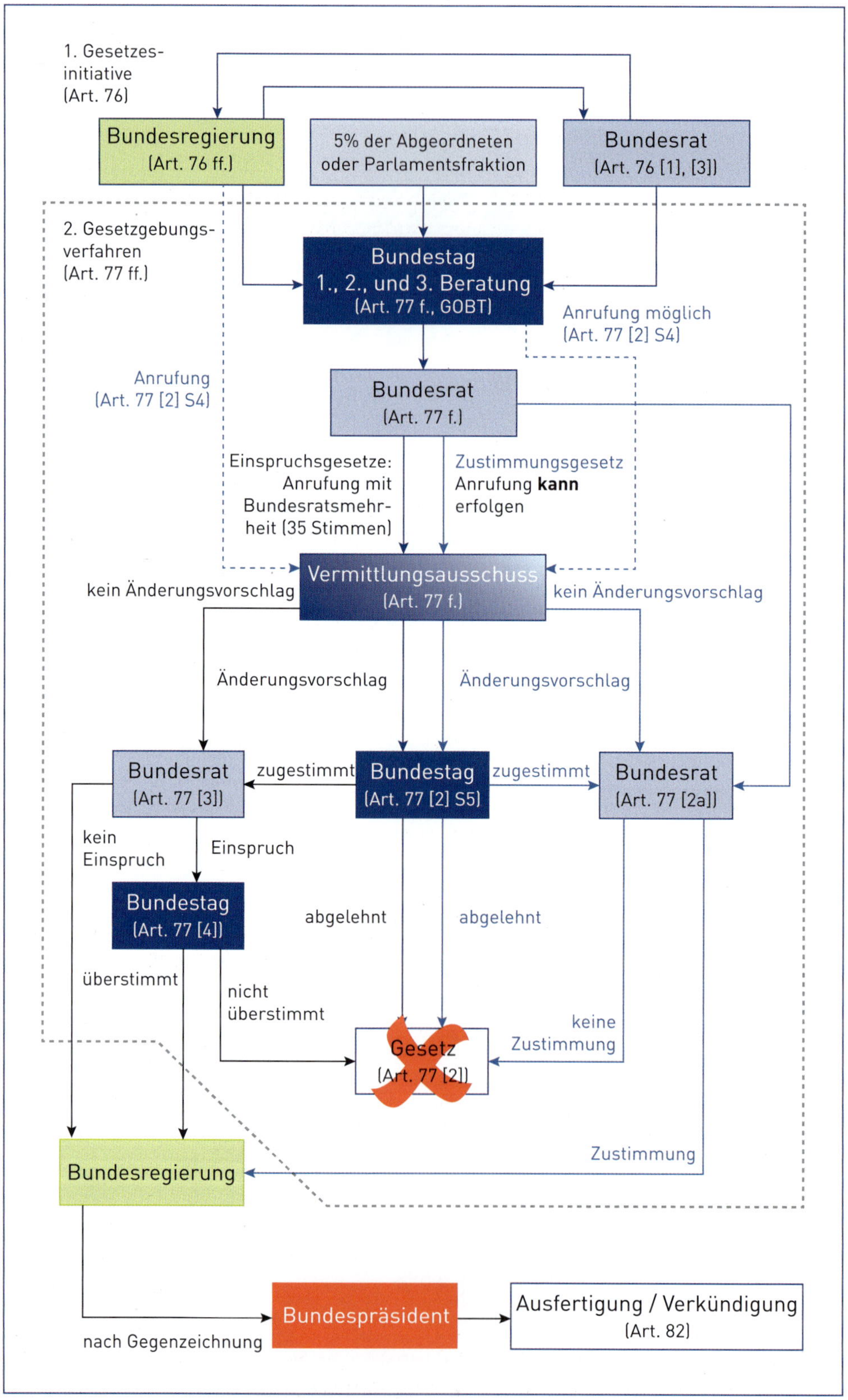

Nach: Deutscher Bundestag (Hg.), Fakten – Der Bundestag auf einen Blick, 2012, S. 8

Das Gesetzgebungs-verfahren – im Erklärfilm

Mediencode 72021-12

Der Bundesrat als Blockadeinstrument der Bundestags-opposition
Verfügen die Parteien der Bundestagsopposition über die Landesregierungen im Bundesrat über eine absolute Mehrheit der Stimmen (35 Stimmen), können sie Gesetze, die keiner Zustimmung des Bundesrates bedürfen (sogenannte Einspruchsgesetze), zumindest zeitlich blockieren. Bei nicht zustimmungspflichtigen Gesetzen kann nämlich der Bundesrat mit der Mehrheit seiner Stimmen den Vermittlungsausschuss einberufen. Findet der Vermittlungsausschuss hier keinen Kompromiss, kann der Bundesrat einen Einspruch gegen das entsprechende Gesetz einlegen. Diesen Einspruch kann der Bundestag mit einfacher Mehrheit überstimmen. Sollte der Bundesrat einen Einspruch mit Zweidrittelmehrheit beschließen, kann der Bundestag diesen Einspruch auch nur mit einer Zweidrittelmehrheit überstimmen. Insgesamt ist der Einspruch ein zeitaufwendiges Verfahren und kann daher die Regierungsarbeit nachhaltig behindern.

M26 Unterschiede zwischen Bundestag und Bundesrat

Bundestag	Der Bundestag wird direkt vom Volk gewählt.	Der Bundestag vertritt das ganze Volk Deutschands.	Der Bundestag beschließt Gesetze.	Die Bundestagsabgeordneten sind persönlich gewählt, sie stimmen frei ab und sind nur dem eigenen Gewissen verpflichtet.
Bundesrat	Die Mitglieder des Bundesrates werden von den Landesregierungen entsandt.	Der Bundesrat vertritt die Länder.	Der Bundesrat wirkt bei der Gesetzgebung mit (Zustimmungs- und Einspruchsgesetze).	Die Mitglieder des Bundesrates sind als Mitglieder der Landesregierungen durch Landtagswahlen politisch legitimiert. Die Stimmen eines Landes müssen einheitlich abgegeben werden.

Bearbeiter

M27 Ist der Bundesrat ein Störenfried?

Über den Bundesrat werden die Länder bzw. die Landesregierungen am Gesetzgebungs- und Regierungsprozess des Bundes beteiligt. Der Bundesrat soll dabei nicht nur ein Gegengewicht zum Bundestag bilden, sondern auch machthemmend gegenüber der Bundesregierung wirken. Eben diese Funktion trägt dazu bei, dass der Bundesrat das wohl politisch umstrittenste der fünf Bundesverfassungsorgane im Regierungssystem der Bundesrepublik Deutschland darstellt. Je nach den Mehrheitsverhältnissen in Bundestag und Bundesrat loben die einen, dass der Bundesrat eine sehr wirksame Kontrolle ausübe und die Regierungsmehrheit im Bund immer wieder zu Zugeständnissen an die Mehrheit der Landesregierungen zwinge. Andere wiederum beklagen, dass die Rücksichtnahme auf die Mehrheitsverhältnisse im Bundesrat die Handlungsmöglichkeiten der Regierungsfraktionen im Bundestag beeinträchtige und dadurch sogar der Auftrag der Wählerinnen und Wähler auf Bundesebene unterlaufen werde.

Ursula Münch, Die Rolle des Bundesrates im politischen Prozess, www.bpb.de, 27.5.2008

Aufgaben

1. Beschreiben Sie, welche Aufgaben und Gestaltungsmöglichkeiten der Bundesrat nach dem Grundgesetz hat (M22 – M25). Halten Sie Ihre Ergebnisse auf einer Folie fest und stellen diese im Plenum vor.
2. Während der Bundestag in der 17. Legislaturperiode (2009 – 2013) über eine schwarz-gelbe Mehrheit verfügte, wechselten die Bundesländer im selben Zeitraum z.T. ihre Regierungen. Werten Sie die Schlagzeilen in M22 und die Statistiken in M24 hinsichtlich der Entwicklung von Machtverhältnissen in der Legislative aus.
3. Erläutern Sie mögliche Auswirkungen des Fünf-Parteien-Systems in den Ländern auf das Abstimmungsverhalten im Bundesrat und auf das Gesetzgebungsverfahren des Bundes (M24, Randspalte auf S. 143).
4. In den Medien wird oft vom Bundesrat als zweite Kammer unseres Parlaments gesprochen. Verfassen Sie einen Leserbrief, der zur dieser Falschaussage Stellung nimmt (M23 – M25, Randspalte auf S. 130).
5. Bereiten Sie eine Eishockey-Debatte (→ Methodenglossar) zu folgender These vor: *„Der Bundesrat ist ein Störenfried, der den Bundestag in der Ausübung des Wählerwillens hindert."* (M22 – M27)

H Aufgabe 4
Untersuchen Sie für Ihre Stellungnahme u.a. folgende Kriterien für ein Parlament: Legislaturperioden, Wählbarkeit, (freies oder imperatives) Mandat, eigenständiges Verfassungsorgan.

5.6 Bundesverfassungsgericht und Bundespräsident – Bremser oder Korrektive?

M28 „Der Berliner Friedhof in Karlsruhe"

Karikatur: Klaus Stuttmann

M29 Und immer wieder ein Veto aus Karlsruhe

Hartz-IV-Sätze, Pendlerpauschale oder Euro-Hilfen: Das Bundesverfassungsgericht durchkreuzt immer wieder die Pläne der Bundesregierung und verwirft verfassungswidrige Gesetze. Mehrfach musste die Politik in Berlin nach den Urteilen aus Karlsruhe nachbessern. Einige Beispiele:

Juli 2012: Das Gericht erklärt die seit 1993 unveränderten Leistungen für Asylbewerber für verfassungswidrig. Sie verstoßen gegen das Grundrecht auf ein menschenwürdiges Existenzminimum. Flüchtlinge und andere Menschen ohne dauerhaftes Aufenthaltsrecht müssen demnach in etwa so viel Geld bekommen wie Empfänger von Hartz-IV oder Sozialhilfe.

Juni 2012: Bei den Verhandlungen über den Euro-Rettungsschirm ESM 2011 informierte die Regierung das Parlament nicht ausreichend, wie die Richter feststellen. [...] Nach dem Grundgesetz müssen Bundestag und Bundesrat in EU-Angelegenheiten „umfassend und zum frühestmöglichen Zeitpunkt" unterrichtet werden. Das gelte schon, bevor die Regierung nach außen wirksame Erklärungen abgebe.

Mai 2011: Karlsruhe erklärt sämtliche Regelungen zur Sicherungsverwahrung von Straftätern für verfassungswidrig und fordert den Gesetzgeber auf, das Regelwerk innerhalb von zwei Jahren zu reformieren. Dafür gaben die Richter vor, dass Sicherungsverwahrte in gesonderten Abteilungen untergebracht werden, die sich vom Strafvollzug unterscheiden und therapeutischen Erfordernissen entsprechen.

Februar 2010: Die Hartz-IV-Regelsätze für Kinder und Erwachsene müssen neu berechnet werden. Das Verfassungsgericht entscheidet, dass die bisherige Berechnungsmethode gegen das Grundgesetz verstößt.

Dpa, Urteile des Bundesverfassungsgerichts – und immer wieder ein Veto aus Karlsruhe, www.tagesschau.de, 25.7.2012

M30 Bundesverfassungsgericht – Zusammensetzung und Aufgaben

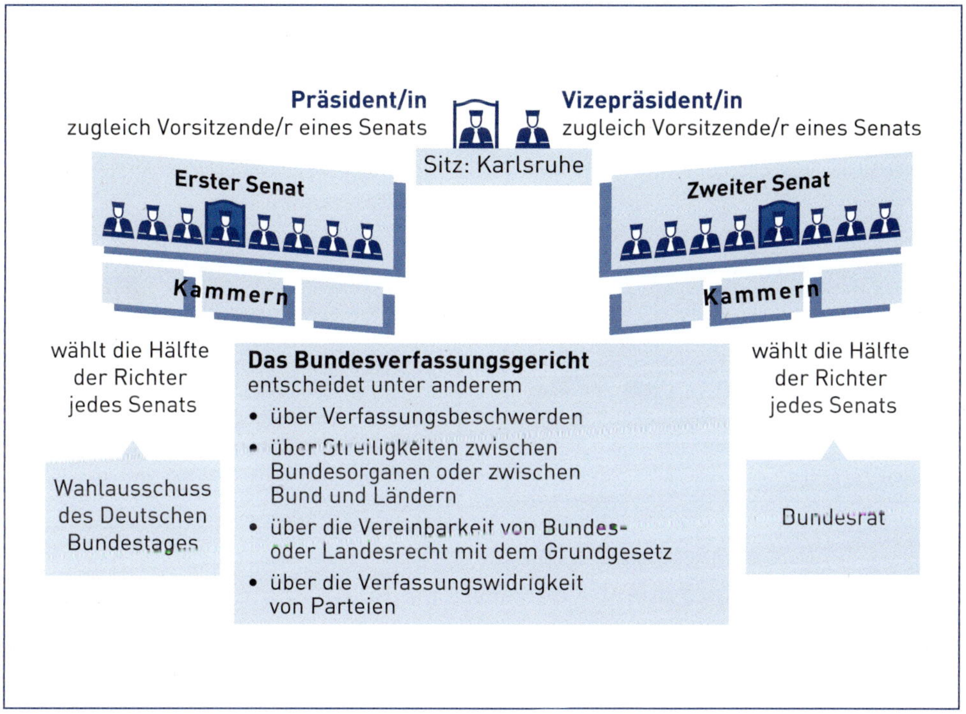

Bergmoser + Höller Verlag AG *129015*

M31 Das Bundesverfassungsgericht – Hüter der Legislative?

Beschlüsse des Bundesverfassungsgerichtes sind besonders wichtige Entscheidungen. Sie binden Regierung und Verwaltung, Parlament und Bundesrat sowie alle Gerichte und Behörden. [...] Allerdings wird das Bundesverfassungsgericht erst auf Anrufung hin tätig. Von einer aktiv-selbständigen Rolle des Gerichts sah der Gesetzgeber ausdrücklich ab, um die Judikative nicht zum Hegemon über die Exekutive und die Legislative zu machen. [...] Obwohl es ein passives Gericht ist, kann das Bundesverfassungsgericht durch seine Beschlüsse zum Vetospieler werden [...]. Mitunter wirkt das Bundesverfassungsgericht als „Mitregent“, so die Wortwahl seines ehemaligen Präsidenten Hans-Jürgen Papier, bisweilen als „Parallelregierung“, manchmal als „Reservegesetzgeber“, auf jeden Fall als Mitspieler. [...] So erklärte das Bundesverfassungsgericht zwischen 1951 und dem 31. Dezember 2009 441 Gesetze, Verordnungen oder Einzelnormen des Bundes für teilweise oder ganz nichtig oder mit dem Grundgesetz unvereinbar. Das ist angesichts der 7037 Gesetze, die der Bundestag bis zum Ende der 16. Wahlperiode (2009) verabschiedete, nicht wenig. Nicht weniger folgenreich ist die Festlegung von sachlichen oder zeitlichen Vorgaben für den zukünftigen Gesetzgeber. [...]

Das Bundesverfassungsgericht hat die Politik in der Bundesrepublik Deutschland nachhaltig beeinflusst. Das Karlsruher Gericht fasste Beschlüsse nicht nur zu wichtigen innenpolitischen Angelegenheiten, sondern auch zu Fragen von zentraler außenpolitischer Bedeutung, etwa 2009 zum Lissabon-Vertrag der EU, den das Gericht nur mit massiven Auflagen zugunsten einer stärkeren Stellung des Parlaments in EU-Angelegenheiten passieren ließ.

Manfred G. Schmidt, Das politische System Deutschlands, 2011, S. 230 – 234

M32 Bundespräsidenten – die Macht der Worte

Richard von Weizsäcker

„Der 8. Mai war ein Tag der Befreiung. Er hat uns alle befreit von dem Menschen verachtenden System der nationalsozialistischen Gewaltherrschaft" (1985)

Horst Köhler

„Die Politik muss ihr Primat über die Finanzmärkte zurückgewinnen. Sie hat den Interessen der Finanzmarktakteure zu viel Raum ohne Regeln überlassen." (2010)

Roman Herzog

„Die Welt ist im Aufbruch. Sie wartet nicht auf Deutschland. Aber ich füge hinzu, es ist auch noch nicht zu spät. Durch Deutschland muss ein Ruck gehen! Wir müssen jetzt an die Arbeit gehen!" (1997)

Christian Wulff

„Das Christentum gehört zweifelsfrei zu Deutschland. Das Judentum gehört zweifelsfrei zu Deutschland. Das ist unsere christlich-jüdische Geschichte. Aber, meine sehr verehrten Damen und Herren, der Islam gehört inzwischen auch zu Deutschland." (2010)

Funktionen als Staatsoberhaupt

- die Repräsentation der Bundesrepublik Deutschland nach innen und außen (durch sein öffentliches Auftreten bei staatlichen, gesellschaftlichen und kulturellen Veranstaltungen, durch Reden, durch Besuche in Ländern und Gemeinden, durch Staatsbesuche im Ausland und den Empfang ausländischer Staatsgäste),
- die völkerrechtliche Vertretung der Bundesrepublik Deutschland (Art. 59 Abs. 1 Satz 1 GG), der Abschluss von Verträgen mit auswärtigen Staaten (Art. 59 Abs. 1 Satz 2 GG), die Beglaubigung (Bestellung) der deutschen diplomatischen Vertreter und der Empfang (Entgegennahme der Beglaubigungsschreiben) der ausländischen Diplomaten (Art. 59 Abs. 1 Satz 3 GG).

Weitere wichtige Aufgaben des Bundespräsidenten

- u.a. der Vorschlag für die Wahl des Bundeskanzlers (Art. 63 GG),
- die Ernennung und Entlassung des Bundeskanzlers (Art. 63, 67 GG) und der Bundesminister (Art. 64 GG),
- die Auflösung des Bundestages (Art. 63 Abs. 4 Satz 3, Art. 68 GG),
- die Ausfertigung (Unterzeichnung) und Verkündung von Gesetzen (Art. 82 GG)

M33 Der Bundespräsident – der erste Mann im Staate?

Für die einen ist er DER Repräsentant Deutschlands im Ausland, für die anderen ist er die moralische Instanz im Inland: Der Bundespräsident. Bislang haben nur Männer das Amt ausgeführt. Bundespräsidenten haben Neuwahlen angesetzt und Gesetze nicht unterzeichnet. Claus Heinrich über die Rolle des deutschen Staatsoberhaupts.

Politisch allzu viel zu sagen hat der deutsche Bundespräsident nicht. Der erste Mann im Staate steht laut Grundgesetz protokollarisch an der Spitze der Republik, vor Bundestag und Bundesregierung, also auch vor der Bundeskanzlerin, die diese Formalie schon mal ganz gerne vergisst: „Dazu habe ich mich geäußert und das muss ich als deutsches Staatsoberhaupt oder besser gesagt als deutsche Bundeskanzlerin tun", korrigiert sich Merkel.

Der Präsident verdient auch mehr Geld: rund 200.000 Euro im Jahr plus Aufwandsentschädigung und kostenloser Amtswohnung, aber er steht weder der Armee vor wie sein österreichischer Amtskollege, noch führt er die politischen Geschäfte wie der französische Staatspräsident. Der deutsche Bundespräsident repräsentiert die Bundesrepublik Deutschland nach innen und nach außen. Das heißt, er hält schöne Reden und empfängt Staatsgäste.

Notar der Nation

Die wirklich wichtigen Staatsbesuche aber macht selbstverständlich die Kanzlerin, die auch die Richtlinien der Politik bestimmt. Immerhin schlägt der Bundespräsident den Bundeskanzler oder die Bundeskanzlerin zur Wahl vor - kaum mehr als eine verfassungsmäßige Höflichkeitsformel, denn gewählt wird der Regierungschef selbstverständlich vom Parlament.

Praktische Bedeutung bekommt das Amt aber bei der Unterzeichnung von Bundesgesetzen, die der eine oder andere Amtsinhaber auch schon mal gerne aus verfassungsrechtlichen Bedenken verweigert hat. Notar der Nation ist der Präsident auch bei einer vorzeitigen Auflösung des Bundestages, die er absegnen muss. Die Bundeskanzler Brandt, Kohl und Schröder hatten durch extra verlorene Vertrauensabstimmungen im Bundestag Neuwahlen erzwingen wollen. Die amtierenden Bundespräsidenten hatten dies jeweils gehorsam durch gewunken.

Claus Heinrich, Der erste Mann im Staate, www.tagesschau.de, 22.3.2012

M34 Wie wird der Bundespräsident gewählt?

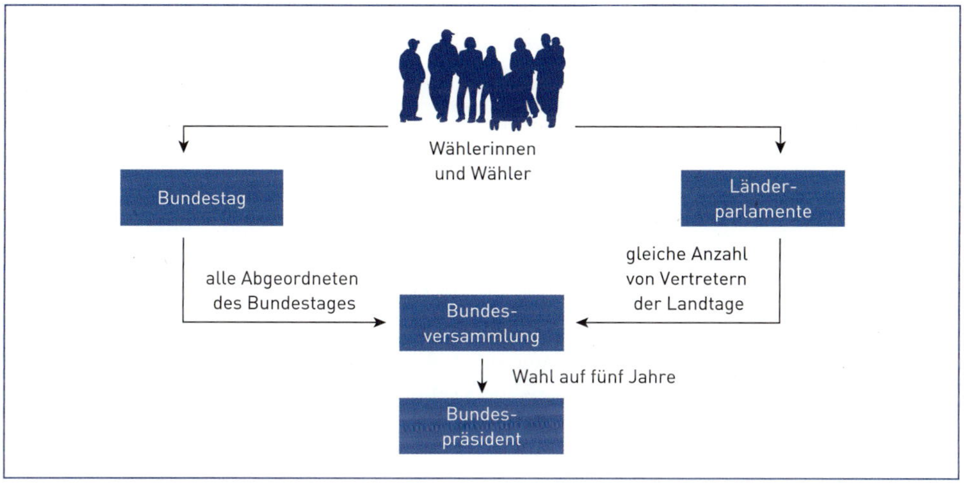

Autorengrafik

Wahl des Bundespräsidenten – im Erklärfilm

Mediencode 72021-13

M35 Soll der Bundespräsident direkt gewählt werden?

Die Frage, ob man die Bedeutung des Amtes durch eine Direktwahl heben kann, wird immer wieder diskutiert. Der Bremer Politologe Lothar Probst, ansonsten durchaus für plebiszitäre Elemente offen, hält in SWR2 Kontext dagegen: „Ich glaube, dass es sich einfach nicht mit der Verfassung verträgt, weil das Amt des Präsidenten – das ist allen bekannt – ist ja sehr schwach mit Kompetenzen ausgestattet.

Der Bundespräsident, wenn er direkt durchs Volk gewählt werden würde, wäre sozusagen durch seine Legitimität, die er dann ausüben könnte, höher gestellt als der Bundeskanzler, der durch eine Parteienkoalition in der Regel im Bundestag gewählt wird. Ob das eine gute Konstellation ist, ist eine ganz andere Frage. Ich halte das nicht für vernünftig", so Probst. Unstrittig ist bislang, dass die Amtszeit des Bundespräsidenten fünf Jahre beträgt und nur einmal verlängert werden kann.

Claus Heinrich, Der erste Mann im Staate, www.tagesschau.de, 22.3.2012

Lernen aus der Vergangenheit

Der Parlamentarische Rat hat nach den Erfahrungen der Weimarer Republik die Befugnisse des Präsidenten bewusst beschränkt. Der Reichspräsident, vom Volk auf sieben Jahre gewählt, hatte nach der Weimarer Verfassung eine bedeutende Machtfülle. Er konnte Grundrechte außer Kraft setzen und mit Notverordnungen regieren. [...] Eine solche Macht sollte [...] nicht noch einmal in einer Hand liegen.

Horst Pötzsch, Die Deutsche Demokratie. 5. überarbeitete und aktualisierte Auflage, Bonn: Bundeszentrale für politische Bildung 2009, S. 97

Aufgaben

1. Beschreiben Sie im Kurs auf der Grundlage von M28 und M29 Ihren Eindruck über die Einflussmöglichkeiten des Bundesverfassungsgerichts.
2. Stellen Sie die rechtliche Stellung und die Zusammensetzung des Bundesverfassungsgerichts dar (M30, M31).
3. Erläutern Sie mithilfe von M32 – M35, welche Einflussmöglichkeiten dem Bundespräsidenten auf die Politik zugeschrieben werden.
4. Erläutern Sie, inwieweit durch die Aussagen der Bundespräsidenten in M32 Ihrer Meinung nach gesellschaftlich bedeutende Themen angesprochen wurden.
5. Arbeiten Sie mithilfe von M32 – M34 die Aufgaben und verfassungsrechtliche Stellung des Bundespräsidenten heraus.
6. Führen Sie mithilfe der Methode eine Pro- und Kontra-Diskussion (→ Methodenglossar) zu der Frage: Soll der Bundespräsident direkt gewählt werden (M32 – M35)?

F Aufgabe 4

Erläutern Sie, welches Thema Sie ansprechen würden, wenn Sie Bundespräsident wären.

5.7 *Vertiefung:* „Biosprit" – das Zusammenspiel der Verfassungsorgane im Gesetzgebungsprozess

M36 Auf Kosten des Klimas: Energieversorgung und Klimawandel

CO_2-Ausstoß durch Straßenverkehr

Anteile der Verkehrsträger an Treibhausgasemissionen in der EU in % im Jahre 2005

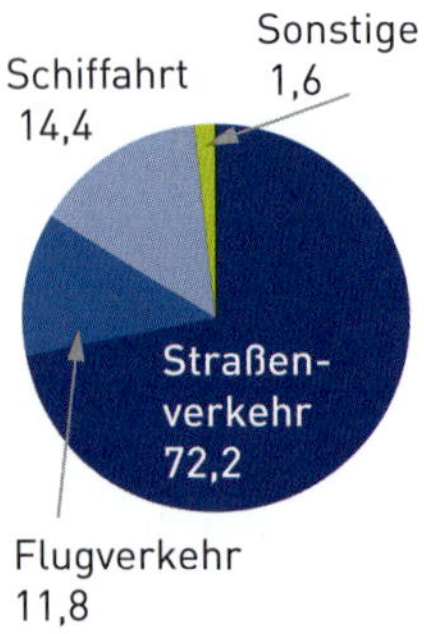

Zahlen: Eurostat

a) CO_2 befeuert den Klimawandel

In der jüngsten Geschichte unseres Planeten vollzieht sich [...] ein Klimawandel, der mit großer Wahrscheinlichkeit ausschließlich auf den Mensch zurückzuführen ist. Durch verschiedene Handlungen des Menschen, hat sich die Durchschnittstemperatur auf der Erde in den letzten Jahrzehnten bereits messbar erhöht. Die globale Erderwärmung vollzieht sich also schon seit mehreren Jahrzehnten und scheint sich zunehmend zu beschleunigen.

Die Ursachen für den Klimawandel – gleichbedeutend mit globaler Erwärmung – sind in erster Linie der vermehrte CO_2-Ausstoß und der Ausstoß weiterer klimaaktiver Gase, wie Methan oder FCKW. [...] Die größten CO_2-Produzenten sind schnell identifiziert. Bei der Nutzung fossiler Brennstoffe zum Heizen, zur Stromerzeugung oder im Verkehrswesen.

Sana Vita (Hg.), Klimawandel – Ursachen und Maßnahmen, www.klima-und-umweltschutz.de, Abruf am 1.11.2013

Wie lange reicht das Öl noch?

„Peak oil" beschreibt den Zeitpunkt, an dem der Höhepunkt der Erdölförderung erreicht ist – und es in absehbarer Zeit kein Öl mehr geben wird. Nach Meinung vieler Experten haben wir den Peak oil bereits erreicht. Wie lange das Öl noch reicht, darüber gehen die Ansichten auseinander, oft ist von rund 50 Jahren die Rede. Fest steht aber: Wir müssen uns nach Alternativen für's Erdöl umsehen, denn es bestimmt unser Leben wie kaum ein anderer Rohstoff auf der Welt.

Anna Maria Beekes, www.einslive.de, 30.5.2012

b) Das Öl geht aus

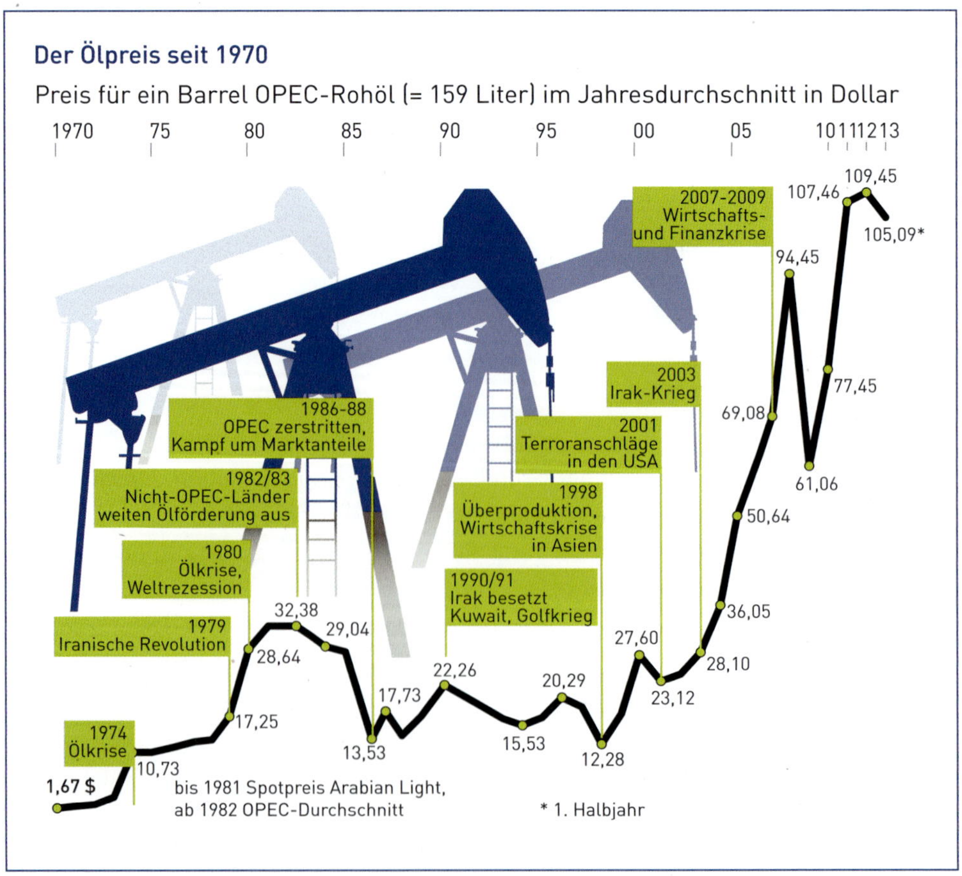

Globus-Grafik 5893; Quelle: OPEC

M37 Der Gesetzgeber reagiert: der neue Kraftstoff E10

Ziel von Bundestag und Bundesregierung ist es, die CO_2-Emissionen bis 2020 massiv zu reduzieren, um die globale Erwärmung möglichst zu begrenzen. Neben Einsparungen durch technische Verbesserungen bietet sich vor allem die Substitution von Erdölprodukten durch Produkte an, die aus nachwachsenden Rohstoffen gewonnen werden können. Im Verkehrsbereich steht hierbei die Verwendung bzw. Beimischung von Biokraftstoffen zu Brennstoffen, die aus fossilen Quellen gewonnen wurden, an erster Stelle. Seit 2004 darf die Mineralölwirtschaft herkömmlichen Diesel bis zu 5 Volumen-Prozent Biodiesel (B5) beimischen. Seit Februar 2009 erhöhte sich dieser Anteil auf maximal 7 Volumen-Prozent (B7). Biodiesel ist ein pflanzlicher Kraftstoff, der in Deutschland gegenwärtig vorwiegend aus Rapsöl gewonnen wird. Seit Anfang des Jahres 2011 ist es möglich, Ottokraftstoff mit 10 Volumen-Prozent Bioethanol (E10) zu tanken. Rund 90 Prozent aller PKW können mit E10 problemlos betankt werden. [...] Laut Bundesumweltministerium verursacht E10 im Vergleich zu herkömmlichen Kraftstoffen weniger Treibhausgase und verbraucht geringere Mengen vom immer knapper werdenden Erdöl. Das trägt dazu bei, die Reichweite der weltweiten Erdölvorkommen zu verlängern.

Gregor Strate, Wissenschaftliche Dienste (Deutscher Bundestag), Der neue Kraftstoff E10, 26.7.2011

M38 Die öffentliche Diskussion – nicht alle begrüßen die Initiative

Der Naturschutzbund (NABU) kritisiert die geplante Einführung von E10. Der Beitrag zu einer besseren Ökobilanz ist umstritten.

Die Motorenverträglichkeit des neuen Biosprits ist unklar. Viele Verbraucher sind verunsichert. Der ADAC fordert deshalb Klarheit von Bundesregierung und Automobilherstellern.

Die Mineralölwirtschaft warnt vor einem möglichen Verbraucherboykott und fürchtet in Zukunft höhere Kosten, da sie verpflichtet wird, den Biosprit anzubieten.

Befürworter des geplanten Gesetzes warnen vor einer E10-Hysterie und verweisen auf die gelungene Biosprit-Einführung in Schweden. Dort enthält der Bio-Kraftstoff bis zu 85 Prozent Ethanol. Etwa 200.000 Autos können damit fahren. Bald solle es dort landesweit überhaupt kein Normalbenzin mehr geben.

Der Deutsche Bauernverband begrüßt die geplante Einführung von E10. Bioethanol aus deutscher Produktion verursache vom Acker bis in den Tank nur halb so viel Kohlendioxid wie Benzin aus fossilem Erdöl, sagte ein zuständiger Verbandsexperte. Gäbe es nur noch E10, könnten bis zu zwei Millionen Tonnen Benzin im Jahr gespart werden, was eine Einsparung von zwei Millionen Tonnen Kohlendioxid pro Jahr bedeute.

Wirtschaftsexperten warnen: Deutschland muss sich von Ölimporten unabhängiger machen. Ansonsten drohen die steigenden Ölpreise zur Wachstumsbremse zu werden. Die Strategie „weg vom Öl“ muss konsequent angegangen werden. Dazu sollten Biokraftstoffe in größerem Umfang als bisher genutzt und der Spritverbrauch der Kraftfahrzeuge reduziert werden.

M39 Die Inititave der Bundesregierung geht an das Parlament

Bundesrepublik Deutschland Berlin, 6. September 2010

Die Kanzlerin

An den Präsidenten des
Deutschen Bundestages
Herrn Prof. Dr. Norbert Lammert
Platz der Republik 1
11011 Berlin

Sehr geehrter Herr Präsident,
hiermit übersende ich den von der Bundesregierung beschlossenen Entwurf eine Neunten Gesetzes zur Änderung des Bundes-Immissionsschutzgesetzes mit Begründung und Vorblatt.

Ich bitte die Beschlussfassung des Deutschen Bundestages herbeizuführen. [...]

Mit freundlichen Grüßen

Angela Merkel

Nach: Deutscher Bundestag, Drucksache 17/2866, S. 3

M40 Bundesrat und Bundestag verabschieden das Gesetz

Was ist ein Gesetz?
Mit Gesetzen nimmt der Staat seine Aufgaben wahr. Er schützt seine Bürger (z.B. durch Strafandrohung für Vergehen), ordnet das Zusammenleben (z.B. durch Straßenverkehrsregeln) und erfüllt staatliche Leistungen (z.B. durch die Sozialgesetzgebung). Darüber hinaus kann der Staat mithilfe von Gesetzen das Zusammenleben der Menschen lenken und gestalten (z.B. Förderung von Forschung und Bildung, Entscheidung über zukünftige Energiepolitik).

Bundestag und Bundesrat stimmen dem Gesetzentwurf der Bundesregierung zu und machen dadurch den Weg zur Einführung des Biosprits E10 frei.

Der Bundestag hat mit Zustimmung des Bundesrates das folgende Gesetz beschlossen:

Artikel 1
Änderung des
Bundes-Immissionsschutzgesetzes

Das Bundes-Immissionsschutzgesetz in der Fassung der Bekanntmachung vom 26. September 2002 (BGBl. I S. 3830) [...] wird wie folgt geändert:

1. In § 13 werden die Wörter „den §§ 7 und 8“ durch die Wörter „§ 8 in Verbindung mit § 10“ ersetzt.
2. Dem § 34 werden folgende Absätze 3 und 4 angefügt:

„(3) Die Bundesregierung wird ermächtigt, nach Anhörung der beteiligten Kreise (§ 51) durch Rechtsverordnung mit Zustimmung des Bundesrates vorzuschreiben, dass, wer gewerbsmäßig oder im Rahmen wirtschaftlicher Unternehmungen Treibstoffe in den Verkehr bringt, zur Vermeidung von Schäden an Fahrzeugen verplichtet werden kann, auch Treibstoffe mit bestimmten Eigenschaften, insbesondere mit nicht zu überschreitenden Höchstgehalten an Sauerstoff und Biokraftstoffin den Verkehr zu bringen. In der Rechtsverordnung nach Satz 1 kann darüber hinaus die Unterrichtung der Verbraucher über biogene Anteile der Treibstoffe und den geeigneten Einsatz der verschiedenen Treibstoffmischungen geregelt werden; für die Regelung der Plicht zur Unterrichtung gilt Absatz 2 Nummer 6 und 7 entsprechend.

(4) Die Bundesregierung wird ermächtigt, nach Anhörung der beteiligten Kreise (§ 51) durch Rechtsverordnung ohne Zustimmung des Bundesrates zu regeln, dass Unternehmen, die Treibstoffe in Verkehr bringen, jährlich folgende Daten der in der Rechtsverordnung zu bestimmenden Behörde vorzulegen haben: a) die Gesamtmenge der jeweiligen Art von geliefertem Treibstoff unter Angabe des Erwerbsortes und des Ursprungs des Treibstoffs und b) die Lebenszyklustreibhausgasemissionen pro Energieeinheit.“

Artikel 2
Inkrafttreten

Dieses Gesetz tritt am Tag nach der Verkündung in Kraft.

Deutscher Bundestag, 17. Wahlperiode, Drucksache 17/2866

Methode

Politikzyklus

Politik befasst sich immer mit Problemen. Dabei müssen politische Systeme – auch Demokratien – beweisen, dass sie politische Probleme lösen können. Daran wird u.a. der Erfolg von Politik gemessen.

Doch wie läuft diese Problembewältigung ab? Der politische Prozess kann mithilfe von Modellen dargestellt werden, denn die Bearbeitung von Problemen verläuft häufig nach einem ähnlichen Muster. Der Politikzyklus stellt ein solches Modell dar, in dem der Prozess – der zeitliche Ablauf – veranschaulicht wird. Handlungsdruck für die Politiker entsteht, wenn gesellschaftlich relevante Probleme öffentlich diskutiert werden. Dies gelingt dann, wenn viele Menschen oder starke Interessengruppen von diesem Problem betroffen sind. Andere Probleme, von denen nur schwache Gruppen betroffen sind, werden nicht oder kaum wahrgenommen. Ist eine Entscheidung einmal gefallen, wird sie unterschiedlich bewertet. Manchmal ist das Problem gelöst, oftmals aber kann davon keine Rede sein, auch deshalb, weil sich Gesellschaft, Wirtschaft und Politik sehr schnell verändern. In diesem Fall muss die Politik erneut nach Lösungen suchen und der Politikzyklus beginnt von neuem. Deshalb wird Politik auch als eine (endlose) Kette von Versuchen zur Bewältigung politischer Probleme verstanden.

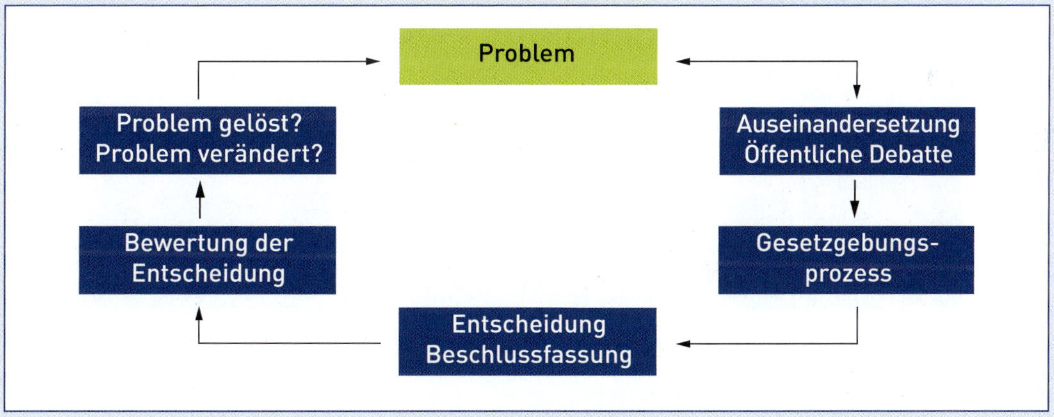

Kategorien	Leitfragen
Problem	Worin besteht das Problem?
Auseinandersetzung, Öffentliche Debatte	Welche Interessenkonflikte und Interessenkonstellationen gibt es? Welche Ziele verfolgen die beteiligten Akteure? Welche Lösungsmöglichkeiten werden diskutiert? Welche Problemdefinition setzt sich am Ende durch?
Gesetzgebungsprozess	Greift der Gesetzgeber das Problem auf? Wie versuchen die Interessen Einfluss auf den Gesetzgebungsprozess zu nehmen?
Entscheidung, Beschlussfassung	Welche Akteure/Interessen konnten sich durchsetzen?
Bewertung der Entscheidung	Welche Akteure bewerten das Ergebnis positiv/negativ?
Problem gelöst? Problem verändert?	Ist das Problem gelöst?

Bearbeiter

M41 Nach dem Gesetz ist vor dem Gesetz?

Der hartnäckige Kaufboykott der Autofahrer gegen E10 lässt die Mineralölkonzerne einlenken. Bald bietet der deutsche Tankstellen-Marktführer Aral wieder das gewohnte Superbenzin mit fünf Prozent Ethanol an. [...]

„Wir gehen davon aus, dass langfristig die Autofahrer Super E10 mehrheitlich als preisgünstigsten und umweltfreundlichsten Kraftstoff akzeptieren“ sagte Aral-Tankstellenchef Stefan Brok. Die Bedenken gegen E10 seien unbegründet; in den USA sei E10 schon lange der Standardkraftstoff. Das hatten sich die Ölkonzerne auch für Deutschland gewünscht [...]. Doch schnell stellte sich heraus, dass die Autofahrer nicht mitziehen. Bis heute tanken nur 30 bis 40 Prozent den Bio-Sprit. Ein Teil der Autofahrer traut dem Stoff nicht, weil er Angst um seinen Motor hat.

tib/DAP, Comeback für das alte Super, www.stern.de, 8.4.2011

M42 Brot in den Tank?

Demonstranten mit einem Greenpeace-Transparent vor dem Bundeswirtschaftsministerium in Berlin

Die Umweltorganisation Greenpeace [fordert] wegen der hohen Getreidepreise ein sofortiges Aus für den Biosprit E10 in Deutschland. „Angesichts der weltweiten Getreideknappheit macht so ein Schritt Sinn“, sagte Greenpeace-Agrarexperte Martin Hofstetter der Deutschen Presse-Agentur in Berlin. Auch der Bund für Umwelt und Naturschutz in Deutschland (BUND) ist für einen E10-Stopp. Die Verbraucherzentrale nennt die E10-Einführung „gescheitert“.

Greenpeace verweist darauf, dass in Deutschland jährlich aus etwa 1,5 Millionen Tonnen Getreide Ethanol hergestellt werde. Zusätzlich importiere Deutschland rund die Hälfte des eingesetzten Ethanols aus dem Ausland: „Insofern entlastet tatsächlich ein E10-Verbot den Getreidemarkt“, sagte Hofstetter. Ein E10-Stopp könne auch für andere Länder mit Ethanolerzeugung richtungweisend sein – allein in den USA landeten 40 Prozent der Maisproduktion im Tank. „Wir haben es beim Getreide mit einem vollständig globalisierten Markt zu tun.“ [...] Die Vorräte an Getreide sind laut Weltgetreiderat in den vergangenen Jahren drastisch geschmolzen – von 175 Millionen Tonnen 2010 auf aktuell nur noch etwa 100 Millionen Tonnen. Weltweit aber werden inzwischen 150 Millionen Tonnen Getreide jährlich zu Ethanol verarbeitet. Ohne die Ethanol-Erzeugung wären also die Getreidelager sehr gut gefüllt, und es gäbe keine Knappheit. Das Hauptproblem in Deutschland sei die Beimischungsregelung, sagt

Hofstetter. „Die Kraftstoffproduzenten müssen hohe Strafabgaben zahlen, wenn sie die staatlich vorgegebenen Biokraftstoffquoten nicht erreichen und machen daher sogar an den Tankstellen E10 billiger als Normalbenzin, obwohl sie Agrosprit beim Einkauf viel mehr kostet als fossiler Kraftstoff“, sagte der Greenpeace-Experte. „Das ist ein Irrsinn, den die Autofahrer über insgesamt höhere Preise zahlen müssen.“ [...] Selbst klimapolitisch ist der Nutzen von E10 sehr umstritten. Durch den Anbau von Energiepflanzen werde die Ackerfläche insgesamt ausgeweitet. „Dies geht zulasten von naturnahen Ökosystemen, daher sind keine nennenswerten Klimavorteile gegenüber fossilen Brennstoffen mehr gegeben“, sagte der Verbraucherschützer. Als Alternative zum Biosprit fordert Greenpeace strengere CO_2-Grenzwerte und sparsamere Autos.

dpa, Greenpeace fordert sofortiges E10-Verbot, www.handelsblatt.de, 18.8.2012

M43 Bauern verteidigen Biosprit

Der Deutsche Bauernverband (DBV) hat Kritik an der Industrie bei der Einführung des Biokraftstoffs E10 geübt. „Die Mineralölindustrie hat eine schlechte Einführungsstrategie gewählt und die Autoindustrie drückt sich“, sagte DBV-Präsident Gerd Sonnleitner am Dienstag in Berlin. Dabei sei E10 ein guter Kraftstoff und keine Öko-Plörre.

Die Diskussion um „Tank oder Teller“ bezeichnete Sonnleitner als „einseitig“. Nur zwei bis fünf Prozent des Getreides werde für die E10-Produktion verwendet. „E10 hat mit Sicherheit keinen großen Einfluss auf die Lebensmittelpreise“, erklärte Sonnleitner. Der Preisanstieg sei vielmehr auf die anziehende Nachfrage durch die Erholung der Weltwirtschaft zurückzuführen. „Wenn wir die Kernkraftwerke abschalten, dann brauchen wir auch die Biomasse“, bekräftigte der DBV-Präsident. Ohne Bioenergie und E10 sei eine CO_2-Reduzierung nicht möglich, zudem dienten sie als Risikovorsorge. „Wir müssen die Bioenergieproduktion unbedingt erhalten“, sagte Sonnleitner. „Die Nahrungsmittelproduktion wird natürlich unsere Hauptaufgabe bleiben.“ Nach Angaben des Bundeslandwirtschaftsministeriums werden nur auf 240.000 Hektar der insgesamt zwölf Millionen Hektar Ackerfläche in Deutschland Getreide und Zuckerrüben für Bioethanol angebaut, die dann für E10 verwendet werden

Jahel Mielke, Bauern verteidigen Biosprit, www.tagesspiegel.de, 13.4.2011

Aufgaben

1. Erläutern Sie vor dem Hintergrund der unterschiedlichen Interessen der beteiligten Akteure die Kontroverse um den Biosprit (M34 – M38).
2. Analysieren Sie den Konflikt um den Biosprit, indem Sie die Leitfragen des Politikzyklus zur Analyse heranziehen (Methode).
3. Nehmen Sie aus der Perspektive der beteiligten Akteure Stellung zu der These: *„Es gibt keine einfachen und eindeutigen Beziehungen zwischen staatlichen Steuerungsinstrumenten und erwünschten Ergebnissen und Zielen“*. Zeigen Sie Unterschiede und Übereinstimmungen auf (M29 – M43).
4. Stellen Sie eine Pressekonferenz nach, indem Sie Kleingruppen bilden, die aus Vertretern der beteiligten Akteure bestehen. Beurteilen Sie aus jeder Perspektive in einem prägnanten Statement, ob man die Einführung des E10-Kraftstoffes als Erfolg bezeichnen kann. Vergleichen Sie nach der Pressekonferenz im Plenum die unterschiedlichen Statements (M41 – M43).

F Aufgaben 1 – 2
Im Anschreiben an den Präsidenten des Deutschen Bundestages schreibt die Kanzlerin: „Ich bitte die Beschlussfassung des Deutschen Bundestages herbeizuführen.“ Erläutern Sie daran das Zusammenspiel von Exekutive und Legislative im System der Gewaltenverschränkung.

Wissen kompakt

Bundesregierung
M1, M4, M6

Das Kabinett (Synonym für Bundesregierung) besteht aus den Bundesministern und dem Bundeskanzler, der den Vorsitz führt.

Bundeskanzler
M1 – M7

Der Regierungschef wird vom Bundestag gewählt und ist daher Mitglied der stärksten Parlamentsfraktion. Er ist nicht zugleich das Staatsoberhaupt Deutschlands, dieses Amt erfüllt der Bundespräsident.

Bundesminister
M2

Zwar *ernennt* der Bundespräsident die Minister, *vorgeschlagen* – und damit bestimmt – werden sie jedoch vom Bundeskanzler. Nach dem Ressortprinzip überträgt ihnen der Kanzler die Verantwortung für einen bestimmten Bereich.
Die Verfassungsprinzipien Deutschlands sind in Artikel 20 des Grundgesetzes festgelegt. Die wichtigsten Prinzipien sind: Demokratie, Rechts-, Sozial- und Bundesstaat.

Kanzlerprinzip
M3, M4

Da nur der Kanzler direkt vom Bundestag gewählt wurde, nimmt er unter den Regierungsmitgliedern eine herausragende Stellung ein. Dies spiegelt sich auch im Grundgesetz wider, das ihm die Richtlinienkompetenz überträgt. Demnach bestimmt der Regierungschef die Grundsätze, den Rahmen der Politik.

Konstruktives Misstrauensvotum
M5

Die Mehrheit des Bundestages kann einen amtierenden Kanzler nur absetzen, indem sie einen neuen Kanzler wählt. Dies garantiert die Handlungsfähigkeit der Bundesregierung.

Aufgaben des Bundestages
M8, M9

Fünf Hauptaufgaben hat das deutsche Parlament zu erfüllen:
Wahlfunktion
Der Bundestag wählt u.a. den Bundeskanzler.
Gesetzgebung
Durch Gesetze wird ein Land politisch gesteuert. Diese auszuarbeiten und zu beschließen ist Aufgabe des Bundestages. Der Bundesrat hat Mitwirkungsrechte.
Kontrollfunktion
Basierend auf dem Prinzip der Gewaltenteilung kontrolliert die Legislative die Exekutive und hat dafür Kontrollrechte.
Repräsentation und Artikulation
Im Bundestag sollen die im Volk vorhandenen Meinungen vertreten werden.

Bundestags-ausschus
M11, M12

Da der Bundestag mit mindestens 598 Abgeordneten (plus Überhangmandate) zu groß ist, um Detailaufgaben zu erledigen und Einzelheiten zu besprechen, werden dazu Arbeitsgruppen gebildet (sog. „Ausschüsse").

Opposition
M13

Die Minderheit im Parlament kontrolliert und kritisiert die Regierung. Sie bietet dem Volk inhaltliche und personelle Alternativen.

Abgeordneter
M14 – M20

Ein Abgeordneter des Deutschen Bundestages wird bei der Bundestagswahl für vier Jahre (eine Legislaturperiode) vom Volk gewählt. Ein vorzeitiges Ausscheiden aus dem Parlament ist nur möglich, wenn der Abgeordnete sein Mandat niederlegt oder es ihm strafrechtlich aberkannt wird – wofür jedoch zuerst seine Immunität aufgehoben werden muss. Abgeordnete werden auch als Parlamentarier, Volksvertreter, Mitglieder des Bundestages (MdB) oder – auf Landesebene – Mitglieder des Landtages (MdL) bezeichnet.

Bundesrat
M23, M24, M27

Durch den Bundesrat sind die 16 Bundesländer an der Gesetzgebung und Verwaltung des Bundes beteiligt und wirken in Angelegenheiten der EU mit. Im Bundesrat sind 69 Vertreter der Landesregierungen versammelt. Jedes Land hat mindestens drei Stimmen. Je nach Einwohnerzahl können dazu noch einmal drei Stimmen hinzukommen. Bei Abstimmungen sind die Landesvertreter gezwungen, ihr Votum geschlossen, also einheitlich abzugeben.

Einspruchsgesetze
M23

Sogenannte „einfache Gesetze“ können auch zustande kommen, wenn der Bundesrat diese nicht billigt. Legt der Bundesrat gegen den Kompromissvorschlag des Vermittlungsausschusses Einspruch ein, kann der Bundestag diesen mit einer entsprechenden Mehrheit überstimmen.

Zustimmungs-pflichtige Gesetze
M23

Zustimmungsgesetze können nur zustande kommen, wenn der Bundesrat eine Gesetzesinitiative billigt. Gelingt dies nicht, wird versucht, im Vermittlungsausschuss einen Kompromiss zu erarbeiten.

Bundesver-fassungsgericht
M28 – M31

Das BVerfG ist als eigenständiges Verfassungsorgan den anderen vier Verfassungsorganen gegenüber, unabhängig und gleichgestellt. Die Entscheidungen dieser rechtsprechenden Gewalt (Judikative) sind unanfechtbar und müssen von den anderen Organen eingehalten werden.

Bundespräsident
M32 – M35

Das Staatsoberhaupt wird für fünf Jahre gewählt. Voraussetzung für das Amt ist, dass man wahlberechtigt und mindestens 40 Jahre alt ist. Eine einmalige Wiederwahl ist möglich.

Die Verfassungs-organe in der Gesetzgebung
M25, M39, M40

Die Gesetzgebung ist ein langwieriger Prozess, an dem Bundesregierung, Bundestag und Bundesrat mitwirken. Aber auch einzelne Interessengruppen versuchen, über ihre Interessenorganisationen oder die öffentliche Meinung Einfluss zu nehmen. Das Initiativrecht haben Bundesregierung, Bundesrat und Bundestag (mindestens fünf Prozent der Abgeordneten). Die meisten Initiativen kommen von der Bundesregierung. Die Entwürfe werden von den Fachministerien ausgearbeitet, vom Kabinett abgesegnet und in den Bundestag eingebracht. Nach den Beratungen im Plenum (1. Lesung) wird der Entwurf an die Ausschüsse verwiesen. Dort findet eine intensive Beratung statt. Experten können befragt, strittige Themen ausdiskutiert und Kompromisse gefunden werden. Unter anderem versuchen hier Interessenverbände, Gesetze in ihrem Sinne zu beeinflussen. Der überarbeitete Entwurf kommt zur 2. und 3. Lesung und zur Beschlussfassung ins Plenum zurück. Anschließend wird (bei zustimmungspflichtigen Gesetzen) im Bundesrat beraten und abgestimmt und am Ende muss der Bundespräsident das Gesetz unterzeichnen, damit es in Kraft treten kann.

Kompetenzen prüfen

I. Selbstdiagnose

Ich kann ...

	Sehr gut ++	Gut +	Nicht gut 0	Übung durch z.B.
Arbeitsweisen der Verfassungsorgane wiedergeben (AFB I).				• M2, M4, M9, M10 – M13, M23, M31, M33
Aufgaben der Verfassungsorgane im Gesetzgebungsprozess darstellen (AFB I).				• M25, M37, M39, M40 • Aufgaben 1 – 4 auf S. 145
das Gesetzgebungsverfahren an einem Beispiel erläutern (AFB II).				• M36 – M43,
ein politisches Fallbeispiel mit dem Politikzyklus erklären (AFB II).				• Methode Politikzyklus auf S. 153
aktuelle bundespolitische Fragen kriteriengeleitet auswerten und charakterisieren (AFB II).				• Methode Wochenberichte auf S. 133
die Machtverhältnisse einzelner Verfassungsorgane beurteilen (AFB III).				• M2, M4, M13, M25, M29, M31, M33

Kompetenzen anwenden – am Beispiel

Gestalten Sie ein Informationsplakat für Ihre Schule über den Gesetzgebungsprozess in Deutschland.

1. Bestimmen Sie ein aktuelles Beispiel aus dem politischen Geschehen.
2. Verdeutlichen Sie die Interessen der beteiligten Akteure.
3. Orientieren Sie sich an den Stationen des „Politikzyklus“.

II. Klausurtraining

Wie frei ist ein Abgeordneter wirklich?

"Frei von allen, von Partei, Fraktion und Lobbyisten, entscheidet kein einziger Abgeordneter, da bin ich ganz sicher", sagt Marco Bülow, der seit mehr als zehn Jahren für seinen Dortmunder Wahlkreis im Bundestag sitzt. „
Täglich erhalten (die Abgeordneten) Mails und Informationsmaterial zu unzähligen Themen. Zusammengestellt von mehr oder weniger offen arbeitenden Lobbyorganisationen, deren einziges Ziel es ist, die Meinung der Politiker zu beeinflussen: Sie werden umworben, zu Veranstaltungen eingeladen, mit kleinen Geschenken bedacht. Ein Komplex, der die Unabhängigkeit einschränke: „Auch wenn es dem einzelnen Abgeordneten vielleicht gar nicht so bewusst ist, wie stark der Effekt ist, wenn man immer wieder die gleiche Botschaft hört."
Manipulationsversuchen sind alle Abgeordneten ausgesetzt. Wehren können sie sich nur mit Gegenstrategien. Marco Bülow zum Beispiel veröffentlicht seine Termine mit Lobbyisten. [...]. Doch es gibt auch Abgeordnete, die sich ganz absichtlich positionieren. Bülow erzählt von Kollegen, die offen Informationsmaterial zum Beispiel von Energieunternehmen in Sitzungen verteilen. [...] Manche dieser Abgeordneten sitzen in Aufsichtsgremien entsprechender Unternehmen, andere sind neben ihrem Mandat sogar Vertreter eines Interessenverbandes. In Deutschland legal, für den Lobbyexperten Lange aber ein großes Problem: „Es ist zumindest mit meinem Verständnis von Demokratie und davon, wie Abgeordnete ihre Funktion ausüben sollten, nicht vereinbar."[...]
Doch die Unabhängigkeit im Bundestag wird nicht nur durch Lobbyisten gefährdet, auch die eigene Partei macht es den Abgeordneten nicht immer leicht. Denn die können nicht einfach so abstimmen, wie sie es für richtig halten. Sondern müssen sich an die so genannte Fraktionsdisziplin halten, also so stimmen, wie es die eigene Fraktion vorgibt. Grundsätzlich sei das zwar in Ordnung, findet Bülow. Aber dazu müsste es eine freie Diskussion in den Fraktionen geben [...].
Dieses Problem, betont Bülow, gebe es eigentlich in allen Fraktionen. Hinzu komme, dass gerade vor wichtigen Abstimmungen nicht genügend Zeit bleibt, sich die entsprechenden Unterlagen in Ruhe durchzulesen. Auch Lange von LobbyControl sieht darin eines der Hauptprobleme der Abgeordneten. Denn wer schlecht informiert ist, glaube eher, was zum Beispiel Lobbyisten sagen.

Daniela Junghans, Es gibt keinen, der unabhängig ist, www.wdr5.de, 22.8.2013

Aufgaben

1. Stellen Sie dar, welchen Einflüssen ein Bundestagsabgeordneter nach der Auskunft des Abgeordneten Bülow ausgesetzt ist.
2. Analysieren Sie seine Auffassung zur Berechtigung dieser Einflüsse und den Umgang von Abgeordneten mit diesen Einflüssen.
3. Diskutieren und beurteilen Sie Vor- und Nachteile der Beeinflussung von Abgeordneten durch ihre Fraktionen und Vertretern von Interessenverbänden (Lobbys).

Erwartungshorizonte zu den Aufgaben 1 – 3

Mediencode: 72021-14

FFEN!
REVOLUTION

CNG
PSO
غلامی رسول میں موت بھی قبول ہے

Demokratie – Herausforderungen und Perspektiven

6

Die Demokratie in Deutschland ist zwar schon über 60 Jahre Wirklichkeit – doch ist dies eine Garantie für die Demokratie von morgen? Mit anderen Worten: Übertreiben die Medien und Politiker nicht ein bisschen, wenn Sie über Gefahren für die Demokratie in den Feuilletons philosophieren? Geht es Ihnen nicht auch so, dass Sie von den „Gefahren" für die Demokratie immer nur in den Medien lesen, sie also weit weg sind – und mit einem selbst nichts zu tun haben?
Dieses Kapitel zeigt auf, dass die Herausforderungen für die Demokratie vielfältig und allgegenwertig sind. Es gibt nicht das *eine* Problem. Gefahren scheinen überall zu lauern: Angefangen von immer stärker um sich greifenden extremistischen Gefahren, über Korruption und Bestechung im demokratischen Mantel hin zu uns selbst, als politik- und parteiverdrossene Bürger und Wähler.

Kompetenzen

Am Ende dieses Kapitels können Sie:

- unterschiedliche Gefährdungen und Herausforderungen der Demokratie beschreiben;
- die Konzeption der wehrhaften Demokratie darstellen;
- fallbezogen die Funktion der Medien für den Erhalt der Demokratie erläutern;
- erklären, welche Rechte und Freiheiten Vereine und Parteien nach dem Grundgesetz der Bundesrepublik Deutschland haben und welche Einschränkungen für sie gelten;
- Gefahren im Alltag für die Demokratie ermitteln und radikale Äußerungen entsprechend charakterisieren;
- eine politische Umfrage planen, organisieren, durchführen und auswerten;
- Konzepte zur Herstellung von mehr Bürgerbeteiligung beschreiben und hinsichtlich von Effektivität und Legitimität beurteilen;
- sich ein Urteil über Strategien zur Sicherung der Demokratie bilden.

Was wissen und können Sie schon?

1. Bilden Sie Gruppen und
   a) analysieren Sie die links stehenden Bilder hinsichtlich ihres Gefahrenpotentials für die Demokratie.
   b) Was wissen Sie konkret über aktuelle Gefahren seitens extremistischer Gruppen in Nordrhein-Westfalen?
2. Bestimmen Sie – jenseits der Extremisten – weitere Gefahren für die Demokratie.
3. Welche Informationen benötigen Sie, um einschätzen zu können, ob die Demokratie in Deutschland wirklich gefährdet ist? Notieren Sie Fragen auf einer Folie oder Wandzeitung (→ Methodenglossar).

6.1 Extremisten – wie gefährden sie die Demokratie?

M1 Rechtsextremismus in Deutschland

Bearbeiter

M2 „Döner-Morde“ – Unwort des Jahres 2011

Unwort des Jahres
Das Unwort des Jahres wird von der Gesellschaft für deutsche Sprache ausgewählt.

Aus der Begründung der Jury:
Mit Döner-Morde wurden von Polizei und Medien die von einer neonazistischen Terrorgruppe verübten Morde an zehn Menschen bezeichnet. Der Ausdruck steht prototypisch dafür, dass die politische Dimension der Mordserie jahrelang verkannt oder willentlich ignoriert wurde: Die Unterstellung, die Motive der Morde seien im kriminellen Milieu von Schutzgeld- und/oder Drogengeschäften zu suchen, wurde mit dieser Bezeichnung gestützt. Damit hat Döner-Mord(e) über Jahre hinweg die Wahrnehmung vieler Menschen und gesellschaftlicher Institutionen in verhängnisvoller Weise beeinflusst. Im Jahre 2011 ist der rassistische Tenor des Ausdrucks in vollem Umfang deutlich geworden: Mit der sachlich unangemessenen, folkloristisch-stereotypen Etikettierung einer rechts-terroristischen Mordserie werden ganze Bevölkerungsgruppen ausgegrenzt und die Opfer selbst in höchstem Maße diskriminiert, indem sie aufgrund ihrer Herkunft auf ein Imbissgericht reduziert werden.

TU Darmstadt, Die Unwörter ab 2010, www.unwortdesjahres.net, 17.1.2012

M3 Deutsche mit rechtsextremistischen Einstellungen in Zahlen

Chauvinismus
Überzogene, aggressiv auftretende Form von Nationalismus; Verherrlichung der eigenen, Abwertung anderer Nationen

Sozialdarwinismus
Unkritische Übertragung der Evolutionstheorie Charles Darwins von der natürlichen Auslese der „Besseren“ auf die menschliche Gesellschaft.

	gesamt		West		Ost	
(Angaben in Prozent)	2010[1]	2012[2]	2010	2012	2010	2012
Befürwortung Diktatur	5,1	3,5	4,6	3	6,8	5,4
Chauvinismus	19,3	19,4	19,2	18,4	19,8	23,5
Ausländerfeindlichkeit	24,7	25,1	21,9	21,7	35	38,7
Antisemitimus	8,7	8,6	9	8,2	7,7	10,4
Sozialdarwinismus	4	4,3	3,4	3,4	6,2	7,8
Verharmlosung des Nationalsozialismus	3,3	3,1	3,7	3	1,8	3,5

1) O. Decker u.a., Die Mitte in der Krise, Rechtsextreme Einstellungen in Deutschland 2010, Bonn 2010
2) O. Decker u.a., Die Mitte im Umbruch, Rechtsextreme Einstellungen in Deutschland 2012, Bonn 2012
Zusammenstellung vom Bearbeiter

M4 Der Rechtsextremismus ist in der Mitte angekommen

Im Osten Deutschlands hat fast jeder Sechste ein geschlossenes rechtsextremistisches Weltbild. Nach einer Untersuchung der Friedrich-Ebert-Stiftung hat sich dieser Wert seit 2006 verdoppelt. Im Westen, so die Studie, ist jeder Vierzehnte ein Rechtsextremist. Hier gehen die Zahlen leicht zurück. Im Osten glauben mehr als zwei Drittel, dass Ausländer nur ins Land kommen, um den Sozialstaat zu melken. Im Westen findet das jeder Fünfte. 16 Prozent der Ostdeutschen und der Migranten glauben, dass Juden mit übleren Methoden vorankommen als andere. Knapp jeder Dritte, in Ost wie West, behauptet, Juden nutzten die Erinnerung an den Holocaust aus. 60 Prozent der Deutschen haben eine negative Einstellung zum Islam. Über 94 Prozent der Deutschen finden Demokratie gut – jedenfalls theoretisch.

„Wo leben wir eigentlich?“, muss sich fragen, wer diese Untersuchung liest, die leider nicht nur repräsentativ ist, sondern auch an der Universität Leipzig erstellt wurde – also resistent ist gegen das Argument blindwütiger Ossi-Feindlichkeit. Die verheerenden Zahlen attestieren den Bewohnern der neuen Länder eine deutlich menschenfeindlichere Haltung als dem Westen. Und sie zeigen, dass die irrlichternde Ablehnung derer, die als „fremd“ gelten, vom Rand der wiedervereinigten Gesellschaft in ihre Mitte gewandert ist. Das kann man zum Davonlaufen finden, aber genau das darf nicht weitergehen: dass weggesehen und verdrängt wird. 23 Jahre nach dem Mauerfall hat sich in den unteren Etagen der Gesellschaft eine giftige Schlacke angesammelt. Sie breitete sich besonders dort aus, wo es an Arbeit fehlt, an Bildung, Selbstbewusstsein – und an der Überzeugung, dass Solidarität mit Minderheiten oder Schwächeren etwas bringt. Immer mehr Menschen fühlen sich da als Verlierer und agieren nach dem Motto: Wir sind schon abgehängt, wir geben nichts ab. Daraus wird, frei nach Brecht: Wer getreten wird, der tritt. Wer das sozialromantisch findet, möge sich die jüngsten Zahlen der Bundesregierung zur Wirtschaftsentwicklung ansehen. Der Osten fällt zurück, beim Bruttoinlandsprodukt von 73 auf 71 Prozent des Westens. Die Arbeitslosigkeit bleibt unerträglich hoch. [...]

Die Ostgesellschaft, auch das gehört zur verdrängten Wahrheit, hat ihr braunes Erbe nie aufgearbeitet. Und im Westen, unter Migranten und Verlierern der Wohlstandsgesellschaft, schotten sich immer mehr gegen eine Gesellschaft ab, die sich pluralistisch nennt, aber Vielfalt nur widerwillig erträgt. Wer das ändern will, kann nicht nur auf andere zeigen, sondern muss selbst vorleben, wie das geht: Reichtum teilen; demokratischen Geist heranbilden, überall; Rechtsextremismus konsequent sanktionieren. Und eine Selbstverständlichkeit vermitteln: dass Deutschland nicht nur dem deutschen Michel gehört.

Constanze von Bullion, Wer getreten wird, der tritt, Süddeutsche Zeitung, 14.11.2012, S. 4

Im Auftrag der Friedrich-Ebert-Stiftung wird seit 2002 im Zwei-Jahres-Rhythmus die Verbreitung rechtsextremer Einstellungen in Deutschland empirisch erfasst. Auf Grundlage bundesweiter Repräsentativerhebungen entsteht so ein Barometer antidemokratischer Einstellungen in Verbindung mit Ursachenanalysen und Interventionsstrategien.

M5 Islamismus in Deutschland – wie gefährlich sind die Salafisten?

In einem Drohvideo im Netz ruft Islamist Yassin Ch. zum Mord an Mitgliedern der rechtsextremen Partei Pro NRW und an Journalisten auf. In BILD spricht Heinz Fromm (63), Präsident des Bundesamtes für Verfassungsschutz, über Salafisten, die Terrorgefahr [...].

BILD: Herr Fromm, Salafisten fordern den Staat mit Gewalt heraus und attackieren Polizisten bei Protesten sogar mit Messern. Wurde die Bewegung unterschätzt?

Heinz Fromm: „Den zuständigen Behörden und auch in der Politik ist die Gewaltbereitschaft von Teilen der salafistischen Bewegungen seit längerem bekannt. Von der breiten Öffentlichkeit ist das offen-

Heinz Fromm hat die Verantwortung für die Ermittlungspannen des Bundesamtes für Verfassungsschutz in Zusammenhang mit den „NSU-Morden" übernommen und ist von seinem Amt als Präsident des Bundesamtes für Verfassungsschutz zurückgetreten.

sichtlich nicht in dieser Deutlichkeit wahrgenommen worden. Durch die Angriffe auf Polizisten Anfang Mai [2012] hat sich das jetzt geändert."

BILD: Warum wurde nichts unternommen?

Fromm: „Seinem Auftrag entsprechend beobachtet der Verfassungsschutz diese Extremisten sehr intensiv, was dazu geführt hat, dass Verbotsmaßnahmen geprüft werden. Das ist allerdings schwierig, weil wir es hier mit einer Bewegung zu tun haben, die nur zum Teil vereinsähnliche Strukturen aufweist, die man verbieten könnte."

BILD: Was wollen die Salafisten?

Fromm: „Ziel ist, kurz gesagt, ein ‚Gottesstaat', in dem wesentliche Grundrechte und die Werte unserer Verfassung nicht gelten würden. Salafisten wollen einen Staat, in dem islamisches Recht gilt, die Scharia. Das ist ein umfassender Anspruch, der sich nicht auf unser Land beschränkt. Ein Teil der Salafisten ist bereit, dieses Ziel durch Gewalt zu erreichen."

BILD: Kommt der ‚Heilige Krieg' jetzt also auch nach Deutschland?

Fromm: „Nein, so kann man das nicht sagen. Allerdings haben wir es mit einem schwerwiegenden Sicherheitsproblem zu tun. Mit ihrer intensiven Propaganda über das Internet, auf der Straße, in Moscheen und auch in sogenannten Islamseminaren erreichen salafistische Prediger vor allem junge Leute, die für diese Ideologie empfänglich sind. Fast alle aus Deutschland stammenden islamistischen Terroristen haben sich auf diese Weise radikalisiert."

BILD: In einem neuen Drohvideo wird zu Attentaten in Deutschland aufgerufen ...

Fromm: „Das muss man ernst nehmen. Es kann durchaus sein, dass dieses Video zum Anlass für Anschläge genommen wird."

BILD: Mit wie vielen Salafisten haben wir es in Deutschland zu tun?

Fromm: „Es ist eine rasch wachsende, international vernetzte Bewegung. In Deutschland rechnen wir dieser Szene knapp 4.000 Anhänger zu. Es ist mir sehr wichtig, darauf hinzuweisen, dass das nur ein sehr kleiner Teil der hier lebenden Muslime ist und dass die große Mehrheit der Muslime in Deutschland und auch deren Verbände sich klar von den Salafisten distanziert haben und Gewalt verurteilen."

Heinz Fromm im Interview mit N. Blome und F. Solme-Laubach: Wie gefährlich sind die Salafisten, Herr Fromm?, www.bild.de, 22.5.2012

M6 Linksextremismus – coole Sprüche mit radikaler Botschaft

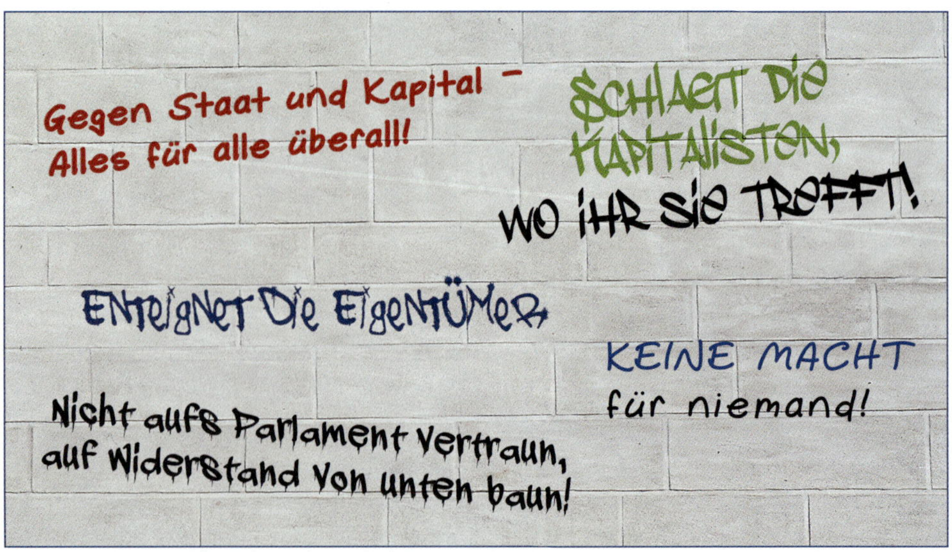

Autorengrafik

M7 Die „Immer-Recht-Haber"

Der erste Pflasterstein ist immer der schwerste. Um ihn aus dem Untergrund zu lösen und auf einen Polizisten zu werfen, benötigt man ein Stück Metall, einen Schraubenzieher oder eine Brechstange, so hart ist der Fugensand meist über die Jahre geworden. Ist der erste Stein aber herausgelöst, seien die anderen kein Problem, sagt Hannah aus Frankfurt, die schon als Schwarzvermummte an Demonstrationen teilgenommen hat. „Man kann sie dann einfach heraushebeln." [...] Der fliegende Pflasterstein ist in Deutschland zu einem Symbol geworden für die Gewaltbereitschaft radikaler Gruppen. Fliegende Pflastersteine und Brandsätze sind ein Grund, warum Polizisten mittlerweile auf Demonstrationen auftreten wie Profispieler einer Footballmannschaft, mit dicken Polstern, Schonern und Helmen. [...] Das Bundesamt für Verfassungsschutz schätzt, dass in Deutschland 6.600 „gewaltbereite Autonome" leben, das sind Menschen, die „Anwendung von Gewalt – auch gegen Personen – zur Durchsetzung ihrer Ziele für legitim halten", heißt es. [...] „Ich erkenne das Gewaltmonopol des Staates nicht an", sagt [der Autonome] Tom. „Der Staat setzt damit Sachen um, die dem widersprechen, was ich unter einer guten Gesellschaft verstehe. Die Gewalt, die wir bei Demonstrationen ausüben, ist nur die praktische Entsprechung der Politik." Dabei ist das Denken in Monopolen auch Tom nicht fremd, er beansprucht eines in moralischer Hinsicht. Der – aus seiner Sicht – zutiefst bürgerliche Einwand, in einer Demokratie sollte eine Minderheit ihre Interessen nicht mit Zwang durchsetzen, beeindruckt Tom nicht.

Justus Bender, Die immer recht haben, www.faz.de, 27.10.2012

Aufgaben

1. Informieren Sie sich – z.B. im Internet – über die Hintergründe der NSU-Mordserie(n) und diskutieren Sie im Anschluss daran im Kurs, ob der Begriff „Döner-Morde" zu Recht zum Unwort des Jahres 2011 gewählt wurde (M1 – M2).
2. Analysieren Sie die Daten aus der „Mitte-Studie" (M3) zur Entwicklung rechtsextremistischer Einstellungen in Deutschland. Stellen Sie die zentralen Ergebnisse der Studie in einem Thesenpapier zusammen, auf das Sie später zurückgreifen können.
3. Ermitteln Sie mithilfe von M4 das Ausmaß rechtsextremistischer Einstellungen in Ost- und Westdeutschland.
4. Beurteilen Sie in einer Diskussion im Kurs die am Ende von M4 genannten Lösungsmöglichkeiten zur Bekämpfung rechtsradikaler Einstellungen in Deutschland.
5. Stellen Sie dar, wie der ehemalige Präsident des Bundesamtes für Verfassungsschutz die von Islamisten ausgehende Gefahr einschätzt (M5).
6. Erklären Sie, warum er darauf hinweist, dass sich die große Mehrheit der in Deutschland lebenden Muslime von den Salafisten distanziert.
7. Erläutern Sie die Einstellungen der Linksextremisten zum Staat und ihre Haltung zu Gewalt im Umgang mit den Repräsentanten des Staates (M6, M7).
8. Bilden Sie drei Gruppen: Führen Sie mithilfe der umseitigen Methode eine Umfrage zu folgenden Themen an Ihrer Schule durch: Rechtsextremismus, Islamismus, Linksextremismus (→ Methode, S. 166).

F Aufgaben 5-7
Auf der Homepage des Bundesinnenministeriums finden Sie eine genauere Definition der Begriffe Islamismus und Salafismus. Stellen Sie die Definition dieser Begriffe in einem kurzen Referat vor.

Methode

Eine Umfrage planen, durchführen und auswerten

Meinungen bestimmen das politische Leben und sind die Grundlage jeder demokratischen Streitkultur. Wer die Mehrheitsmeinung auf seiner Seite weiß, kann politische Entscheidungen leichter durchsetzen. Kein Wunder also, dass Meinungsumfragen groß im Trend liegen. Eine ganze Branche, die Demoskopie, ist damit beschäftigt, die Menschen zu allen möglichen und manchmal auch unmöglichen Dingen zu befragen.

PC: Bei diesen Arbeitsschritten hilft der Computer (Textverarbeitung, Tabellenkalkulation oder GrafStat, eine speziell zur Durchführung von Umfragen entwickelte Software der Bundeszentrale für politische Bildung).

Arbeitsphasen einer Meinungsumfrage

Phase 1: Planung und Vorbereitung

- Vorüberlegungen zum Ziel der Meinungsumfrage
- Festlegung der Themenbereiche, des Umfangs und der Zielgruppe(n) der Befragung
- Sammeln und Ausarbeiten geeigneter Fragen (am besten in Kleingruppen)
- Zusammenstellung und Gestaltung eines Fragebogens PC

Phase 2: Datenerhebung

- Verteilung und Rückforderung der Fragebögen oder Durchführung von Befragungsinterviews (Anonymität wahren!)

Phase 3: Auszählung und Auswertung

- Auszählung der Antworten PC
- Statistische Auswertung der Ergebnisse PC

2. Frageformen

Die Qualität eines Fragebogens steht und fällt mit der Frageformulierung. Mehrdeutige, missverständliche oder unlogische Fragen machen ihn schnell wertlos. Grundsätzlich stehen zwei Frageformen zur Wahl:

a) Offene Fragen erlauben eine freie Formulierung und lassen deshalb einen breiten Beantwortungsspielraum. Unterstützt werden also individuelle Antworten, die aber einen größeren Auswertungsaufwand erfordern, bei dem der PC kaum helfen kann.

b) Geschlossene Fragen (Multiple-Choice) verlangen vom Befragten, sich zwischen zwei („ja/nein“) oder mehreren Antwortalternativen (Items) zu entscheiden, wobei auch Mehrfachnennungen zugelassen werden können. Sie sind schnell zu beantworten und relativ einfach auszuwerten. Die begrenzte Anzahl von Items verringert aber auch ihre Aussagekraft und birgt obendrein die Gefahr in sich, den Antwortenden zu gängeln oder sogar zu manipulieren. Bewährt hat sich ein ausgewogenes Verhältnis von offenen und geschlossenen Fragen.

3. Tipps zu Aufbau und Gestaltung des Fragebogens

- Jeder Fragebogen braucht einen Kopf. Er nennt den Titel und das Thema, die Zielsetzung der Umfrage. Außerdem ist hier der Ort für Angaben zur Person (Alter, Geschlecht, berufliche Tätigkeit, Bildungsabschluss) und den unverzichtbaren Hinweis auf die Anonymität der Befragung.

- Berücksichtigen Sie das Prinzip der Steigerung. Einfache Fragen gehören an den Anfang, schwierige oder „sensible" ans Ende.
- Gestalten Sie den Fragebogen übersichtlich. Achten Sie vor allem auf ein klares, nicht zu gedrängtes Schriftbild und genügend Platz für freie Antworten.
- Formulieren Sie einfach, allgemein verständlich und so konkret wie möglich. Vermeiden Sie wenig geläufige Fremdwörter.
- Legen Sie Wert auf eine sachliche und neutrale Ausdrucksweise. So genannte Suggestivfragen wie „Sie sind doch sicher auch der Meinung, dass ..." sind streng verboten.
- Jede Frage sollte sich auf genau einen Sachverhalt beziehen. „Würden Sie lieber täglich bis zum späteren Abend und an jedem zweiten Sonntag arbeiten?" lässt sich nicht eindeutig beantworten.
- Räumen Sie den Befragten das Recht ein, keine Antwort zu geben. Sehen Sie in sinnvollen Fällen immer ein Item „Weiß nicht", „Keine Meinung" o.ä. vor.

An den Schluss gehört eine Dankesformel. Geben Sie den Befragten auch noch die Möglichkeit zu einem persönlichen Kommentar (Anregungen, Wünsche, Kritik etc.).

Tipps zur Konzeption der Befragung zum Thema Extremismus:

1. Entscheiden Sie im Kurs, wen Sie befragen wollen, da Sie die Formulierung der Fragen an der Altersgruppe ausrichten müssen. Es bietet sich an, einen Kurs oder eine Jahrgangsstufe der Sekundarstufe II zu befragen.
2. Wählen Sie auf dem Hintergrund Ihrer Kenntnisse über Extremismus in Deutschland Themenbereiche (z.B. Rechtsextremismus, Linksextremismus, Islamismus und Salafismus) aus, die Gegenstand der Befragung werden sollen. Zu den Themenbereichen sollten Sie dann Aspekte sammeln, aus denen Sie Fragen entwickeln. Aspekte zu den einzelnen Themenbereichen könnten sein:
   - Kenntnisse über bestimmte Gruppierungen, ihre Einschätzung als rechts- oder linksextremistisch und ihre Aktivitäten
   - Beurteilung, welche Aktivitäten radikaler Gruppierungen gegen die Prinzipien unserer Verfassung verstoßen
   - Beurteilung, ob die Demokratie durch Rechts- oder Linksextremismus gefährdet ist, worin die Gefährdung konkret besteht
   - Einschätzung, wie verbreitet extremistische Einstellungen sind
   - Beurteilung, ob in der Schule und der Öffentlichkeit genügend über die Gefahren, die von extremistischen Gruppen ausgehen, informiert wird
   - Beurteilung von Maßnahmen zur Bekämpfung von Extremismus.
3. Entscheiden Sie gemeinsam im Kurs, welche Fragen für den Fragebogen ausgewählt werden sollen und überprüfen Sie, ob die Fragen den in „Methode „Fragebogen" genannten Kriterien entsprechen.
   Werten Sie den Fragebogen aus und stellen Sie die Ergebnisse zur Diskussion. Entscheiden Sie, wie Sie mit den Ergebnissen verfahren wollen (z.B. ein Bericht für die Schülerzeitung u.a.).

Bearbeiter

H Erstellung des Fragebogens
Bei der Erstellung des Fragebogens können Sie sich an der „Mitte-Studie" (M3, M4) orientieren. Sie können aber auch weitere Informationen über die Homepage des Innenministeriums unter dem Stichpunkt „Sicherheit" recherchieren. Dort finden Sie umfangreiche aktuelle Informationen über extremistische Gruppierungen und ihre Bedeutung sowie den jährlich erstellten Verfassungsschutzbericht, der auch allen Schulen in gedruckter Form überreicht wird.

6.2 Die wehrhafte Demokratie im Grundgesetz

M8 Parteienverbot – das letzte Mittel?

Man kann zwar die Partei verbieten. An den Einstellungen ihrer Anhänger würde sich dadurch aber nichts ändern.

Rechtsextremen würde ein wichtiges Instrument zur politischen Arbeit genommen. Sie hätten weniger Gelegenheit zum öffentlichen Auftreten und zur politischen Agitation.

Die NPD ist eine unbedeutende Splitterpartei. Ein Verbotsverfahren würde sie nur unnötig aufwerten.

Andersdenkende sollten nicht durch Gerichte bekämpft werden, sondern mit den besseren Argumenten.

Die NPD arbeitet seit einigen Jahren zunehmend mit gewaltbereiten rechtsextremistischen Gruppen.

Es ist unerträglich, dass der Steuerzahler über die Parteienfinanzierung Feinde der Demokratie unterstützen muss.

Bearbeiter

M9 Gefahren im Alltag – jeder muss etwas tun, um die Demokratie zu schützen

Ein Zeichen vor der Europameisterschaft 2012 in Polen und in der Ukraine: Bundestrainer Löw, Kapitän Lahm und weitere Vertreter des Deutschen Fußball-Bundes gedenken in der Holocaust-Gedenkstätte Auschwitz-Birkenau den Opfern des Nationalsozialismus.

Kampf, Kameradschaft, Ehre – der Fußball bietet Schlagworte, mit denen auch Rechtsextreme gerne hantieren. Kein Wunder, dass Parteien wie die NPD immer wieder versuchen, sich den Sport zunutze zu machen. [...] Der Angriff von Rechtsaußen beginnt nicht erst, wenn Neonazis Reichsadler und Runenschrift in den Fanblock einschleusen und dort ganz offen Nachwuchs für rechte Kameradschaften oder Parteien rekrutieren. Solche Unterwanderungsversuche gibt es zwar [...], doch die rechte Offensive funktioniert meist viel subtiler. Den Rechtsextremisten reicht es oft schon, einfach dabei sein zu können beim großen Gemeinschaftserlebnis Fußball. Als Jugendbetreuer oder Trainer, als Kreisklassen-Schiedsrichter oder Fanclub-Aktivist. „Die Rechten wollen in die Mitte der Gesellschaft vordringen", sagt Ronny Blaschke, [ein Journalist,] der jahrelang in vielen deutschen Regionen recherchiert hat. „Und wo ist diese Mitte? Im Sport." Als Kümmerer im Fußball versuchen sich Rechtsextremisten zu profilieren, wollen so gesellschaftliche Akzeptanz und Vertrauen erwerben. Neonazis wähnen sich im Fußballumfeld auf vertrautem Terrain, weil dort vielerorts immer noch Alltagsrassismus den Ton mitprägt. Schwulenfeindliche Sprüche, Antisemitismus und Antiziganismus sind längst nicht aus allen Fanblocks verbannt. Die Liebe zum eigenen Verein kommt meist nicht ohne Rivalität und Abgrenzung gegenüber Kontrahenten aus. Blaschke: „Im Fußball gibt es immer ein Wir und die anderen." Wo dieser Gegensatz nicht mit ironischer Leichtigkeit, sondern mit ernster Überhöhung aufgebaut wird, passt er prima zur rechtsextremen Weltsicht. [...] Den rechten Missbrauch müssen nach Überzeugung Blaschkes Verbände, Vereine und Fans gemeinsam verhindern. Eine Fanbewegung wie die Ultras, die sich in vielen deutschen Stadien als antirassistische und gegen rechts gerichtete Subkultur versteht, könne dabei eine wichtige Rolle spielen.

Hans-Peter Kastenhuber: Wie Neonazis den Fußball missbrauchen, Nürnberger Nachrichten, 17.4.2012, S. 11

M10 Auswahl von Grundgesetz-Artikeln, die die Demokratie schützen

Artikel 5

(1) Jeder hat das Recht, seine Meinung in Wort, Schrift und Bild frei zu äußern und zu verbreiten und sich aus allgemein zugänglichen Quellen ungehindert zu unterrichten. Die Pressefreiheit und die Freiheit der Berichterstattung durch Rundfunk und Film werden gewährleistet. Eine Zensur findet nicht statt. [...]

(3) Kunst und Wissenschaft, Forschung und Lehre sind frei. Die Freiheit der Lehre entbindet nicht von der Treue zur Verfassung.

Artikel 9

(1) Alle Deutschen haben das Recht, Vereine und Gesellschaften zu bilden.

(2) Vereinigungen, deren Zwecke oder deren Tätigkeit den Strafgesetzen zuwiderlaufen oder die sich gegen die verfassungsmäßige Ordnung oder gegen den Gedanken der Völkerverständigung richten, sind verboten. [...]

Artikel 18

Wer die Freiheit der Meinungsäußerung, insbesondere die Pressefreiheit (Artikel 5 Abs. 1), die Lehrfreiheit (Artikel 5 Abs. 3), die Versammlungsfreiheit (Artikel 8), die Vereinigungsfreiheit (Artikel 9), das Brief-, Post- und Fernmeldegeheimnis (Artikel 10), das Eigentum (Artikel 14) oder das Asylrecht (Artikel 16a) zum Kampfe gegen die freiheitliche demokratische Grundordnung missbraucht, verwirkt diese Grundrechte. Die Verwirkung und ihr Ausmaß werden durch das Bundesverfassungsgericht ausgesprochen.

Artikel 20

(1) Die Bundesrepublik Deutschland ist ein demokratischer und sozialer Bundesstaat.

(2) Alle Staatsgewalt geht vom Volke aus. Sie wird vom Volke in Wahlen und Abstimmungen und durch besondere Organe der Gesetzgebung, der vollziehenden Gewalt und der Rechtsprechung ausgeübt.

(3) Die Gesetzgebung ist an die verfassungsmäßige Ordnung, die vollziehende Gewalt und die Rechtsprechung sind an Gesetz und Recht gebunden.

(4) Gegen jeden, der es unternimmt, diese Ordnung zu beseitigen, haben alle Deutschen das Recht zum Widerstand, wenn andere Abhilfe nicht möglich ist.

Artikel 21

(1) Die Parteien wirken bei der politischen Willensbildung des Volkes mit. Ihre Gründung ist frei. Ihre innere Ordnung muss demokratischen Grundsätzen entsprechen. [...]

(2) Parteien, die nach ihren Zielen oder nach dem Verhalten ihrer Anhänger darauf ausgehen, die freiheitliche demokratische Grundordnung zu beeinträchtigen oder zu beseitigen oder den Bestand der Bundesrepublik Deutschland zu gefährden, sind verfassungswidrig. Über die Frage der Verfassungswidrigkeit entscheidet das Bundesverfassungsgericht.

Artikel 79

(3) Eine Änderung dieses Grundgesetzes, durch welche [...] die in den Artikeln 1 und 20 niedergelegten Grundsätze berührt werden, ist unzulässig.

Aufgaben

1. Neben der juristischen Problematik gibt es auch eine politische Dimension eines Parteienverbots, über die öffentlich gestritten wird. Diskutieren Sie in Ihrem Kurs das Pro und Kontra eines NPD-Verbots (M8).
2. Analysieren Sie, wie Rechtsextremisten über den Sport versuchen, neue Anhänger zu finden und welche Gegenmaßnahmen ergriffen werden (könnten) (M9).
3. Fertigen Sie mithilfe von M10 eine Tabelle an, in der auf der einen Seite die durch das Grundgesetz verbrieften Rechte für die Gründung und Aktivitäten von Vereinen und Parteien und auf der anderen Seite die Einschränkungen und Grenzen der freien Betätigung von Vereinen und Parteien dargestellt werden.
4. Verfassungsfeindliche Parteien dürfen nur durch das Bundesverfassungsgericht verboten werden. Diskutieren Sie, warum das Grundgesetz an ein Verbot für Parteien so hohe Anforderungen stellt (M8, M10).

F Aufgabe 1
Halten Sie ein Referat über die Maßnahmen, die bisher in der Bundesrepublik Deutschland ergriffen wurden, um ein Verbot der NPD durchzusetzen. Recherchieren Sie den aktuellen Stand.

6.3 Medien – Schutz durch Aufklärung?

M11 Fallbeispiel: ein Ministerpräsident und ein Aktiendeal – Aktion Größenwahn

Stefan Mappus, CDU-Ministerpräsident von Baden-Württemberg von 2010 bis 2011, hatte im Jahr 2010 maßgeblich dazu beigetragen, dass das Land 45 Prozent der Aktien der EnBW (Energie Baden-Württemberg AG) vom französischen Konzern EdF (Électricité de France) kaufte. Den Landtag und weite Teile des Kabinetts hatte Mappus vorab nicht informiert. Es stellte sich bald heraus, dass der Preis jedoch viel zu hoch war. Das Aktiengeschäft wurde über die Bank Stanley Morgan abgewickelt, deren Deutschland-Chef Dirk Notheis ein enger Vertrauter und Freund des Ministerpräsidenten war.

Chronologie der Ereignisse und die Berichterstattung der Wirtschaftszeitung „Handelsblatt"

Politische Ereignisse	Schlagzeilen des „Handelsblattes"
06.12.2010 Wenige Monate vor der Landtagswahl kauft das Land Baden-Württemberg überraschend die EnBW-Aktien von der EDF. Der Kaufpreis für den 45-Prozent-Anteil: 4,67 Milliarden Euro. Finanzminister Willi Stächele (CDU) wendet das Notbewilligungsrecht an; so müsse der Landtag vorab nicht zustimmen.	
	07.12.2010 EnBW wird wieder Staatskonzern Ministerpräsident Stefan Mappus teilverstaatlicht den Energieversorger, um ihn später an die Börse zu bringen.
	08.12.2010 Alte Probleme mit neuem Eigentümer Die EnBW geht in eine ungewisse Zukunft: Die Geschäfte laufen nicht gut und das Land muss eine dauerhafte Eigentümerstruktur organisieren.
	10.12.2010 Zwei Freunde, ein Geschäft Der Ministerpräsident ließ den Kauf des Stromriesen EnBW vom CDU-Vorstandskollegen und Morgan-Stanley-Chef Dirk Notheis organisieren. Dessen Investmentbank verdiente Millionen. Eine Ausschreibung gab es nicht.
	12.12.2010 Zweifel am Milliardendeal Der spektakuläre Einstieg des Landes Baden-Württemberg beim Energieversorger EnBW wird zum politischen Streitfall. Die Opposition kritisiert die Modalitäten des Kaufs – vor allem die Tatsache, dass Ministerpräsident Stefan Mappus das Geschäft von seinem Freund Dirk Notheis, dem Deutschlandchef von Morgan Stanley, abwickeln ließ. In der Tat sind viele Umstände fragwürdig.
	14.12.2010 Mappus hat den Landtag übergangen Mappus besiegelte den milliardenschweren Kauf der EnBW-Anteile ohne Parlamentsvorbehalt.
15. Dezember 2010 Der Landtag stimmt mit der CDU/FDP-Mehrheit dem Aktienkauf zu, um die Regierungsarbeit nicht zu gefährden. SPD und Grüne verlassen bei der Abstimmung den Saal.	**15.12.2010 Mappus in der Defensive** Die Opposition in Baden-Württemberg wirft Ministerpräsident Stefan Mappus wegen der handstreichartigen EnBW-Übernahme jetzt Verfassungsbruch vor.
23. März 2011 Der EnBW-Deal hat die Landtagswahl stark bestimmt. Die CDU wurde abgewählt.	
	07.10.2011 Strafe für den Mitläufer Stefan Mappus und Banker Dirk Notheis wollten mit der Verstaatlichung von EnBW den Deal ihres Lebens machen. Sie scheiterten. Ausbaden muss das jetzt der Ex-Finanzminister Willi Stächele.
12. Oktober 2011 Der Landtagspräsident und frühere Finanzminister Stächele tritt nach der Entscheidung des Staatsgerichtshofs zurück.	
	20.10.2011 Aktion Größenwahn Mit dem EnBW-Deal wollte Mappus die Wähler beeindrucken: Das Geschäft erwies sich als Milliardengrab. Aussagen, mit denen Geheimhaltung und Eilbedürftigkeit begründet wurden, waren falsch. Nun distanziert sich der Verkäufer, die Électricité de France.

Politische Ereignisse	Schlagzeilen des „Handelsblattes"
21. Dezember 2011 Der Untersuchungsausschuss zur Untersuchung des Falls nimmt seine Arbeit auf.	
	02.04.2012 Die Aufklärung einer Affäre Stefan Mappus und der Investmentbanker Dirk Notheis weisen jede Schuld an der Affäre zurück – und deuten auf ihre ehemaligen juristischen Berater.
11. Juli 2012 Die Staatsanwaltschaft Stuttgart nimmt gegen Mappus Ermittlungen wegen Verdachts der Untreue auf und durchsucht Wohnungen und Büros. Gegen Notheis wird wegen Beihilfe ermittelt. Die Ermittler stützen sich auf den Bericht des Rechnungshofs.	**11.07.2012 „Ausschließlich im Interesse des Landes gehandelt"** Stefan Mappus hält den Milliarden-Deal zum Rückkauf der EnBW-Anteile weiter für ein gutes Geschäft. Damit steht der Ex-Ministerpräsident ziemlich alleine da. Es wird wegen Untreue ermittelt, die Union ist entsetzt.
23. August 2012 Es wird bekannt, dass sämtliche Daten aus dem Dienstcomputer des ehemaligen Ministerpräsidenten gelöscht wurden.	
Oktober 2012 Mappus will die Weitergabe der bei der Durchsuchung sichergestellten elektronischen Unterlagen, darunter eine Kopie der im Staatsministerium nach seinem Amtsende zerstörten Festplatte, durch die Staatsanwaltschaft Stuttgart an den Untersuchungsausschuss zur EnBW durch das Oberlandesgericht Stuttgart verbieten lassen. Dies wird aber zurückgewiesen.	
	12.02.2013 Mappus-Akten dürfen verwendet werden Stefan Mappus hat eine weitere Niederlage vor Gericht erlitten. Die Staatsanwaltschaft darf die entwendeten Akten verwenden, eine Beschwerde des Politikers wurde abgewiesen.

Nach: Handelsblatt, in: www.anstageslicht.de , Chronologie nach Spiegel online, 17.7.2012, vom Bearbeiter ergänzt

M12 Die öffentliche Aufgabe der Medien

Der Blick auf die Medienlandschaft zeigt ein buntes Bild. [...] Den Inhalt der Medien bestimmt nicht der Staat, sondern letztlich das Publikum, denn produziert wird auf Dauer nur, was auch Absatz findet. Jeder kann selbst entscheiden, was er liest, hört oder sieht. Er kann sich über das Zeitgeschehen informieren, muss es aber nicht. Er kann sich stattdessen auch Unterhaltungssendungen ansehen oder auf Musik-Videos ausweichen.

Dieser Zustand ist durch das Grundrecht der Presse- und Rundfunkfreiheit geschützt, das sich in Artikel 5 des Grundgesetzes findet. Es schützt die Herstellung und Verbreitung der Medien generell gegen staatliche Eingriffe und vor allem gegen solche, die sie an der Wahrnehmung ihrer „öffentlichen Aufgabe" hindern würden. Ihre „öffentliche Aufgabe" erfüllen die Medien dadurch, dass sie an der freien, individuellen und öffentlichen Meinungsbildung mitwirken, indem sie zu Angelegenheiten von allgemeiner Bedeutung Nachrichten sowie Informationen beschaffen und verbreiten, die jeder Einzelne benötigt, um sich in der Gesellschaft zurechtzufinden. Besonders umfassend ist der „Programmauftrag" für die öffentlich-rechtlichen Rundfunkanstalten.

Udo Branahl, Wozu benötigen wir Medien? in: Informationen zur politischen Bildung Nr. 309, Massenmedien, Bonn 2010, S. 6

M13 „Wächterpreis" für die Aufdeckung des EnBW-Aktiendeals

Wächterpreis
Der „Wächterpreis der Tagespresse" ist eine Auszeichnung für Journalisten für investigative Berichterstattung. Der Wächterpreis wird jährlich von der Stiftung „Freiheit der Presse" vergeben.

Drei Journalisten des „Handelsblatts" erhalten für ihre Berichterstattung über den umstrittenen EnBW-Aktiendeal der baden-württembergischen Landesregierung den renommierten „Wächterpreis der Tagespresse". Martin Buchenau, Jürgen Flauger und Sönke Iwersen hätten in facettenreichen Berichten „sauber, stringent und nachvollziehbar" die Umstände des Aktienankaufs unter dem damaligen Ministerpräsidenten Stefan Mappus (CDU) dargelegt und analysiert, begründete dies die Stiftung Freiheit der Presse.

Tagesschau.de, „Handelsblatt"-Journalisten geehrt – Wächterpreis für Aufdeckung des EnBW-Aktiendeals, www.tagesschau.de, 28.3.2012

M14 Merkmale der Mediendemokratie

Der Begriff Mediendemokratie bezeichnet eine Form der Demokratie, in der sich die politische Meinungs- und Willensbildung im Wesentlichen über Massenmedien vollzieht. [...] Meinungsbildung über Medien beinhaltet, dass die Medien durch die Auswahl und Ausgestaltung von Inhalten darüber bestimmen, was auf welche Weise zum öffentlichen Thema wird. Indem z.B. Zeitschriften oder Fernsehsendungen bestimmte Themen in der Berichterstattung durch häufige Erwähnung und gute Platzierung betonen, haben sie Einfluss darauf, welche Probleme von der Bevölkerung als besonders wichtig angesehen werden.

Schon mit der Auswahl der Themen wie auch mit ihrer Darstellung und Bewertung kann Berichterstattung zur Manipulation werden. Politikvermittlung durch Medien bedeutet darüber hinaus, dass sich die Politik bzw. die Politiker mediengerecht präsentieren, um Erfolg zu haben. Denn die Bevölkerung tendiert dazu, nur ihre Medienexistenz mit den dazugehörenden Images wahrzunehmen. Die Medien sind demnach nicht nur Beobachter, Kritiker und Kontrolleure politischer Ereignisse und staatlicher Macht („vierte Gewalt"). Sie stellen vielmehr einen Faktor dar, der politische Einstellungen und Stimmungen beeinflusst und ein bestimmtes Meinungsklima zugunsten oder zuungunsten einer Partei, einer Person oder einer politischen Forderung vermittelt. Medien bestimmen dadurch die Politik mit.

Schülerduden Politik und Gesellschaft, 5. Aufl., Mannheim 2005, S. 260

M15 Die Aufgaben der Medien in der Demokratie

Programmauftrag
Programme des öffentlich-rechtlichen Rundfunks müssen in gleicher Weise der Information, der Bildung und der Unterhaltung der Bevölkerung dienen. Der öffentlich-rechtliche Rundfunk arbeitet nicht gewinnorientiert, sondern wird durch Gebühren und staatliche Gelder finanziert.

Informationsfunktion

Die Massenmedien sollen so vollständig, sachlich und verständlich wie möglich informieren, damit ihre Nutzerinnen und Nutzer in der Lage sind, das öffentliche Geschehen zu verfolgen. Mit ihren Informationen sollen sie dafür sorgen, dass die einzelnen Bürgerinnen und Bürger [...] über die Absichten und Handlungen aller am politischen Prozess Beteiligten so unterrichtet sind, dass sie selbst aktiv daran teilhaben können [...].

Da unsere Gesellschaft viel zu großräumig geworden ist, kommen wir mit dem direkten Gespräch, der unmittelbaren Kommunikation, nicht mehr aus. Wir als Einzelne und die vielfältigen Gruppen, die in dieser Gesellschaft bestehen, sind darauf angewiesen, miteinander ins Gespräch gebracht zu werden – dafür sollen die Massenmedien sorgen.

Dabei müssen wir uns der Tatsache bewußt sein, dass wir die Welt zum großen Teil nicht mehr unmittelbar erfahren; es handelt sich überwiegend um eine durch Medien vermittelte Welt.

Meinungsbildungsfunktion
Bei der Meinungsbildung fällt den Massenmedien ebenfalls eine bedeutsame Rolle zu. Dies ergibt sich aus der Überzeugung, in der Demokratie sei allen am meisten damit gedient, wenn Fragen von öffentlichem Interesse in freier und offener Diskussion erörtert werden. Es besteht dann die Hoffnung, dass im Kampf der Meinungen das Vernünftige die Chance hat, sich durchzusetzen. [...]

Kritik- und Kontrollfunktion
Im parlamentarischen Regierungssystem obliegt in erster Linie der Opposition die Aufgabe der Kritik und Kontrolle. Diese wird unterstützt und ergänzt durch die Kritik- und Kontrollfunktion der Medien. Ohne Presse, Horfunk und Fernsehen, die Missstände aufspüren und durch ihre Berichte unter anderem parlamentarische Anfragen und Untersuchungsausschüsse anregen, liefe die Demokratie Gefahr, der Korruption oder der bürokratischen Willkür zu erliegen. [...]

Thematisierungsfunktion
Diese „agenda setting function", wie sie in den USA heißt, bedeutet, dass diejenigen, die die unterschiedlichen Medien lesen, hören und sehen, genau die Themen für wichtig halten, die darin behandelt werden. Die Medien sind jedoch nicht nur verantwortlich, welche Themen auf der Tagesordnung stehen, sondern auch, in welcher Rangfolge der Dringlichkeit sie behandelt werden.

Nach: Informationen zur politischen Bildung Nr. 260, Massenmedien, Bundeszentrale für politische Bildung (Hg.), Bonn 3/1998

Aufgaben

1. Beschreiben Sie den Verlauf der so genannten „EnBW-Affäre" (M11), indem Sie
   - notieren, welche Verstöße gegen gesetzliche Bestimmungen dem Ministerpräsidenten vorgeworfen wurden,
   - wie sich die Fraktionen im Landtag in der Affäre verhielten und welche Gründe es möglicherweise dafür gab,
   - mit welchem Auftrag ein parlamentarischer Untersuchungsausschuss tätig wurde,
   - wie die Staatsanwaltschaft agierte,
   - welche Konsequenzen es für die Beteiligten gab.
2. Erläutern Sie die öffentliche Aufgabe der Medien in einer Demokratie (M12).
3. Recherchieren Sie den aktuellen Stand im „Fall Mappus" (M11, M13).
4. Stellen Sie die einzelnen Funktionen, die die Medien in der Demokratie einnehmen, dar (M14 – M15) und erläutern Sie am Beispiel der „EnBW-Affäre", inwiefern die Medien ihrer Aufgabe gerecht geworden sind.
5. Erläutern Sie den Begriff „Mediendemokratie" und stellen Sie Vor- und Nachteile des großen Gestaltungsspielraums der Medien gegenüber (M15).
6. Die Medien werden häufig auch als „vierte Gewalt" im Staat bezeichnet. Diskutieren Sie am Beispiel der „EnBW-Affäre", ob diese Bezeichnung berechtigt ist.

F Aufgabe 2
Recherchieren Sie ausgehend von M2 weitere Skandale, die von Journalisten aufgedeckt wurden. Stellen Sie diese der Klasse in einem Kurzreferat vor.

Tipp
Recherchieren Sie auf der Homepage *www.waechterpreis.de* nach anderen Preisträgern bzw. deren Berichte.

6.4 *Vertiefung:* Sicherung der Demokratie durch mehr Bürgerbeteiligung?

M16 Was man der Politik zutraut ...

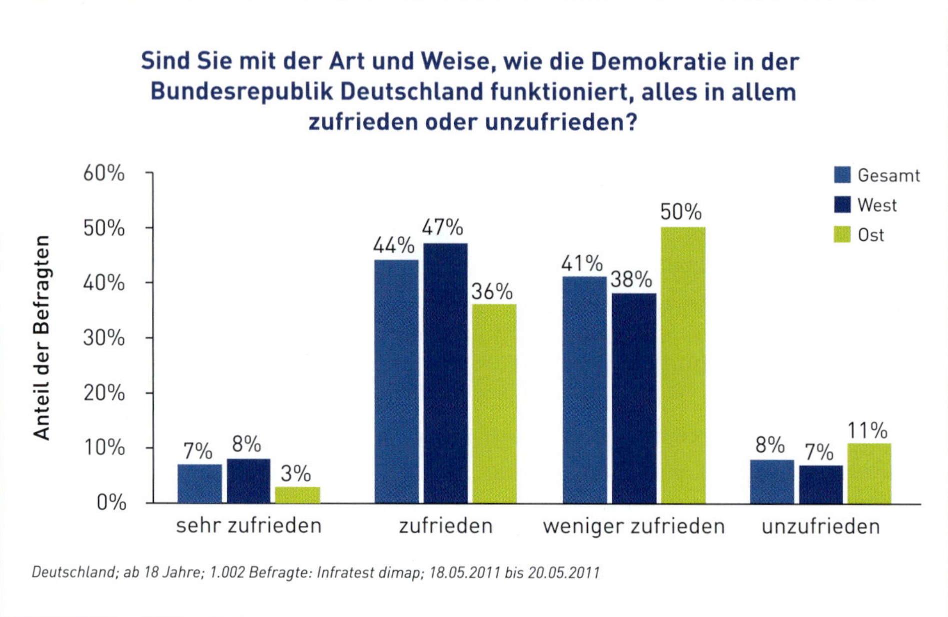

Quelle: Infratest dimap

M17 ... und was man von Wahlversprechen hält

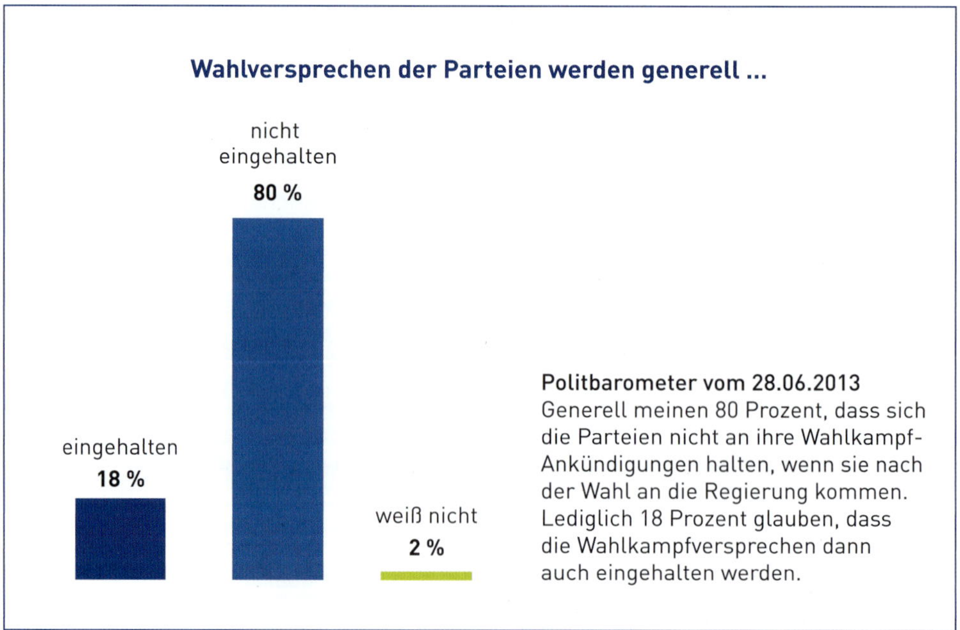

Umfrage des „Politbarometers" des Zweiten Deutschen Fernsehens vom 28.6.2013

M18 Schwieriges Regieren: Bürger wehren sich

Ein Hochwasserdamm, ein Bahnhof, eine Stromleitung sollen gebaut werden – und prompt formiert sich vor Ort der Widerstand. Auch wenn die Argumente der protestierenden Bürger im Einzelfall berechtigt sein mögen: In der Summe können sie fatal wirken. Denn als modernes Industrieland kann Deutschland nicht auf der Stelle treten. Infrastruktur muss erneuert und auch ausgebaut werden.

Bestes Beispiel: Der Zank um neue Stromtrassen. Niemand will sie vor der Nase haben – doch ohne sie kann die Energiewende kaum gelingen. Schließlich muss der Ökostrom aus den Windparks im Norden irgendwie in die Verbrauchszentren im Süden der Republik transportiert werden. Das Regieren wird angesichts der zahllosen Proteste nicht leichter. Der Göttinger Demokratieforscher Franz Walter erwartet, dass sich „spätestens zwischen 2015 und 2035 Hunderttausende hochmotivierter Rentner mit dem gesamten Rüstzeug der in den Jugendjahren gesammelten Demonstrationserfahrungen in den öffentlich vorgetragenen Widerspruch begeben.“ Angesichts dieser Entwicklung stelle sich die Frage: „Wie kann Demokratie überhaupt noch funktionieren?“

Manchmal zeigt sich die Absurdität des Wutbürgertums im Kleinen – zum Beispiel an einem einzelnen Windrad an der A9, das es mittlerweile zu lokaler Berühmtheit gebracht hat. Eigentlich ist das Windrad gar keines. Ihm fehlt noch der Rotor. Mehrere Anwohner haben gegen den Bau geklagt: Ein nahe gelegener Pferdezuchtbetrieb befürchtete Fehl- oder Frühgeburten, weil Schall und Schattenwurf des Windrads die Tiere störe. Ein anderer Nachbar monierte die drohende Lärmbelästigung – obwohl das Windrad direkt neben der Autobahn steht. Erfolg hatte schließlich Anita Geier, Miteigentümerin eines Weges, der neben dem geplanten Windrad verläuft. 13 Zentimeter dieses Weges liegen innerhalb der Abstandsfläche, die zu dem Windrad eigentlich eingehalten werden sollte. Folge: Das Verwaltungsgericht München hob die Baugenehmigung auf. Bis heute steht neben der A9 ein stählerner Spargel. Ökostrom? Fehlanzeige!

Simon Che Berberich, Diese Wutbürger blockieren Deutschland und gefährden das Gemeinwohl, www.focus.de, 17.8.2013

M19 Zukunft der Demokratie – Plebiszite?

Karikatur: Horst Haitzinger

Methode

Karikaturbearbeitung III

I. Aufgaben

1. Beschreiben Sie die Karikatur in M19.
2. Analysieren Sie die Karikatur und ermitteln Sie die Position des Karikaturisten über die Einführung eines bundesweiten Volksentscheids.
3. **Erörtern und beurteilen Sie die Aussage des Karikaturisten.**

II. Tipps zur Bearbeitung von Aufgabe 3

1. Lesen sie zunächst in den „allgemeinen Hinweisen zur Karikaturbearbeitung" auf S. 272 den Abschnitt „III.3".
2. Bei der Bearbeitung dieser Aufgabe wird vorausgesetzt, dass Sie die Karikatur zutreffend beschreiben können und die kritische Position des Autors zur Einführung von Volksentscheiden auf der Bundesebene erkannt haben.

III. Anleitung zur Erörterung und Beurteilung der Karikatur in M19 (AFB III)

1. Stellen Sie in einem einleitenden Satz die Position des Autors zusammenfassend dar. Betonen Sie dabei besonders, dass der Karikaturist auf negative Folgen einer Ausweitung von Plebisziten hinweisen möchte, die er hier am Beispiel der Einführung der Todesstrafe deutlich macht.
2. Setzen Sie sich dann mit der negativen Sicht des Karikaturisten auseinander, indem Sie die Meinung des Autors aus Ihrer Sicht erörtern, d.h., seine Darstellung auf Sachlichkeit oder Unsachlichkeit prüfen. Dabei sollten Sie folgende Aspekte berücksichtigen:
   - Ist die Position des Karikaturisten, dass die Plebiszite zu problematischen Ergebnissen führen könnten, nachvollziehbar?
   - Ist das vom Karikaturisten gewählte Beispiel geeignet, eine sachliche Diskussion über Volksentscheide auf Bundesebene zu führen? Beachten Sie dabei, dass der Artikel 1 GG die Einführung der Todesstrafe unmöglich macht.
   - Könnte es neben möglichen negativen Folgen von Volksabstimmungen auf Bundesebene auch Vorteile geben, die die Karikatur nicht darstellt?

   Wenn Sie alle Ihnen relevanten Aspekte erörtert haben, beziehen Sie Stellung.
3. Ziehen Sie ein Resümee aus Ihren bisherigen Argumenten und beurteilen Sie die Aussage der Karikatur. Gehen sie dabei auf die folgenden Aspekte ein:
   - Dient die Karikatur der Aufklärung über ein relevantes Problem oder beruht sie auf Vorurteilen über das politische Verantwortungsbewusstsein der Bürger?
   - Ist das gewählte Beispiel passend gewählt oder beeinflusst der Karikaturist die Leser durch ein Beispiel, das nicht umsetzbar ist?
   - Hat der Karikaturist Recht, indem er auf einen kritischen Punkt der Einführung von Volksentscheiden auf Bundesebene hinweist?
4. Zum Abschluss der Bearbeitung von Aufgabe 3 sollten Sie in einer kurzen Zusammenfassung ein Gesamturteil über die Aussagekraft der Karikatur fällen, nachdem Sie zuvor positive und negative Aspekte gegenübergestellt haben.

Bearbeiter

M20 Zukunft der Demokratie – Bürgerhaushalte?

Pro Bürgerhaushalte

- Bürgerhaushalte schaffen Transparenz über die Verwendung öffentlicher Mittel. Transparenz stärkt das Vertrauen der Bürger in die Politik.
- Bürger lernen die Komplexität kommunaler Finanzen kennen. Informierte Bürger können Entscheidungen der Politik so besser nachvollziehen und abwägen.
- Bürger, die per Bürgerhaushalt ihre Stadt aktiv mitgestalten können, identifizieren sich mehr mit ihrer Stadt. Das fördert das positive Image der Stadt auch nach außen hin.
- Durch die Beteiligung lernen Bürger mehr über demokratische Prozesse und warum ihre Stimme wichtig ist. Die Möglichkeit der Beteiligung fördert das politische Interesse und Engagement der Bürger.
- Bürgerwissen und -ideen sind eine wertvolle Ergänzung zu den Fachkenntnissen der Verwaltung. Sie helfen der Verwaltung auch, Maßnahmen zu priorisieren.
- Bürgerhaushalte sind ein Mittel zur Verwaltungsmodernisierung. Die Verwaltung kann besser auf die Bedürfnisse der Bürger eingehen.
- Informierte und beteiligte Bürger verstehen, dass die Ressourcen begrenzt und die Wünsche in der Bevölkerung vielfältig sind.
- Bürgerhaushalte tragen zur Legitimation politischer Entscheidungen bei. Nur ein Politiker, der die Präferenzen der Bürger kennt, kann seine demokratische Funktion des Volksvertreters erfüllen. Bürgerhaushalte stärken dadurch die repräsentative Demokratie.

Bundeszentrale für politische Bildung (Hg.), Erfolgsfaktoren von Bürgerhaushalten, www.buergerhaushalt.org, 6.11.2013

Bürgerhaushalt
Ein Bürgerhaushalt ist ein Instrument der Bürgerbeteiligung bei Fragen rund um die Verwendung von öffentlichen Geldern. [...] Immer mehr Städte und Gemeinden führen Beteiligungsverfahren zum kommunalen Haushalt ein. Sie geben damit den Einwohnerinnen und Einwohnern die Möglichkeit, ihre Ideen einzubringen und zu diskutieren, wofür die Stadt ihre Gelder ausgeben soll.
www.buergerhaushalt.org, 6.11.2013

Kontra Bürgerhaushalte

In der derzeit geführten Diskussion um Sinn und Unsinn der Bürgerhaushalte treten drei wesentliche Kritikpunkte besonders hervor:

1. Die ursprüngliche Zielsetzung, die Bürgerinnen und Bürger in das komplexe Verfahren der kommunalen Haushaltsaufstellung einzubeziehen, wurde nicht erreicht und inzwischen aufgegeben. Unter der Bezeichnung „Bürgerhaushalt“ firmieren inzwischen nur noch Vorschlagsammlungen für Maßnahmen und (Investitions-)Projekte, oder Abstimmungsverfahren über Vorschläge von Politik und Verwaltung.
2. Die Zahl der sich beteiligenden Bürgerinnen und Bürger ist gering. Der Teilnehmerkreis setzt sich überwiegend aus männlichen Personen mittleren Alters mit höherer Schulbildung und höherem Einkommen zusammen. Daher stellt sich die Frage, ob die im Rahmen von Bürgerhaushalten ermittelten Maßnahmen genügend Legitimation besitzen, dass demokratisch gewählte Stadt- und Gemeinderäte diese übernehmen.
3. In vielen Fällen ist festzustellen, dass Bürgerhaushalte bereits wieder eingestellt worden sind. Die Frage, ob das Projekt „Bürgerhaushalt“ mit der Zeit leise einschläft, scheint berechtigt. Denn [...] es gibt wohl auch für einen kommunalen Haushalt nicht jeden Tag neue Ideen – vielmehr drohen sich die Diskussionen um viele inhaltlich ähnliche oder gar gleiche Vorschläge im Kreis zu drehen.

Kai Masser, Bürgerhaushalte aus Sicht der Kritiker, www.buergerhaushalt.org, 18.12.2012

M21 Zukunftskammern – die dritte Säule der parlamentarischen Demokratie?

Claus Leggewie lehrt Politikwissenschaft an der Justus-Liebig-Universität Göttingen und ist seit 2007 Direktor des Kulturwissenschaftlichen Instituts Essen. Er plädiert für mehr Partizipation der Bürger und fordert gleichzeitig deren aufgeklärte Selbstbeschränkung.

taz: Als Berater der Regierung plädieren Sie für die „große Transformation". Deutschland solle seine Energieversorgung komplett auf umweltfreundliche Quellen [...] umstellen. Ist ein solch grundsätzlicher Wechsel in unserer Demokratie überhaupt möglich?

Leggewie: Jedenfalls ist es eine sehr große Herausforderung. Autoritäre Regime können Entscheidungen vielleicht schneller durchsetzen, aber Demokratien sind besser darin, für notwendige, unbequeme Lösungen Rückhalt zu organisieren. [...]

Muss der Staat auch gegenüber seinen Bürgern durchsetzungsfähiger werden, um einen raschen Wandel herbeizuführen?

Unser Plädoyer für die große Transformation fußt auf der Einsicht, dass die Bürger heute am absoluten Dominanzanspruch der verselbständigten Wirtschaft leiden, die ihre Rationalitätsmaßstäbe und ihr Realitätsprinzip allen anderen Teilsystemen aufzwingt. Um diese Übermacht einzudämmen, muss das wirtschaftliche Handeln wieder gesamtgesellschaftlich eingebettet werden. Das bewirkt eine Stärkung des Politischen – aber nicht notwendigerweise des Staats, dessen Steuerungsvermögen in den letzten Jahrzehnten dramatisch abgenommen hat. Die Bürger, die Zivilgesellschaft müssen nolens volens eine stärkere Rolle spielen. Das heißt: mehr Rechte, aber auch neue Pflichten. [...]

Für die Zukunft entwerfen Sie ein Bild der „deliberativen Demokratie". Soll das eine Ergänzung der heutigen Verfahren sein oder schwebt Ihnen ein Umbau unseres politischen Systems vor?

Claus Leggewie: Wir stellen uns neue Partizipationsmöglichkeiten nicht als marginale, sondern wesentliche Ergänzungen der heutigen Verfahren vor. „Deliberative Demokratie" meint „fundierte Erörterung der öffentlichen Angelegenheiten" und ist das Gegenteil von Demoskopie und Stimmungsdemokratie. Man fragt die Bürger nämlich nicht nur ein Mal nach ihrer Meinung, sondern häufiger. Experten und Entscheider müssen immer wieder auf die Argumente der Bürger eingehen, und diese durchlaufen ihrerseits einen Lernprozess.

Dauert das nicht furchtbar lange?

Es gibt politikwissenschaftliche Erkenntnisse, dass derart gründliche Erörterungen oftmals schnellere Entscheidungen, mehr Konsens und höhere Nachhaltigkeit bewirken. [...] Eine Zukunftskammer stellen wir uns als dritte Säule der parlamentarischen Demokratie im Gesetzgebungsverfahren vor. Die Mitglieder dieses Gremiums würden nicht nach parteipolitischen Kriterien oder durch Lobbies benannt, sondern unter engagierten Bürgern und Bürgerinnen ausgelost.

Sollen diese Zukunftskammern dieselbe Macht haben wie die Parlamente?

Nein, wir wollen ja keinen Regimewechsel der repräsentativen Demokratie. Sie haben kein absolutes Vetorecht, sondern führen eine Art Nachhaltigkeitsverträglichkeitsprüfung durch, deren Ergebnis die Parlamente abwarten und in ihrer Entscheidung berücksichtigen müssten.

Interviewer: Hannes Koch, Wir haben nicht mehr viel Zeit, in: Die tageszeitung, 3.5.2011

M22 Losverfahren – der Zufall entscheidet

Aleatorik [„nach einem Zufallsverfahren entstanden"] kann in der Politik prinzipiell ganz Verschiedenes leisten: Sie kann Partizipation erhöhen (wenn die Teilnehmer ausgelost werden), sie kann an anderen Stellen für Effizienz sorgen (wenn schnell per Los entschieden wird), sie kann als ein Antikorruptivum wirken (wenn der Zufall die Ämterpositionen neu mischt). [...] [Ein] Vorschlag besteht in der Einführung einer gelosten Zweiten Kammer des Europäischen Parlaments. [...] Sie sollte aus 200

Mitgliedern bestehen, die ganz genau wie bei der (dann) Ersten Parlamentskammer – also dem heutigen Europäischen Parlament – nach dem Prinzip der abnehmenden Proportionalität die Bürger der EU-Mitgliedsstaaten repräsentieren. Die Abgeordneten würden für jeweils zweieinhalb Jahre im Rhythmus der alle fünf Jahre stattfindenden Wahlen zur Ersten Kammer ausgelost, wobei jeder Bürger zeitlebens höchstens einmal ein Mandat erhalten dürfte. Die Teilnahme an der Lotterie sollte [...] zu den obligatorischen Pflichten der EU-Bürger gehören.

Gegen ein reines Freiwilligenmodell, bei dem sich die Teilnehmer zur Loskammer-Lotterie erst anmelden müssten, spricht, dass dann politische Aktivisten überrepräsentiert wären und sich soziale Trennungseffekte möglicherweise erneut verstärken. Im Sinne des Zieles einer statistischen Repräsentanz der gesamten Bevölkerung wären daher alle Wahlberechtigten zur Teilnahme an der Lotterie verpflichtet und die Gründe für die Ablehnung eines Mandats wären eng gefasst. Ganz wichtig in diesem Zusammenhang: Die Abgeordnetentätigkeit würde finanziell und organisatorisch so attraktiv ausgestaltet, dass die denkbaren Benachteiligungen für die ausgelosten Bürger weitgehend ausgeräumt wären. Die Loskammer soll die sonstigen Institutionen im politischen System der EU nicht ersetzen, sondern lediglich ergänzen. [...] Folgende Zuständigkeiten wären sinnvoll: Erstens sollte die Zweite Kammer in allen Gesetzgebungsfragen jederzeit Empfehlungen für die Erste Kammer, die Kommission und den Rat der EU beschließen können. Zweitens erhielte die Loskammer ein absolutes Vetorecht. [...]

Drittens sollte man dem ‚House of Lots' ein umfassendes Initiativrecht zubilligen [...]. Nicht zuletzt sollten aber auch alle zukünftigen Änderungen der Europäischen Verträge sowie der Beitritt neuer Mitgliedsstaaten der Zustimmungspflicht der Loskammer unterliegen. Damit würden [...] alle Entscheidungen über die Grundlagen der Europäischen Integration erstmals wirksam demokratisiert und könnten nicht mehr ohne öffentliche Debatten getroffen werden.

Hubertus Buchstein, Repräsentative, partizipatorische und aleatorische Demokratie, www.boell.de, 2.11.2011

Hubertus Buchstein ist seit 1999 Professor für Politische Theorie und Ideengeschichte am Institut für Politik- und Kommunikationswissenschaft der Universität Greifswald.

Aufgaben

1. Angenommen, Sie wären Mitglied einer Kommission, die Handlungsempfehlungen für die Sicherung der Demokratie in Deutschland erarbeiten soll. Entwickeln Sie in Gruppenarbeit eigene, konkrete Handlungsoptionen und halten Sie Ihre Ergebnisse schriftlich fest. Berücksichtigen Sie bei Ihren Handlungsempfehlungen die Erkenntnisse aus M16, M17 und M18.
2. Bearbeiten Sie die Karikatur aus M19 mithilfe der Methode „Karikaturbearbeitung III" auf Seite 176.
3. Fassen Sie (arbeitsteilig) die unterschiedlichen Überlegungen zur neuen Gestaltung der Demokratie zusammen (M20 – M22).
4. Beurteilen Sie die Effizienz Ihrer eigenen Vorschläge aus Aufgabe 1 und der in M19 – M22 dargestellten Vorschläge.

Wissen kompakt

Extremismus
M1 – M7

Vereinigungen und Parteien, deren Zielsetzung darauf basiert, die freiheitliche demokratische Grundordnung zu beseitigen, werden als extremistisch eingestuft. Sie zu beobachten und die Sicherheitsbehörden vor drohenden Gefahren zu warnen, ist die Aufgabe des Bundesamts für Verfassungsschutz. Hierbei kommen auch geheimdienstliche Methoden, etwa das Einschleusen sogenannter „V-Leute" in die personellen Strukturen extremistischer Organisationen zum Einsatz.

Rechtsextremismus
M1 – M4

Das verbindende Kennzeichen rechtsextremistischer Einstellungsmuster ist die Ablehnung der Personenwertgleichheit aller Menschen. Stattdessen wird der Wert einer Person an ihrer Zugehörigkeit zu einer bestimmten Ethnie, Nation oder „Rasse" ermessen, woraus sich antisemitische, fremdenfeindliche und sozialdarwinistische Haltungen ergeben.
Rechtsextremisten treten in aller Regel für eine autoritäre bzw. diktatorische Regierungsform ein. Sie lehnen demokratische Entscheidungsverfahren ab und sehen das Heil der ethnisch homogenen Volksgemeinschaft in einer starken Führerpersönlichkeit. Nicht zuletzt deshalb wird auch der Nationalsozialismus verharmlost bzw. gerechtfertigt.

Islamismus
M5

Der Islamismus ist eine uneinheitliche sozialrevolutionäre Bewegung, die für die Errichtung einer islamischen Gesellschafts- und Rechtsordnung eintritt. Ihre Legitimation erhält diese Ordnung durch den Koran sowie das Wirken des Propheten und der muslimischen Urgemeinde. Dementsprechend werden der moderne säkulare Staat und seine Institutionen als „unislamisch" abgelehnt. Militante Islamisten glauben, ihre Ideen mit Gewalt durchsetzen zu dürfen und interpretieren die im Koran enthaltene Aufforderung zum „heiligen Krieg" (Jihad) – abweichend von anderen muslimischen Rechtsschulen – als Pflicht zum physischen Kampf gegen alle „Ungläubigen" innerhalb und außerhalb der islamischen Welt.

Linksextremismus
M6 – M7

Linksextremisten bezeichnen den demokratischen Staat als Instrument der herrschenden Klasse. Sie orientieren ihr politisches Handeln an revolutionär-marxistischen oder anarchistischen Vorstellungen, deren Ziel es ist, die bestehende Staats- und Gesellschaftsordnung zu zerschlagen und durch ein sozialistisches bzw. kommunistisches System oder eine anarchistische (herrschaftsfreie) Gesellschaft zu ersetzen. Die Ablehnung des staatlichen Gewaltmonopols hat zur Folge, dass Gewalt gegen Sachen wie gegen Personen als legitimes Mittel im Kampf für eine vermeintlich „gerechtere Welt" betrachtet wird.

Wehrhafte Demokratie
M8 – M10

Die Erfahrungen aus dem Nationalsozialismus haben die Gründer der Bundesrepublik für die Gefahren sensibilisiert, die von extremistischen Ideologien ausgehen können. Das Grundgesetz enthält daher eine Reihe von Maßnahmen zum Schutz der Verfassung, die der politischen Ordnung Deutschlands insgesamt den Charakter einer „wehrhaften" oder „streitbaren" Demokratie geben. Zu diesen Maßnahmen zählen:
- Verbot verfassungsfeindlicher Vereinigungen (Art. 9, Abs. 2 GG)
- Verwirkung von Grundrechten (Art. 18 GG)
- Widerstandsrecht gegen Angriffe auf die Verfassungsordnung (Art. 20, Abs. 4 GG)

- Verbot verfassungsfeindlicher Parteien (Art. 21, Abs. 4 GG)
- Festlegung eines unabänderlichen Verfassungskerns (Art. 79, Abs. 3 GG)

Mediendemokratie
M14

In einer Demokratie besteht die Hauptaufgabe der Medien darin, Öffentlichkeit zu schaffen, d.h. über Sachverhalte, Ereignisse und Probleme so unverzerrt und wahrhaftig zu berichten, dass offen darüber diskutiert, gestritten und nötigenfalls nach Lösungen gesucht werden kann. Dazu gehört es, aus dem unüberschaubaren Angebot an Ereignissen diejenigen auszuwählen, die von öffentlichem Interesse sind. Die Massenmedien bestimmen folglich darüber mit, welche Ereignisse zu Nachrichten werden und für wie bedeutsam wir sie halten sollen (Thematisierungsfunktion). Nicht zuletzt diese Rolle macht sie zur „vierten Gewalt" neben Legislative, Exekutive und Judikative.

Aufgaben der Medien
M13, M15

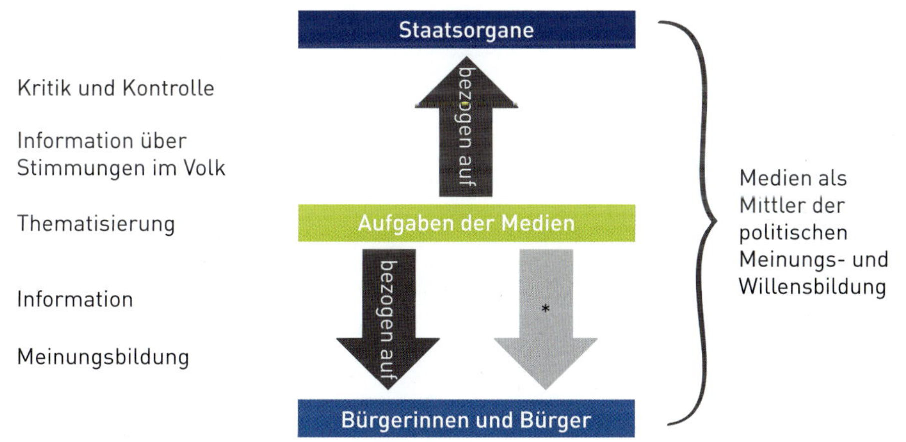

* Weitere Funktionen: Unterhaltung, Erholung, Selbstverwirklichung Bildung, Sozialisation, soziale Orientierung, Konsumlenkung etc.

Bürgerhaushalt
M 20

Der Bürgerhaushalt ist eine direkte Art von Bürgerbeteiligung an der Verwendung von Haushaltsmitteln auf kommunaler Ebene. Die Verwaltung einer Stadt lässt die Bürgerinnen und Bürger mindestens über Teile der frei verwendbaren Haushaltsmittel mitbestimmen und entscheiden. Durch den Bürgerhaushalt soll die Bevölkerung stärker an kommunalen Entscheidungsprozessen beteiligt werden. Die Beratung/Entscheidung der Bürgerinnen und Bürger beruht auf einem Diskussionsprozess im Rahmen besonderer Treffen/Foren. Die Organisatoren müssen über die Ergebnisse der Beratung Rechenschaft ablegen.

Deliberative Demokratie/ Zukunftskammern
M21

Der Politikwissenschaftler Klaus Leggewie schlägt vor, dass neben Bundestag und Bundesrat Zukunftskammern als dauerhafte Einrichtung an wichtigen politischen Entscheidungen wie z.B. der Energiewende beteiligt werden. Gesetzesentwürfe können so vordiskutiert werden, bevor sie im Parlament beschlossen werden. In den Zukunftskammern sollte ein Querschnitt der Bevölkerung vertreten sein. So könnten z.B. Bürgerinnen und Bürger aus Wählerlisten durch Losverfahren ausgewählt werden, die zusätzlich zu Wissenschaftlern und Experten an der Diskussion teilnehmen.

Kompetenzen prüfen

I. Selbstdiagnose

Ich kann ...

	Sehr gut ++	Gut +	Nicht gut 0	Übung durch z.B.
die Konzeption der wehrhaften Demokratie darlegen und Aktivitäten von radikalen Vereinen gegen die demokratische Grundordnung beschreiben (AFB I).				• M2, M4, M5, M7, M9, M10 • Aufgabe 2 auf S. 169
die Aufgaben der Medien in einer Demokratie beschreiben und an einem Fallbeispiel darstellen (AFB I).				• M11, M12, M14, M15
Gefahren im Alltag für die Demokratie ermitteln und radikale Äußerungen entsprechend charakterisieren (AFB II).				• M5, M6, M7, M9, M10 • Aufgaben 2 – 4 auf S. 165
die Verbreitung extremistischer Einstellungen mithilfe von empirischen Untersuchungen analysieren und eine eigene Untersuchung dazu konzipieren (AFB II).				• M3, M4, M5, M7 • Methode Umfrage auf S. 166
beurteilen, inwiefern die Medien ihrer öffentlichen Aufgabe gerecht werden (AFB III).				• M11, M12, M13, M14, M15
Konzepte zur Sicherung der Demokratie durch mehr Bürgerbeteiligung bewerten (AFB III).				• M18, M19, M20 • Aufgaben 2 – 4 auf S. 179

Kompetenzen anwenden – am Beispiel

Erstellung eines Informationsflyers

Gestalten Sie für Ihre Mitschüler an Ihrer Schule einen Flyer (→ Methodenglossar) über die „Gefahren für unsere Demokratie im Alltag". Berücksichtigen Sie hierbei Ihr in diesem Kapitel erworbenes Wissen und Können, indem Sie u.a. auf die Umfrageergebnisse (→ Methode S. 166 f.) hinweisen.

II. Klausurtraining

Text A: Pro-NPD-Verbot

Wann, wenn nicht jetzt? Ein NPD-Verbot, wie es nun von vielen gefordert wird, hätte die Zwickauer Terrorzelle sicherlich nicht im Keim erstickt. [...] Auch wenn es keine direkte Verbindung der rechtsextremen Partei zu den brutalen Mördern aus Zwickau gibt, so ähneln sich die NSU und NPD nicht nur in ihrem Namen, sondern auch in ihrer braunen Gesinnung. Natürlich braucht es keine NPD, um die Springerstiefel zu schnüren. Es braucht aber ein Verbot, um ein Zeichen zu setzen: Es gibt keine Unterstützung vom Staat für rechtsradikales Gedankengut. [...] Denn ganz abgesehen davon, dass es nicht sein darf, dass die menschenverachtenden Aktivitäten der NPD mit Steuergeldern bezahlt werden, kommt es auch auf die moralische Verantwortung eines Landes an: Wie will man einerseits die Allgemeinheit für Engagement gegen den Rechtsextremismus motivieren, wie dagegen ankämpfen, dass junge Menschen in die rechte Szene abdriften, wenn gleichzeitig eine Parolen schwingende Partei aus der Staatskasse unterstützt und mit Steuergeldern finanziert wird? Und das, während die Mittel im Kampf gegen Rechts gekürzt werden. Wie will man Kindern erklären, dass die Verfassungsfeindlichkeit der NPD legal ist? Nein, ein NPD-Verbot löst das Problem des Rechtsradikalismus nicht. Aber es wäre ein wichtiges Statement.

Katharina Miklis, Muss die NPD verboten werden?, www.stern.de, 17.11.2011

Text B: Kontra-NPD-Verbot

Die NPD ist nicht das Problem. Der Reflex war so erwartbar wie schnell: Weil die unheimlichen „Döner-Morde" auf das Konto einer Neonazi-Gruppe gehen soll, werden prompt Rufe nach einem NPD-Verbot laut. [...] Allerdings mutet dieser Vorstoß nach genau dieser Art von Aktionismus an, die zu schnell schießt und zu schlecht zielt. Zum einen: Was hat die NPD mit den Morden der Zwickauer Zelle zu tun? Nach allem, was bisher bekannt ist: nichts. Natürlich hetzt die Partei gegen Ausländer und Minderheiten und bestellt so den Acker des Hasses mit. Doch um ein echter Neonazi zu werden, braucht es keine NPD. So unangenehm sie auch sein mag, so irrelevant ist sie zum Glück für den größten Teil der Deutschen. Zum anderen: Selbst wenn es eine eindeutige Verbindung zwischen der Zwickauer Zelle und der NPD gibt, was genau soll ein Verbot bringen? Nur weil eine Partei nicht mehr existiert, verschwindet damit noch lange nicht ihre Ideologie. So traurig es klingt, aber ein freies Land wie Deutschland muss sich wohl oder übel damit abfinden, dass es Nazis gibt – alte wie neue. [...] Denn die NPD ist eine, aber nicht die Ursache für Neonazis, Fremdenhass, Mord und Totschlag, sondern allen voran nur ihr unansehnliches Gesicht.

Nils Kruse, Muss die NPD verboten werden?, www.stern.de, 17.11.2011

Aufgaben

1. Stellen Sie vor dem Hintergrund Ihrer Kenntnisse das Ausmaß der Gefahren durch Rechts- und Linksextremismus dar.
2. Analysieren Sie die Positionen der Autoren und vergleichen Sie ihre Argumente.
3. Erörtern Sie die Pro- und Kontra-Argumente. Nehmen Sie Stellung.

Erwartungshorizonte zu den Aufgaben 1 – 3

Mediencode: 72021-15

Tom Hanks als Chuck Noland in dem Film „Cast Away -Verschollen"

Auf dem Weg zu einem neuen Auftrag überlebt Chuck Noland als einziger Passagier einen Flugzeugabsturz im Südpazifik und findet sich auf einer unbewohnten Insel wieder. Ihm ist nur wenig geblieben, um sich für das Leben dort einzurichten. Nach dem Absturz werden mehrere der an Bord befindlichen [...] Pakete an den Strand gespült, die Chuck nun nach und nach öffnet. Sie enthalten Videobänder, Schlittschuhe, ein Kleid und einen Volleyball – auf den ersten Blick scheinbar lauter nutzloses Zeug, das sich jedoch in der neuen unwirtlichen Umwelt, [...] mit neuen Funktionen versehen, bald als verwertbar oder sogar überlebensnotwendig erweist, wie das aus einem Schlittschuh konstruierte Beil. Sogar der anfangs besonders überflüssig erscheinende Volleyball bekommt existenzielle Bedeutung: Er wird, nachdem Chuck ihm mit dem Blut einer Handverletzung ein menschliches Gesicht aufgemalt hat, zu einem stummen „Freund", mit dem er immer wieder Selbstgespräche führt und sich berät und der ihn so vor Wahnsinn und völliger Verzweiflung bewahrt. Nach dem Logo des Herstellers Wilson Sporting Goods auf dem Ball nennt Chuck ihn „Wilson" und macht ihn zu seinem ständigen Begleiter.

de.wikipedia.org, Cast Away – Verschollen, www.de.wikipedia.org, Abruf am 17.12.2013

Ökonomie – vom Planen, Abwägen und Entscheiden

7

Die Ökonomie erforscht wirtschaftliche Zusammenhänge und Probleme. Dazu muss sie sich insbesondere mit dem wirtschaftlichen Handeln der Menschen befassen: Wie verhalten sich Menschen oder allgemein Wirtschaftsakteure in Entscheidungssituationen? Was sind die Motive ihres Handelns, welche Ziele verfolgen sie?
Dieses Kapitel beschäftigt sich mit den grundlegenden ökonomischen Fragestellungen und Problemen, die jeder im täglichen Leben, egal ob Haushalt, Unternehmen oder Staat, bewältigen muss.

Kompetenzen

Am Ende dieses Kapitels können Sie:

- das Knappheitsproblem als Grundlage des ökonomischen Handelns beschreiben;
- Bedürfnisse und Bedarf unterscheiden,
- die Rolle als Verbraucher im Spannungsfeld von Bedürfnissen, Knappheiten, Interessen und Marketingstrategien analysieren,
- Grundbegriffe der ökonomischen Theorie wie Allokation, Effizienz, Verteilung, Kosten und Nutzen erklären;
- das Rationalitätsprinzip als ökonomisches Modell erklären;
- das Modell des Homo oeconomicus hinsichtlich seiner Tragfähigkeit zur Beschreibung der ökonomischen Realität bewerten.

Was wissen und können Sie schon?

Manchmal wird einem die Frage gestellt, welche drei Dinge man auf eine einsame Insel mitnehmen würde. Für Tom Hanks alias Chuck Noland (linke Seite) in dem Film „Cast Away – Verschollen" ist diese Frage bitterer Ernst.

- Stellen Sie ein Warenmagazin für Chuck Noland zusammen und ordnen Sie die Güter nach ihrer Dringlichkeit.
- Nennen Sie Bedürfnisse, die sich Chuck Noland nicht erfüllen kann.

7.1 Knappheit – ein ökonomischer Grundbegriff

M1 Skepsis im Schlaraffen(deutsch)land

Karikatur: Heiko Sakurai

M2 In Venezuela werden die Lebensmittel knapp

Viel Öl – wenig Nahrung: Venezuelas Lebensmittelkrise
Das an Öl reiche Venezuela leidet seit mehr als vier Jahren an der schlimmsten Lebensmittelknappheit seiner neueren Geschichte. Mehl, Fleisch, Zucker, Öl und andere Nahrungsmittel, sogar Toilettenpapier oder Medikamente sind immer schwerer zu besorgen.

CARACAS – In den Seitenstraßen um den Großhandelsmarkt Quinta Crespo in Venezuela versuchen Dutzende Menschen, heimlich an ein weißes Puder zu kommen. Dealer verkaufen es zu inflationären Preisen und versuchen, dabei nicht von der Nationalgarde erwischt zu werden. Doch es geht dabei nicht um Drogen, sondern um einfaches Maismehl, mit dem dort Arepa-Pfannkuchen hergestellt werden, die zu den Grundnahrungsmitteln gehören. [...]

„Hier muss man die richtigen Leute kennen, damit man das bekommt, was man will", sagt Antonio González, ein 22-jähriger Bäcker, der vor kurzem in Quinta Crespo nach Zutaten suchte. Trotz der bunten Schilder vor den Läden, die darauf hinweisen, dass Zucker und Mehl aus sind, verkauften einige Ladenbesitzer diese Produkte weiter an bevorzugte Kunden, die bereit sind, einen Aufschlag von 30 bis 90 Prozent auf die staatlich festgelegten Preise zu zahlen, sagt González. Die teuer ergatterten Zutaten werden wahrscheinlich für Produkte verwendet, deren Preis nicht vom Staat vorgeschrieben wird. Brot etwa kostet laut Gesetz drei venezolanische Bolívar (50 Euro-Cent), mit Käse oder Schinken belegte Brote aber, deren Preis nicht festgeschrieben ist, können Bäcker oft für über 20 Bolívar verkaufen. In der wohlhabenderen Gegend Chacao haben viele Bäckereien festgelegt, dass Kunden höchstens zwei Baguettes kaufen dürfen. In vielen Supermärkten werden die Kunden daran erinnert, dass sie höchstens zwei Packungen Öl oder Maismehl kaufen dürfen. Die Preise dieser Produkte werden staatlich reguliert. Oft bilden sich in den Läden lange Schlangen, wenn rationierte Produkte zu haben sind. Der größte Nahrungsmittelkonzern Venezuelas, Empresas Polar, berichtete vor kurzem, dass der Preis von weißem Mais, den das Unternehmen zu Maismehl verarbeitet, derzeit 50 Prozent höher ist als der staatlich regulierte Preis.

Kejal Vyas, In Venezuela werden die Lebensmittel knapp, www.wsj.de, 12.2.2013

M3 Wo die Lebensmittelknappheit zum Alltag gehört

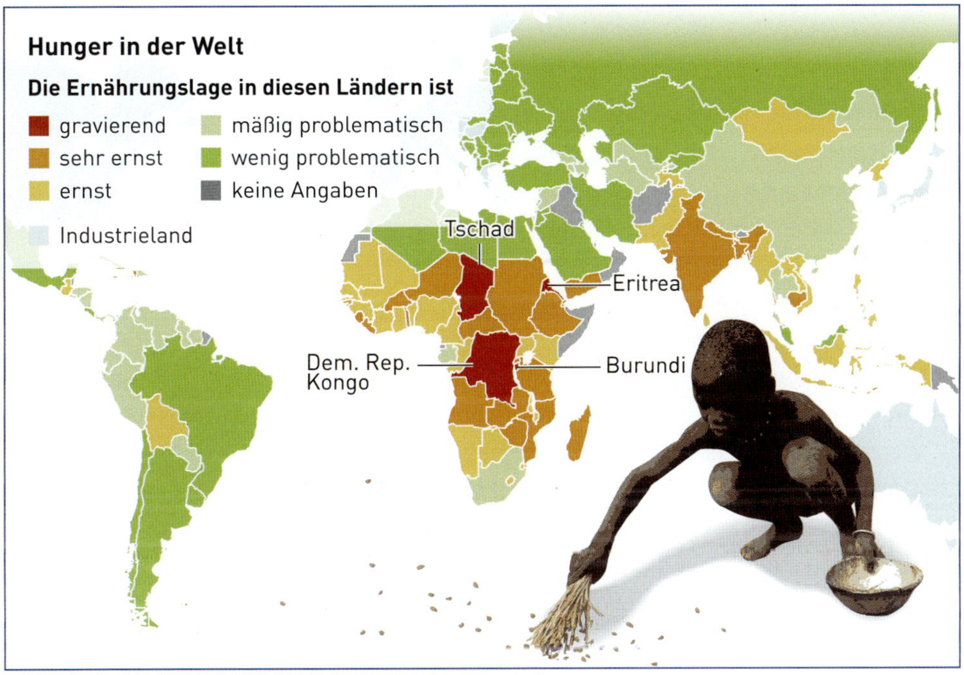

Globus-Grafik 3840; Quelle: Welthungerhilfe, IFPRI; Stand: 2010

M4 Verschwendung von Lebensmitteln in Deutschland

Pro Kopf landen über 80 Kilo Lebensmittel jährlich im Müll. Ursachen sind falsche Lagerung und falsches Einkaufsverhalten, Unwissen über Haltbarkeit und die Furcht des Handels vor dem Verbraucher.

Die Deutschen sitzen auf einem gewaltigen Berg verschwendeter Nahrung. 6,7 Millionen Tonnen Lebensmittel, 170.000 Lastwagenladungen voll, landen allein in deutschen Haushalten jedes Jahr im Müll – ein Volumen, mit dem man die größte Kirche des Landes, den Kölner Dom, drei Mal füllen könnte. Und das ist nur das, was der Endverbraucher direkt in seine diversen Mülltonnen wirft, in der Toilette hinunterspült, an Tiere verfüttert oder kompostiert. Von Nahrungsmittelindustrie, Handel und Großverbrauchern kommen noch einmal 4,3 Millionen Tonnen hinzu. [...]

Das Stuttgarter Institut für Siedlungswasserbau, Wassergüte und Abfallwirtschaft hat dies zu Jahresbeginn im Auftrag des Bundesverbraucherschutzministeriums ermittelt. Ressortchefin Ilse Aigner will diese Art der Nahrungsmittelverschwendung zurückdrängen. „Für mich sind die Verluste von wertvollen Lebensmitteln, über die es in den meisten Staaten nur Schätzwerte gibt, schwer zu ertragen. Zu groß ist das Potenzial, das wir verloren geben – anstatt es sinnvoll einzusetzen“, wetterte die CSU-Politikerin im Mai 2011 auf einer Tagung der UN-Ernährungsorganisation FAO in Düsseldorf. Die Organisation geht davon aus, dass weltweit sogar rund ein Drittel aller Lebensmittel nicht verzehrt, sondern weggeworfen werden. Angesichts von rund 900 Millionen Menschen, die auf diesem Planeten an Unterernährung leiden, sieht nicht nur Ilse Aigner in dieser Verschwendung nicht zuletzt auch ein großes moralisches Problem.

Holger Kroker, Jeder Deutsche verschwendet pro Jahr 235 Euro, www.welt.de, 5.10.2012

Statistiken und Schaubilder
Ein Schaubild ist eine zeichnerische Wiedergabe von statistischen Daten oder Funktionen, besonders von Häufigkeitsverteilungen, Lagemaßen, Zeitreihendaten und Beobachtungswertepaaren.
Nach: Springer Gabler Verlag (Hg.), Globales Wirtschaftslexikon, Stichwort: grafische Darstellung, www.wirtschaftslexikon.gabler.de, Abruf am 11.5.2014

Methode

Statistikbearbeitung II

I. Aufgaben

1. Stellen Sie die Aussagen des Schaubildes in M3 über den Hunger in der Welt dar.
2. **Analysieren Sie die Ergebnisse des Schaubildes.**
3. Beurteilen Sie die Aussagekraft des Schaubildes.

II. Tipps zur Bearbeitung von Aufgabe 2

1. Lesen Sie zunächst in den „allgemeinen Hinweisen zur Statistikbearbeitung" auf S. 273 den Abschnitt „III.2".
2. Ziehen sie eine Weltkarte hinzu, in der die Namen aller Länder verzeichnet sind und notieren Sie die Länder, die Sie in Ihrer Analyse erwähnen wollen.
3. Wenn Sie eine vertiefte Analyse des Schaubildes durchführen möchten, ist es notwendig, dass Sie sich mithilfe eines Weltatlas, des Internets oder entsprechender Literatur, z.B. ein Erdkundebuch, über die geographische Lage, die historische und politische Entwicklung der betreffenden Länder informieren.

III. Anleitung zur Analyse des Schaubildes in M3 (AFB II)

1. Leiten Sie Ihre Analyse des Hungers in der Welt durch einen Satz ein, in dem Sie auf die Verteilung des Hungers auf der Welt hinweisen.
2. Dann müssen Sie festlegen, ob Sie zuerst auf die Länder bzw. Ländergruppen eingehen, in denen die Ernährungslage am wenigsten problematisch ist oder umgekehrt. Versuchen Sie dann, Ergebnisse strukturiert zusammenzufassen. Einige der folgenden Aspekte könnten Ihnen bei der Analyse des Schaubildes helfen:
   - Ernährungslage in den „grau" gekennzeichneten Industrieländern: Welche Länder sind das? Was wissen Sie über die langjährige ökonomische und politische Entwicklung in diesen Ländern?
   - Ernährungslage in den als „wenig problematisch" gekennzeichneten Ländern: In welchen Erdteilen liegen diese Länder? Was wissen Sie hierüber?
   - Ernährungslage in den als „mäßig problematisch" gekennzeichneten Ländern: Was unterscheidet diese Länder von den Ländern im dunkleren Grün? Geographische Lage, Bevölkerungsentwicklung, Geschichte u.a.
   - Ernährungslage in den als „ernst" gekennzeichneten Ländern: Wie ist die Lage in den betreffenden Ländern im Vergleich zu den anderen Ländern des Kontinents? Woran könnte das liegen? (Klima, Geographie)
   - Ernährungslage in den als „sehr ernst" und „gravierend" gekennzeichneten Ländern: In welchen Erdteilen liegen die Länder? (Klima, Geographie)
   - Über einige Länder gibt es keine Angaben. Was kennzeichnet diese Länder und woran könnte es liegen, dass es keine Angaben gibt?

Gehen Sie zum Abschluss zusammenfassend darauf ein, wie die Ernährungslage in der Welt zu charakterisieren ist und welche Gründe es dafür geben könnte, dass die Lage in Afrika im Unterschied zu den anderen Teilen besonders prekär ist.
Bearbeiter

M5 Lebensmittelknappheit und die Macht der Verbraucher

Mit ihren Kaufentscheidungen haben es die Kunden aus Sicht von Bundeslandwirtschaftsminister Hans-Peter Friedrich (CSU) in der Hand, dass mehr Bio-Lebensmittel in die Läden kommen. „Der Verbraucher bestimmt am Ende, was produziert wird“, sagte Friedrich am Donnerstag in Berlin. „Man muss nur bereit sein, dafür auch den entsprechenden Preis zu bezahlen.“ Er sei überzeugt, dass Öko-Produkte noch günstiger würden. Insgesamt müssten sich Verbraucher wegen der starken globalen Nachfrage aber auf höhere Nahrungspreise einstellen. [...] „Es ist zu erwarten, dass die weltweit steigende Nachfrage, insbesondere aus den aufstrebenden Regionen Asiens, sich auf die Lebensmittelpreise auswirkt“, sagte Friedrich der dpa. Bei der Auftaktfeier sagte er, die Produktion von Lebensmitteln müsse deutlich gesteigert werden, um die Ernährung der wachsenden Weltbevölkerung zu sichern. [...] EU-Landwirtschaftskommissar Dacian Ciolos sprach sich für ein vollständiges Ende der Subventionen für europäische Agrarexporte nach Afrika aus. „Ich bin bereit, ein für alle Mal auf die Erstattung für Ausfuhren in diese Entwicklungsländer ganz zu verzichten - selbst in Krisenzeiten, wenn dieses Instrument noch angewendet werden könnte“, sagte Ciolos bei der Eröffnungsfeier. Kritiker warnen, dass Agrarexporte die eigene Produktion in Entwicklungsländern beeinträchtigen.

dpa, Grüne Woche eröffnet, www.focus.de, 16.1.2014

M6 Konsumentensouveränität – am Beispiel nachhaltiger Lebensmittel

In der Wirtschaft geht es meist um Profit – es wird das getan, womit man Geld verdienen kann. Verbraucher haben deshalb eine große Macht: Denn mit ihrem Kaufverhalten können sie darauf Einfluss nehmen, wer womit Geld verdient. Mit ihrer Nachfrage bestimmen sie, ob nachhaltige Produkte angeboten werden [...].

Das Verhalten von Verbrauchern entscheidet letztendlich darüber, welcher Betrieb weitergeführt oder mangels Rentabilität eingestellt wird. [...] 58 Prozent des Bruttoinlandsprodukts in Deutschland macht der private Konsum aus. Das heißt, Verbraucher sind ökonomisch gesehen viel wichtiger als Unternehmen.

Doch dem Einzelnen ist seine Einflussmöglichkeit oft nicht bewusst. Die neuen Medien ändern das glücklicherweise: Mithilfe von Facebook, Twitter und Blogs kann heutzutage schnell, einfach und kostenlos die Masse mobilisiert werden.

Bisher wurde meist zu einem Boykott aufgerufen, um Druck auf Unternehmen auszuüben. Mittlerweile hat eine neuartige Form der Konsumentenbewegung an Beliebtheit gewonnen – der Carrotmob. Die Wortschöpfung basiert auf dem Sinnbild des störrischen Esels, der mit einer Karotte vor der Nase viel eleganter zum Ziel getrieben wird als mit der Peitsche auf den Hintern. Dabei wird das Prinzip des Boykotts einfach umgedreht – Geschäfte, die bereit sind, einen gewissen Anteil ihres Umsatzes in die [nachhaltige Produktion von Lebensmitteln, Anm.d.R.] zu investieren, werden mit einem Ansturm von kaufwütigen Konsumenten belohnt. Doch im Gegensatz zum Boykott, bei dem der Konsument absichtlich auf eine bestimmte Ware verzichten muss, kauft man beim Carrotmob gezielt im Schwarm ein . [...]

Darüber hinaus erkennen Betriebe, dass [...] sie [...] nicht nur ihren Umsatz, sondern auch ihr Image und ihre Bekanntheit steigern. Verbraucher wiederum bekommen ein größeres Bewusstsein für ihre eigenen Handlungsmöglichkeiten.

Nach: Klima sucht Schutz, Konsum Spezial Carrotmob: Die Macht der Verbraucher, www.klima-sucht-schutz.de, Abruf am 14.1.2014

Konsumentensouveränität
Verbraucher steuern die Produktion und das Angebot; Kauf als Stimmabgabe

↕

Produzentensouveränität
Anbieter bestimmen das Angebot und steuern Bedürfnisse durch Marketingmaßnahmen

M7 Die Slow-Food-Philosophie – Konsumenten und Produzenten an einem Tisch

Wir leben in einer Überfluss- und Wegwerfgesellschaft. Lebensmittel sind für uns oft nicht mehr die im eigentlichen Sinne notwendige Mittel zum Leben, sondern frei und immer verfügbare Waren, deren genaue Herkunft viele von uns nicht einmal kennen. Diese Entfremdung von unserem täglichen Essen hat in den modernen Industriegesellschaften zu einer Nahrungsverschwendung von grotesken Ausmaßen geführt. [...]
Gegenwärtige Kampagnen zum Thema erregen viel öffentliches Interesse, greifen aber oft zu kurz. So wird weder die Lebensmittelindustrie in die Verantwortung genommen, noch werden die Konsequenzen für die ärmeren Länder der Welt thematisiert. [...]
Slow-Food setzt sich dafür ein, den Zyklus von Überproduktion und Verschwendung zu durchbrechen und unserem Essen wieder seinen wahren Wert zu verleihen.“ Slow-Food setzt der Verschwendung [drei] Prinzipien entgegen:

- die Wertschätzung des Essens [...]
- die Stärkung regionaler Wirtschaftskreisläufe
- und die Förderung des Genusses von echten Lebensmitteln aus handwerklicher, nachhaltiger Produktion.

Slow-Food bringt Produzenten, Händler und [...] (Verbraucher) miteinander in Kontakt, vermittelt Wissen und Können rund um Lebensmittel und unterstützt die nachhaltige und handwerkliche Lebensmittelproduktion und den bewussten Genuss des Essens. Qualitativ gute, aber krumme und knubbelige Gemüse-Individualisten haben im Lebensmittelhandel keine Chance. Angeblich werden sie aufgrund ihrer Form oder Beschaffenheit vom Kunden verschmäht – oder sie passen einfach nicht in die Verpackungsnormen des Zwischenhandels. Die Folge: Produzenten müssen hochwertige Waren oft wegwerfen. Nicht bei Slow-Food! Deutschlandweit macht die Bewegung mit der Aktion „Teller statt Tonne“ auf den täglichen Verschwendungswahn aufmerksam. Freiwillige Helfer sammeln dazu verschmähtes Gemüse und andere Lebensmittel bei lokalen Erzeugern ein und bereiten daraus ein Gratisgericht, das auf öffentlichen Plätzen an Passanten ausgereicht wird. Bei der gemeinsamen Mahlzeit an langen Tafeln können sich Besucher dann über die Lebensmittelverschwendung informieren und erfahren, was sie ganz persönlich dagegen unternehmen können.

Slow Food Deutschland e.V., Die Slow Food Kampagne gegen Lebensmittelverschwendung, www.slowfood.de, Abruf am 10.12.2013

Aufgaben

1. Analysieren Sie die Karikatur aus M1, indem Sie sie u.a. mit M3 in Verbindung setzen.
2. Werten Sie M2 – M7 hinsichtlich der Kriterien Mangel und Überfluss aus.
3. Präsentieren Sie Ihre Ergebnisse aus Aufgabe 2 auf einer Wandzeitung / Folie (→ Methodenglossar). Nennen Sie dabei mögliche Gründe für den Mangel und Überfluss (M1 – M4).
4. Bearbeiten Sie das Schaubild aus M3 mithilfe der Methode „Statistikbearbeitung II“ auf S. 188.
5. Erklären Sie die Begriffe Konsumenten- und Produzentensouveränität (M5, M6).
6. Nehmen Sie Stellung zu der Frage, ob die Aktion „Teller statt Tonne“ (M7) tatsächlich eine geeignete Lösung zur Reduzierung der Lebensmittelverschwendung darstellt. Berücksichtigen Sie dabei die Probleme wie sie in M2 und M3 dargestellt werden.

F Aufgabe 5
Erläutern Sie das Phänomen „Knappheit“ mithilfe der Begriffe Konsumenten- und Produzentensouveränität, indem Sie u.a. aufzeigen, was bei wem wann knapp ist (M5, M6, Randspalte auf S. 189).

7.2 Wirtschaften – welche Prinzipien bestimmen ökonomisches Handeln?

M8 Knappheit – kein Leben in Saus und Braus

Knappheit ist zentrales Charakteristikum aller Wirtschaftsgesellschaften, Knappheit ist das Grundgesetz der Ökonomie: Zwar ist es denkbar, dass einzelne Menschen ‚wunschlos glücklich' sind und die Knappheit nicht spüren. Aber für eine Wirtschaftsgesellschaft insgesamt übersteigt die Summe der Bedürfnisse die Summe der Produktionsmöglichkeiten in jedem Fall.

Die Fülle individueller Wünsche z.B. nach einem Auto, einem Haus oder einer Weltreise und die Fülle der gesellschaftlichen Aufgaben, z.B. im Bereich der Bildung, der Gesundheit oder der Verkehrsinfrastruktur, mag die Knappheit anschaulich machen und der Hinweis auf die Armut in weiten Teilen der Welt macht die Knappheit als zentrales Problem der Weltwirtschaft deutlich.

Die Existenz von Knappheit erfordert Wirtschaften als planmäßigen Einsatz knapper Güter zur Erfüllung menschlicher Bedürfnisse. Und die zentrale Aufgabe der Wirtschaftswissenschaft ist es zu erforschen, wie die Knappheit vermindert werden kann. Als wesentliche Organisationsform des Wirtschaftens gilt die Arbeitsteilung, die in herausragender Weise geeignet ist, die Knappheit zu vermindern.

Ulrich Baßeler, u.a., Grundlagen und Probleme der Volkswirtschaft, 19. Auflage, Schäffer-Poeschel Verlag, Stuttgart 2010

Bedarf und Bedürfnis
In den Wirtschaftswissenschaften werden die Begriffe Bedarf und Bedürfnis unterschieden. Das Bedürfnis ist ein Sammelbegriff für materielle und nichtmaterielle Dinge und Zustände, die für die Individuen unumgänglich notwendig sind oder von ihnen angestrebt werden. Der Bedarf hingegen ist ein mit Kaufkraft ausgestattetes Bedürfnis. Ein Bedarf liegt dann vor, wenn ein Bedürfnis mit Kaufkraft befriedigt werden soll.

Nach: Klaus Schubert, Martina Klein, Das Politiklexikon, Stichworte Bedarf und Bedürfnis, 5. Aufl., 2011, S. 35

M9 Bedürfnisse – Mangel oder Verlangen?

Bedürfnisse sind subjektiv empfundene Gefühle des Mangels mit dem Streben, diese Mangelgefühle zu beseitigen. Solche Bedürfnisse können z.B. Hunger, Durst, Feiern, Anerkennung, Selbstverwirklichung sein. Sie sind bestimmt von den Lebensumständen des „bedürftigen" Wirtschaftssubjekts, von seinem Alter, von der Werbung u.a. [...]

Der Versuch, Bedürfnisse zu systematisieren, stößt auf Schwierigkeiten. Zwar erkennt man leicht, dass die Bedürfnisse eines Wirtschaftssubjekts mit unterschiedlicher Stärke zur Befriedigung drängen. Hunger und Durst werden sicherlich als dringende, Bildung und Reisen vielleicht als weniger dringende Bedürfnisse empfunden, sodass die Einteilung in Existenzbedürfnisse (Primärbedürfnisse) und in Kultur- und Luxusbedürfnisse (Sekundärbedürfnisse) verständlich ist.

Aber diese Einteilung lässt kaum eine verallgemeinernde Anwendung zu: Was für das eine Wirtschaftssubjekt Sekundarbedürfnisse sind, können für das andere durchaus Primärbedürfnisse sein.

Möglich ist auch die Einteilung in naturgegebene und manipulierte Bedürfnisse. Sie berücksichtigt die Tatsache, dass ein Mensch im Verlauf seiner primären und sekundären Sozialisation, durch Erziehung und andere Umwelteinflüsse (z.B. durch Werbung oder zwischenmenschliche Beziehungen) viele Bedürfnisse erst erwirbt.

Eine besondere Bedeutung hat die Einteilung in Individual- und Kollektivbedürfnisse. Die Bedürfnisse werden danach eingeteilt, ob sie vom Individuum oder vom Kollektiv, der öffentlichen Hand, befriedigt werden. So ist z.B. Bildung ein individuelles Bedürfnis, es kann aber weitgehend nur durch entsprechende Einrichtungen des Staates befriedigt werden und ist insofern ein Kollektivbedürfnis.

Wolfgang Vry, Volkswirtschaftslehre, 11. aktualisierte Auflage, Kiehl, 2011

Primäre und sekundäre Sozialisation
→ S. 36

M10 Die Bedürfnis-Pyramide nach Maslow

Der amerikanische Psychologe Abraham Maslow stellt die Bedürfnisse in unterschiedliche Stufen, die nacheinander durchlaufen werden, in der sog. „Bedürfnispyramide" dar:

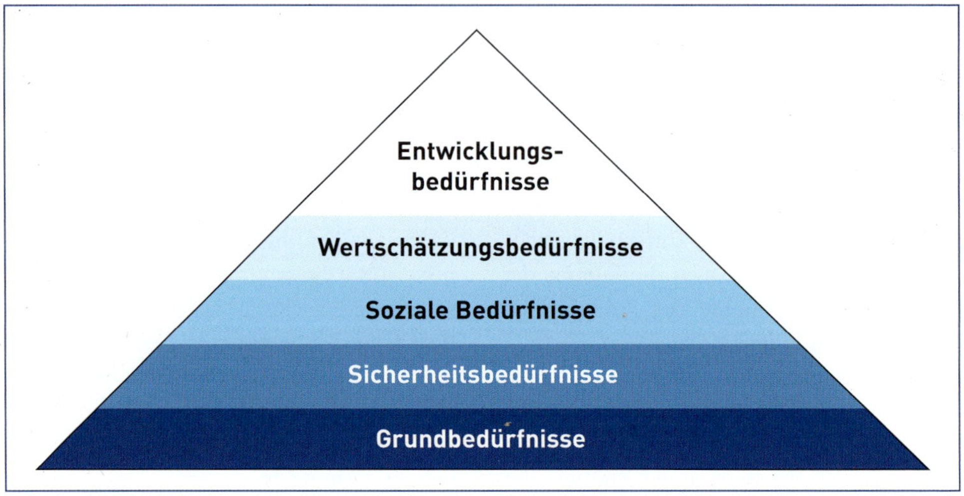

Autorengrafik

M11 Sind Bedürfnisse angeboren?

In welchem Umfang Bedürfnisse angeboren sind bzw. in welchem Umfang sie durch Werbung, durch die Entwicklung neuer Produkte oder durch die Lebensumstände verändert werden (können), ist nicht genau bekannt. Die Position der Ökonomie – als etwa allgemein akzeptierte Anschauung von Wirtschaftswissenschaftlern – ist die folgende: Es wird angenommen, dass Bedürfnisse als grundlegende Antriebsempfindungen für Leben, Gesundheit, Unterhaltung, Anerkennung usw. sich im Zeitablauf nicht substanziell ändern und dass sich auch die Bedürfnisse von Menschen in verschiedenen Kulturen und Gesellschaften nicht sehr voneinander unterscheiden, dass aber der konkrete Bedarf erheblichen Veränderungen unterworfen ist. Um nur ein Beispiel zu nennen: Das Bedürfnis nach Unterhaltung ist vermutlich universell und zeitlos gegeben. Der Bedarf nach einer Buschtrommel, einem Buch, einem Farbfernsehgerät oder einem Handy ist aber abhängig von den Lebensumständen, von der Entwicklung solcher Produkte und von der Werbung.

Ulrich Baßeler, u.a., Grundlagen und Probleme der Volkswirtschaft, 19. Auflage, Schäffer-Poeschel Verlag, Stuttgart 2010

M12 Wirtschaften – Spannungsverhältnis zwischen knappen Gütern und Bedürfnissen

Die unbegrenzten Bedürfnisse der Wirtschaftssubjekte stehen im Konflikt zu den knappen Gütern und Ressourcen, die nur begrenzt zur Verfügung stehen. Aus diesem Grund müssen alle Akteure im Wirtschaftsprozess stets darüber nachdenken, wie dieser Konflikt aus ihrer Perspektive bestmöglich gelöst werden kann.
Der optimale Einsatz knapper Güter und Ressourcen zur Befriedigung der Bedürfnisse wird „wirtschaften" genannt. Dabei handeln die Wirtschaftssubjekte ratio-

nal und treffen ihre Entscheidungen auch nach dem ökonomischen Prinzip. Diese grundlegende Annahme der Wirtschaftswissenschaften kann in zwei Ausprägungen verwirklicht werden, um ein möglichst effizientes Verhältnis zwischen dem Einsatz (Input) und dem Ergebnis (Output) zu erzielen:

Wird ein angestrebter Output mit möglichst wenig Input erreicht, spricht man vom Minimalprinzip: Ein Schüler beabsichtigt, die anstehende Klausur in Sozialwissenschaften gerade mit der Note „ausreichend" zu schaffen, ohne viel dafür lernen zu müssen.

Ist hingegen der Input gegeben, mit dem ein maximaler Output erzielt werden soll, spricht man vom Maximalprinzip. In diesem Fall wird der Schüler bis zur anstehenden Klausur die ihm zur Verfügung stehende Zeit zur Vorbereitung ausschöpfen, um die daraus resultierende bestmögliche Note zu schreiben.

Bearbeiter

M13 Das ökonomisches Prinzip – karikiert

Karikatur: Wössner

Aufgaben

1. Definieren Sie den Begriff „Knappheit" und erklären Sie, warum dieser Begriff „Grundgesetz der Ökonomie" genannt wird (M8).
2. Erläutern Sie mithilfe von M9 und M10 die Begriffe Bedürfnisse und Bedarf.
3. Suchen Sie konkrete Beispiele für die in der Bedürfnispyramide von Maslow dargestellten einzelnen Stufen der Bedürfnisse (M10) und erläutern Sie auf der Grundlage von M9, warum eine solche Systematisierung im Einzelfall schwierig ist.
4. Erklären Sie, was man in der Ökonomie unter dem Begriff „Wirtschaften" versteht (M12) und definieren Sie die Begriffe „Minimalprinzip" und „Maximalprinzip".
5. Analysieren Sie die Karikatur aus M13, indem Sie u.a. prüfen, inwiefern soziale Verantwortung und Werbung (M11) die Bedürfnisse der Verbraucher beeinflussen.

F Aufgaben 1 – 5
Diskutieren Sie in Kleingruppen, welche Bedürfnisse nach Ihrer Ansicht angeboren sind und welche kulturell bedingt sind (M11). Unterscheiden Sie, bei welchen Beispielen Sie sicher sind, dass Ihre Einschätzung richtig ist und bei welchen Beispielen Sie unsicher sind. Stellen Sie Ihre Ergebnisse im Kurs vor.

7.3 Ökonomische Grundprobleme – lassen sie sich lösen?

M14 Grundprobleme einer Volkswirtschaft

Angesichts der Knappheit als ökonomisches Grundproblem müssen [Individuen und] alle Gesellschaften Lösungen für folgende Probleme suchen:

Das Allokationsproblem
Welche Güter sollen in welcher Menge produziert werden?
„Angesichts der unzähligen Bedürfnisse und der begrenzten Produktionsmöglichkeiten muss eine Entscheidung über Art und Umfang der zu produzierenden Güter getroffen werden."
Das Effizienzproblem
Wie sollen diese Güter produziert werden?
„Die Produktion der Güter kann möglicherweise auf unterschiedliche Art und Weise mit verschiedenen Verfahren, Methoden und Techniken erfolgen."
Das Verteilungsproblem
Für wen sollen diese Güter produziert werden?
„Auf Grund der Arbeitsteilung werden Güteraustausch und Entscheidungen über die Verteilung der Güter nötig."

Viktor Lüpertz, Problemorientierte Einführung in die Volkswirtschaft, Winklers 2013, 7. Aufl., S. 14

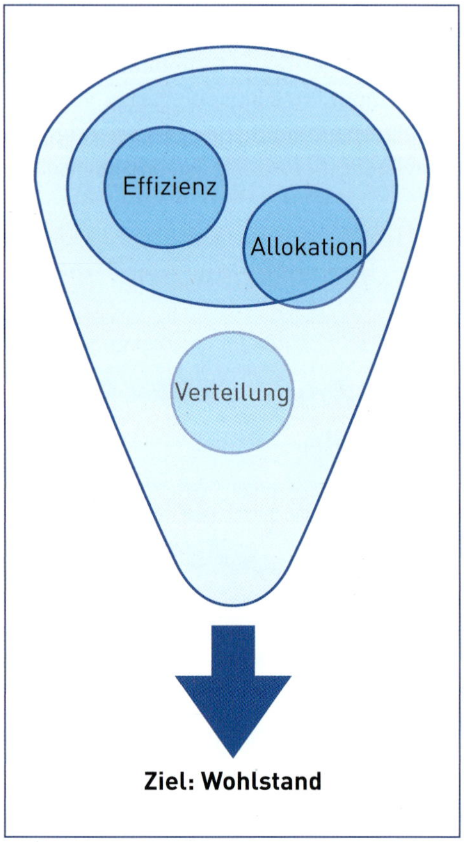

Autorengrafik

M15 Kosten und Nutzen – wie sie Entscheidungen beeinflussen

Nutzen – als ökonomischer Begriff
In der Ökonomie ist der Nutzen ein wirtschaftlicher Wert. Der Nutzen ist die Fähigkeit eines Gutes / Produktes, ein bestimmtes Bedürfnis befriedigen zu können.

Weil die Menschen Zielkonflikten ausgesetzt sind, erfordern Entscheidungen einen Vergleich von Kosten und Nutzen alternativer Aktionen. In vielen Fällen sind die Kosten einer Aktivität jedoch nicht so offensichtlich, wie es zunächst erscheinen mag. [...] Die Opportunitätskosten einer Gütereinheit bestehen in dem, was man aufgibt, um die Einheit zu erlangen. Bei jedweder Entscheidung sollten sich die Entscheidungsträger der Opportunitätskosten bewusst sein, die jede mögliche Aktion begleiten. [...] Ökonomen gehen in der Regel davon aus, dass sich die Menschen rational verhalten. Rationale Menschen setzen unter den gegebenen Möglichkeiten systematisch und zielstrebig alle ihre Fähigkeiten und Fertigkeiten ein, um ihre Ziele zu erreichen. In der Volkswirtschaftslehre werden Sie Unternehmungen kennen lernen, die vor der Entscheidung stehen, wie viele Arbeitskräfte sie einstellen sollen und wie viel sie produzieren sollen, um ihren Gewinn zu maximieren. Sie werden Konsumenten begegnen, die versuchen, mit ihrem Einkommen unter Berücksichtigung der gegebenen Preise das Bündel an Gütern und Dienstleistungen zu kaufen, das ihnen den höchstmöglichen Nutzen verschafft. Rationale Menschen sind sich bewusst, dass die Entscheidungen im Leben nicht nur schwarz oder weiß sind, sondern gewöhnlich irgendwo dazwischen. Zum Abendbrot besteht die Entscheidung nicht darin, zu fasten oder sich den Bauch vollzuschlagen. Sondern darin, noch ein Stück Pizza mehr zu essen oder nicht. [...] Die Entscheidungen im Leben richten sich darauf, bestehende Pläne in kleinen Schritten abzuändern. Nationalökonomen nennen dies marginale Veränderungen. Rationale Menschen treffen dadurch, dass sie den marginalen Nutzen (Grenznutzen) und die marginalen Kosten (Grenzkosten) miteinander vergleichen. [...] Ein rationaler Entscheidungsträger entscheidet sich dann und nur dann für eine bestimmte Aktion, wenn der Grenznutzen der Aktion die Grenzkosten übersteigt.

N. Gregory Mankiw, Mark P. Taylor, Grundzüge der Volkswirtschaftslehre, 4. Aufl., Stuttgart 2008, S. 6 f

Opportunitätskosten
Zwei Güter, die hergestellt und das heißt in diesem Fall, gepflückt werden, sind Äpfel und Birnen. Gepflückt werden sie vom Arbeiter Justus, wobei eine konstante Arbeitszeit von acht Stunden bzw. einem Tag unterstellt wird. [...] Wenn Justus einen Tag Zeit hat, Äpfel und Birnen zu pflücken, stehen ihm unterschiedliche Möglichkeiten zur Verteilung zur Verfügung. Er kann entweder in den acht Stunden ausschließlich Äpfel pflücken. Dann schafft er sechs Kisten oder er kann sich auf die Birnen konzentrieren. Dann schafft er vier Kisten, da die Birnen schwieriger zu pflücken sind als die Äpfel.

Lothar Wildmann, Einführung in die Volkswirtschaftslehre, Mikroökonomie und Wettbewerbspolitik, 2. Aufl., Oldenburg 2010, S. 74 f.

M16 Der Weg einer (ökonomischen) Entscheidung

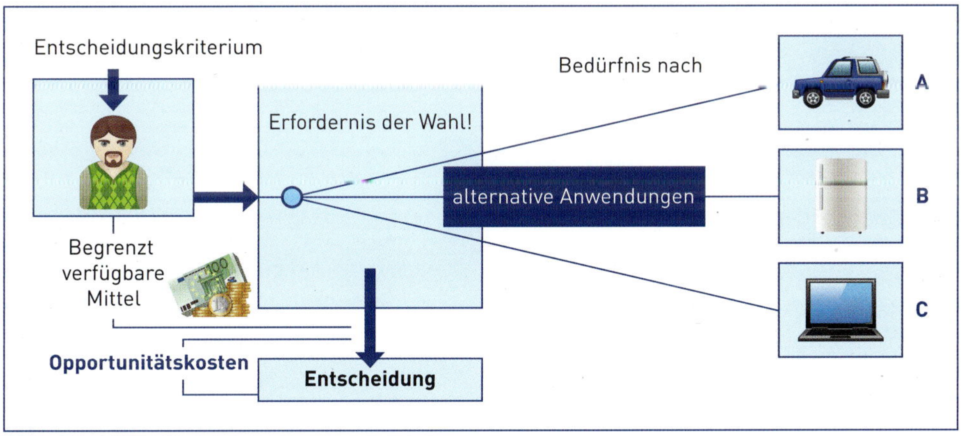

Autorengrafik

Aufgaben

1. Im Zuge der Knappheit von Gütern ergeben sich für jede Volkswirtschaft und jedes Individuum Allokations-, Effizienz- und Verteilungsprobleme. Stellen Sie sich vor, Sie möchten im Rahmen einer Schülerfirma ein Café in Ihrer Schule eröffnen. Analysieren Sie unter Allokations-, Effizienz- und Verteilungsaspekten, welche Entscheidungen Sie an Ihrer Schule in Hinblick auf das Warenangebot fällen möchten, damit die Firma Gewinn abwirft (M14).
2. Definieren Sie den Begriff Opportunitätskosten (M15, M16, Randspalte auf S 195).
3. Angenommen, Sie bekommen von Ihren Großeltern 10 Euro geschenkt und überlegen, was Sie damit machen wollen. Nennen Sie mögliche Opportunitätskosten für Sie persönlich für folgende Entscheidungen:
   - Sie gehen abends ins Kino.
   - Sie kaufen eine Pizza im Schülercafé.
   - Sie sparen für Ihr Studium oder Ihre Ausbildung.
   - Sie möchten ein Geschenk für eine Freundin kaufen.

   Vergleichen Sie Ihre Entscheidungen im Kurs und erörtern Sie, wovon Ihre Entscheidungen abhängen.

F Aufgaben 1 – 3
Erörtern Sie die Frage, ob die Grundprobleme jeder Volkswirtschaft wirklich zu lösen sind. Recherchieren Sie geeignete Beispiele, die Sie zur Stütze Ihrer Argumentation heranziehen können (M14 – M16).

7.4 *Vertiefung:* Die ökonomische Theorie – menschliches Verhalten im Modell

M17 Motive des Wirtschaftens

Karikatur: Dirk Meissner

M18 Der Homo oeconomicus – ein Modell

Alle Akteure, die am Wirtschaftsprozess teilnehmen, müssen Entscheidungen treffen, die richtig, falsch, wohl überlegt, unüberlegt, irrational oder rational sein können. Die Wirtschaftstheorie bezeichnet einen ausschließlich nach wirtschaftlichen Gesichtspunkten denkenden und handelnden Menschen als Homo oeconomicus. Er kennt **nur** ökonomische Ziele und zeichnet sich besonders durch Eigenschaften wie striktes rationales Verhalten, das Streben nach dem größten Nutzen oder Gewinn, die vollständige Kenntnis aller Entscheidungsalternativen und den sich aus ihnen ergebenen Folgen aus, d.h. er wägt Vor- und Nachteile, Kosten und Nutzen der Handlungsalternativen sorgfältig ab. Dieses Modell des Homo oeconomicus dient dazu, grundlegende wirtschaftliche Zusammenhänge beschreiben können.

Bearbeiter

M19 Modelldenken in der Volkswirtschaftslehre

Auf der Basis der festgestellten Zusammenhänge und Gesetzmäßigkeiten sollen Theorien formuliert werden. Wegen des vielschichtigen und unübersichtlichen Beziehungsgefüges zwischen den Beteiligten am Wirtschaftsprozess können die volkswirtschaftlichen Untersuchungen aber nicht unmittelbar an der Realität ansetzen. Vielmehr muss versucht werden, die komplexe Realität in vereinfachter Form darzustellen. Dazu dienen Modelle, wie sie beispielsweise auch in Technik, Naturwissenschaften und Mathematik üblich sind.
Das Denken in Modellen ist typisch für die volkswirtschaftliche Theoriebildung. Volkswirtschaftliche Denkmodelle dienen

dazu, die ökonomische Wirklichkeit auf vereinfachten Grundlagen zu analysieren. Dabei bleiben Einflussfaktoren, die für den jeweiligen Untersuchungszweck als weniger wichtig angesehen werden, zunächst unberücksichtigt. Für die Modellkonstruktion müssen somit vereinfachte Annahmen getroffen werden. Dabei ist der Hinweis wichtig, dass die logisch abgeleiteten Ergebnisse der Modellbetrachtung nur unter den getroffenen Annahmen Gültigkeit haben.

Viktor Lüpertz, Problemorientierte Einführung in die Volkswirtschaft, Winklers 2013, 7. Aufl., S. 15

M20 Grundannahmen der ökonomischen Verhaltenstheorie

Der einzelne Mensch ist Handlungseinheit

1. Methodologischer Individualismus
Achtung: Dies heißt nicht, den Menschen als isoliertes Wesen, sondern sein Verhalten im Zusammenhang mit anderen Menschen und Institutionen zu behandeln.

2. Anreize bestimmen menschliches Verhalten
Individuen reagieren in systematischer und vorhersagbarer Weise, wenn ihnen Handlungsmöglichkeiten positiv/negativ erscheinen.

3. Anreize werden durch Präferenzen hervorgerufen
Es erfolgt eine strikte Trennung zwischen Präferenzen und Einschränkungen (Restriktionen). Die Handlungsmöglichkeiten des Individuums werden auf beobachtbare Änderungen der Einschränkungen zurückgeführt (z.B. durch beobachtbare Restriktionen, in Form von relativen Preisen, Kosten von Gütern und Handlungen (Zeitkosten).

4. Individuen sind auf ihren Vorteil bedacht (Eigennutzorientierung)
Eigennutz kann unter wechselseitigen Umweltbedingungen unterschiedliche Formen annehmen (z.B. Familie, Freunde, Stammkunden, anonyme Umgebung).

5. Handlungsmöglichkeiten werden durch Einschränkungen beeinflusst und durch Institutionen vermittelt
Einschränkungen sind z.B.:
- verfügbares Einkommen, inkl. Vermögen und Kreditmöglichkeiten
- relative Preise (d.h. im Vergleich zu alternativen Gütern und Handlungen)
- Zeit für Konsum und Handlungen
- Rechtsformen (bei Verletzung entstehen Kosten in Form von Bußen, Gefängnis o.Ä.)

Autorengrafik

Methodologischer Individualismus (MI)
Der MI steht für eine Methode, bei der soziale Institutionen und Vorgänge auf der Grundlage von in ihnen beteiligeten Individuen beschrieben werden. Kurz: Die Makroebene wird durch die Mikroebene erklärt.
Dem MI zufolge sind demnach alle Institutionen, Normen und soziale Strukturen Ergebnisse von individuellem Handeln.

M21 Das Gefangenendilemma – Zusammenarbeit oder Verrat?

Die beiden Kleinkriminellen Florian und Daniel beschließen eine Bankfiliale zu überfallen, um mit dem erbeuteten Geld ihre angehäuften Schulden zu begleichen. Nachdem sie die Bank erfolgreich ausgeraubt haben, werden sie kurz darauf wegen unerlaubten Waffenbesitzes von der Polizei festgenommen und dem Staatsanwalt vorgeführt. Florian und Daniel werden isoliert voneinander vom Staatsanwalt vernommen: Jedem erläutert er, dass für den unerlaubten Waffenbesitz eine Gefängnisstrafe von drei Jahren vorgesehen ist. Aufgrund einiger Indizien, die inzwischen bezüglich des Banküberfalls ermittelt werden konnten, bietet der Staatsanwalt eine Kronzeugenregelung an, weil er für den endgültigen Nachweis der Tat ein Geständnis von mindestens einem Gefangenen benötigt.

Auf den Bankraub stehen 10 Jahre Gefängnis. Schwärzt einer der Angeklagten seinen Komplizen an, dann wird der „Kronzeuge" ohne Verbüßung einer Haftstrafe entlassen. Wenn beide gestehen, dann müssen beide, aufgrund mildernder Umstände, für acht Jahre ins Gefängnis. Schweigen sowohl Florian als auch Daniel, werden sie für den illegalen Waffenbesitz belangt, sodass sie für drei Jahre ins Gefängnis müssen.

Bearbeiter

M22 Möglichkeiten der Entscheidung im „Gefangenendilemma“

Spieltheorie
Neuere Forschungsansätze ziehen das Gefangenendilemma als Beispiel dafür heran, dass Entscheidungen nicht immer unter rationalen Erwägungen getroffen werden. Die Spieltheorie, urspünglich ein Teilgebiet der Mathematik, versucht in der ökonomischen Theorie diese Entscheidungssituationen zu analysieren.
Unter einem „Spiel“ versteht die ökonomische Theorie eine Entscheidungssituation, die unter bestimmten Voraussetzungen und mit mindestens zwei Akteuren gelöst werden soll. Die möglichen Entscheidungen, Strategien, die ein Akteur, also ein Spieler, treffen kann, werden in eine Entscheidungsmatrix eingetragen und ausgewertet.

Für den Gefangenen Florian ergeben sich folgende Entscheidungsmöglichkeiten:
(1) Daniel schweigt. Unter dieser Bedingung ist es für Florian besser, zu gestehen. Er würde freigesprochen werden, statt für den illegalen Waffenbesitz belangt zu werden.
(2) Daniel gesteht. Auch in diesem Fall ist Florians Strategie gestehen. Zwar ginge er für acht Jahre ins Gefängnis, hätte aber eine Ersparnis von zwei Jahren.
Die „Spieltheorie“ bezeichnet die Strategie, die unter allen Entscheidungsmöglichkeiten den größten Nutzen stiftet, als „dominante Strategie“. Im Gefangenendilemma ist die „dominante Strategie“ das Gestehen. Die Dilemma-Situation besteht darin, dass das Ergebnis für den Spieler auch von der Entscheidung seines Mitspielers abhängt und Kommunikation zwischen den beiden nicht möglich ist. Dies führt im Resultat dazu, dass die Spieler eine Entscheidung treffen, die zu unerwünschten Lösungen für beide führt.

Bearbeiter

M23 Homo reciprocans – ein neues Menschenbild?

Im Rahmen ökonomischer Modelle wird üblicherweise unterstellt, dass sich Menschen im Allgemeinen – vom Angestellten über den Geschäftsführer bis hin zum Finanzminister – vollkommen rational verhalten. Ist das Konzept des eigennutzorientierten Homo oeconomicus jedoch noch haltbar, wenn wir es im Rahmen empirischer Untersuchungen mit anderen ethischen Grundsätzen wie dem Gerechtigkeitssinn oder den Vorstellungen zur Verteilungsfrage verknüpfen? Mit Hilfe von Experimenten lässt sich diese Frage beantworten. Bisherige Versuche haben gezeigt, dass die Teilnehmer häufig einem auf Reziprozität basierenden Verhaltensmuster folgen; d.h. sie belohnen freundliches Verhalten und bestrafen unkooperatives Verhalten. Teilweise gilt dies auch, wenn mit der Bestrafung materielle Kosten verbunden sind.
Auf Grund dieser empirischen Ergebnisse wird inzwischen alternativ dem Homo oeconomicus das Leitbild des Homo reciprocans gegenüber gestellt. Neben der Reziprozität zeigt sich auch, dass viele Menschen den Wert einer gerechten Verteilung von Gütern, Einkommen oder Gewinnen hochschätzen und dass sie Ungleichverteilungen tendenziell ablehnen.

Mark Piazolo, Effizienz oder Verteilungsgerechtigkeit – welche Positionen nehmen Menschen tatsächlich ein?, www.kgk.uni-obuda.hu, Abruf am 17.12.2103

Aufgaben

H Aufgabe 1
Erarbeiten Sie sich nochmals die wesentlichen Schritte bei einer Karikaturanalyse (→ S. 272).

1. Analysieren Sie die Karikatur in M17 hinsichtlich ihres dargestellten Problems.
2. Stellen Sie die unterschiedlichen Menschenbilder des Homo oeconomicus (M18) und des Homo reciprocans (M23) gegenüber. Halten Sie Ihre Ergebnisse auf einem Lernplakat (→ Methodenglossar) fest.
3. Erläutern Sie die Funktion volkswirtschaftlicher Modelle (M19) und die Grundannahmen des ökonomischen Verhaltensmodells (M20).
4. Erklären Sie das Gefangenendilemma aus M21 und M22 anhand eines selbst gewählten Beispiels.

Methode

Experimente im Wirtschaftsunterricht – das Ultimatumspiel

Spielanleitung für das Ultimatumspiel

Jede/r Schüler/in nimmt zuerst die Rolle von Spieler A ein und entscheidet sich laut Aufgabenblatt für eine von elf festgelegten Verteilungen von 1.000 (fiktiven) Euro. In der zweiten Runde findet er/sie sich in der Rolle von B und entscheidet, welchen der elf Verteilungen er/sie zustimmen würde beziehungsweise welche er/sie ablehnen würde. Das Ergebnis lässt sich nach dem Muster der Abbildung darstellen und analysieren.

Muster für eine Auswertung (bei einer Gruppe von 14 Spielern)

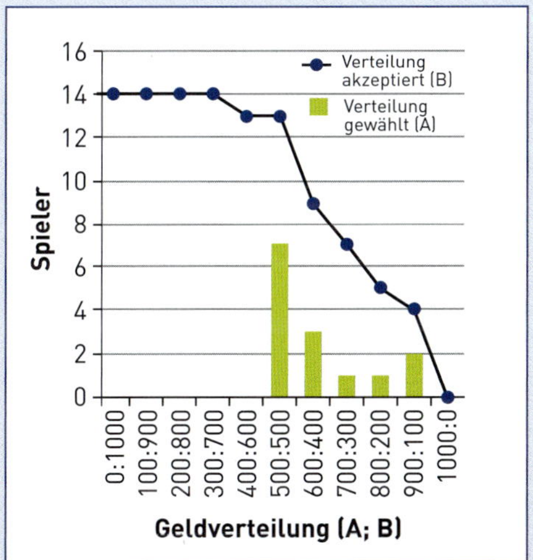

Bearbeiter

Rollenkarte: Spieler A

Spielbeschreibung

Ein Betrag von 1.000 (fiktiven) Euro soll unter zwei Personen aufgeteilt werden. Spieler A muss Spieler B ein Angebot machen, wie viel letzterer erhalten soll. Spieler B kann dem Angebot zustimmen oder es ablehnen. Wenn Spieler B zustimmt, wird das Geld dem Vorschlag gemäß aufgeteilt. Lehnt er jedoch ab, so gehen beide leer aus. Die Regeln sind sehr streng: Beide Personen dürfen nicht miteinander kommunizieren, sodass Feilschen unmöglich ist. Spieler A stellt B ein Ultimatum. Die Summe verschwindet, wenn sie nicht beim ersten Versuch aufgeteilt wird, und das Spiel ist nicht wiederholbar.

Aufgabe

Sie sind in der Rolle von Spieler A: Entscheiden Sie sich für eine der folgenden elf Verteilungen (die Auszahlung an Spieler A ist zuerst genannt): 1.000:0 / 900:100 / 800:200 / 700:300 / 600:400 / 500:500 / 400:600 / 300:700 / 200:800 / 100:900 / 0:1.000

Rollenkarte Spieler B

Spielbeschreibung

Ein Betrag von 1.000 (fiktiven) Euro soll unter zwei Personen aufgeteilt werden. Spieler A muss Spieler B ein Angebot machen, wie viel letzterer erhalten soll. Spieler B kann dem Angebot zustimmen oder es ablehnen. Wenn Spieler B zustimmt, wird das Geld dem Vorschlag gemäß aufgeteilt. Lehnt er jedoch ab, so gehen beide leer aus. Die Regeln sind sehr streng: Beide Personen dürfen nicht miteinander kommunizieren, sodass Feilschen unmöglich ist. Spieler A stellt B ein Ultimatum. Die Summe verschwindet, wenn sie nicht beim ersten Versuch aufgeteilt wird, und das Spiel ist nicht wiederholbar.

Aufgabe

Sie sind in der Rolle von Spieler B: Entscheiden Sie sich, welchen der folgenden elf Verteilungen (die Auszahlung an Spieler A ist zuerst genannt) Sie zustimmen würden: 1.000:0 / 900:100 / 800:200 / 700:300 / 600:400 / 500:500 / 400:600 / 300:700 / 200:800 / 100:900 / 0:1.000

Aufgabe

Spielen Sie das Ultimatumspiel in Variationen und überprüfen Sie die jeweiligen Ergebnisse. Zwei mögliche Variationen sind:

a) Mehrere Spieler werben um die Gunst eines einzigen Partners (d.h. eines Monopolisten).

b) Die Spieler befinden sich nicht nacheinander in der Rolle A und B, sondern werden auf die Rollen A und B aufgeteilt: erstens zufällig, zweitens entscheidet ein Geschicklichkeitsspiel über die Aufteilung. Der Gewinner ist Spieler A. Ist der Verlierer eher bereit, niedrigere Angebote zu akzeptieren, oder rächt er sich?

Wissen kompakt

Welt der Knappheit
M1, M3, M7

Das Knappheitsprinzip ist das Kernprinzip allen Wirtschaftens. Während wir grenzenlose Bedürfnisse und Wünsche haben, sind die verfügbaren Ressourcen begrenzt. Von einem Gut/Produkt mehr zu haben, bedeutet in der Regel, von einem anderen Gut/Produkt weniger zu haben.

Güter und Bedürfnisse
M9

Auf der Erde stehen die Bedürfnisse der Menschen in einem Spannungsverhältnis zu den vorhandenen Gütern und Mitteln. Dies wird auch sehr deutlich beim gestrandeten Robinson. Es herrscht Knappheit an Gütern angesichts einer unbegrenzten Zahl von Bedürfnissen. Deshalb muss der Einzelne wirtschaftlich handeln. Wirtschaften heißt also allgemein, die vorhandenen Mittel zur Bedürfnisbefriedigung möglichst wirksam (effizient) einzusetzen (ökonomisches Prinzip).

Grundprobleme einer Volkswirtschaft
M14

Allokationsproblem
Jede Volkswirtschaft hat begrenzte Mittel hinsichtlich ihrer Produktionskapazitäten. Diese beschränkten Kapazitäten stehen unterschiedlichen und unbeschränkten Bedürfnissen der Gesellschaft und ihrer Mitglieder gegenüber. Daraus ergibt sich die Frage, welche Bedürfnisse mit den vorhandenen Kapazitäten befriedigt werden sollen. Dies ist das Allokationsproblem.
Effizienzproblem
Um eine optimale Verteilung der vorhandenen Kapazitäten zu erreichen, muss eine Volkswirtschaft möglichst effizient arbeiten. Im Zusammenhang mit dem Allokationsprozess spricht man von Effizienz, wenn keine Verbesserung der Produktion mehr denkbar ist, bei der alle Mitglieder einer Volkswirtschaft besser da stünden als vorher.
Verteilungsproblem
In jeder Volkswirtschaft stellt sich das Problem, für wen die Güter produziert bzw. wie sie in der Gesellschaft verteilt werden sollen. Das Verteilungsproblem kann unterschiedlich gelöst werden: Über den Preis, über Steuern, über Hilfen...

Kosten-Nutzen-Prinzip
M15

In wirtschaftlichen Entscheidungssituationen werden also ständig Kosten und Nutzen in Relation gesetzt (Handeln nach dem Kosten-Nutzen-Prinzip). Gewählt wird immer die Alternative, die einen zusätzlichen Nutzen verspricht, der zumindest marginal höher ist als die zusätzlichen Kosten. Man spricht deshalb auch von der Marginalanalyse.

Opportunitätskosten
M15

Knappheit erzeugt Kosten: Die Wahl einer Alternative bedingt, dass die zweitbeste Alternative nicht genutzt werden kann. Die dadurch entstehenden Kosten bezeichnet man als Opportunitätskosten (Alternativkosten). Sie entsprechen dem Nutzen, der einem dadurch entgeht, dass man die alternative Aktivität nicht ausführen kann.

Ökonomische Verhaltenstheorie – Homo oeconomicus
M18 – M20

Im Zentrum der ökonomischen Verhaltenstheorie steht der Homo oeconomicus als idealtypisches Menschenbild. Der Homo oeconomicus ist ein Modell für die Erklärung menschlichen Verhaltens in Entscheidungssituationen. Er wird beschrieben als individueller, rationaler und egoistischer Nutzenmaximierer. Sein Verhalten ist von diesen Charaktereigenschaften geprägt.

Wissen kompakt

Gefangenendilemma M21

Mithilfe des Gefangenendilemmas kann dargestellt werden, dass rationales Verhalten oft zum schlechteren Ergebnis führt. Diese Dilemma-Situation kann auf viele Bereiche des täglichen Lebens übertragen werden. Ein Beispiel aus der Politik:
Zwei Länder vereinbaren eine Rüstungskontrolle. Es ist rational gesehen für jedes Land besser, trotzdem heimlich doch aufzurüsten. Insgesamt hält sich also keines der Länder an sein Versprechen und beide Länder sind durch die Aufrüstung schlechter gestellt, weil mehr Kosten verursacht werden bzw. ein höheres Gefahrenpotential entsteht. Dennoch ist das Aufrüsten für beide Länder besser, da die Gefahr einer Aggression durch den anderen dadurch vermindert wird. Rationales Verhalten führt hier also zum offensichtlichen schlechteren Ergebnis.

Homo reciprocans M23

Das Modell des Homo reciprocans gilt als Gegenpol zum klassischen Denkmodell des Homo oeconomicus, demzufolge das Individuum immer rationale Entscheidungen trifft. Mithilfe des Modells des Homo reciprocans können auch nicht rationale Motive berücksichtigt werden.
Dies wird in ökonomischen Experimenten gezeigt: Individuen folgen bei ihren Entscheidungen nicht immer der reinen Rationalität, sondern lassen sich auch von z.B. freundlichem oder unkooperativen Verhalten leiten. Mit anderen Worten: Das Verhalten beruht oft auf Gegenseitigkeit (Reziprozität).
Darüber hinaus werden auch zunehmend Entscheidungen von Akteuren im Hinblick auf ihre ökologische Nachhaltigkeit getroffen. Dem Konzept des Homo reciprocans liegt somit die Annahme zugrunde, dass Entscheidungen nicht immer perfekt sein müssen, sondern mindestens ausreichend sein sollen, um das Überleben zu sichern (eingeschränkte Rationalität). Die Reziprozität (Gegenseitigkeit) wird im Modell des Homo reciprocans ein Kriterium für Rationalität.

Ultimatumspiel Methode

Mithilfe psychologischer Experimente hat man in jüngster Zeit versucht, die Grundannahmen des Homo oeconomicus-Modells zu überprüfen. Das Ultimatumspiel und andere Experimente aus der Verhaltensforschung und der experimentellen Psychologie zeigen, dass die Theorie vom Homo oeconomicus das Verhalten der Menschen nicht immer korrekt vorhersagen kann: Bei Verteilungsfragen handeln die Menschen nicht nur eigennützig.
Unter bestimmten Bedingungen akzeptieren sie Verteilungen nicht, die sie als ungerecht oder unfair empfinden; und das, obwohl sie streng materiell betrachtet besser gestellt wären als zuvor. Normen wie Fairness, Vertrauen, Solidarität spielen hier eine Rolle: ein Phänomen, das systematisch auftritt und nicht mehr zur Ausnahme erklärt werden kann.

Kompetenzen prüfen

I. Selbstdiagnose

Ich kann …

	Sehr gut ++	Gut +	Nicht gut 0	Übung durch z.B.
das Knappheitsproblem als Grundlage des ökonomischen Handelns beschreiben (AFB I).				• M1, M3, M7 • F Aufgabe 5 auf S. 190
Bedarf und Bedürfnisse unterscheiden (AFB II).				• M9, M14
die Rolle als Verbraucherinnen und Verbraucher im Spannungsfeld von Bedürfnissen, Knappheiten, Interessen und Marketingstrategien analysieren (AFB II).				• M14, M16 • Aufgabe 3 auf S. 195
Grundbegriffe der ökonomischen Theorie wie Allokation, Effizienz, Verteilung, Kosten und Nutzen erklären (AFB II).				• M14
das Rationalitätsprinzip als ökonomisches Modell erklären (AFB II).				• M15
das Modell des homo oeconomicus hinsichtlich seiner Tragfähigkeit zur Beschreibung der ökonomischen Realität bewerten (AFB III).				• M18 – M20 • Methode Ultimatumspiel auf S. 199

Kompetenzen anwenden – am Beispiel

Ökonomischer Vortrag

Konzipieren Sie einen Vortrag für eine Mitschülerin oder einen Mitschüler zu dem Thema: „Ist das Schlaraffenland *abgebrannt*?" oder „Warum wir nicht im Schlaraffenland leben können." In dem Vortrag sollten die Begriffe *Knappheit, Bedürfnisse, Wirtschaften, Minimalprinzip, Maximalprinzip, Allokation, Effizienz, Verteilung, Kosten, Nutzen, Opportunitätskosten, Homo oeconomicus, Homo Reciprocans* verwandt werden.

II. Klausurtraining

Armer Homo oeconomicus

Das ökonomische Prinzip ist auf dem Durchmarsch. Nationale und regionale Nischen gehen verloren, wenn technische Zeichner in Deutschland und Argentinien per Computer miteinander konkurrieren, wenn ein Kaufinteressent im Internet die Angebote miteinander vergleichen kann. [...] Die neue Wirtschaft fordert, dass wir ohne Unterlass abwägen. Folgen wir dem ökonomischen Imperativ nicht, schadet es uns. [...] Der Mensch, nie ganz Homo oeconomicus, ist für die Turboökonomie nicht geschaffen – weder als einzelner noch als Kollektiv. Einerseits überfordern ihn die Märkte, andererseits reduzieren sie ihn auf einen Ausschnitt seiner Persönlichkeit. Der Ärger beginnt damit, dass die meisten von uns in ihrem Arbeits- und Konsumleben das Risiko nicht sonderlich lieben. Wenn sie wählen können zwischen einem sicherem Jahresgehalt und einer Welt, in der sie vielleicht das Doppelte verdienen, vielleicht aber nur die Hälfte, gehen die meisten auf Nummer Sicher. Die flexible Arbeitswelt wird weniger Stabilität bieten. Wenn sich der Marktwert des einzelnen ändert, passt sich die Bezahlung weitaus schneller an als im industriellen Zeitalter. Und selbst wenn jemand heute im Schnitt mehr verdient als früher, beeinträchtigt die Unsicherheit sein Wohlbefinden. [...] Wir wählen das beste Angebot. Aber jede Wahl hat ihren Preis. Selbst die Rechnung für die Konsumenten ist nicht so eindeutig, wie liberale Markttheoretiker sie servieren. Verbraucher können zwar unter mehr Optionen wählen als je zuvor, [...] [a]ber die Vielfalt ist mitunter nur vorgegaukelt, ist in Wirklichkeit nichts als standardisierte Individualität [...]. Vor allem: Das Auswählen kostet etwas. Es dauert eine Weile, den Telefonanbieter zu finden, bei dem man am besten abschneidet, das günstigste Bankkonto, die richtige Software [...] Auswählen als Dauerzustand – Aktien, elektronische Dienste, Aufträge, Jobs, Fernsehprogramme, Bildungsangebote. [...] Damit ließe sich noch locker umgehen, wenn der Mensch wenigstens halb so rational wäre, wie es die ökonomische Theorie annimmt. Wenn mehr für ihn stets besser wäre. Wenn er seine vielen Optionen tatsächlich gegeneinander abwägen würde. Doch so ist er nicht, wie Forscher wissen, die sich den Menschen als Entscheidungswesen näher angeschaut haben. Und wenn wir uns selbst betrachten, müssen wir ihnen recht geben. Entscheidungen würden nicht gemacht, sie „quellen auf", sagt Reinhard Selten: „Wir können die eigene Entscheidung nicht voll verstehen und nicht ganz kontrollieren." [...] Entscheidungen sind nicht nur von Stimmungen abhängig, sondern auch von der Reihenfolge, in der die Optionen wahrgenommen werden [...]. Menschen mögen mitunter gar Produkt A lieber als B, dieses lieber als C, aber C wieder lieber als A – rational ein Unding, für unsereins ganz normal.

Uwe Jean Heuser, Armer Homo oeconomicus, www.zeit.de, Abruf am 10.6.2014

Das ökonomische Prinzip – nach Richard Sennet und Don Tapscott

Man kann die extreme Flexibilität tadeln wie der amerikanische Soziologe Richard Sennett, der den Menschen schutzlos hin- und herwanken sieht; man kann sie feiern wie sein Landsmann Don Tapscott, der die Generation der „Net Kids" hochleben lässt, die mit all den Optionen leicht und locker umgehen kann. Man kann den Verlust alter Stabilität bedauern oder das neue Selbstbestimmungspotential preisen. Wie man es auch wendet: So ganz menschlich wirkt der hastige und allgegenwärtige Markt nicht.

Uwe Jean Heuser, Armer Homo oeconomicus, www.zeit.de, Abruf am 10.6.2014

Aufgaben

1. Stellen Sie das Modell des homo oeconomicus dar und zeigen Sie die wesentlichen Kritikpunkte an diesem Modell auf.
2. Analysieren Sie die Aussagen des Autors zum ökonomischen Prinzip des „homo oeconomicus".
3. Erörtern Sie die Kritik des Autors an der Annahme, der Mensch verhalte sich nach dem „ökonomischen Prinzip" und beurteilen Sie seine Position.

Erwartungshorizonte zu den Aufgaben 1 – 3

Mediencode: 72021-16

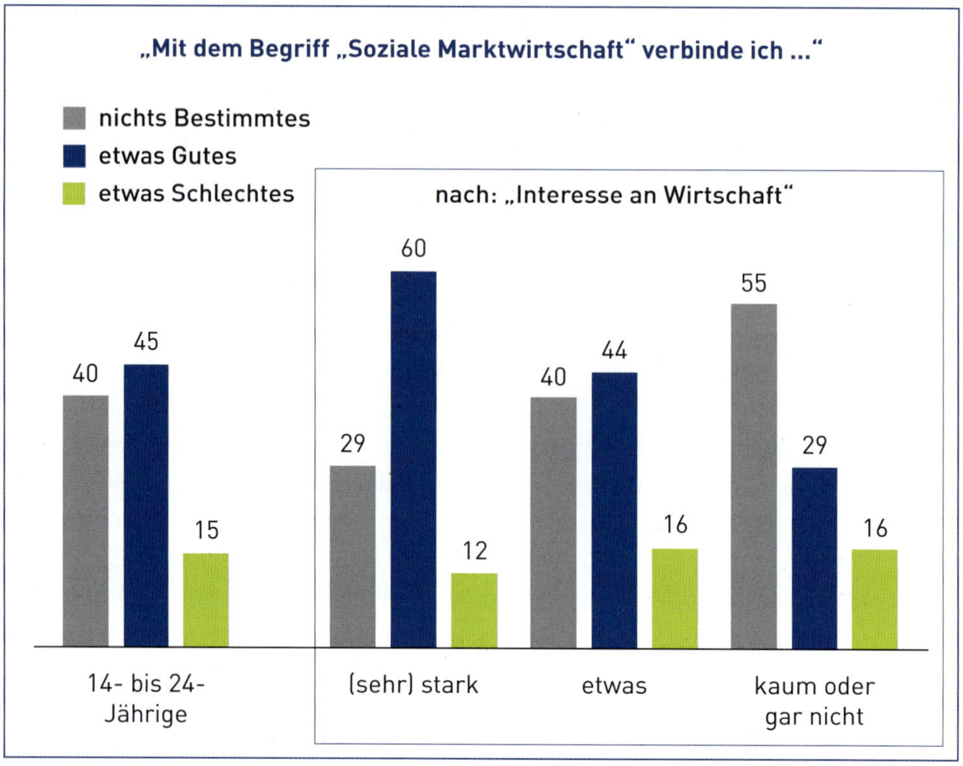

Quelle: Bankenverband, Jugendstudie 2009, Angaben in Prozent

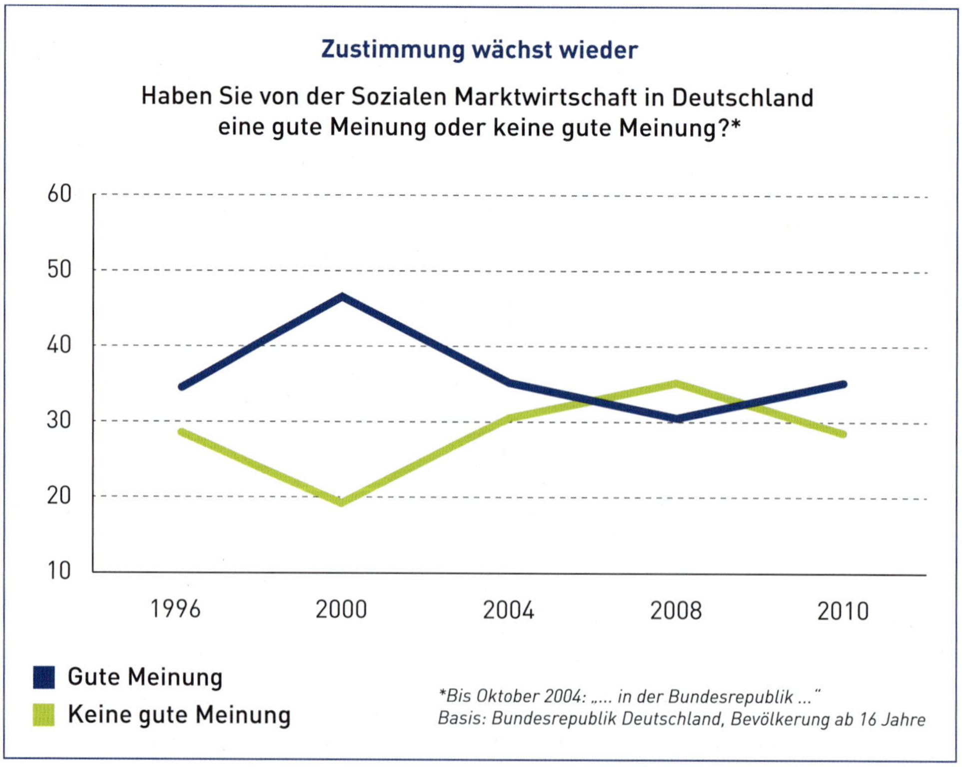

Quelle: Allensbacher Archiv, IfD-Umfragen 6038, 6096, 7062, 10021, 10049

Soziale Marktwirtschaft – welchen Einfluss hat das Wirtschaftssystem auf uns?

8

Grundsätzlich stellt sich die Frage, wie Märkte funktionieren, was sie leisten und wo sie versagen. Angebot und Nachfrage bestimmen den Preis auf einem Markt, Nachfrage und Angebot hängen wiederum vom Preis ab. Das klingt einfach; will man aber Entwicklungen auf Märkten erklären, vorhersagen oder gar beeinflussen, bedarf es einer genaueren Analyse verschiedener Faktoren.

Eine Möglichkeit, sich in der „Welt der Ökonomie" besser zurechtzufinden, besteht darin, die Institutionen und Regeln eines Wirtschaftssystems zu verstehen. Wie beeinflussen sie die Mechanismen des Marktes, welche Anreize vermitteln sie für das Handeln der Akteure?

Im Vergleich von Markt- und Planwirtschaft wird deutlich, dass Deutschland einen mittleren, anderen Weg geht, was sein Wirtschaftssystem betrifft. Die Soziale Marktwirtschaft hat in Deutschland Erfolg. Sie wird von den meisten gesellschaftlichen Schichten in höchstem Maße akzeptiert. Doch was hat sie so erfolgreich gemacht?

Kompetenzen

Am Ende dieses Kapitels können Sie:

- Institutionen und Regelsysteme einer Marktwirtschaft beschreiben;
- Privateigentum, Vertragsfreiheit und Wettbewerb als Ordnungselemente von marktwirtschaftlichen Systemen darstellen;
- die Preisbildung als idealtypisches Modell auf dem Markt erklären;
- Grundprinzipien der Sozialen Marktwirtschaft wie die wirtschaftliche Freiheit und das Sozialstaatsprinzip erläutern;
- die Marktwirtschaft und alternativen Wirtschaftssysteme unterscheiden und bewerten;
- den erweiterten Wirtschaftskreislauf als Modell erklären;
- Leitprinzipien und Hintergründe der Sozialen Marktwirtschaft einschätzen.

Was wissen und können Sie schon?

Unser Wirtschaftssystem ist die „Soziale Marktwirtschaft". Werten Sie die beiden links stehenden Umfragen aus:

- Was verbindet die junge Generation mit der „Sozialen Marktwirtschaft"? Gibt es einen Zusammenhang zwischen der Beurteilung und dem „Interesse an Wirtschaft"? Wie ist Ihre Meinung zu der „Sozialen Marktwirtschaft"?
- Wie hat sich die Meinung der Bevölkerung insgesamt seit den 90er Jahren entwickelt? Gibt es einen Zusammenhang mit der aktuellen Lage der Wirtschaft in Deutschland (Stichwort „Finanzkrise")?

8.1 Wie funktioniert der Markt? – das Marktmodell

M1 Der Markt – verschieden interpretiert

Wer sich nicht nach dem Markt richtet, wird vom Markt bestraft.
Wilhelm Röpke (1899 – 1966), dt. Nationalökonom u. Soziologe

Wenn Unternehmer nicht mehr an den Markt glauben, wären sie keine Unternehmer, sondern Funktionäre. Wer aber nur an den Markt glaubt, ist abergläubisch.
*Hans Küng (*1928), schweizer. kath. Theologe*

Märkte sind wie Fallschirme: sie funktionieren nur, wenn sie offen sind.
*Helmut Schmidt (*1918), dt. Politiker (SPD), 1974 – 82 Bundeskanzler*

Jeder Unternehmer hat einen Vorgesetzten – und das ist der Markt.
Unbekannt

Der Markt ist der einzige demokratische Richter, den es überhaupt in der modernen Wirtschaft gibt.
Ludwig Erhard (1897 – 1977), dt. Politiker (CDU), 1949 – 63 Bundeswirtschaftsmin., 1963 – 66 Bundeskanzler

Wer nicht ständig im Gespräch mit dem Kunden ist, hat am Markt bald nichts mehr zu sagen.
*Horst Skoludek (*1927), bis 1992 Vorstandsspr. Carl Zeiss Stiftung, Oberkochen*

VNR Verlag für die Deutsche Wirtschaft AG, Markt, in: zitate.de, www.zitate.de, Abruf am 21.1.2014

Was ist ein Markt?
Märkte sind eine der erstaunlichsten Entwicklungen der Menschheit. Es gab sie zu allen Zeiten und überall auf der Welt. Niemand hat jemals das Prinzip des Marktes „erfunden", die Menschen entwickelten es unbewusst, indem sie einfach ihren eigenen Bedürfnissen nachgingen. Es funktionierte auf den Wochenmärkten zu Pippins Zeiten [8. Jhd.] nicht anders als in den Suks der arabischen Städte, auf Flohmärkten oder an den modernen Börsen: Wer etwas anzubieten hat, möchte dies möglichst teuer verkaufen, wer etwas braucht, möchte dafür möglichst wenig bezahlen.

Nikolaus Piper, Geschichte der Wirtschaft, Weinheim/Basel 2005, S. 52

M2 Der Markt – das Zusammentreffen von Angebot und Nachfrage

In der Wirtschaftswissenschaft bezeichnet der Markt jedoch nicht den Markt, auf dem sich Käufer und Verkäufer physisch gegenübertreten und direkt miteinander kommunizieren können, sondern das generelle Zusammentreffen von Angebot und Nachfrage nach einem Gut. Dabei muss es mindestens einen Nachfrager, also jemanden, der das Gut kaufen möchte und mindestens einen Anbieter, der das Gut zum Verkauf darbietet, sowie ein Handelsgut geben.

Initiative Neue Soziale Marktwirtschaft GmbH (INSM) (Hg.), Arbeitsblatt: Markt und Marktformen, www.wirtschaftundschule.de, Abruf am 17.1.2014

M3 Das Verhältnis von Nachfrage und Preis

Die Nachfrage eines Haushalts nach einem Gut ist bei einem geringeren Preis normalerweise höher als bei einem höheren Preis. Dies liegt daran, dass der Nutzenzuwachs jeder zusätzlich konsumierten Einheit eines Gutes (Grenznutzen) für den Haushalt immer geringer wird, je mehr Einheiten des Gutes konsumiert werden: So stiftet z.B. das dritte Kilo Erdbeeren einem Haushalt einen geringeren Nutzen als das erste, da der Konsumwunsch nach frischen Erdbeeren schon vorher befriedigt ist. Die grafische Darstellung dieses Zusammenhangs in Form der Preis-Nachfrage-Kurve stellt die geplante Nachfrage eines Haushalts nach einem Gut zu unterschiedlichen Preisen dar. Die Preis-Nachfrage-Kurve ist normalerweise eine fallende Kurve, d.h. sie hat eine negative Steigung. Die geplanten Nachfragemengen entsprechen den Gütermengen, mit denen der Haushalt bei den jeweiligen Preisen sein Nutzenmaximum erzielt. Ändert sich der Preis des Gutes und bleiben alle anderen Bestimmungsgründe der Nachfrage gleich, so ergibt sich eine neue Preis-Mengen-Kombination (Preiserhöhung von A nach B, Preissenkung von A nach C). Die Lage der Kurve bleibt aber unverändert.

Bearbeiter

M4 Das Zusammenspiel von Preis und Nachfrage – im Modell

Nachfrage eines Haushalts nach Erdbeeren in Abhängigkeit vom Preis

Preis je kg	Nachgefragte Menge
5,00 Euro	0 kg
4,50 Euro	0,25 kg
4,00 Euro	0,5 kg
3,00 Euro	1 kg
2,00 Euro	2 kg
1,50 Euro	3 kg
1,00 Euro	4 kg
0,00 Euro	5 kg

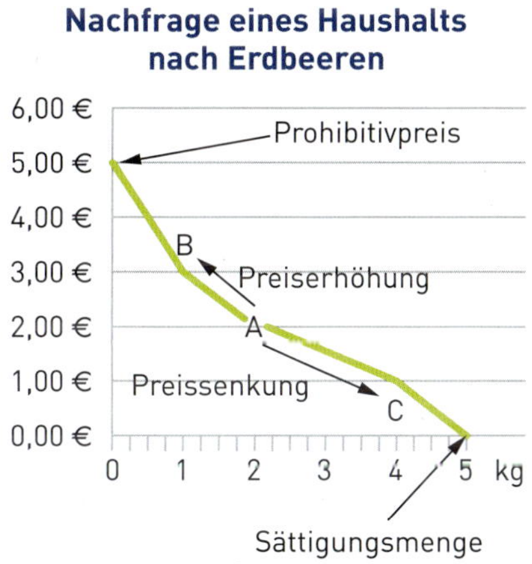

Autorengrafiken

Sättigungsmenge
Schnittpunkt der Nachfragekurve mit der Mengenachse – auch wenn das Gut kostenlos angeboten wird, wächst der Konsum nicht weiter.

Prohibitivpreis
Der kleinste Preis, zu dem der Haushalt keine Einheit des Gutes mehr nachfragt („kleinste obere Schranke").

M5 Die Nachfragekurve – als Modell

Die Nachfrage nach einem Gut auf einem Markt setzt sich aus der Summe aller individuellen Nachfragen der Haushalte zusammen (Marktnachfrage). Für die Marktnachfrage gelten somit normalerweise dieselben Regeln wie für die individuelle Nachfrage der Haushalte:

- Bei einem höheren Preis wird die Nachfrage auf einem Markt nach einem Gut normalerweise geringer sein als bei einem kleineren Preis.
- Ein Ansteigen des Preises ($p_0 \rightarrow p_1$) für ein Gut auf einem Markt führt in der Regel zu einem Rückgang der Nachfrage nach dem Gut ($m_0 \rightarrow m_1$).

In der Realität sind die meisten Nachfragekurven nicht linear. Die Nachfragekurve wird im oberen Bereich sicher steiler verlaufen, da manche Konsumenten bereit sind, auch zu einem sehr hohen Preis zu kaufen. Meistens betrachtet man nur lineare Teilstücke einer Nachfragekurve, die für die Erklärung eines Sachverhalts wichtig sind.

Bearbeiter

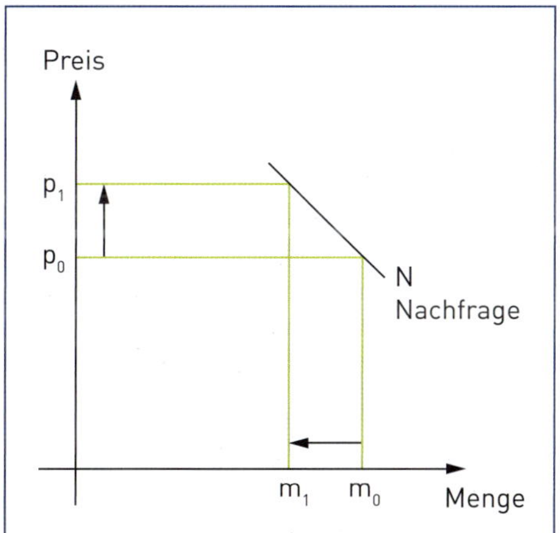

Autorengrafik

Ökonomische Modellbildung – die „Ceteris-paribus-Klausel"
Um Wirkungszusammenhänge aufzeigen zu können, verwendet man in der Ökonomie häufig die Ceteris-paribus-Klausel, d.h. man betrachtet einen ausgewählten Wirkungszusammenhang zwischen Größen unter der Annahme, dass alle anderen Einflussfaktoren konstant sind.

M6 Das Verhältnis von Angebot und Preis

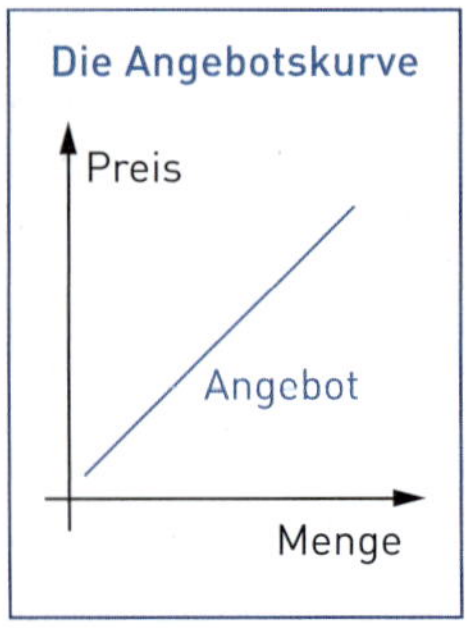

Autorengrafik

Entsprechend der Marktnachfrage versteht man unter dem Marktangebot die Summe der individuellen Angebote für ein Gut. Mit steigendem Preis eines Gutes wächst die Angebotsmenge dieses Gutes. Da sich durch den höheren Preis die Gewinnaussichten verbessern, lasten die Anbieter ihre Kapazitäten weiter aus oder vergrößern sie sogar und weitere Anbieter treten in den Markt ein. Bei sinkendem Preis eines Gutes wird auch die angebotene Menge sinken, da sich zunehmend mehr Anbieter aus dem Markt zurückziehen oder zumindest ihre Angebotsmenge verringern, da es sich aus Kostengründen nicht mehr lohnt, weiter die gleiche Menge zu produzieren. Dieser Zusammenhang zwischen dem Preis und der angebotenen Menge wird grafisch mit der Angebotskurve veranschaulicht.

Bearbeiter

M7 Grenzkosten eines Anbieters bestimmen seine Angebotsmenge

Vorausgesetzt, die (Maschinen-)Ausstattung eines Unternehmens wird nicht verändert, so steigen die Grenzkosten bei wachsender Produktionsmenge für jede weitere Produktionseinheit kurzfristig stetig an. Dies ist z.B. darin begründet, dass jede für die Produktionsausweitung notwendige, zusätzlich beschäftigte Arbeitskraft mehr Koordinationsaufwand bedeutet. Im Extremfall behindern sich die Arbeitskräfte gegenseitig. Die Steigerung der Produktion durch die Einstellung der letzten Arbeitskraft ist also geringer als die durchschnittliche Produktion der bislang beschäftigten Arbeitskräfte. Jeder Unternehmer wird stets versuchen, die für ihn gewinnmaximale Produktionsmenge anzubieten. Die gewinnmaximale Produktionsmenge ist genau dann erreicht, wenn die Grenzkosten gleich dem Grenzerlös sind – bis zu dieser Menge sind die Grenzkosten geringer als der Grenzerlös, ab dieser Menge werden die Grenzkosten größer als der Grenzerlös. Da der Grenzerlös der auf dem Markt zu erzielende Preis ist, entspricht die Grenzkostenkurve der Angebotskurve. Die Grenzkostenkurve eines Unternehmens bestimmt, welche Mengen dieses bei den verschiedenen Preisen anbieten wird.

Bearbeiter

M8 Der vollkommene Markt

Vollkommener Markt
Der vollkommene Markt dient in der ökonomischen Theorie der Preisbildung als Bezugspunkt für die in der Wirklichkeit vorherrschenden unvollkommenen Märkte (heterogene Märkte). In der Realität findet man kaum vollkommene Märkte, verfolgt doch fast jedes Unternehmen das Ziel, sein Angebot von denen anderer Anbieter unterscheidbar zu machen.

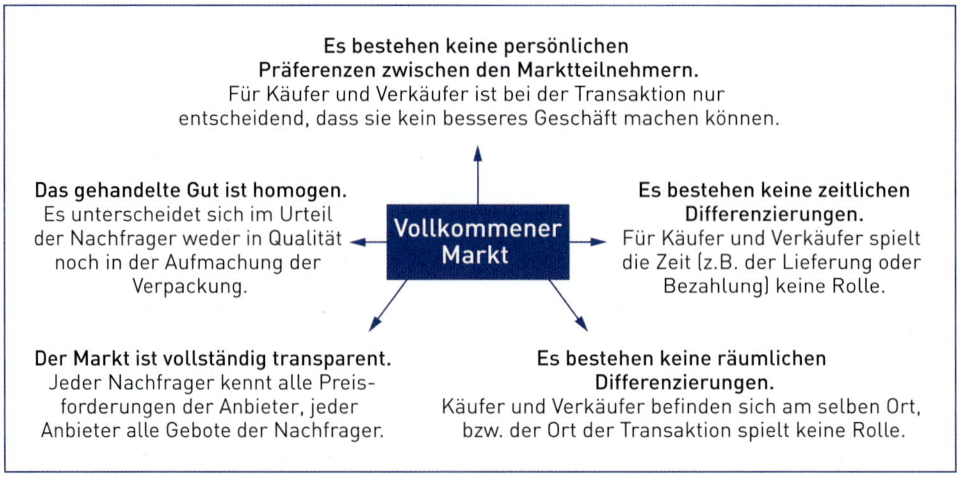

Autorengrafik

M9 Der Gleichgewichtspreis

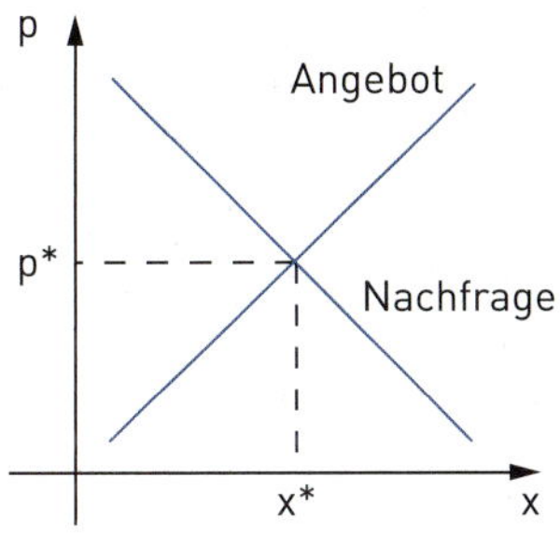

Der Gleichgewichtspreis ist der Preis, bei dem die angebotene Menge und die nachgefragte Menge eines Gutes auf einem Markt übereinstimmen. Bei der Bestimmung des Gleichgewichtspreises geht man davon aus, dass die Anbieter ihre Waren und Erzeugnisse zu einem möglichst hohen Preis verkaufen wollen und die angebotene Menge eines Gutes umso größer ist, je höher der Preis dieses Gutes ist (Angebotsfunktion). Umgekehrt nimmt man für die Nachfrager an, dass sie die Waren und Erzeugnisse zu möglichst niedrigen Preisen einkaufen wollen und die nachgefragte Menge eines Gutes umso höher ist, je niedriger der Preis dieses Gutes liegt (Nachfragefunktion).

Nach: Duden Wirtschaft von A bis Z, Grundlagenwissen für Schule und Studium, Beruf und Alltag, 5. Aufl., Mannheim 2013, Lizenzausgabe Bonn: BpB 2013

Autorengrafik

M10 (Unvollkommene) Märkte im Überblick – Marktformenschema

Anzahl der	Anzahl der Nachfrager		
Anbieter	Ein Nachfrager	Wenige Nachfrager	Viele Nachfrager
Ein Anbieter	Zweiseitiges Monopol	Beschränktes Angebotsmonopol	Angebotsmonopol
Wenige Anbieter	Beschränktes Nachfragemonopol	Zweiseitiges Oligopol	Angebotspolypol
Viele Anbieter	Nachfragemonopol	Nachfrageoligopol	**Polypol (Vollständige Konkurrenz)**

Autorengrafik

Aufgaben

1. Analysieren Sie die Zitate in M1. Arbeiten Sie Gemeinsamkeiten und Unterschiede heraus. Welche Aussage überzeugt Sie? Vergleichen Sie Ihre Ergebnisse im Kurs.
2. Erklären Sie den ökonomischen Begriff „Markt" und grenzen Sie diesen Begriff von dem „Wochenmarkt", auf dem Obst und Gemüse verkauft werden, ab (M2).
3. Erklären Sie mithilfe von M3 das Preis-Mengen-Diagramm in M4.
4. Erläutern Sie unter Rückgriff auf den Begriff Grenzkosten, warum die Angebotskurve eine positive Steigung hat (M7).
5. Visualisieren Sie Abweichungen des Marktmodells vom Gleichgewicht. Verschieben Sie die Nachfragekurve (M5) nach rechts. Erläutern Sie, welche Auswirkungen dies für die Bildung des Gleichgewichtspreises hat (M9). Formulieren Sie eine Regel, die folgendermaßen beginnt: *„Wenn die Nachfrage nach einem Gut sich erhöht, dann … . Sinkt dagegen die Nachfrage, verschiebt sich die Nachfragekurve nach … und es bildet sich … . Der Gleichgewichtspreis auf dem Markt wird gebildet durch das Zusammenspiel … ."* (M3 – M9).
6. Diskutieren Sie ausgehend vom Schaubild in M8, warum der vollkommene Markt ein idealtypisches Modell ist (M8 – M10).

H Aufgabe 1
Stellen Sie für Ihre Analyse zunächst geeignete Kriterien wie: *Wirtschaftssystem, Marktwirtschaft, Konsumentensouveränität, Produzentensouveränität, Angebot, Nachfrage, Preise* auf und ordnen Sie diese den Zitaten zu.

H Aufgabe 6
Stellen Sie Ihre Ergebnisse ebenfalls in einer Mind-Map (→ Methodenglossar) dar.

8.2 Der Markt braucht Ordnungsprinzipien – Wirtschaftssysteme im Vergleich

M11 Ordnungsprinzipien von Wirtschaftssystemen

Was ist ein Wirtschaftssystem?
Mit dem Begriff Wirtschaftssystem wird das grundsätzliche System bezeichnet, nach dem in einem Staat gewirtschaftet wird (Zentralverwaltungswirtschaft, Freie oder Soziale Marktwirtschaft). Wirtschaftssysteme bedingen Wirtschaftsordnungen (→ Randspalte, S. 215).

Ziele von Wirtschaftssystemen
Jedes Wirtschaftssystem muss grundsätzlich die Fragen beantworten, wer (Entscheidungssystem), was und wie viel (Koordinationssystem) und für wen (Verteilungssystem) produzieren soll (→ Kapitel 7.3, M14).

1. Planung der Produktion

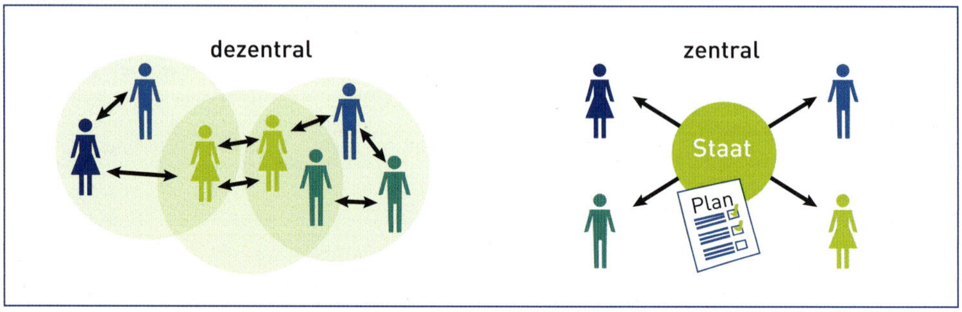

2. Eigentum der Produktionsmittel

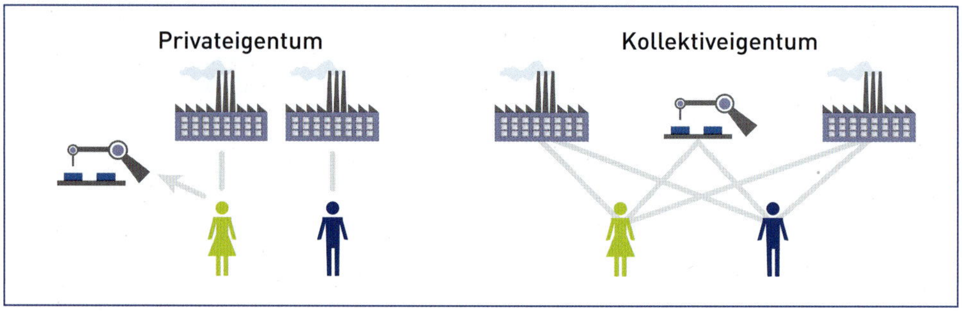

3. Preisbildung

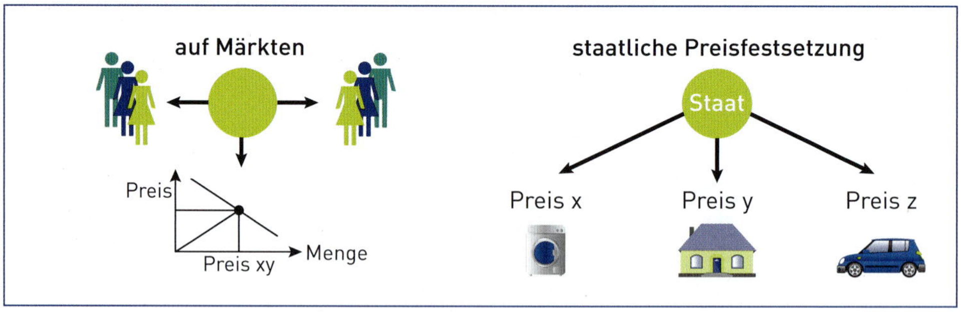

4. Güterangebot

Nach: Institut für Ökonomische Bildung, Unsere Wirtschaftsordnung, Universität Oldenburg, www.handelsblattmachtschule.de, Abruf am 21.1.2014

Methode

Statistikbearbeitung III

I. Aufgaben

1. Stellen Sie den Aufbau der Schaubilder in M11 dar.
2. Analysieren Sie die in den Schaubildern dargestellten Ordnungsprinzipien zentral und dezentral gelenkter Wirtschaftssysteme.
3. **Erörtern und beurteilen Sie die Schaubilder.**

Statistiken und Schaubilder
→ Randspalte auf S. 188

II. Tipps zur Bearbeitung von Aufgabe 3

1. Lesen Sie zunächst in den „allgemeinen Hinweisen zur Statistikbearbeitung" auf S. 273 den Abschnitt „III.3".
2. Informieren Sie sich in der Randspalte auf S. 210 über Formen und Ziele unterschiedlicher Wirtschaftssysteme.

III. Anleitung zur Erörterung und Beurteilung der Schaubilder in M11 (AFB III)

1. Stellen Sie in einem Einleitungssatz zunächst den Bezug zu Ihrer Erläuterung der unterschiedlichen Ordnungsprinzipien der Wirtschaftssysteme aus Aufgabe 2 her.
2. In der sich daran anschließenden Erörterung sollten Sie möglichst viele Aspekte untersuchen, wie z.B.
   - die Verständlichkeit und Klarheit der Darstellungen
   - die Qualität der Zeichnungen
   - den Informationsgehalt der Darstellungen der einzelnen Schaubilder: Überzeugen die Darstellungen aller Schaubilder? Gibt es bei einzelnen Schaubildern Stärken und Schwächen? Werden zu umfangreiche Kenntnisse vorausgesetzt, um die Darstellungen zu verstehen?
   - Informieren die Darstellungen hinreichend über alle zentralen Ordnungsprinzipien? Vergleichen Sie dazu die Informationen in der Randspalte und ziehen Sie ggf. weitere Informationsquellen (Internet) hinzu.
3. Beurteilen Sie abschließend, ob Sie sich durch die Schaubilder gut über die Ordnungsprinzipien der Wirtschaftssysteme informiert fühlen.

Bearbeiter

M12 Wirtschaftssysteme im Vergleich

Bekannte Wirtschaftssysteme
Die bekanntesten Wirtschaftssysteme sind (Freie) Marktwirtschaft und Zentralverwaltungswirtschaft. Allerdings kommen diese Idealtypen in der Realität nicht vor. Alle existierenden Wirtschaftssysteme sind Mischformen zwischen Markt- und Planwirtschaft.

Zur vollständigen Beschreibung eines Wirtschaftssystems [...] spielen zwei der Bausteine [...] in der Diskussion eine besondere Rolle:

- der Koordinationsmechanismus und
- die Eigentumsordnung für Produktionsmittel.

Es ist fraglich, ob diese beiden Elemente einer Wirtschaftsordnung voneinander unabhängig sind. Wahrscheinlich funktioniert die Koordination über Preise bei Privateigentum anders als bei Gemeineigentum an Produktionsmitteln. Und möglicherweise setzt eine zentrale Planung die Aufhebung des Privateigentums voraus. [...] Im Rahmen des bereits beschriebenen Koordinationsmechanismus unterscheidet man:

- die zentrale Planung, auch zentrale Verwaltungswirtschaft, Kommandowirtschaft, vertikale Koordination oder verkürzt nur Planwirtschaft genannt, und
- die dezentrale Planung, auch Marktwirtschaft, horizontale Koordination oder freie Verkehrswirtschaft genannt.

Die Eigentumsordnung gilt als zentrales Element, bisweilen sogar als entscheidendes Element eines Wirtschaftssystems, weil sie die Art des Sanktionssystems bestimmt. Dabei geht es nur um die Frage des Eigentums an Produktionsmitteln (Maschinen, Anlagen, Fabriken: kurz, um das „Kapital"), weil die Handlungsmotive von Unternehmern von zentraler Bedeutung sind. Das Eigentum an Konsumgütern wird dagegen in allen Wirtschaftssystemen immer als Privateigentum vorgesehen. Eigentum an Produktionsmitteln kann grundsätzlich zwei Formen annehmen:

- Privateigentum und
- Gemeineigentum (Gesellschafts-, Volks- oder Staatseigentum).

Während in kapitalistischen Wirtschafts- und Gesellschaftsordnungen die Produktionsmittel den Privaten gehören, sind sie in kommunistischen Gesellschafts- und Wirtschaftsordnungen Gemeineigentum.

Nach: Ulrich Baßeler, Jürgen Heinrich, Burkhard Utecht, Grundlagen und Probleme der Volkswirtschaft, 19. Aufl., Stuttgart 2010, S. 29

M13 Akteure im Wirtschaftssystem – der einfache Wirtschaftskreislauf

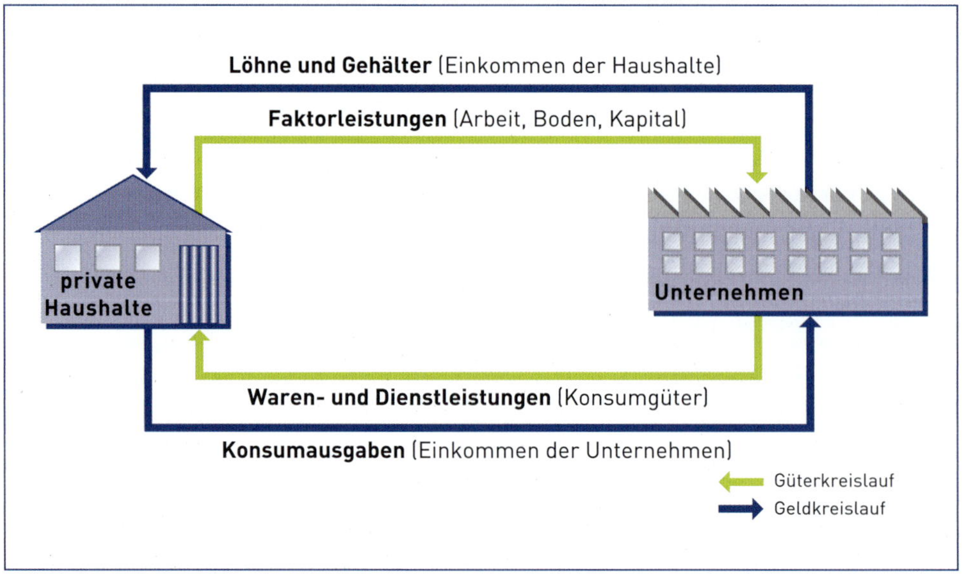

Autorengrafik

M14 Akteure im Wirtschaftssystem – der erweiterte Wirtschaftskreislauf

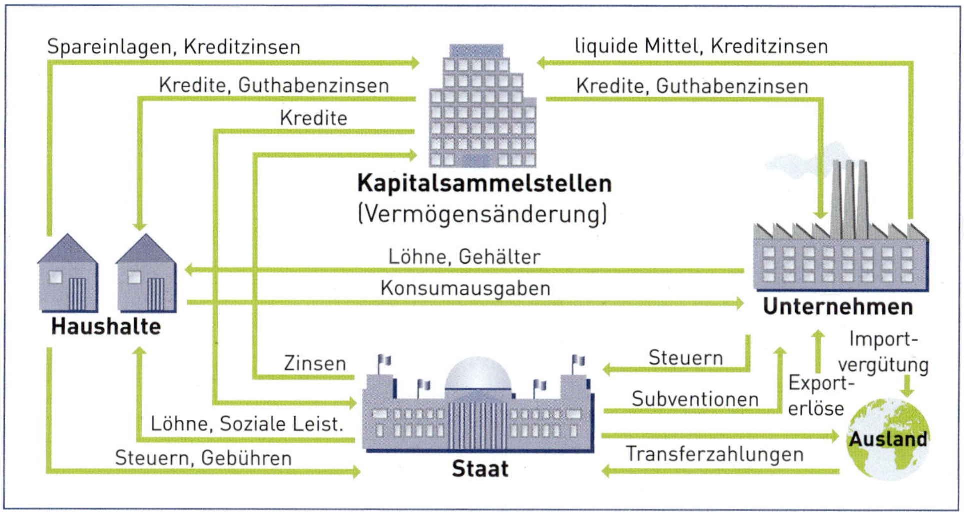

Autorengrafik

Die Ersparnisse der Haushalte, des Staates und der Unternehmen (z.B. Rücklagen) fließen dem Sektor Vermögensveränderung (Bankensystem, Anleihe- und Aktienmarkt, Investmentgesellschaften ...) zu, sie erhalten dafür Zinsen. Vom Sektor der Vermögensveränderung werden die Ersparnisse zur Finanzierung von Investitionen an Unternehmen und als Kredite an den Staat weitergegeben. Der staatliche Sektor konsumiert Güter der Unternehmen, stellt öffentliche Güter bereit und leistet Transferzahlungen an Unternehmen und Haushalte (z.B. Subventionen und Sozialleistungen). Dem Staat fließen andererseits Mittel von Unternehmen und Haushalten (z.B. in Form von indirekten und direkten Steuern, Gebühren und Sozialabgaben) zu. Nimmt man zum erweiterten Wirtschaftskreislauf noch die Transaktionen mit dem Ausland in das Kreislaufmodell mit auf, so spricht man vom Wirtschaftskreislauf einer offenen Volkswirtschaft. Haushalte und Unternehmen können z.B. Faktoreinkommen aus dem Ausland beziehen und umgekehrt. Es können Sparleistungen vom Ausland in den Sektor Vermögensveränderung fließen und umgekehrt. Waren und Dienstleistungen können exportiert und importiert werden. Der Kreislauf einer offenen Volkswirtschaft berücksichtigt also auch die Ein- und Ausfuhr von Kapital, Waren und Dienstleistungen.

Bearbeiter

Der einfache und erweiterte Wirtschaftskreislauf
Das Modell des **einfachen Wirtschaftskreislaufs** beschränkt sich auf die Beziehungen zwischen den Sektoren **Konsumenten** und **Produzenten**. Der Wirtschaftskreislauf stellt die wesentlichen Geldströme und Güterströme zwischen beiden dar. Einflüsse von **Staat**, **Kreditinstituten**, **Kapitalsammelstellen** sowie des **Auslands** werden dabei nicht betrachtet.
Der **erweiterte Wirtschaftskreislauf** nimmt diese Sektoren hingegen auf. In der Realität geben die Haushalte nämlich nicht ihr ganzes Einkommen für Konsum aus, sondern sparen einen Teil. Es werden auch nicht alle Güter verbraucht, sondern zum Teil auch für Investitionszwecke genutzt. Dies wird im erweiterten Wirtschaftskreislauf ebenso berücksichtigt wie die Akteure Staat und Ausland.

Aufgaben

1. Bearbeiten Sie mithilfe der Methode „Statistikbearbeitung III" auf S. 211 das Schaubild aus M11.
2. Beschreiben Sie anhand von M12 Deutschlands Wirtschaftssystem.
3. Sammeln Sie in Gruppenarbeit Vor- und Nachteile der einzelnen Wirtschaftssysteme und diskutieren Sie diese im Kurs (M11 – M13).
4. Prüfen Sie mithilfe von M13 und M14 die wirtschaftlichen Austauschprozesse bei folgenden wirtschaftlichen Ereignissen: *Sie schalten zuhause das Licht an. Ihr Job wird gekündigt. Der Staat erhöht die Mehrwertsteuer* (M14).

F Aufgabe 2
Bestimmen Sie darüber hinaus die Wirtschaftssysteme folgender Länder: Kuba, USA, Nordkorea, England, Frankreich, China. Stellen Sie Ihre Ergebnisse im Kurs begründet vor.

8.3 Die Soziale Marktwirtschaft in Deutschland als ordnungspolitisches Leitbild

M15 Armer Mann und reicher Mann …

Reicher Mann und armer Mann
Standen da und sahn sich an.
Und der Arme sagte bleich:
Wär ich nicht arm, wärst du nicht reich.

Bertolt Brecht, Das Alfabet (Auszug), 1934

M16 „Die unsichtbare Hand" ist vorbei …

Ein Gespräch mit dem Wirtschaftsethiker Prof. Peter Ulrich von der Universität St. Gallen über die Grenzen des freien Marktes.

Die Ideologie des freien Marktes wird schon seit den Zeiten von Margaret Thatcher und Ronald Reagan propagiert.

Zwei Jahrzehnte lang ist uns ein Geist gepredigt worden, der uns angeblich von jeder Zumutung der moralischen Selbstbeschränkung entlastet hat. Man hat von Freiheit und freiem Markt gesprochen, hat aber die Kehrseite dieser Münze missachtet. Die Kehrseite von Freiheit heißt eben immer auch Verantwortung. […] Es gab die Hoffnung auf mehr Leistung, je stärker die Gewinnanreize sind. Als Folge werde sich die Produktivität automatisch steigern, und dies sei für alle gut. […] Wer sich erlaubt hat nachzufragen, ob diese Verteilung des Wohlstandsgewinns gerecht sei, der wurde postwendend des Neids bezichtigt. Diese Neiddebatte hatte aber nur den Zweck, eine Gerechtigkeitsdebatte zu verhindern. Dabei ist die Frage nach der Gerechtigkeit ausgewiesen. Nur einem kleinen Teil der Bevölkerung fließen die Gewinne zu. Der Rest, die überwiegende Mehrheit, hat vom steigenden Gesamtkuchen nichts bekommen. […]

Allzu große Unterschiede bei den Einkommen können eine Gesellschaft gefährden. Wie schätzen Sie die Risiken durch die wachsende Ungerechtigkeit ein?

Wir haben ein Verteilungsproblem. Die Schere von Einkommen und Vermögen öffnet sich ständig. Dies stellt die Legitimität unserer Wirtschaftsordnung über kurz oder lang ernsthaft in Frage. […] Der Glaube an die unsichtbare Hand des Marktes ist vorbei. […] Die Leute haben im Gegenteil wieder ein klareres Bewusstsein für das, was im Fachjargon „Primat der Politik" heißt. […]

Also braucht es neue Regulierungen?

Ein ungeordneter Markt tendiert zur Vermachtung. Das sah übrigens schon der Begründer der liberalen Ökonomie so, Adam Smith. Man darf die marktwirtschaftliche Rahmenordnung nicht den Lobbyisten überlassen, denn diese machen Interessenpolitik. Beispielsweise kämpfen unsere beiden führenden Branchen Pharma und Finanz erfolgreich für einen staatlichen Protektionismus und nicht für den freien Wettbewerb. Fetteste Gewinne werden teilweise mittels Wettbewerbsverhinderung eingeheimst. Daher muss das öffentliche Wohl und dürfen nicht Partikularinteressen unsere Wirtschaftsordnung dominieren.

Das Interview führte Ralph Hug, in: context 11/2008, S. 12 ff.

Die „unsichtbare Hand" von Adam Smith (1723 – 1790)

Und [der Mensch] wird wie von einer unsichtbaren Hand geleitet, um einen Zweck zu fördern, den zu erfüllen er in keiner Weise beabsichtigt hat. […] [J]a gerade dadurch, dass er das eigene Interesse verfolgt, fördert er häufig das der Gesellschaft nachhaltiger, als wenn er wirklich beabsichtigt, es zu tun.

Adam Smith, Der Wohlstand der Nationen, München 1974 (engl. Original: 1776), S. 371

M17 Wie viel Markt und wie viel Staat brauchen wir? – ein polemischer Kommentar von 1998

Die Freiheit ist der Menschen höchstes Gut, meinen manche. Aber Augustinus hat auch recht mit seiner Feststellung, dass der Staat ohne Gerechtigkeit eine große Räuberbande wäre. Die Erfahrung legt nahe, dass in einer Gesellschaft zu viel Staat vorhanden ist, wenn die Freiheit gefährdet ist. Und zu wenig Staat, wenn es an Gerechtigkeit und Solidarität mangelt. Viele beginnen vor der zunehmenden Macht europäischer, föderaler und kommunaler Bürokratien zu resignieren. Rechtswege sind verstopft, Gerichte überlastet, Petitionsausschüsse überfordert. Dieser Staat wird nicht schlanker, sondern fetter. [...] Die Flut der Gesetze und Verordnungen, das Gängeln und Schikanieren der Bürger nimmt beträchtliche Ausmaße an. Bald wird es unmöglich sein, auch nur einen Kilometer zu fahren, ohne per Satellit registriert zu werden. Die Leute lesen, es gebe zu wenig Polizisten, um Kriminelle zu packen - wenn aber der unbescholtene Steuerzahler falsch in der Parklücke steht oder auf der Autobahn bei ständig wechselnden Geschwindigkeitsbegrenzungen die Übersicht verliert, sind genügend Leute da, um ihn abzukassieren und das Punktekonto in Flensburg aufzustocken. Die Unfallzahlen sinken - aber Radarfallen dienen nicht mehr der Verkehrssicherheit, sondern kommunaler Geldbeschaffung. [...] Das Telefon wird abgehört, die Verbrechensbekämpfung mit elektronischen Mitteln kann auch Unbescholtene treffen. [...] Ein Gemüsehändler muss in Rheinland-Pfalz rund 85 Gesetze und Vorschriften beachten. Der Mountainbiker darf nur auf Waldwegen fahren, die breiter sind als zwei Meter. Ein Vereinsvorsitzender braucht eine Erlaubnis, um mit seiner Wandergruppe in den Wald zu gehen.

Zu wenig Staat? Lenin hätte seine Freude: „Vertrauen ist gut, Kontrolle ist besser.“ Und die Gerechtigkeit? Die Freiheit allein, der Wettbewerb, der Markt kann sie nicht herstellen. Die alten Philosophen sprechen von der ausgleichenden Gerechtigkeit, der iustitia commutativa, die der Staat sicherstellen muss: die Äquivalenz von Leistung und Gegenleistung, Ware und Preis, Schaden und Ersatz. Die Angebotsmacht mancher Konzerne kann schon heute jedem Lieferanten die Preise vorschreiben. Solche Oligopole sind das Ende der Gerechtigkeit. Wo bleibt der Staat, fragen die Bauern, Getränkehersteller, Einzelhändler völlig zu Recht.

Die Soziale Marktwirtschaft ist die erfolgreichste Wirtschafts- und Sozialordnung der Wirtschaftsgeschichte. Sie gründet auf geordneten Wettbewerb - der einen funktionsfähigen Staat voraussetzt, welcher vom Steuer- über das Arbeits- bis hin zum Tarifrecht diese Ordnung garantiert. In einer Zeit, in der Unternehmen weltweit agieren – was völlig in Ordnung und nicht aufzuhalten ist –, emanzipiert sich die Wirtschaft von einzelstaatlichen Ordnungen. Es gelten Regeln, die an die Anfänge des Kapitalismus erinnern: reines Gewinndenken und Börsenindices beherrschen Unternehmen und Manager. In der globalen Ökonomie ist keine Ordnung mehr zu erkennen. [...] Das heißt, es fehlt der Staat, der eine solche Ordnung herstellen und garantieren kann. Die Schwachen können sich nicht allein auf den guten Willen der Stärkeren verlassen. Eine Gesellschaft bedarf solidarischer Strukturen, mit Rechtsansprüchen versehen und nicht von den Launen der Starken abhängig. Gerade wenn den Menschen durch moderne Technologien ein Höchstmaß an beruflichem Risiko, Mobilität und Flexibilität abverlangt wird, darf der solidarische Sozialstaat nicht abgebaut, er muss reformiert und durch einen handlungsfähigen Staat gesichert werden.

Heiner Geißler, Gastkommentar: Wie viel Staat brauchen wir, Die Welt, 26.11.1998

Wirtschaftsordnung
Mit dem Begriff Wirtschaftsordnung werden Regeln bezeichnet, nach denen im Rahmen des Wirtschaftssystems gewirtschaftet wird. Die Wirtschaftsordnung setzt das Wirtschaftssystem in die Praxis um (→ Randspalte S. 210 und S. 212).

Wirtschaftsordnung und Wirtschaftssystem
Folgendes Beispiel erklärt den Unterschied: Das **Wirtschaftssystem** Deutschlands (Soziale Marktwirtschaft) ermöglicht Ihnen, jederzeit ein eigenes Unternehmen zu gründen (→ S. 210, M11, Punkt 1). In der Zentralverwaltungswirtschaft geht dies nur, wenn der zentrale Plan eine Unternehmungsgründung vorsieht. In der Sozialen Marktwirtschaft müssen Sie bei Ihrer Unternehmensgründung lediglich bestimmte Regeln der **Wirtschaftsordnung** befolgen. So sind Sie z.B. verpflichtet, Ihrem Unternehmen eine Rechtsform zu geben (AG, GmbH, GBR, etc.). Wirtschaftsordnungen und Wirtschaftssysteme werden oft als Synonyme verwendet. Auch Heiner Geißler verwendet den Begriff der Wirtschaftsordnung (M17, Zeile 58 ff.) und meint das Wirtschaftssystem.

Methode

Textbearbeitung III

I. Aufgaben

1. Stellen Sie dar, wie Geißler das Spannungsverhältnis von individueller Freiheit und Einschränkung dieser Freiheit durch staatliches Handeln beschreibt.
2. Analysieren Sie, wie Geißler die Soziale Marktwirtschaft in der Bundesrepublik Deutschland beurteilt und wodurch er sie bedroht sieht.
3. **Erörtern Sie die Einschätzung Geißlers bezüglich der Bedrohung der Sozialen Marktwirtschaft. Beurteilen Sie, ob seine 1998 formulierte Einschätzung noch aktuell ist.**

II. Tipps zur Bearbeitung von Aufgabe 3

1. Lesen Sie in den „allgemeinen Hinweisen zur Textbearbeitung" auf S. 268 ff. den Abschnitt „III.3".
2. Voraussetzung einer erfolgreichen Texterörterung und -beurteilung ist, dass Sie die Aufgaben 1 und 2 gründlich bearbeitet haben.

III. Anleitung zur Erörterung und Beurteilung des Textes in M17 (AFB III)

1. Fassen Sie zu Beginn Ihrer Ausführungen noch einmal die zentralen Ergebnisse Ihrer Analyse aus Aufgabe 2 zusammen. Berücksichtigen Sie dabei die folgenden Aspekte:
   - die Begründung, warum Geißler die Soziale Marktwirtschaft für das erfolgreichste Wirtschaftssystem der Wirtschaftsgeschichte hält;
   - die Gefährdungen dieses Systems durch zu viel Bürokratie auf verschiedenen Ebenen;
   - die Einschränkung des Wettbewerbs durch die Macht großer Konzerne;
   - die Notwendigkeit solidarischer Strukturen in einer modernen Gesellschaft.
2. Untersuchen Sie nun die o.g. Aspekte, indem Sie auf dem Hintergrund Ihrer Kenntnisse abwägen, ob die Argumente Geißlers gut begründet sind, ob er z.B.
   - sachlich mit Bezug auf konkrete Sachverhalte argumentiert;
   - übertreibt, um andere von seiner Position zu überzeugen.
3. Beurteilen Sie die Vorstellungen Geißlers im Hinblick auf die Kriterien Legitimität und Effektivität und untersuchen Sie den Text auf
   - implizite Wertvorstellungen: Beachten Sie hier besonders bestimmte Schlüsselwörter wie Freiheit, Gerechtigkeit, Solidarität, ...;
   - Argumente, die sich auf Kriterien für den Erfolg der Sozialen Marktwirtschaft beziehen;
   - Zum Abschluss treffen Sie unter Bezug auf Ihre vorangehende Erörterung ein differenziert begründetes Urteil, in welchen Punkten Sie den Argumenten Geißlers zustimmen, in welchen Punkten Sie nur teilweise oder gar nicht zustimmen können.

Bei der Beurteilung der Aktualität der Position von Geißler beachten Sie bitte die Entwicklung des Internets und die Folgen der zunehmenden Globalisierung für den Wettbewerb.

Bearbeiter

M18 Die Soziale Marktwirtschaft im Grundgesetz

Mindestanforderungen des GG an ein Wirtschaftssystem

Im Grundgesetz findet sich keine Entscheidung für eine bestimmte Wirtschaftsordnung. Seine „wirtschaftspolitische Neutralität" ermöglicht es dem Gesetzgeber, die ihm jeweils sachgemäß erscheinende Wirtschaftspolitik zu verfolgen. Die gegenwärtige Wirtschafts- und Sozialordnung ist keinesfalls die verfassungsrechtlich einzig mögliche. (BVerfGE 4, 8/18). Der Gesetzgeber ist nur verpflichtet, die von der Verfassung an jede Wirtschaftspolitik gestellten **Mindestanforderungen** zu beachten: Die Wirtschaftspolitik muss dem Grundrecht der freien Entfaltung der Persönlichkeit einerseits und der in Art. 20 Abs. 1 getroffenen Entscheidung für den Sozialstaat (vgl. dazu Art. 20) andererseits gerecht werden.

Dieter Hesselberger, Das Grundgesetz, Kommentar für die politische Bildung, 9. Auflage, Bonn 1995, S. 69

Prinzipien der Sozialen Marktwirtschaft

Die Konzeption der Sozialen Marktwirtschaft basiert auf drei zentralen Prinzipien:

(1) Nach dem **Wettbewerbsprinzip** muss der Staat dafür Sorge tragen, dass in allen Branchen und Sektoren möglichst (große) Konkurrenz herrscht.

(2) Das **Prinzip der Marktkonformität** besagt, dass kein (wirtschafts-) politischer Eingriff des Staates die Preisbildung aus Angebot und Nachfrage stören darf.

(3) Allerdings bleibt es nach dem **Sozialstaatsprinzip** möglich, aus sozialen Gründen Mitglieder der Gesellschaft zu unterstützen, sodass sie (durch Konsum) am Markt teilnehmen können.

Nach: Kersten Ringe, in: Politischer Entscheidungsprozess und Soziale Marktwirtschaft, Bamberg 2010, S. 167

Verfassungsrechtliche Grundlagen der Sozialen Marktwirtschaft

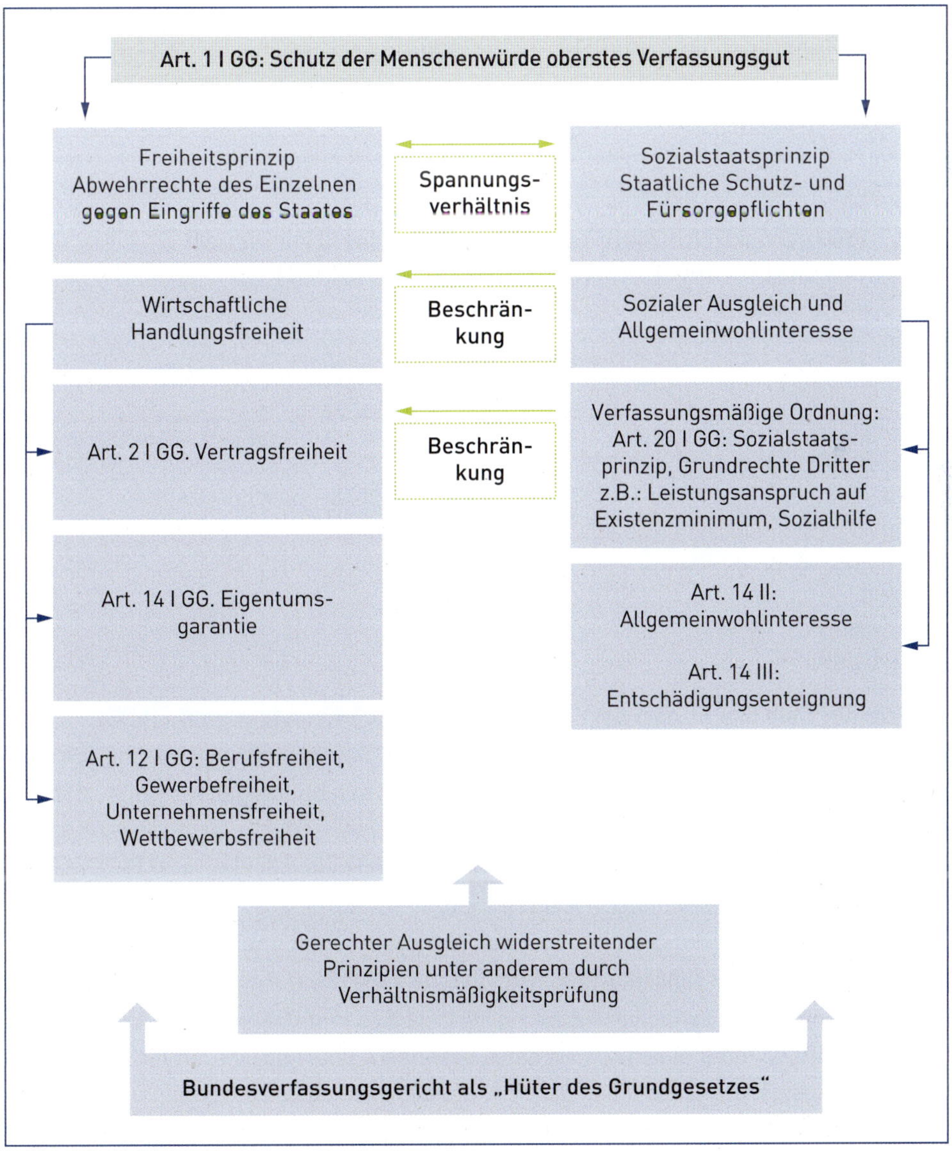

Nach: Unterricht Wirtschaftspolitik, 2/2011, S. 10

M19 Wirtschaftliche Freiheit und Sozialstaat

„Sozial“ steht für soziale Gerechtigkeit und Sicherheit, „Marktwirtschaft“ für wirtschaftliche Freiheit. Die Soziale Marktwirtschaft hält grundsätzlich an der Souveränität des Individuums fest. Diese sollte allerdings dort ihre Grenze finden, wo fundamentale Rechte und Interessen anderer beeinträchtigt werden. Das Grundziel der Sozialen Marktwirtschaft heißt entsprechend: „So viel Freiheit wie möglich, so viel staatlicher Zwang wie nötig.“ Ihre Aufgabe ist es, auf der Grundlage von Markt und Wettbewerb das Prinzip der Freiheit mit dem des sozialen Ausgleichs und der sozialen Gerechtigkeit zu verknüpfen. Wirtschaftliche Freiheit bedeutet, dass die Verbraucher frei entscheiden können, wie sie ihr Einkommen verwenden. Die Eigentümer der Produktionsmittel können frei wählen, ob sie ihre Arbeitskraft, Sachgüter oder unternehmerischen Fähigkeiten zur Verfügung stellen (Gewerbefreiheit, Berufsfreiheit, Freiheit der Eigentumsnutzung). Unternehmer haben die Freiheit, Güter nach ihrer Wahl herzustellen und abzusetzen. Käufern und Verkäufern von Gütern steht es frei, sich neben anderen um das gleiche Ziel zu bemühen (Wettbewerbsfreiheit). [...] Die wirtschaftliche Freiheit soll durch den Staat dort beschränkt werden, wo sie die soziale Gerechtigkeit und die soziale Sicherheit gefährdet. Der Staat übernimmt Aufgaben, die der Markt nicht oder nur sehr eingeschränkt erfüllen kann, wie etwa struktur- und bildungspolitische Aufgaben.

Herbert Buscher u.a., Wirtschaft heute, Bundeszentrale für politische Bildung, Bonn 2009, S. 30

M20 Wirtschaftliche Ziele in der Sozialen Marktwirtschaft – das Stabilitäts- und Wachstumsgesetz (StWG)

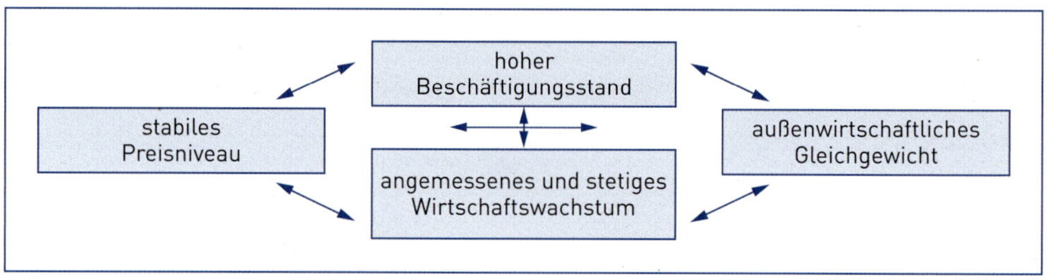

Bearbeiter

Vom Viereck zum Vieleck
Neben den im Stabilitätsgesetz von 1967 festgelegten Zielen der Wirtschaftspolitik wird von Zeit zu Zeit diskutiert, ob nicht eine Ergänzung des Zielkatalogs erforderlich ist. Schon 1994 wurde der Umweltschutz als allgemeines Staatsziel in das Grundgesetz (Art. 20a) aufgenommen, sodass eine umweltverträgliche Wirtschaftsentwicklung als weiteres Stabilitätsziel angesehen werden kann. Umstritten ist das Ziel der Verteilungsgerechtigkeit, da die Definition von Gerechtigkeit einem dauernden Wandel unterworfen ist.

Aufgaben

1. Erläutern Sie das Prinzip der „unsichtbaren Hand“ von Adam Smith (M16).
2. Analysieren Sie u.a. mithilfe von Bertolt Brechts Standpunkt zur Ursache von Armut und Reichtum die Kritik von Peter Ulrich an der „Ideologie des freien Marktes“ (M15, M17).
3. Bearbeiten Sie den polemischen Kommentar von Heiner Geißler in M17 mithilfe der nachfolgenden Methode „Textbearbeitung III“ auf S. 216.
4. Erklären Sie die Prinzipien der Sozialen Marktwirtschaft anhand geeigneter Beispiele aus dem / Ihrem Alltag (Randspalte zu M18).
5. Erarbeiten Sie in Gruppenarbeit die rechtlichen Bestimmungen des deutschen Wirtschaftssystems. Beachten Sie dabei besonders zwei Aspekte: erstens das Spannungsverhältnis zwischen der individuellen Freiheit des Einzelnen und der Einschränkung dieser Freiheit durch den Staat und zweitens die Aufgaben des Staates in einer Sozialen Marktwirtschaft. Stellen Sie Ihre Ergebnisse vor (M18 – M20).

8.4 *Vertiefung:* Prinzipien der Sozialen Marktwirtschaft

M21 Menschenwürde und Soziale Marktwirtschaft

Auf klassische Weise bringt Oswald von Nell-Breuning, der „Nestor" der Katholischen Soziallehre die ethisch motivierte Anforderung an die soziale Marktwirtschaft auf den Punkt. In seinem Artikel „Soziale Marktwirtschaft" [...] (1949) [...] formuliert er das entscheidende Kriterium: „Soll die Marktwirtschaft wirklich mehr sein als ein bloßer Kampf ums Dasein, soll sie einer echten wirtschaftlichen Wettbewerbsordnung unterstellt werden, so führt dies mit Notwendigkeit über die (alt-) liberale Auffassung von Wirtschaft überhaupt und von Marktwirtschaft hinaus" zum Konzept der „gesellschaftlich gebundenen oder sozialen Marktwirtschaft." Wesentliches Element der marktwirtschaftlichen Ordnung ist eine Wettbewerbsordnung, die einerseits „die schwierigste ihr gestellte Aufgabe meistert, die wirtschaftliche Macht in einen geordneten Wettbewerb einzubauen," und der es andererseits gelingt, „den Wettbewerb unter Wirtschafts- und Marktbeteiligten, die mit ungleichen Startbedingungen in den Wettbewerb eintreten, so zu ordnen, dass er für alle Beteiligten sinnvoll und aussichtsreich ist." [...]

Fundament der Idee der sozialen Marktwirtschaft ist vor aller Ökonomie eine Philosophie, ein Bild von Gesellschaft und Wirtschaft, das in signifikanten [bedeutsamen] Punkten vom christlich-europäischen Menschenbild geprägt ist. Es ist wohl auch kultur- und geistesgeschichtlich kein Zufall, dass der ordnungspolitische Gedanke der sozialen Marktwirtschaft auf dem Boden des christlichen Abendlandes und seines Menschenverständnisses entstanden ist. Grundlagen dieses Menschenbildes sind personale Freiheit und Würde der Person einerseits und gleichzeitig der Blick auf den Nächsten, auf das soziale Umfeld der Gesellschaft andererseits. Marktwirtschaft, Wettbewerb und Eigenverantwortung korrespondieren mit der gesellschaftlichen Solidarität. [...] Der ordnungspolitische Zielpunkt ist glasklar: Eine solidarische Leistungsgesellschaft ist die Perspektive dieser Vision. Es bedarf politischen Mutes, darauf hin zu weisen, dass es Übertreibungen in sozialen Einzelleistungen gegeben hat und gibt. [...] Aber es bedarf auch politischen Mutes, die neuen Herausforderungen zu sehen, welche die Gemeinwohlorientierung der sozialen Marktwirtschaft heute annehmen muss.

Das Element der sozialen Sicherung sollte deswegen keineswegs nur ... als Kostenfaktor kritisiert, sondern umgekehrt in seiner positiven Wirkung für soziale Sicherheit und sozialen Frieden, und auch als strukturelle Voraussetzung hoher Arbeitsproduktivität realisiert werden. Freiheit und Eigenverantwortung einerseits und eine aktivierende Sozialpolitik andererseits schließen sich nicht aus, sie bedingen sich gegenseitig! [...] Nach allen geschichtlichen Erfahrungen mit der sozialen Marktwirtschaft ist mit diesem deutschen Nachkriegsmodell eine einzigartige und erfolgreiche Wirtschaftsordnungspolitik begründet, die sich in doppelter Hinsicht bewährte: Erfolgreich sowohl, was das Kriterium ökonomischer Effizienz betrifft, wie sie vom Rationalprinzip geboten ist [...]. Erfolgreich aber auch und gerade im sozialstaatlichen Anspruch, wie er von der Sozialpolitik und der Sozialethik im Namen der Würde der Person und des Gemeinwohls seit jeher erhoben wird. Nicht: Was kostet sozialer Ausgleich? sondern: Was ist sozialer Friede wert? müsste also die schlüssige Frage aus der geschichtlichen Erfahrung in Deutschland lauten.

Weihbischof Anton Losinger, Menschenwürde und Soziale Marktwirtschaft, www.hss.de, Abruf am 21.1.2014

Anton Losinger ist Weihbischof in Augsburg.

Oswald von Nell-Breuning (1890 – 1991) war ein katholischer Theologe und Ökonom.

Nestor hier: Begründer eines Verfahrens

M22 Wissenschaftlicher Hintergrund der Sozialen Marktwirtschaft – Ordoliberalismus und Freiburger Kreis

Walter Eucken (1891 – 1950), bekanntester Mitbegründer der Freiburger Schule des Ordoliberalismus

Es war ein verhältnismäßig kleiner Kreis von Persönlichkeiten, die sich in verschiedenen Zusammenhängen und Zusammensetzungen seit 1938 trafen, um über Alternativen zum herrschenden politischen System nachzudenken. [...] In der Regel trafen sie sich in Freiburg, woraus sich auch Namen wie „Freiburger Kreis" und „Freiburger Kreise" ergaben. [...] Sie kamen vor allem aus der Wissenschaft, insbesondere – wie Adolf Lampe, Walter Eucken, Constantin von Dietze und Erwin von Beckrath – aus den Wirtschaftswissenschaften und leisteten wichtige theoretische Vorarbeiten für das spätere Konzept der „Sozialen Marktwirtschaft". Ein Nenner, der vielen von ihnen gemein war, war die christliche Verantwortung. Sie setzten Freiheit und Leben aufs Spiel, um die Saat der Vernunft in den Boden der Zukunft zu senken. Welch ein kostbares Erbe! Die „Freiburger Kreise" waren die Wiege der Entschlossenheit, auf die Marktwirtschaft zu setzen. Sie wussten auch [...], dass die Gleichheit der Menschen verlangt, die Ungleichheit ihrer Lebensverhältnisse kritisch zu bewerten und entsprechend – und das hieß „sozial" – zu begrenzen. Das primäre Medium dafür sollten Markt und Wettbewerb selbst sein, weil sie den größten Nutzen der Einzelnen in den größten Nutzen der Allgemeinheit verwandelten. [...] Die Politik sollte die Wirtschaft ordnen, nicht aber die Güter verteilen.

Hans F. Zacher, Geschichte und Krise der Sozialen Marktwirtschaft, in: Karl-Heinz Hoffmann, Bayerische Akademie der Wissenschaften, Akademie 03-2011, S. 33

Ordoliberalismus
Der Ordoliberalismus ist ein Konzept für ein marktwirtschaftliches Wirtschaftssystems, in der ein durch den Staat geschaffener Ordnungsrahmen den ökonomischen Wettbewerb und die Freiheit der Bürger auf dem Markt gewährleisten soll.
Nach: de.Wikipedia, Ordoliberalismus, www.wikipedia.de, Abruf am 20.1.2014

M23 Historischer Hintergrund der Sozialen Marktwirtschaft – die Suche nach dem „Dritten Weg" in der Nachkriegszeit

Der Begriff der „Sozialen Marktwirtschaft" trat im Sommer 1948 in das öffentliche Bewusstsein der Westdeutschen. [...] Nach dem Krieg wurde Europa gespalten: im sowjetisch dominierten „Osten" herrschten „sozialistische" Einparteienregimes über die Zentralverwaltungswirtschaft. Auch der „freie Westen" war von der Überzeugung bestimmt, dass die Welt nun sozialer werden sollte als vor dem Krieg. Neue Sozialleistungssysteme waren einer der zumeist begangenen Wege dorthin. Schwieriger war es jedoch, das richtige Verhältnis zwischen der Autonomie von Gesellschaft und Marktwirtschaft und den sozialen Zielen zu finden, die erreicht werden sollten. Lenkung und Bewirtschaftung blieben verbreitete Verfahren, aber dann gefährdete die Knappheit der Güter nicht selten den sozialen Erfolg. Vor allem aber misstraute man der kapitalistischen Konzentration wirtschaftlicher Macht und suchte zugleich nach Wegen, dem Faktor Arbeit mehr Einfluss auf die Wirtschaft zu erschließen. Verstaatlichung und Sozialisierung wurden zu zentralen Instrumenten. [...] Das war auch die Erfahrungswelt, welche die englische und die französische Besatzungsmacht bestimmte [...]. Nur die amerikanische Besatzungsmacht war frei von planwirtschaftlichen [...] Versuchungen. Auch die westdeutsche Öffentlichkeit und ihre Politiker dachten in der Richtung des „westlichen" Europas – jedenfalls schienen die Techniken der Bewirtschaftung unentbehrlich. Die Knappheit der Güter wurde, da marktwirtschaftliche Angebotsanreize fehlten, immer dramatischer. Trotzdem: die gesellschaftlichen Kräfte in einer Marktwirtschaft zur Entfaltung zu bringen, erschien als Wagnis.

Hans F. Zacher, Geschichte und Krise der sozialen Marktwirtschaft, in: Karl-Heinz Hoffmann, Bayerische Akademie der Wissenschaften, Akademie 03-2011, S. 31

M24 Politischer Hintergrund – das Leitbild der Sozialen Marktwirtschaft

Der deutsche Ökonom Alfred Müller-Armack (1901 – 1978) prägte den Begriff der „Sozialen Marktwirtschaft" und unterstützte Ludwig Erhard u.a. als Staatssekretär im Wirtschaftsressort dabei, das Konzept nach dem Krieg politisch umzusetzen.

1. Die Soziale Marktwirtschaft basiert auf den Funktionen eines beweglichen und sich dynamisch entwickelnden Marktes.
2. Die Soziale Marktwirtschaft ist angetreten mit dem Anspruch, durch den marktwirtschaftlichen Prozess nicht nur die Gütererzeugung anzuheben, den Bereich persönlicher freier Gestaltungsmöglichkeiten für die Einzelnen zu erweitern, sondern auch soziale Fortschritte zu bringen.
3. Die Soziale Marktwirtschaft fordert keinen schwachen Staat, sondern sieht in einem starken demokratischen Staat die Voraussetzungen für das Funktionieren dieser Ordnung. [...]
4. Garant des sozialen Anspruchs der Marktwirtschaft ist nicht nur der Markt [...]. Der Staat hat vielmehr die unbestrittene Aufgabe, über den Staatshaushalt und die öffentlichen Versicherungen die aus dem Markt resultierenden Einkommensströme umzuleiten und soziale Leistungen, wie Kindergeld, Mietbeihilfen, Renten, Pensionen, Sozialsubventionen und so weiter, zu ermöglichen. Das alles gehört zum Wesen dieser Ordnung, und es wäre eine Farce [hier: Unsinn], nur den unbeeinflussten Marktprozess zu sehen, ohne seine vielfältige Einbettung in unsere staatliche Ordnung zu beachten. Das bedeutet keineswegs ein Hinüberwechseln aus dem Markt in den staatlichen Bereich [...]. Es muss die Grenze eingehalten werden, deren Überschreitung eine Störung der Marktvorgänge bewirkt.
5. Neben den engeren Aufgaben der Wettbewerbssicherung und den weiteren Aufgaben des sozialen Schutzes steht der Staat [...] vor Aufgaben der Gesellschaftspolitik, um die [...] Lebensumstände für alle zu verbessern. [...] Ich nenne Erweiterung der Vermögensbildung, Verbesserungen der Investitionen im Bereich des Verkehrs, des Gesundheitswesens, Aufwendungen für Bildung und Forschung, Schutz gegen die wachsende Verschlechterung vieler Umweltbedingungen, Städtebauförderung.
6. Die Ordnung der Sozialen Marktwirtschaft schließt also alle Ziele, die wir auch für eine weitere Zukunft ins Auge zu fassen haben, ein. Sie bleibt insofern Marktwirtschaft, als sie darauf besteht, dass das durch freie Betätigung aller Gruppen gesicherte Privateigentum, eine gesicherte Rechtsordnung und stetes Wirtschaftswachstum auch [...] in der Zukunft die besten Grundlagen bieten, um die Fülle der vor uns stehenden Aufgaben im staatlichen und privaten Bereich zu fördern. [...] Die Soziale Marktwirtschaft ist ein Stil, der ein festes Formprinzip mit der Fülle der Gestaltungsmöglichkeiten im Einzelnen verbindet.

Alfred Müller-Armack, Unser Jahrhundert der Ordnungsexperimente, in: Genealogie der sozialen Marktwirtschaft. Frühschriften und weiterführende Konzepte, 2. Aufl., Bern/Stuttgart 1981, S. 150

Aufgabe

Werten Sie die Materialen M21 – M24 mithilfe eines Gruppenpuzzles (→ Methodenglossar) aus. Jede Gruppe

- stellt zunächst auf einer Folie die zentralen Aussagen der ihr zugeordneten Texte zusammen.
- Analysieren Sie nun die Ideen der Ihnen zugeordneten Theoretiker in Bezug auf ihre Menschenbilder und die Auffassung über die Rolle des Staates. Erstellen Sie eine Wandzeitung, auf der Sie unter den Überschriften „Menschenbild" und „Aufgaben des Staates" diese Ideen darstellen.
- Präsentieren Sie Ihre Ergebnisse im Kurs.

Wissen kompakt

Das Marktmodell in der Wirtschaftswissenschaft
M2

Das Zusammentreffen von Angebot und Nachfrage nach einer Ware oder Dienstleistung (ökonomisches Gut) wird in der Wirtschaftswissenschaft als Markt bezeichnet. Für einen Markt sind mindestens ein Nachfrager, ein Anbieter und ein Handelsgut erforderlich.

Nachfragekurve
M3 – M5

Die Nachfrage nach einem Marktgut ist die Summe der individuellen Nachfragen. Sie hängt in erster Linie vom Preis des Gutes ab. In der Regel gilt: Je höher der Preis des Gutes, desto geringer die Nachfrage. Grafisch bedeutet dies im Preis-Mengen-Diagramm: Die Nachfragekurve ist eine fallende Kurve.

Angebotskurve
M6

Da es sich für Anbieter bei steigenden Preisen immer mehr lohnt, das Gut anzubieten, ist die Angebotskurve im Preis-Mengen-Diagramm eine steigende Kurve. Der einzelne Anbieter kann seine Kosten (Fixkosten und variable Kosten) erst ab einer bestimmten Absatzmenge über die Erlöse decken.

Grenzkosten
M7

Ein Anbieter wird ein zusätzliches Gut auf Dauer nur anbieten, wenn die Grenzkosten (Kosten der letzten produzierten Einheit) kleiner oder gleich dem Grenzerlös (Erlös der letzten produzierten Einheit = Marktpreis) sind. Da die Grenzkosten mit zunehmender Menge steigen (z.B. aufgrund des Einsatzes weiterer Maschinen oder weiteren Personals), wird jeder Anbieter maximal so viel von einem Gut anbieten, bis die Grenzkosten gleich dem Grenzerlös sind und damit die gewinnmaximale Menge erreicht ist.

Marktformen
M8, M10

Untersucht man den Zusammenhang zwischen Nachfrage, Angebot und Preis in der Realität, so stellt man fest, dass sich Veränderungen der Größen auf unterschiedlichen Märkten sehr unterschiedlich auswirken. Man unterscheidet Märkte in der Regel nach der Zahl der Anbieter und Nachfrager und nach dem Maß der Vollkommenheit des Marktes. Unter einem vollkommenen Markt versteht man einen Markt, auf dem Nachfrage und Angebot allein über den Preis voneinander abhängen. Bedingung dafür ist, dass die Güter homogen sind, Anbieter und Nachfrager keine räumlichen, zeitlichen oder persönlichen Präferenzen haben und der Markt transparent, also vollkommen überschaubar ist. Die Annahme eines vollkommenen Marktes bildet die Grundlage für das Modell der Preisbildung und des Marktmechanismus. In der Realität findet man kaum einen vollkommenen Markt, sondern meist unvollkommene Märkte. Der vollkommene Markt dient insofern nur als Referenz, um die Unterschiede der Preisbildung auf den verschiedenen Märkten beschreiben zu können. Märkte mit nur einem Anbieter bezeichnet man als Monopolmärkte, Märkte mit wenigen Anbietern als Oligopolmärkte und Märkte mit sehr vielen Anbietern als Polypolmärkte.

Marktwirtschaft
M11 – M13

Bei der Marktwirtschaft handelt es sich um ein Wirtschaftssystem, das seine Ressourcen durch die dezentralisierten Entscheidungen zahlreicher Unternehmen und Haushalte zuteilt, die zu diesem Zweck auf Märkten für Güter und Produktionsfaktoren (Arbeit und Kapital) zusammenwirken. Der Bürger kann sich uneingeschränkt wirtschaftlich betätigen (Freiheit des Eigentums, der Berufswahl, der Produktion, Niederlassungsfreiheit / Freizügigkeit, Vertragsfreiheit). Der Staat übernimmt nur die

Minimalaufgaben der inneren und äußeren Sicherheit, der Justiz sowie die Bereitstellung nicht handelbarer (öffentlicher) Güter (z.B. Deichbau).

Zentralverwaltungswirtschaft
M11 – M13

Im Unterschied zur Marktwirtschaft wird die Güterverteilung in der Zentralverwaltungswirtschaft nicht über den Markt, sondern über eine staatliche Behörde geregelt. Auch Preise werden festgesetzt und bilden sich nicht über Angebot und Nachfrage.

Soziale Marktwirtschaft
M16 – M20

Die Soziale Marktwirtschaft ist das Wirtschaftssystem Deutschlands. Sie ergänzt die Marktprozesse durch eine vom Staat durchgesetzte und kontrollierte Wettbewerbsordnung und eine staatliche Sozialordnung. Auf diesem Wege sollen die unerwünschten Ergebnisse eines rein marktwirtschaftlichen Systems korrigiert und persönliche Freiheit mit sozialer Sicherheit verbunden werden.

Rahmenbedingungen der Sozialen Marktwirtschaft
M18 – M20

Im System der Sozialen Marktwirtschaft setzt der Staat die Rahmenbedingungen für wirtschaftliches Handeln:

- Er garantiert einen Rechtsrahmen, der die Freiheitsrechte für alle Akteure sichert (Vertragsfreiheit, Konsumfreiheit, Freiheit der Berufswahl, Gewerbefreiheit, Privateigentum an Produktionsmitteln).
- Er sorgt für die Sicherung des Wettbewerbs, indem wettbewerbswidrige Kartelle (Zusammenschlüsse von Unternehmen) verhindert werden.
- Er etabliert ein System der sozialen Sicherung, welches durch eine gerechte Ausgestaltung des Steuersystems, durch eine Sozialversicherungspflicht für jeden Einzelnen und staatliche Transferzahlungen für sozialen Ausgleich sorgen soll.

Soziale Marktwirtschaft im Grundgesetz
M18

Zwar schreibt das Grundgesetz kein konkretes Wirtschaftssystem für die Bundesrepublik Deutschland vor, doch gibt es die Rahmenbedingungen an, innerhalb derer die Ausgestaltung des Wirtschaftssystems erfolgen kann. Dieser Ordnungsrahmen wird durch die im Grundgesetz garantierten Freiheitsrechte, durch die Gleichheitsrechte und das Sozialstaatspostulat (Art. 20,1 und Art. 28,1) gesetzt. Man kann deshalb davon ausgehen, dass das Modell der Sozialen Marktwirtschaft der Verfassungsidee am ehesten entspricht.

Die Soziale Marktwirtschaft – theoretische Grundlagen
M21 – M24

Am Ende des Zweiten Weltkrieges bestand bezüglich der Neugestaltung des Wirtschaftssystems Unsicherheit. Eine Zentralverwaltungswirtschaft, wie man sie in der Sowjetunion und in dem von den Sowjets besetzten Teil Deutschlands sah, wollte man nicht – die Unfreiheit und die Mangelwirtschaft dieser Wirtschaftsordnung waren überdeutlich. Man wollte allerdings auch nicht zum System der Vorkriegszeit zurückkehren, nicht zuletzt aufgrund der sozialen Problemstellungen, die sich gezeigt hatten. Um hier ausgleichen zu können, wurde zunächst eine stark regulierte Wirtschaft in Erwägung gezogen. Dabei orientierte man sich an den wirtschaftswissenschaftlichen Erkenntnissen des Ordoliberalismus und an den Gedanken des „Freiburger Kreises" (z.B. Walter Eucken). Die neu konzipierte „Soziale Marktwirtschaft" als „Dritter Weg" zwischen Zentralverwaltungswirtschaft und Freier Marktwirtschaft sollte daher „das Prinzip des Marktes mit dem des sozialen Ausgleichs verbinden" (Müller-Armack), dabei aber grundsätzlich eine Marktwirtschaft sein mit „so viel Markt wie möglich und so viel Staat wie nötig".

Kompetenzen prüfen

I. Selbstdiagnose

Ich kann ...

	Sehr gut ++	Gut +	Nicht gut 0	Übung durch z.B.
Institutionen und Regelsysteme einer Marktwirtschaft beschreiben (AFB I).				• M11 – M14 • Aufgabe 2 auf S. 213
Privateigentum, Vertragsfreiheit und Wettbewerb als Ordnungselemente von marktwirtschaftlichen Systemen darstellen (AFB I).				• M18, M19, M20
die Preisbildung als idealtypisches Modell auf dem Markt erklären (AFB II).				• M3 – M9 • Wissen kompakt auf S. 222
Grundprinzipien der Sozialen Marktwirtschaft wie die wirtschaftliche Freiheit und das Sozialstaatsprinzip erläutern (AFB II).				• M18, M19
den erweiterten Wirtschaftskreislauf als Modell erklären (AFB II).				• M14 • Randspalte auf S. 213 • Aufgabe 4 auf S. 213
die Marktwirtschaft und alternativen Wirtschaftssysteme unterscheiden und bewerten (AFB III).				• M11 – M13
Prinzipien und Hintergründe der Sozialen Marktwirtschaft diskutieren (AFB III).				• M21 – M24 • Aufgabe auf S. 221

Kompetenzen anwenden – am Beispiel

Begriffe-Memory anfertigen

Sicher kennen Sie das Spiel „Memory". Dieses können Sie gut auch selbst anfertigen. Sammeln Sie die wichtigsten Begriffe dieses Kapitels und entwickeln Sie für jeden dieser Begriffe eine passende Definition. Erstellen Sie nun (in Gruppenarbeit) „Memorykarten" aus Pappe. Paare bestehen aus zwei Karten, dem Begriff und der dazugehörigen Definition. Mischen Sie die Karten und legen Sie sie auf dem Tisch aus. Wer die meisten Paare erhält, hat gewonnen.

Begriffe und Namen können u.a. sein:

Markt, Wirtschaftssystem, Walter Eucken, Soziale Marktwirtschaft, Angebotskurve, Grenzkosten, Nachfragekurve, Gleichgewichtspreis, Planwirtschaft, Alfred Müller-Armack, Freie Marktwirtschaft, Sozialstaatsprinzip, Wirtschaftskreislauf, Stabilitätsziele, ...

II. Klausurtraining

Die Soziale Marktwirtschaft in der Krise?

Warum haben wir diese Akzeptanzkrise? Gerade auf deutschem Boden hat sich doch gezeigt, dass die Marktwirtschaft Wohlstand und sozialen Ausgleich schafft, nicht die Planwirtschaft.

Die Vorbehalte gegenüber der Marktwirtschaft und ihrem Wettbewerbsprinzip stecken in uns viel tiefer, als dass gute Erfahrungen allein dies ändern können. [...] Typisch ist die Geschichte vom Heiligen Martin. Der gilt als moralisches Vorbild, weil er seinen Mantel teilte. Für wirtschaftlichen Erfolg ist in der Kirche dagegen noch nie jemand heiliggesprochen worden, auch wenn er Tausenden frierenden Menschen zu Brot und Mänteln verholfen hat. Wirtschaften und damit verbundener Konkurrenzkampf rangieren in unserem abendländischen Wertesystem ganz unten.

Moment. Selbst in der Antike gab es Olympische Spiele, und auch heute hat niemand etwas gegen sportlichen Wettstreit.

Natürlich denkt niemand daran, vom FC Bayern München zu verlangen, schwächere Bundesliga-Mannschaften mit Punkten querzusubventionieren. Aber wenn ein konkurrierendes Unternehmen in Existenznot gerät...

... wie zum Beispiel Opel ...

... und Tausende Arbeitsplätze gefährdet sind, gilt ein Abbau als unsolidarisch – und auf das angebliche Marktversagen reagiert der Staat mit Subventionen. Dann bricht das alte Misstrauen gegenüber der Wirtschaft wieder auf. [...]

Einige Banker haben [...] Papiere nach Irland oder anderswo ausgelagert, um sie der staatlichen Kontrolle zu entziehen. Ist das nicht verwerflich?

Es ist ein Kontrollfehler des Staates. Die Politik hat nicht mit der Entwicklung der Finanzmärkte Schritt gehalten und den Aufsichtsrahmen nicht entsprechend angepasst.

Also ist die Politik für die Krise verantwortlich?

Ich staune jedenfalls über die Selbstgerechtigkeit von Politikern, die erst beim Abstecken des Ordnungsrahmens und ihren Kontrollpflichten versagen und nun dem Markt beziehungsweise den Bankern die Schuld zuschieben. [...]

Zuvor haben Sie [...] gesagt, dass in Deutschland die Soziale Marktwirtschaft in Gefahr sei. Heißt das, die Welt entwickelt sich weiter und Deutschland zurück?

So ist das zu befürchten. Die Bundesregierung betreibt derzeit mit ihren Konjunkturpaketen einen Ad-hoc-Interventionismus. Gerade jetzt wäre aber die Zeit für Ordnungspolitik, damit die Marktwirtschaft ihre wohlstandstreibenden Kräfte in wohlgeordneten Bahnen entfalten kann.

Das Interview führten Christian Ramthun und Konrad Handschuch, Der linke Funke ist übergesprungen, www.wiwo.de , 9.4.2009

Karl Homann ist Professor für Philosophie und Ökonomik an der LMU München.
Im Interview äußert er sich über den Akzeptanzverlust der Sozialen Marktwirtschaft, die Schuld an der Finanzkrise und das Versagen der Politik.

Aufgaben

1. Stellen Sie dar, wie Karl Homann „die Vorbehalte gegenüber der Marktwirtschaft und ihrem Wettbewerbsprinzip" beschreibt.
2. Analysieren Sie seine Kritik an der Einstellung von Politik und Gesellschaft zum mit der Marktwirtschaft verbundenen „Konkurrenzkampf".
3. Erörtern Sie seine Position kriteriengeleitet und nehmen Sie Stellung.

Erwartungshorizonte zu den Aufgaben 1 – 3

Mediencode: 72021-17

Interview mit den Gründern von „myboshi“

Wie kamt ihr auf die Idee Mützen zu häkeln?

Thomas: Die Idee dazu hatten wir während eines deutsch-japanischen Skilehreraustausches 2009 in Japan. Während der kalten Winterabende im abgelegenen Skiressort führte uns eine spanische Skilehrerkollegin in die Geheimnisse des Häkelns ein.

Habt ihr damals schon daran gedacht, die Mützen zu verkaufen?

Felix: Nein, überhaupt nicht. Gehäkelt haben wir ja mehr aus Jux und um uns die Zeit zu vertreiben. In Tokio liefen uns dann aber zwei Australier über den Weg. ‚Hey guys, your beanies are cool. How much do you want for it?' Wie viel wir für unsere Mützen haben wollen? Darüber hatten wir noch nie nachgedacht. Für die ersten beiden Boshis haben wir nicht mal den Materialpreis bekommen.

Thomas: Beim nächtlichen Karaoke mit den Aussies und einem Fingerhut voll Sake verwandelte sich die anfängliche Schnapsidee dann in eine handfeste Geschäftsidee. Als sich diese am nächsten Morgen nach etlichen Tassen Kaffee nicht in Luft auflöste, beschlossen wir, es mit den Mützen zu versuchen.

Interview mit den Gründern des Unternehmens myboshi Felix und Thomas, www.myboshi.net, 22.12.2012

Das Unternehmen in der Marktwirtschaft – Grundlagen

9

In der Marktwirtschaft produzieren private Unternehmen die für unsere Bedarfsdeckung nachgefragten Leistungen. Auch wenn die Erwirtschaftung von Gewinn das primäre Ziel der Unternehmen ist, sorgen sie doch gleichzeitig für Arbeit und Einkommen der Arbeitnehmer und Arbeitgeber. Insgesamt sind Unternehmen – als soziales System – für die Gestaltung der Gesellschaft von besonderer Wichtigkeit.
Dass Arbeitnehmer und Arbeitgeber oft unterschiedliche Vorstellungen über zentrale Fragen der Gestaltung des Arbeitsplatzes haben, ist eine Selbstverständlichkeit. Zahlreiche Gesetze enthalten u.a. deshalb Vorschriften darüber, wie ein Ausgleich der Interessen zwischen Arbeitnehmern und Arbeitgebern herbeigeführt werden kann. So sichert beispielsweise die im Grundgesetz verankerte Tarifautonomie den Einfluss der Tarifvertragspartner, also der Arbeitgeberverbände und der Gewerkschaften, auf die Ausgestaltung der Arbeitsbeziehungen.
Doch benachteiligen solche Garantien nicht heimische Unternehmen, die sich in globaler Konkurrenz behaupten müssen? Oder sind die Tarifrechte eine deutsche Errungenschaft, die vor allem als wertvoller Schutz von Arbeitnehmerrechten im Zeitalter globaler Wirtschaftsprozesse und -interessen gilt?

Kompetenzen

Am Ende dieses Kapitels können Sie:
- Beweggründe für Unternehmensgründungen beschreiben;
- Möglichkeiten der betrieblichen Mitbestimmung darstellen;
- Rechtsformen von Unternehmen analysieren;
- Grundprinzipien der Tarifautonomie erklären;
- Rolle der Produzenten bzw. der Existenzgründungen für eine Volkswirtschaft erläutern;
- Interessen von Arbeitgebern und Arbeitnehmern bei der Gestaltung der Arbeitsbeziehungen unterscheiden;
- die Rolle von Gewerkschaften in Unternehmen beurteilen.

Was wissen und können Sie schon?

1. Schildern Sie, wie Sie sich in der auf der linken Seite beschriebenen Situation hinsichtlich der Geschäftsidee verhalten hätten.
2. Formulieren Sie mögliche Bedenken gegen die Geschäftsidee. Gehen Sie hierbei u.a. auf folgende Kriterien ein: *Unternehmensform, Mitarbeiter, Gewerkschaften, Arbeitgeber, Mitbestimmung, Tarife.*

9.1 Unternehmensgründung – Beweggründe und Ziele

M1 Gründungen in Deutschland – ein Überblick

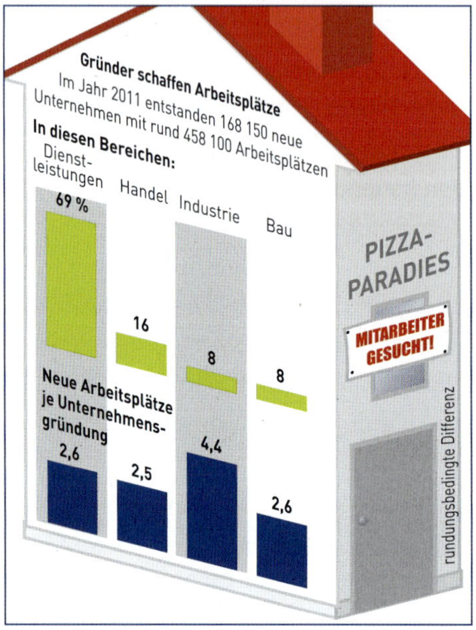

Globus-Grafik 4699; Quelle: Creditreform

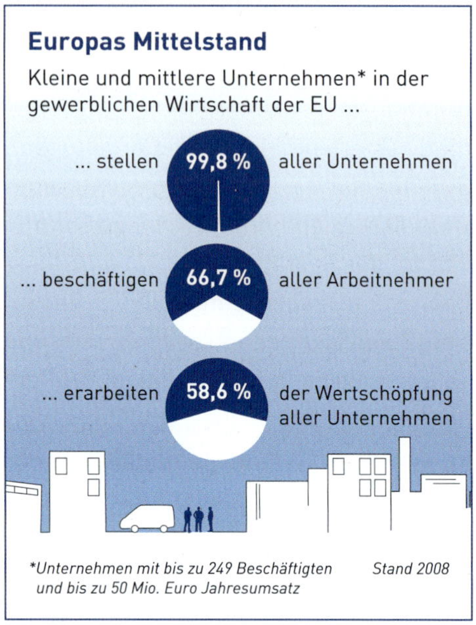

Globus-Grafik 4648; Quelle: Eurostat (2011)

M2 Warum sind Gründungen für die Volkswirtschaft so wichtig?

In Deutschland wagen jährlich rund 350.000 Gründerinnen und Gründer den Schritt in die unternehmerische Selbständigkeit. Als eigene Chefin oder Chef setzen sie ein tragfähiges Geschäftskonzept um und beweisen so Mut und Kreativität. Gründungen haben für unsere Volkswirtschaft eine große Bedeutung:

Schaffung von Arbeitsplätzen
Die Gründung einer selbständigen Existenz ersetzt oder ergänzt die abhängige Beschäftigung. Durch jede neue Unternehmensgründung wird der Arbeitsmarkt entlastet. Vorhandenes Know-how wird so weiterhin produktiv genutzt und das Humankapital erhalten.

Förderung von Wettbewerb und Strukturwandel
Durch neue Unternehmensgründungen wächst die Zahl der Akteure im Wettbewerbsgeschehen. Ein neues Unternehmen fordert die bestehenden Unternehmen mit neuen Produkten und Verfahren heraus und treibt damit den Wettbewerb an. Gründungen sind Motor des wirtschaftlichen Strukturwandels.

Hervorbringen von Innovation
Gründerinnen und Gründer verwirklichen innovative Ideen. Sie sind für Fortschritt, Wachstum und Wettbewerbsfähigkeit entscheidend. Innovative Gründungen schaffen zahlreiche nachhaltige Arbeitsplätze.

Förderung von Freiheit und Stabilität in der Gesellschaft
Selbständige Unternehmen tragen zur Stabilität unserer demokratischen Gesellschaftsordnung bei. Wirtschaftliche Verantwortung wird auf viele Schultern verteilt, „Machtkonzentration" verhindert und unternehmerische Freiheit gefördert.

Bundesministerium für Wirtschaft und Energie, Referat Öffentlichkeitsarbeit, Existenzgründung, www.bmwi.de, Abruf am 18.1.2014

M3 Am Anfang steht ein Plan ...

Ziel einer Existenzgründung ist es im Allgemeinen, eine langfristig tragfähige Vollexistenz für die Gründerperson und ihre Familie zu schaffen. Am Anfang jeder Existenzgründung steht eine Geschäftsidee. Vor einer Neugründung muss geklärt werden, in welcher Branche das Unternehmen tätig sein und welche Produkte bzw. Dienstleistungen es anbieten soll. Darüber hinaus ist es notwendig, den Nutzen des neuen Angebots klar zu definieren und zu untersuchen, inwieweit das neue Angebot sich von bereits bestehenden unterscheidet. Auch die persönlichen und fachlichen Voraussetzungen (technischer wie kaufmännischer Art) der Gründerpersonen sind entscheidend für den Erfolg einer Neugründung. Im Anschluss an die grobe Skizzierung des Gründungskonzepts wird ein detaillierter Businessplan erarbeitet. In der Marktanalyse gilt es, durch kontinuierliche Informationssammlung herauszufinden, wie groß das Gesamtvolumen des betreffenden Marktes für das eigene Produkt ist und wie sich dieses mittelfristig entwickeln wird. Ebenso wichtig ist der Aufbau von Kontakten zu potentiellen Kunden, um deren Bedürfnisse besser einschätzen zu können. Im Rahmen der Konkurrenzbeobachtung sind die Marktanteile, Kundenstrukturen, Preise und Serviceangebote der Mitbewerber zu untersuchen, um die Stärken und Schwächen der Konkurrenz und damit die eigenen Erfolgsaussichten besser beurteilen zu können.

Michael Bauer u.a., Wirtschaft heute, Bonn 2009, S. 56

Gründerpreis für Salatsaucen

„Ich habe etwas kreiert, was in dieser Form einzigartig ist", sagt Adam Mikusch, der mit dem Gründerpreis in der Kategorie „Newcomer" ausgezeichnet wurde. In seiner Feinkost-Manufaktur mixt er Salatsoßen, die es in der Form noch nie gegeben hat. Seine Produkte finden Anklang. Er verkauft die Saucen in einem kleinen Ladengeschäft in Berlin, in Supermärkten, über das Internet oder auf Wochenmärkten.

Adam Mikusch, in: KFW, Siegerehrung für die besten Gründer Ostdeutschlands, www.kfw.de, 1.3.2012

M4 Unternehmensgründung – kontrovers diskutiert

Pro Unternehmensgründung

- Es besteht wirtschaftliche Unabhängigkeit und Freiheit, man unterliegt nicht den Zwängen einer fremden betrieblichen Organisation.
- Eigene Ideen können umgesetzt werden, man kann sich kreativ entfalten und ist dadurch stark motiviert.
- Die Früchte der Arbeit kann man unmittelbar ernten.
- Das Einkommen ist steigerbar und kaum begrenzt. Das gesellschaftliche Ansehen nimmt zudem mit dem Erfolg zu.

Kontra Unternehmensgründung

- Die Sicherheiten eines geregelten Einkommens fehlen, für Altersversorgung und Krankheitsversorgung muss selbst gesorgt werden.
- Am Anfang steht i.d.R. eine hohe Verschuldung, die ein existenzielles Risiko für die persönliche Lebensplanung darstellt.
- Das Scheitern bedeutet i.d.R. eine nachhaltige Beeinträchtigung der weiteren beruflichen Tätigkeit und gilt gesellschaftlich als Stigma.
- Gründer müssen häufig 50, 60 Stunden oder mehr arbeiten, die Trennung von Freizeit und Arbeitszeit ist oft nur noch schwer möglich.

Bearbeiter

Aufgaben

1. *„Die Leistungsfähigkeit einer Volkswirtschaft hat auch mit der Anzahl von Unternehmensgründungen zu tun".* Nehmen Sie Stellung zu diesem Zitat (M1, M2).
2. Sammeln Sie Voraussetzungen für eine erfolgreiche Unternehmensgründung (M3).
3. Setzen Sie sich mit Chancen und Risiken der Selbstständigkeit auseinander. Nennen Sie dazu ausgehend von M4 Argumente und führen Sie abschließend eine Diskussion über Vor- und Nachteile der Selbstständigkeit (M3, M4).

9.2 Rechtsformen von Unternehmen – eine Nebensächlichkeit?

M5 Das Ende der Drogerie „Schlecker“

Noch im April 2011 führte das amerikanische Magazin „Forbes“ Firmengründer Anton Schlecker (67) mit einem Vermögen von rund 2,2 Milliarden Euro auf Platz 26 der Liste der reichsten Deutschen. Nun soll alles weg sein! „Es ist nichts mehr da“, sagte Meike Schlecker am Montag über die Vermögenslage der Gründerfamilie, deren Drogeriekette nun pleite ist. Wie kann es sein, dass so ein riesiges Vermögen innerhalb von Monaten futsch ist? Es liegt an der Unternehmensform, die der Firmenpatriarch gewählt hat: eingetragener Kaufmann (e.K.), auch Einzelunternehmung genannt. Der eingetragene Kaufmann haftet allein und unbeschränkt für die Verbindlichkeiten. Die Einzelunternehmung ist zwar die häufigste gewählte Rechtsform in Deutschland – doch nie zuvor in der Geschichte der Bundesrepublik ist ein Unternehmen dieser Größenordnung mit dieser Rechtsform laut Verband der Insolvenzverwalter (VID) in die Insolvenz gegangen. Die Pleite der Schlecker e.K. bedeutet auch für Anton Schlecker die Privatinsolvenz. Aus Dummheit vom Milliardär zum Habenichts? Das trifft es nicht – die Rechtsform hat Schlecker wohlwissend um die Risiken gewählt. Denn auf der anderen Seite musste er sich nicht in die Karten schauen lassen, keine Zahlen offenlegen. Er konnte schnelle und einsame Entscheidungen treffen. Aber er trug auch die volle Haftung. Im Insolvenzverfahren ging es neben der Frage einer Fortführung der Drogeriekette auch darum, die Gläubiger zu befriedigen. Sollte bei Anton Schlecker noch etwas zu holen sein – etwa Immobilien, Luxusautos oder Kunstgegenstände – müsste er diese Werte in die Insolvenzmasse einbringen, um Forderungen zu begleichen.

Bild GmbH & Co. KG, Darum ist Anton Schlecker auch privat pleite, www.bild.de, 1.2.2012

M6 Hätte eine Aktiengesellschaft Schlecker gerettet?

So merkwürdig das auf den ersten Blick klingen mag, ein tatsächliches Auffangbecken wäre wohl eine Börsennotierung von Schlecker gewesen. Zum einen wäre dann vielleicht nicht das ganze Familienvermögen „weg". Zum anderen wäre es aber vielleicht gar nicht so weit gekommen. Nicht dass Aktiengesellschaften per se vor der Pleite geschützt wären – schon die Solar Millennium AG als jüngstes Negativbeispiel zeigt das Gegenteil. Aber ein nicht zu vernachlässigender Grund für den Abstieg von Schlecker liegt in dem schlechten Ruf, den das Unternehmen genoss. Seine einzigen beiden Alleinstellungsmerkmale waren Masse (Anzahl der Filialen) und Preis (Niedrigpreise, die allerdings mehr und mehr von der Konkurrenz unterboten wurden). Alle weichen Faktoren, die im Handel besonders wichtig sind, von der Behandlung der Mitarbeiter und deren Motivation, dem Verhalten gegenüber den Kunden bis hin zur Ladengestaltung, zum Ambiente und der Produktauswahl, waren katastrophal. Wer will schon in einem drittklassigen Konsum einkaufen? Die Konkurrenz hatte es vorgemacht mit starken und qualitativ hochwertigen Eigenmarken, mit eigenen Biobereichen, mit Babywickeltischen und einer sehr viel reichhaltigeren Produktauswahl. Die an der Börse geforderte Transparenz und Offenlegung hätte mit Sicherheit sehr viel früher aufgezeigt, dass der von Schlecker eingeschlagene Weg nicht mehr rentabel ist und dass ein Strategiewechsel, wie ihn die Kinder Meike und Lars Schlecker versucht hatten, dringend erforderlich wäre. Auch das Verhältnis zu den Mitarbeitern wäre in einer AG schwerlich auf so schlechtem Niveau geblieben, da Arbeitnehmervertreter auch über den Aufsichtsrat sich wirksam Gehör verschaffen können und Aktionäre ungern schlechte Schlagzeilen über ihre Investments lesen. Vielleicht wäre Schlecker als börsennotiertes Familienunternehmen nicht so tief gesunken. Auch wenn Scheitern zum Unternehmertum dazugehört und uns allen Respekt abfordert, eine vernünftige Risikoeinschätzung darf nicht vernachlässigt werden. Denn eines wollen wir sicher nicht: Anton Schlecker im nächsten Dschungelcamp.

Christine Bortenlänger, Was uns die Causa Schlecker lehrt – der Börsengang als Auffangbecken, Handelsblatt, 2.2.2012

M7 Die Wahl der Rechtsform – eine wichtige Entscheidung bei der Unternehmensgründung

Die Wahl der Rechtsform zählt zu den grundlegenden (konstitutiven), langfristig wirksamen unternehmerischen Entscheidungen. Die Frage, welche Rechtsform ein Betrieb wählt, stellt sich immer bei der Gründung eines Betriebs. Ändern sich wesentliche persönliche, wirtschaftliche oder rechtliche Rahmenbedingungen, kann ein Unternehmen eine andere Rechtsform wählen (Umwandlung). Die wichtigsten Kriterien für die Wahl einer bestimmten Rechtsform sind folgende:

- Gründungsformalitäten: Welcher Aufwand besteht bezüglich der Regelungen (Eintragungen, Anmeldungen, Verträge mit Gesellschaftern) bei der Gründung?
- Finanzierung: Wie können die benötigten Mittel beschafft werden?
- Haftung: Inwieweit muss für Verbindlichkeiten des Unternehmens gehaftet werden?
- Besteuerung: Wie hoch ist die Steuerlast?
- Geschäftsführung: Wer darf das Unternehmen vertreten, wer darf Verträge unterschreiben?
- Verteilung von Gewinn und Verlust: Wie werden Gewinne verteilt, wer trägt die Verluste?

Bearbeiter

M8 Die häufigsten Unternehmensrechtsformen in Deutschland

Anzahl der Unternehmensrechtsformen[1] in Deutschland

Einzelunternehmen
2.212.000

Personengesellschaften
420.000
davon:
- GbR: 202.000
- KG: 146.000
- OHG: 16.000

Kapitalgesellschaften
509.000
davon:
- GmbH: 496.000
- AG: 8.000

Sonstige Rechtsformen
74.000

[1] *Stand: 2011; Unternehmen von Umsätzen mit mehr als 17.500 Euro im Jahr; Quelle: Statistisches Bundesamt, 2013;*

Einzelunternehmen – volle Kontrolle, volle Haftung

Wer und Was?	Gründungsvoraussetzung	Höhe der Haftung
Kleingewerbetreibende, Handwerker, Dienstleister, Freiberufler	• 1 Unternehmer • entsteht bei Geschäftseröffnung, wenn keine andere Rechtsform gewählt wurde • Kaufleute: Eintrag ins Handelsregister Pflicht, Kleingewerbetreibende freiwillig • kein Mindestkapital	Unternehmer haftet uneingeschränkt mit seinem gesamten Vermögen, auch Privatvermögen.

- Es gibt nur einen Betriebsinhaber. Diese Rechtsform eignet sich zum Einstieg.
- Als Einzelunternehmer/in kann man als sogenannte/r Kleingewerbetreibende/r klein anfangen, d.h. Umsätze und Geschäftsverkehr erfordern keine vollkaufmännische Einrichtung (z.B. Buchhaltung). Nichts desto weniger steht es jedem frei, sich auch als Kleingewerbetreibender ins Handelsregister einzutragen.
- Mit dem Eintrag ins Handelsregister übernimmt man alle Rechte und Pflichten eines Kaufmanns.

Personengesellschaften – Gesellschaft des bürgerlichen Rechts (GbR- oder BGB-Gesellschaft), einfache Zusammenarbeit

Wer und Was?	Gründungsvoraussetzung	Höhe der Haftung
Kleingewerbetreibende, Freiberufler	• mindestens zwei Gesellschafter • formfreier Gesellschaftsvertrag • kein Mindestkapital	Gesellschafter haften für die Verbindlichkeiten der Gesellschaft gegenüber Gläubigern als Gesamtschuldner persönlich.

- Jede Geschäftspartnerschaft kann die Form einer GbR annehmen: Kleingewerbetreibende, Praxisgemeinschaften, Freie Berufe, Arbeitsgemeinschaften.
- Besondere Formalitäten sind nicht erforderlich, sogar eine mündliche Vereinbarung reicht, wenn auch ein schriftlicher Vertrag empfehlenswert ist.
- Für die Kompetenzen der Gesellschafter bietet die GbR einen breiten Spielraum.

Kapitalgesellschaften – GmbH (Gesellschaft mit beschränkter Haftung)

Wer und Was?	Gründungsvoraussetzung	Höhe der Haftung
Unternehmer, die die Haftung beschränken oder nicht aktiv mitarbeiten wollen.	• mind. 1 Gesellschafter (Ein-Personen-GmbH) • notariell beurkundeter Gesellschaftsvertrag • Eintragung ins Handelsregister • Mindeststammkapital: 25.000 Euro	In Höhe des Gesellschaftsvermögens bzw. die Gesellschafter nur mit ihrer Einlage

- Die Gründungsformalitäten sind aufwändiger als bei den meisten Personengesellschaften.
- Es kann einen oder mehrere Gesellschafter geben, von denen einer oder mehrere als Geschäftsführer ausgewiesen sind (auch angestellte Geschäftsführer sind möglich).
- Trotz beschränkter Haftung: Kreditgeber achten i.d.R. darauf, dass ihnen bei der Aufnahme von Krediten private Sicherheiten angeboten werden.
- Befugnisse und Gewinnverteilung werden von der GmbH festgelegt.

Kapitalgesellschaften – GmbH & Co KG		
Wer und Was?	**Gründungsvoraussetzung**	**Höhe der Haftung**
Kaufleute, die zusätzliches Kapital benötigen, oder Gesellschafter, die keine persönliche Haftung übernehmen wollen und von der Geschäftsführung ausgeschlossen werden können. Besonderheit: Persönlich haftender Gesellschafter ist die GmbH.	• ein oder mehrere Komplementär(e) • ein oder mehrere Kommanditist(en) • formfreier Gesellschaftsvertrag • Eintrag ins Handelsregister • Mindestkapital für die GmbH	GmbH haftet als Komplementär mit ihrem Gesamtvermögen. Im Ergebnis haftet die GmbH & Co. KG wie eine GmbH zuzüglich der Kommanditeinlage.
• Die Gründungsformalitäten sind aufwändiger als bei den oben genannten Rechtsformen. • Es handelt sich um eine KG, bei der statt einer natürlichen Person eine GmbH persönlich haftende Gesellschafterin (Komplementärin) ist. Daher ist die Haftung im Ergebnis wie bei einer GmbH beschränkt. • Die Gesellschafter der GmbH sind meist gleichzeitig die Kommanditisten der KG. • Von der Höhe der Vermögenseinlage der GmbH (Komplementärin) und der jeweiligen Kommanditisten hängen die jeweiligen Entscheidungsbefugnisse und natürlich auch die Verteilung der Gewinne und Verluste ab.		

Nach: Bundesministerium für Wirtschaft und Technologie, GründerZeiten 33/2006, S. 3

Kapitalgesellschaften – Aktiengesellschaften (AG)		
Wer und Was?	**Gründungsvoraussetzung**	**Höhe der Haftung**
Die AG ist eine Kapitalgesellschaft mit eigener Rechtspersönlichkeit (juristische Person).	• Eine AG kann durch eine (kleine AG) oder mehrere Personen gegründet werden. • Gründungskapital ist 50.000 Euro. • Gründungskapitel wird aufgeteilt in Anteile (Aktien). • Rechtsgrundlage ist das Aktiengesetz.	• Die AG haftet mit ihrem Firmenvermögen für Schulden. • Die Aktionäre tragen nur das Risiko des Wertverlustes ihrer Aktien, was bis zum Totalausfall führen kann.
• Organe einer AG sind der Vorstand als Leitungsgremium der Gesellschaft, der Aufsichtsrat als Kontrollorgan für den Vorstand und die Hauptversammlung als Zusammenkunft der Aktionäre. • die Hauptversammlung wählt z.T. den Aufsichtsrat und beschließt formal über die Geschäftspolitik. • Aktiengesellschaften werden vor allem dann gegründet, wenn große Mengen Kapital beschafft werden müssen.		

Bearbeiter

Aufgaben

1. Bilden Sie Teams von „Unternehmensberatern". Schlagen Sie eine aus Ihrer Sicht geeignete Rechtsform für das Unternehmen Schlecker vor und begründen Sie Ihre Entscheidung (M5 – M8).
2. Beraten Sie folgende Gründer hinsichtlich der Wahl einer geeigneten Rechtsform:
   - Lisa möchte einen Hähnchengrill eröffnen.
   - Herbert und Heinrich wollen gemeinsam ein Fahrradgeschäft eröffnen.
   - Laura möchte ein Transportunternehmen gründen, wobei Schwerlasten mithilfe von Luftschiffen transportiert werden sollen (M7 – M8).

9.3 Mitbestimmung im Unternehmen – ein Standortnachteil?

M9 Mangelnde Mitbestimmung

Karikatur: Thomas Plassmann, Baaske Cartoons

Betrieb und Unternehmen
Der Betrieb ist eine örtliche, technische und organisatorische Einheit in der Wirtschaft. Im Betrieb werden vom Unternehmer die Produktionsfaktoren planmäßig zusammengefasst, um so wirtschaftlich wie möglich bestimmte Leistungen zu realisieren, d.h. z.B. Sachgüter zu produzieren, Güter zu verteilen oder Dienstleistungen bereitzustellen. Unternehmung ist die wirtschaftlich-rechtliche Bezeichnung für Betriebe. Allgemein gebräuchlicher ist der Begriff Unternehmen. Ein Unternehmen kann aus einem oder mehreren Betrieben bestehen. Es gibt Unternehmen, deren Betriebe über viele Länder verteilt sind. Ein Unternehmen besitzt Vermögen und Entscheidungsrecht. Es kann vor Gericht klagen und verklagt werden.

M10 Der Betriebsrat – Vertretung der Arbeitnehmer

In privaten Betrieben und Unternehmen ab einer Größe von mindestens fünf ständig wahlberechtigten Arbeitnehmern, wovon drei wählbar sein müssen, haben diese laut Betriebsverfassungsgesetz (BetrVG) das Recht, einen Betriebsrat zu wählen. Der Arbeitgeber muss dazu nicht aktiv werden. Andererseits darf er die Wahl nicht behindern oder verbieten und trägt die Wahlkosten sowie alle durch die Arbeit des Betriebsrats entstehenden Kosten. Wahlberechtigt sind Arbeiter und Angestellte des Betriebs, die das 18. Lebensjahr erreicht haben. Dazu gehören auch Außendienstmitarbeiter, Tele- und Heimarbeiter, sofern sie überwiegend für den Betrieb tätig sind, sowie Auszubildende. Werden Arbeitnehmer eines anderen Arbeitgebers zur Arbeitsleistung überlassen, so sind diese wahlberechtigt, wenn sie länger als drei Monate im Betrieb eingesetzt werden. Hauptsächlich betrifft dies die Leiharbeitnehmer. Der Betriebsrat vertritt die Interessen der Arbeitnehmer gegenüber dem Arbeitgeber und hat Rechte bei Kündigungen und Einstellungen. Er wird für jeweils vier Jahre durch die Arbeitnehmer gewählt. [...]
Wählbar sind alle Wahlberechtigten, die zum Zeitpunkt der Wahl mindestens seit sechs Monaten dem Betrieb angehören. Sowohl für das aktive wie das passive Wahlrecht ist die Vollendung des 18. Lebensjahres erforderlich. Häufig gehören die Betriebsräte einer Gewerkschaft an, allerdings ist dies nicht zwingend notwendig. Leitende Angestellte dürfen weder wählen

noch gewählt werden. Jedes Betriebsratsmitglied genießt Kündigungsschutz für die Dauer seiner Amtszeit und noch ein Jahr darüber hinaus. Ausgenommen davon sind außerordentliche Kündigungen oder Kündigungen bei Betriebsschließungen. Abhängig von der Mitarbeiterzahl des Betriebs ist eine bestimmte Zahl an Betriebsratsmitgliedern vollständig vom Dienst frei zu stellen. [...]
Oberste Aufgabe des Betriebsrats ist die Förderung und Sicherung der Beschäftigung für die Arbeitnehmer. [...] Über alle Vorhaben, die die Belange der Arbeitnehmer betreffen, hat der Arbeitgeber den Betriebsrat rechtzeitig zu informieren, damit dieser seinen Einfluss geltend machen kann. Dieser reicht von einer reinen Beratung des Arbeitgebers, z.B. beim Bau technischer Einrichtungen, bis hin zu echter Mitbestimmung, sofern noch keine tarifvertragliche Einigung besteht wie z.B. beim Thema Mehrarbeit oder der Festlegung von Beginn und Ende der täglichen Arbeitszeiten. Kommt keine Einigung zwischen Arbeitgeber und Betriebsrat zustande, kann der Betriebsrat zur Wahrung seiner Rechte zu Rechtsmitteln greifen. Diese reichen von der Einschaltung einer Einigungsstelle bis hin zum Strafantrag. In Deutschland haben nahezu alle Unternehmen mit einer Größe von mehr als 250 Mitarbeitern einen Betriebsrat. Diese Quote nimmt mit sinkender Betriebsgröße kontinuierlich ab. So beträgt sie bei Betrieben mit weniger als 100 Mitarbeitern nur noch 30 – 40 %. Dabei haben Untersuchungen gezeigt, dass in der Regel sowohl Arbeitgeber wie Arbeitnehmer vom Vorhandensein eines Betriebsrats profitieren können. In solchen Betrieben nämlich liegen sowohl die Produktivität als auch das Lohnniveau über dem Durchschnitt, und die Personalfluktuation ist geringer. Auch sogenannte schmerzliche Maßnahmen, wie Outsourcing und Betriebsschließungen sind der Belegschaft leichter zu vermitteln.

Angela Bauer, Betriebsrat: Rechte und Pflichten, www.arbeitsratgeber.com, Abruf am 20.1.2014

M11 Die Beteiligungsrechte des Betriebsrates

Das Betriebsverfassungsgesetz gibt dem Betriebsrat Informations-, Mitwirkungs- und Mitbestimmungsrechte in sozialen, personellen und wirtschaftlichen Angelegenheiten. Diese Beteiligungsrechte sind unterschiedlich gewichtet.

Informationsrecht

Der Betriebsrat hat ein allgemeines Informationsrecht. Danach darf er alle Informationen vom Arbeitgeber einfordern, die er für die ordnungsgemäße Durchführung seiner Tätigkeit benötigt. Der Arbeitgeber hat den Betriebsrat über geplante personelle Maßnahmen (Einstellung, Versetzung, Kündigung) rechtzeitig und umfassend zu informieren. Dies betrifft auch die Personalplanung. Unter die Informationspflicht fallen auch geplante technische und organisatorische Veränderungen. Die Information hat so rechtzeitig zu erfolgen, dass der Betriebsrat weitergehende ihm zustehende Rechte wahrnehmen kann.

Beratungsrecht

Das Beratungsrecht umfasst mehr als die reine Information. Dies setzt voraus, dass der Arbeitgeber sich die Argumente des Betriebsrates anhören und in seine Entscheidung einbeziehen muss. Beratungsrechte gibt es z.B. bezüglich der Einführung technischer Einrichtungen, der Änderung von Arbeitsorganisation und Arbeitsabläufen, der Förderung der Berufsausbildung.

Mitwirkungsrecht

Klassische Mitwirkungsrechte bestehen in sogenannten Personellen Angelegenheiten. Der Betriebsrat muss vor jeder Einstellung, Ein- oder Umgruppierung und Versetzung sowie bei einer Kündigung angehört werden. Folgt der Arbeitgeber den Bedenken oder dem Widerspruch des Betriebsrates nicht, so muss er sich die Zustimmung durch das Arbeitsgericht ersetzen lassen.

Mitbestimmungsrecht
Der Betriebsrat hat ein Mitbestimmungsrecht bei der Gestaltung von Personalfragebogen, Beurteilungsgrundsätzen und Maßnahmen der betrieblichen Fortbildung. Aber auch bei einem Katalog definierter Sozialer Angelegenheiten hat der Betriebsrat ein erzwingbares Mitbestimmungsrecht. Dies betrifft z.B. die Ordnung des Betriebes (z.B. Parkplatzvergabe, Videoüberwachung, Ethikgrundsätze), Arbeitszeit (z.B. Pausenregelung, Gleitzeit, jedoch nicht die Dauer der Wochenarbeitszeit), vorübergehende Verkürzung oder Verlängerung der Arbeitszeit (z.B. Überstunden, Kurzarbeit), Urlaubsregelung (z.B. Urlaubsgrundsätze), Einführung von technischen Überwachungseinrichtungen (z.B. Videoüberwachung), Lohngestaltung (Gehaltsgrundsätze, Gehaltsstufen, jedoch nicht die Festlegung von Gehältern) oder leistungsbezogenes Entgelt (z.B. Festsetzung der Akkordsätze und Leistungsprämien). Das Ergebnis ist dann die Betriebsvereinbarung. Diese gilt zwingend für alle Beschäftigten im Betrieb, soweit nicht einzelne Bereiche oder Beschäftigtengruppen ausgenommen sind. Eine Entscheidung des Arbeitgebers ohne Beteiligung des Betriebsrates in diesen Angelegenheiten ist unwirksam und kann dem Arbeitgeber vom Arbeitsgericht untersagt werden. Gibt es zu den obengenannten Punkten jedoch eine tarifliche Regelung, so darf der Betriebsrat nur in dem vom Tarifvertrag vorgegebenen Rahmen Regelungen treffen (Tarifvorbehalt §87). Die Regelung von Angelegenheiten, die üblicherweise durch Tarifvertrag geregelt werden, ist grundsätzlich ausgeschlossen (Tarifvorbehalt §77).

Ver.di, Die Aufgaben des Betriebsrates, www.acdnerft.verdi.de, Abruf am 20.1.2014

M12 Betriebsräte in Deutschlands Unternehmen

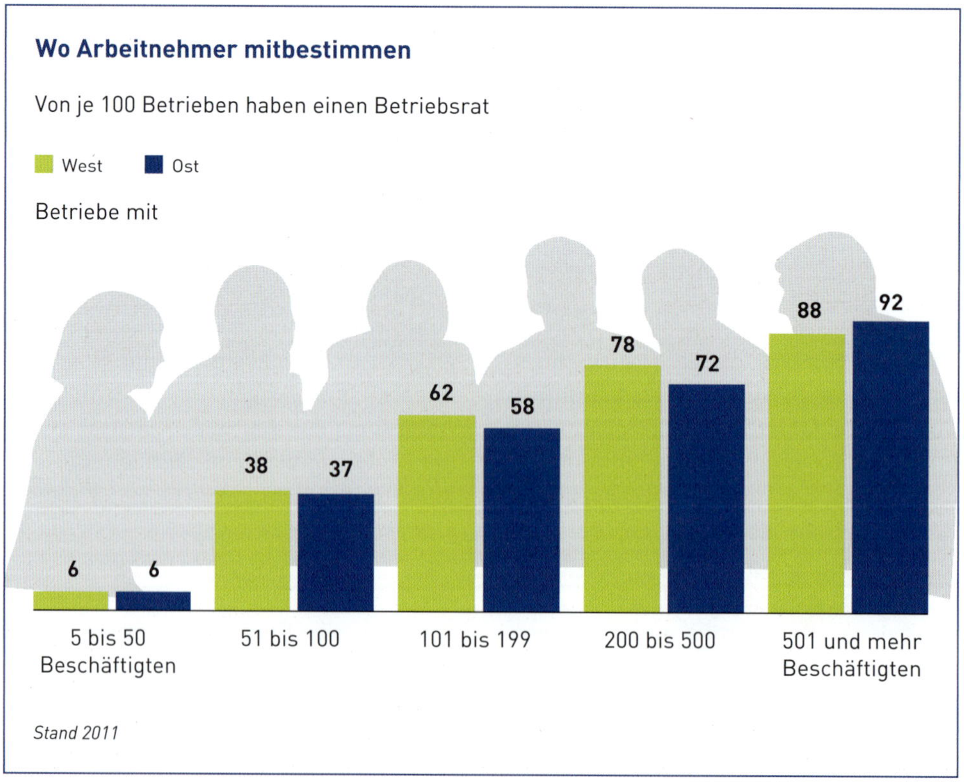

Globus-Grafik 6129; Quelle: IAB-Betriebspanel

M13 Kontrovers diskutiert: die Unternehmensmitbestimmung – ein Standortnachteil?

Pro

- Die Mitbestimmung von Arbeitnehmervertretern an Unternehmensentscheidungen ist fester Bestandteil der Firmenkultur in Deutschland. Als geregelte Form der Konfliktbewältigung kann die Mitbestimmung einen Beitrag zum sozialen Frieden leisten. Dies ist vor allem wichtig in Zeiten des Strukturwandels.
- Die Einbindung der Arbeitnehmer in Entscheidungsprozesse trägt zu einem höheren Verantwortungsbewusstsein gegenüber dem Unternehmen bei.
- Die Beteiligung der Arbeitnehmer an Entscheidungsprozessen kann die Transparenz in den jeweiligen Unternehmen erhöhen, die Arbeitszufriedenheit verbessern, die Produktivität steigern, die Identifikation mit dem Unternehmen stärken und die Innovationsbereitschaft der Beschäftigten fördern.

Kontra

- Mitbestimmung ist ein Standortnachteil. Außer in Slowenien gibt es nirgendwo auf der Welt derart ausgeprägte Mitbestimmungsrechte der Arbeitnehmer wie in Deutschland. Das schreckt viele ausländische Investoren – trotz der geringen Streikfrequenz – davon ab, sich in Deutschland zu engagieren. Gleichzeitig führt es dazu, dass Unternehmen ihren Firmensitz ins Ausland verlegen. So ging Aventis nach der Fusion mit Hoechst und Rhône-Poulenc nach Straßburg.
- Mitbestimmung hat die Unternehmenskontrolle nicht verbessert. Der Sachverstand vieler Arbeitnehmervertreter – und auch Unternehmensvertreter – ist häufig unzureichend. Die Arbeitnehmervertreter haben nicht nur die Vergütungen vieler Manager mitgetragen und immense Abfindungssummen abgenickt, sondern auch die Fehlentscheidungen der Vorstände mitzuverantworten.
- Mitbestimmung verzögert Entscheidungsprozesse. Global operierende Unternehmen müssen in sehr vielen Fällen schnell und flexibel entscheiden.

Nach: Christoph B. Schiltz, Die Welt, 22.10.2004

Mitbestimmungspraxis in den USA und Japan
Auch in Japan und in den USA (quality circles) gibt es enge und funktionierende Absprachen zwischen Unternehmensführung und Arbeitnehmern – allerdings ohne Mitbestimmung.

Aufgaben

1. Stellen Sie ausgehend von der Karikatur eine Liste zusammen, bei welchen betrieblichen Konflikten Arbeitnehmer ein Mitwirkungsrecht haben sollten (M9).
2. Vergleichen Sie anschließend Ihre Liste mit den gesetzlichen Regelungen (M10, M11).
3. Stellen Sie sich vor, Sie wären Mitglied eines Betriebsrates und würden mit folgenden Problemen konfrontiert werden (M11):
   a) Die Leitung Ihres Unternehmens schafft Frühstückspausen im Betrieb ab, ohne vorher mit den Betriebsräten gesprochen zu haben. Können Sie dagegen vorgehen?
   b) Die Geschäftsleitung kündigt aus wirtschaftlichen Gründen einer alleinerziehenden Mutter mit drei Kindern fristgerecht. Die Mutter bittet um Hilfe.
   c) Die Leitung Ihres Unternehmens beschließt, einen Teilbereich der Produktion nach Polen auszulagern. Dafür sollen 400 Mitarbeiter in Deutschland entlassen werden. Was können Sie tun?
4. Führen Sie im Kurs eine Pro- und Kontra-Diskussion darüber, ob das Modell der Mitbestimmung noch zeitgemäß ist (M12, M13).

F Aufgaben 1 – 4
Diskutieren Sie die Unterkapitelfrage von 9.3 anhand der Kategorien „Beruf“ und „Identität“.

H Aufgabe 4
Im Bundestag fand im Mai 2011 eine Anhörung zur „Mitbestimmung im Unternehmen“ statt, in der zahlreiche Experten Stellungnahmen abgaben. Recherchieren Sie die Dokumentation und arbeiten Sie die genannten Argumente heraus.

9.4 *Vertiefung:* Konflikte im Unternehmen – Tarifautonomie und Tarifverträge

M14 Aus den Pressenachrichten

Erste Verhandlungsrunde – keine Annäherung
Die erste Verhandlungsrunde für die 75.000 Stahlbeschäftigten in Nordrhein-Westfalen, Niedersachsen und Bremen am Freitag brachte keine Annäherung zwischen Arbeitgebern und IG Metall.

Dritte Verhandlung bringt Ergebnis für Beschäftigte
3,8 Prozent höhere Einkommen und die unbefristete Übernahme der Ausgebildeten. Das haben IG Metall und Arbeitgeber heute in der dritten Tarifverhandlung in Düsseldorf für die 75.000 Stahlbeschäftigten in Nordrhein-Westfalen, Niedersachsen und Bremen vereinbart. Der Tarifvertrag zur Altersteilzeit wurde verlängert.

IG Metall entscheidet über Warnstreiks
Die Arbeitgeber legten auch in der zweiten Stahl-Tarifverhandlung in Gelsenkirchen kein Angebot vor.

Die Arbeit in den Stahlbetrieben ruht
Die IG Metall-Tarifkommission hat entschieden: Am morgigen Mittwoch wird es die ersten Warnstreiks in der nordwestdeutschen Stahlbranche geben.

IG-Metall begründet Forderungen
„Wer mehr Wert schafft, hat auch mehr verdient." Unter diesem Motto starten die Tarifverhandlungen für die rund 75.000 Stahl-Beschäftigten in Nordwestdeutschland. Die IG Metall fordert sieben Prozent mehr Geld, die unbefristete Übernahme der Auszubildenden und eine bessere Altersteilzeit.

IG Metall.de, Tarife, www.igmetall.de, Abruf am 10.7.2012

M15 Die Bedeutung des Tarifvertrags

Die Beschäftigung eines Arbeitnehmers erfolgt in der Bundesrepublik aufgrund eines zwischen Arbeitgeber und Arbeitnehmer abgeschlossenen Arbeitsvertrages. [...] Der Inhalt des Arbeitsvertrages kann indes nicht völlig frei bestimmt werden, sondern muss den Vorschriften des Arbeitsrechts entsprechen und (zum Schutz des Arbeitnehmers) teilweise oder vollständig die Regelungen des Tarifvertrags und des Tarifvertragsgesetzes (TVG) berücksichtigen. [...] Ein Tarifvertrag ist ein Vertrag zwischen einer Arbeitnehmervertretung (Gewerkschaft) und einem Arbeitgeber (beim Firmentarifvertrag) bzw. einer Vereinigung von Arbeitgebern (beim Verbandstarifvertrag, meist auch Flächentarifvertrag genannt). Gemäß dem Tarifvertragsgesetz regelt der Tarifvertrag die Rechte und Pflichten der Tarifvertragsparteien und enthält Rechtsvorschriften, die den Inhalt, den Abschluss und die Beendigung von Arbeitsverhältnissen sowie betriebliche und betriebsverfassungsrechtliche Fragen regeln können. Die Tarifpartner schließen den Tarifvertrag ohne staatliche Einmischung ab. Diese Tarifautonomie wird aus Art. 9 Abs. 3 GG abgeleitet und ist ehernes Grundrecht der Tarifparteien: „Das Recht, zur Wahrung und Förderung der Arbeits- und Wirtschaftsbedingungen Vereinigungen zu bilden, ist für jedermann und für alle Berufe gewährleistet." Im Tarifvertrag werden die Lohn- und Gehaltstarife und die sonstigen Arbeitsbedingungen festgelegt. Man unterscheidet zwischen dem längerfristigen Rahmentarifvertrag, der die Grundsätze der Entlohnung regelt, und dem längerfristigen Manteltarifvertrag, der die auf längere Zeit festgeschriebenen Regelungen (wie z.B. Grundsätze der Urlaubsgewährung, Mehr-, Spät- und Sonntagsarbeit, Kündigungsschutz für ältere Arbeitnehmer und ähnliches) enthält, und dem meist kurzfristigeren (häufig auf zwölf Monate befristeten) Lohn- und Gehaltstarifvertrag, der die Vergütungsregelungen enthält. Der Tarifvertrag gilt im vollen Umfang zunächst nur für die Mitglieder der Gewerkschaften und für den bzw. die Arbeitgeber, die an der Tarifvereinbarung beteiligt sind (beim Verbandstarifvertrag: die Mitglieder des Arbeitgeberverbandes). Aufgrund des arbeitsrechtlichen Grundsatzes „gleicher Lohn für gleiche Leistung" kommen auch die nicht organisierten Arbeitnehmer in den Genuss tarifvertraglich vereinbarter Mindestbedingungen. [...] Der Schutzcharakter des Tarifvertrags für den einzelnen Arbeitnehmer kommt deutlich in der Tatsache zum Ausdruck, dass vom Tarifvertrag abweichende Vereinbarungen im Arbeitsvertrag, die für den einzelnen Arbeitnehmer günstiger sind als die Regelungen des Tarifvertrags, zulässig sind und dass ungünstigere Regelungen nicht zulässig sind. Über den Abschluss eines neuen Tarifvertrags verhandeln Gewerkschaften und Arbeitgeber zunächst frei. Scheitern die Tarifverhandlungen, so wird in der Regel versucht, durch ein auf die Erhaltung des Friedens gerichtetes Schlichtungsverfahren zu einer Einigung zu kommen. [...] Gelingt der Einigungsversuch nicht [...], erlischt die im Tarifvertrag festgelegte Friedenspflicht, der zufolge Gewerkschaft und Arbeitgeberverband auf die Einhaltung der Tarifvereinbarungen drängen müssen. Damit wird ein Arbeitskampf möglich.

Ulrich Baßeler, Jürgen Heinrich, Burkhard Utecht, Grundlagen und Probleme der Volkswirtschaft, 19. Auflage, Stuttgart 2010, S. 793 ff.

M16 Die Tarifvertragsparteien

Arbeitgeber und ...

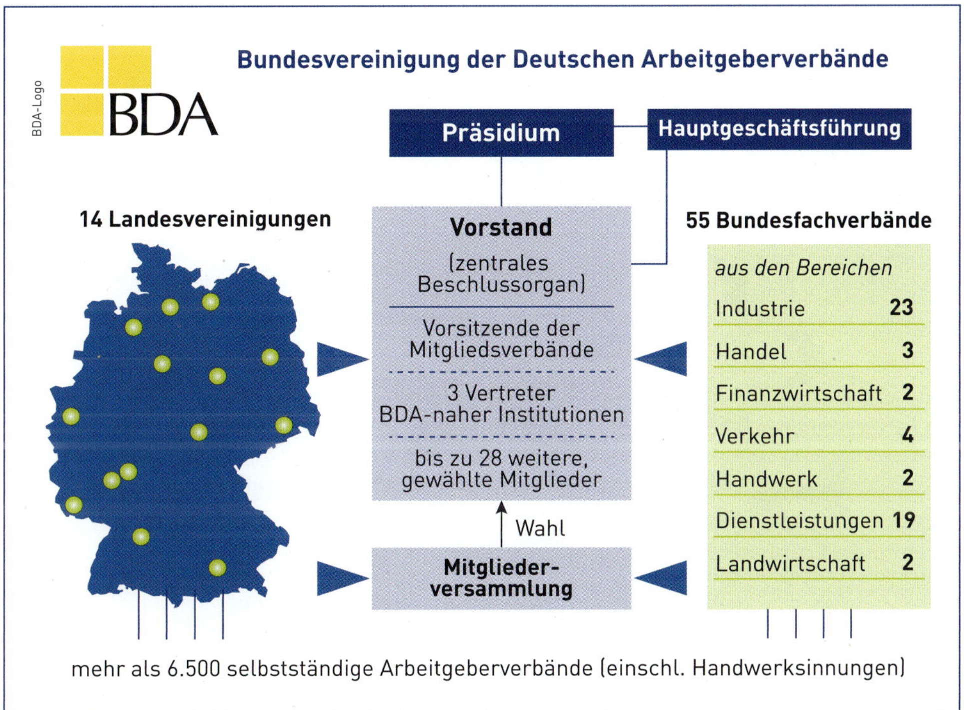

© Bergmoser + Höller Verlag AG, Zahlenbilder 236 150; Quelle: BDA, Stand 2010

Arbeitgeberverbände
Die Arbeitgeber sind heute in einer Vielzahl von Verbänden und Vereinigungen organisiert. Solche Vereinigungen sind z.B. der Bundesverband der Deutschen Industrie, Zentralverbände der übrigen Wirtschaftszweige, Industrie- und Handelskammern und Berufsgenossenschaften. Die Bundesvereinigung der Deutschen Arbeitgeberverbände (mit Sitz in Berlin) nimmt als Dachorganisation die gemeinschaftlichen, über den Bereich eines Landes oder Wirtschaftszweiges hinausgehenden sozialpolitischen Interessen der Arbeitgeber wahr. Sie ist nicht selbst an Tarifverhandlungen beteiligt, formuliert aber grundlegende Positionen der Arbeitgeberpolitik.

Gewerkschaften
In der heutigen pluralistischen Gesellschaft haben Gewerkschaften als Wortführer eines großen Teils der arbeitenden Bevölkerung erheblichen Einfluss auf die Gestaltung der staatlichen Arbeits- und Sozialpolitik. Gleichzeitig vertreten sie die Ansprüche der Arbeitnehmer in der direkten Auseinandersetzung mit den Arbeitgeberverbänden. Sie sehen ihre Aufgabe vor allem darin, in Tarifverträgen bessere Lohn- und Arbeitsbedingungen zu verankern, die Mitbestimmungsrechte der Arbeitnehmer zu sichern und zu erweitern und den Arbeitsschutz zu verbessern.

... Gewerkschaften

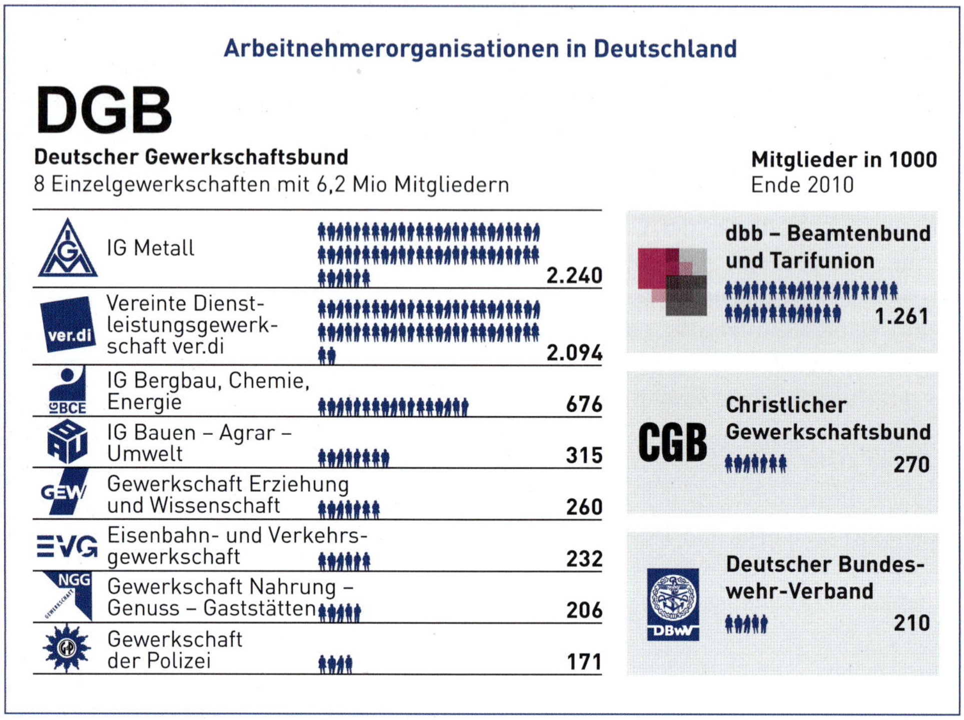

© Bergmoser + Höller Verlag AG, Zahlenbilder 240 110

M17 Spielregeln für den Arbeitskampf

Globus-Grafik 3247

M18 Tarifverträge – behindern sie das freie Spiel von Angebot und Nachfrage?

Die Argumente sind immer dieselben: Tarifverträge behindern das freie Spiel von Angebot und Nachfrage auf dem Arbeitsmarkt. Sie verursachen auf diese Weise Arbeitslosigkeit und sind nur ein Instrument zur Machtsicherung der Verbände. Wenn überhaupt, sollten sie nach Auffassung ihrer Kritiker allgemeine Rahmen festlegen, von denen in den Firmen abgewichen werden darf. Tatsächlich regeln Tarifverträge den Arbeitsmarkt, indem sie als Kollektiv-Vereinbarungen verbindliche Vorgaben für die individuellen Arbeitsverträge machen. Sie greifen dadurch in die Marktbeziehungen zwischen Beschäftigten und Arbeitgebern ein. Der Preis für die Arbeit wird auf diese Weise der möglichen Konkurrenz der Arbeitnehmer untereinander – zumindest teilweise – entzogen. Der Grund dafür ist einfach: Der Arbeitsmarkt ist kein Markt wie jeder andere. Arbeitnehmer sind Arbeitgebern gegenüber strukturell im Nachteil: Sie sind auf Arbeit angewiesen und müssen im Zweifel ihre Arbeitskraft auch zu unzumutbaren Bedingungen anbieten. Um das zu verhindern, setzen Tarifverträge arbeits- und lohnpolitische Mindeststandards. Sie erfüllen also eine Schutzfunktion für die abhängig Beschäftigten. Sie sorgen durch die jährlichen Lohnabschlüsse außerdem dafür, dass die Arbeitnehmer an der wirtschaftlichen Entwicklung teilhaben und ermöglichen ihnen eine Beteiligung an der Regelung ihrer Arbeitsbedingungen. Sie sind insofern ein wichtiges Element des demokratischen Sozialstaats. Im Grundgesetz ist deshalb die Koalitionsfreiheit, und damit auch die Tarifautonomie, als Grundrecht verankert. Tarifverträge nutzen jedoch nicht nur den Beschäftigten: Aus Arbeitgebersicht übernehmen sie eine positive Kartellfunktion, indem sie einheitliche Wettbewerbsbedingungen bei den Arbeitskosten schaffen. Da der Wettbewerb um die niedrigsten Arbeits- und Lohnkosten hierdurch tendenziell begrenzt wird, sind die Unternehmen gezwungen, ihre Wettbewerbsstrategie auf innovative Produkte und eine effiziente Arbeitsorganisation zu konzentrieren. Tarifverträge haben damit eine Produktivitäts- und Innovationsfunktion. Hinzu kommt ihre Friedens- und Ordnungsfunktion: Während der Laufzeit der Verträge besteht Friedenspflicht, in der nicht gestreikt werden darf.

Die Unternehmen erhalten durch die Tarifverträge eine gesicherte Planungs- und Kalkulationsgrundlage. Bei Verbands- oder Flächentarifverträgen kommt hinzu, dass der Konflikt über Löhne und Arbeitszeiten von den Firmen ferngehalten und auf die Verbände (Gewerkschaften und Unternehmerlobbys) verlagert wird. Die Erfahrungen mit dem deutschen Tarifvertragssystem sind positiv. Ein engmaschiges Netz von Abkommen mit Flächen-Tarifverträgen für mehr als 250 Wirtschaftszweige und mit Firmen-Tarifkontrakten für mehrere tausend Unternehmen setzt in differenzierter Form Mindeststandards fest. Kein Arbeitgeber ist gezwungen, einen Tarifvertrag abzuschließen oder einem Arbeitgeberverband beizutreten.

Nach: Reinhard Bispinck, Den Tarifvertrag stärken, www.fr-online.de, 24.11.2003

Aufgaben

1. Bringen Sie die Schlagzeilen aus M15 in die korrekte chronologische Reihenfolge (M14 – M15).
2. Stellen Sie Vor- und Nachteile von Tarifverträgen aus der Sicht von Arbeitgebern und Arbeitnehmern gegenüber (M15 – M18).

Wissen kompakt

Unternehmen als Motor für wirtschaftliche Entwicklung M1, M2

Unternehmen produzieren Güter, um Gewinne zu erwirtschaften. Gleichzeitig befriedigen sie die Bedürfnisse der Konsumenten und schaffen Arbeitsplätze, die den Beschäftigten Einkommen bringen. Der Staat ist daran interessiert, dass Unternehmen, vor allem Kleinst-, Klein- und Mittelunternehmen, erhalten bleiben und neue Unternehmen gegründet werden, weil so Beschäftigung, Einkommen und Steuereinnahmen sichergestellt werden können. Neue Unternehmen können die Entwicklung und den Wandel einer Volkswirtschaft nachhaltig beeinflussen. Die Gründer von Microsoft, Apple oder Cisco Systems waren die Pioniere für das Entstehen völlig neuer Wirtschaftszweige und haben einen tiefgreifenden Strukturwandel der Wirtschaft eingeleitet. Der österreichische Ökonom Joseph Schumpeter (1883 – 1950) bezeichnete die Tätigkeit der Unternehmer als „schöpferische Zerstörung". Unternehmer im Industriezeitalter schaffen etwas Neues und vernichten auf diese Weise Überkommenes. Wer z.B. das Auto zum Massenprodukt macht, der nimmt all jenen Handwerkern die Existenzgrundlage, die zuvor Pferdekutschen bauten. Doch steigt mit jeder neuen Erfindung die Produktivität einer Volkswirtschaft und es werden neue (meist bessere) Arbeitsplätze geschaffen.

Unternehmensgründungen M3, M4

Am Anfang jeder Unternehmensgründung steht eine Geschäftsidee. Der Unternehmer muss klären, welche Produkte bzw. Dienstleistungen er anbieten möchte und ob es dafür einen hinreichend großen Markt gibt. Auch die Persönlichkeit des Unternehmers ist eine wichtige Voraussetzung für den Erfolg. Durchsetzungsfähigkeit, Belastbarkeit, Kreativität und kommunikative Kompetenzen sind nur einige der Eigenschaften, die ein Unternehmer haben sollte. Und schließlich müssen auch die finanziellen Mittel vorhanden sein, um den Schritt in die Selbständigkeit machen zu können.

Chancen und Risiken von Unternehmensgründungen M4

Die Chancen und Risiken der Selbstständigkeit müssen gegeneinander abgewogen werden. Als Chancen werden im Allgemeinen gesehen: Unabhängigkeit, Möglichkeit, eigene Vorstellungen und Talente zu verwirklichen, hohe Verdienstmöglichkeiten, hohes Ansehen. Doch bleiben Risiken, denn die Gründungsentscheidung ist eine Entscheidung mit Unbekannten. So können z.B. Konsumtrends, die Ertragsentwicklung oder die allgemeine wirtschaftliche Lage falsch eingeschätzt werden. Neben diesen Risiken der unternehmerischen Tätigkeit scheitern Unternehmensneugründungen häufig auch an den beschränkten Möglichkeiten, an Gründungskapital zu kommen. Zudem erschweren insbesondere in Deutschland wie auch in anderen Industrienationen bürokratische Hürden den Weg in die Selbstständigkeit.

Entscheidungen über die Rechtsform M8

Zu den konstitutiven (grundlegenden) Entscheidungen bei der Unternehmensgründung gehören die Wahl der Rechtsform sowie die Entscheidung über den Standort. Die Wahl der Rechtsform gibt dem Unternehmen einen rechtlichen Rahmen, der die Leitungsbefugnisse, Möglichkeiten der Kapitalbeschaffung, das unternehmerische Haftungsrisiko, die Gewinnverteilung und steuerliche Aspekte festlegt. Die mit Abstand meisten Existenzgründungen erfolgen als Einzelunternehmen. Bei dieser Rechtsform trifft der Unternehmer selbst alle geschäftsrelevanten Entscheidungen. Im Gegenzug trägt er auch für alle Entscheidungen (auch Fehlentscheidungen) alleine das Risiko. Unternehmensgründungen, die mit einem hohen Finanzbedarf verbunden sind, wie die Errichtung von Produktionsstätten oder die Ausstattung mit hochwertigem und kostenintensivem Inventar, werden überwiegend in der Form einer Kapitalgesellschaft vollzogen. Die gängigsten Kapitalgesellschaften sind die Gesellschaft mit beschränkter Haftung (GmbH) und die Aktiengesellschaft (AG). Der Hauptgrund für die Wahl der GmbH als Rechtsform für ein Unternehmen ergibt sich schon aus der Bezeichnung „mit beschränkter Haftung". Sie bietet die gesetzliche Möglichkeit, die Haftung gegenüber Gläubigern auf das Gesellschaftsvermögen zu beschränken. Das Mindeststammkapital der Gesellschaft beträgt 25.000 Euro. In einer Aktiengesellschaft (AG) wird das Gesellschaftsvermögen in Aktien aufgeteilt. Die AG ist die typische Rechtsform für Großunternehmen, die ihren Kapitalbedarf über den Kapitalmarkt decken wollen. Leitbild des Aktiengesetzes ist die börsennotierte Aktiengesellschaft mit gestreutem und damit anonymem Aktionärskreis. Die Aktiengesellschaften sind durch das Aktiengesetz relativ strengen Vorschriften unterworfen, so besteht z.B. die Pflicht, ganz egal, wie groß ein Unternehmen ist, die Bilanzen zu publizieren. Vorstand, Aufsichtsrat und Hauptversammlung werden als Organe der AG bezeichnet.

Betriebliche Mitbestimmung M10 – M13

Mitbestimmung im Betrieb bedeutet vor allem die Einflussnahme des Betriebsrats auf Fragen, die sich für die Beschäftigten unmittelbar an ihren Arbeitsplätzen stellen. Die Mitbestimmungsrechte des Betriebsrats unterteilen sich

- in die eigentliche Mitbestimmung: Betriebliche Maßnahmen (Lohngestaltung, Arbeitsschutz, Urlaub ...) werden nur wirksam, wenn der Betriebsrat zustimmt
- in die Mitwirkung: Der Betriebsrat hat ein Widerspruchsrecht und kann das Arbeitsgericht oder eine Einigungsstelle anrufen (Einstellungen, Kündigungen, Versetzungen ...)
- in Informations- und Beratungsrechte (bei der Aufstellung eines Sozialplanes im Falle einer Betriebsstilllegung, bei der Planung von Bauten, bei neuen Arbeitsverfahren ...).

Tarifautonomie M15 – M17

Die Tarifautonomie ist durch Artikel 9 Abs. 3 GG gesichert, in dem die Koalitionsfreiheit als demokratisches Grundrecht festgeschrieben ist. Das heißt, Arbeitgeber und Arbeitnehmer legen in freier Vereinbarung die Arbeitsbedingungen in den Unternehmen ohne Eingreifen des Staates fest. Die Tarifpartner, also Arbeitgeberverbände und Gewerkschaften, sind zuständig für Löhne, Gehälter und Ausbildungsvergütungen, für Pausenregelungen, Wochenarbeitszeit und Urlaub. Diese Regelungen werden in entsprechenden Tarifverträgen vereinbart, die den Vertragspartnern ein hohes Maß an rechtlicher Verbindlichkeit geben. Ob Regelungen für bestimmte Branchen flächendeckend, also für alle Betriebe, gelten sollen, wird zunehmend von Seiten der Arbeitgeber in Frage gestellt. Sie verlangen, die besondere wirtschaftliche Lage einzelner Betriebe stärker zu berücksichtigen.

Kompetenzen prüfen

I. Selbstdiagnose

Ich kann ...

	Sehr gut ++	Gut +	Nicht gut 0	Übung durch z.B.
Beweggründe für Unternehmensgründungen beschreiben (AFB I).				• Auftaktseite • M1, M2, M4
Möglichkeiten der betrieblichen Mitbestimmung darstellen (AFB I).				• M10, M11 • Wissen kompakt auf S. 243
Vor- und Nachteile von Unternehmensrechtsformen analysieren (AFB II).				• M8 • Aufgaben 1 – 2 auf S. 233
Grundprinzipien der Tarifautonomie erklären (AFB II).				• M15 – M17
die Rolle der Produzenten bzw. der Existenzgründungen in einer Volkswirtschaft erläutern (AFB II).				• M2, M3 • Aufgabe 1 auf S. 229
Interessen von Arbeitgebern und Arbeitnehmern bei der Gestaltung der Arbeitsbeziehungen unterscheiden (AFB II).				• M18
Grundprinzipien der Tarifautonomie erklären (AFB II).				• M15 – M17 • Wissen kompakt auf S. 243
die Rolle von Gewerkschaften in Unternehmen beurteilen (AFB III).				• M15 – M18 • Aufgabe 2 auf S. 241

Kompetenzen anwenden – am Beispiel

Rollenspiel

Ein amerikanischer Investor möchte in Deutschland eine Aktiengesellschaft mit 1.500 Beschäftigten gründen. Doch gibt es auf Seiten des Investors deutliche Vorbehalte gegenüber dem deutschen Modell der betrieblichen Mitbestimmung. Als Wirtschaftsreferent der Gemeinde, in dem sich das Unternehmen ansiedeln möchte, beraten Sie den Investor und versuchen, ihn zur Ansiedlung des Unternehmens zu überreden.

Aufgabe

Spielen Sie in einem Rollenspiel das Gespräch zwischen dem Wirtschaftsreferenten und dem Investor nach. Aus der Sicht des Investors äußern Sie Fragen und Bedenken gegenüber dem deutschen Modell der Mitbestimmung. Aus der Sicht des Wirtschaftsreferenten erläutern Sie die Funktionsweise der betrieblichen Mitbestimmung anhand des Betriebsverfassungsgesetzes und der Unternehmensmitbestimmung und stellen die Vorteile der Regelungen für Arbeitnehmer und Arbeitgeber dar.

II. Klausurtraining

Splittergruppen legen Deutschland lahm

Man kann ihn nicht ersetzen. Da ist sich Michael Schirmer sicher. „Dazu muss man aktuelle Lizenzen haben", sagt er, „die komplette Ausbildung dauert zwei Jahre." Schirmer, 42 Jahre, ist Vorfeldkontrolleur. [...] So wie ein Fluglotse die Bewegungen der Flugzeuge in der Luft koordiniert, sorgt Schirmer dafür, dass sie am Boden den richtigen Weg finden. Normalerweise.

Zuletzt versuchte Schirmer, den Flugbetrieb lahmzulegen. Er gehört zu den 180 Beschäftigten auf dem Frankfurter Flughafen, die Ende vergangener Woche in Streik gingen. Im Moment ist der Streik unterbrochen, die Tarifparteien verhandeln wieder. Doch falls sie keine Einigung finden, könnten Schirmer und seine Kollegen ihre Arbeit jederzeit wieder niederlegen. Für sie geht es in diesem Tarifstreit um eine kräftige Gehaltserhöhung. Für den Flughafen um Schäden in Millionenhöhe. Und für die deutsche Volkswirtschaft womöglich um Milliarden Euro. Denn der Kampf der 180 hat eine Signalwirkung. Gelingt es dem Grüppchen, den Flughafenkonzern in Frankfurt – 19.000 Mitarbeiter, 56 Millionen Passagiere pro Jahr – in die Knie zu zwingen, dürfte das andere zur Nachahmung reizen. Dann könnte sich bald in vielen Firmen eine Splittergruppe ermutigt fühlen, den Betrieb anzuhalten. Um mehr für sich herauszuholen. [...]

In etlichen Branchen vertreten heute Kleinstgewerkschaften die Interessen einzelner Berufsgruppen. Bei der Lufthansa gründeten Techniker eine Gewerkschaft, in Chemiekonzernen organisieren sich die Betriebsfeuerwehrleute, in den Häfen werden die Fahrer riesiger Container-Greifwagen umworben. Piloten, Lokomotivführer und Ärzte haben schon ihre Spezialgewerkschaften, jetzt kommen deutlich kleinere Gruppen hinzu. Sie alle haben Macht: Blockademacht. Sie können mit vergleichsweise wenigen Mitgliedern große Unternehmen oder sogar weite Teile der Wirtschaft zum Stillstand bringen. [...] Rechtlich gibt es kaum ein Mittel gegen Kleinstgruppen, die ganze Wirtschaftszweige blockieren. [...]

„Es gibt kein Arbeitskampfgesetz", beklagt Gregor Thüsing, Professor für Arbeitsrecht an der Universität Bonn. Das Parlament traue sich da nicht heran. Deshalb gelte auf diesem Feld nur Richterrecht, und das heißt, vieles bleibt ungeklärt oder zufällig. „So einen krassen Fall, dass knapp 200 Leute einen ganzen Flughafen blockieren, hatten wir bisher einfach nicht", erklärt Thüsing. „Ich bin sicher: Wenn man die Bevölkerung fragen würde, würden 99 Prozent sagen, dass das Irrsinn ist. Aber es fehlt ein Gesetz."

Kolja Rudzio, Katja Scherer, Das Kräftemessen, www.zeit.de, 23.2.2012

Aufgaben

1. Stellen Sie die Regelungen der Tarifautonomie in der Bundesrepublik Deutschland dar.
2. Analysieren Sie die Position der Autoren zum Streik von „Splittergruppen".
3. Erörtern Sie die Position der Autoren. Nehmen Sie Stellung.

Erwartungshorizonte zu den Aufgaben 1 – 3

Mediencode: 72021-18

1

Karikatur: Thomas Plaßmann, Baaske Cartoons

2

Karikatur: Horst Haitzinger

3

Karikatur: Klaus Stuttmann

4

Karikatur: Thomas Plaßmann, Baaske Cartoons

Soziale Marktwirtschaft – Herausforderungen und Perspektiven

10

In den letzten Kapiteln ist deutlich geworden, wie das System der „Sozialen Marktwirtschaft" einen sogenannten „dritten Weg" zwischen den Wirtschaftssystemen „Freie Marktwirtschaft" und „Planwirtschaft" zu gehen versucht. Stärken und Schwächen der jeweiligen Systeme sollen entsprechend verfolgt bzw. vermieden werden.
Wie dieses Austarieren zwischen staatlichem Eingriff und der Freiheit des Marktes geschieht, ist Gegenstand dieses Kapitels. Lässt man z.B. dem Wettbewerb immer freien Lauf, kann das zu erheblichen Nachteilen für die Verbraucher führen. Greift der Staat auf der anderen Seite zu sehr ein, kann dies u.U. das Gegenteil des Gewollten hervorrufen.
Eingriffe sind in Politik, Wirtschaft und Wissenschaft immer höchst umstritten. Auch Wirtschaftskrisen zeigen immer wieder, dass der Automatismus, dem der Markt scheinbar unterliegt, Grenzen hat und Krisen erst herbei führen kann. An Beispielen werden diese Grenzen im vorliegenden Kapitel aufgezeigt und diskutiert.

Kompetenzen

Am Ende dieses Kapitels können Sie:
- am Beispiel darstellen, wie unterschiedliche Kartelle den Marktmechanismus außer Kraft setzen;
- erklären, inwiefern der Marktmechanismus auch auf den Arbeitsmarkt übertragbar ist;
- erläutern, in welchem Verhältnis Markt und Umwelt zueinander stehen;
- am Beispiel des Plastiktütenverbots diskutieren, ob politische Eingriffe in den Markt zugunsten der Umwelt sinnvoll sind;
- beurteilen, ob der Staat in Form eines Mindestlohns in den Marktmechanismus auf dem Arbeitsmarkt eingreifen sollte;
- die Rolle und die Möglichkeiten des Staates in Wirtschaftskrisen erörtern.

Was wissen und können Sie schon?

Teilen Sie den Kurs in vier Gruppen und erarbeiten Sie mithilfe der dargestellten Karikaturen arbeitsteilig folgende Aufgaben:

1. Analysieren Sie eine der vier Karikaturen in der Gruppe und finden Sie eine passende Überschrift für die ausgewählte Karikatur.
2. Präsentieren Sie die Gruppenergebnisse im Kurs und formulieren Sie gemeinsam Ihre Erwartungen, worum es in diesem Kapitel gehen sollte. Formulieren Sie allgemeine Fragestellungen und ggf. Thesen, die sich aus der Arbeit mit den Karikaturen ergeben haben und halten Sie diese auf einem Plakat (→ Methodenglossar) fest.

10.1 Konzentration und Wettbewerb – wie Kartelle unser Leben beeinflussen

M1 Kartelle im Alltag

Kartell
Bei einem Kartell schließen sich selbstständig agierende Unternehmen oder sonstige Marktakteure zusammen, um den Wettbewerb zu manipulieren. Kartelle sind verboten.

Zementmarkt ohne Wettbewerb!

Das Bundeskartellamt hat gegen die sechs führenden Unternehmen der deutschen Zementindustrie Bußgelder von insgesamt 660 Millionen Euro verhängt. Dies sei insgesamt das höchste Bußgeld in der Geschichte des Kartellamtes. [...]

Das darbende Baugewerbe hofft nun auf niedrigere Preise für Bauherren. [...] Die Anbieter hatten laut Kartellamt zum Teil seit den 70er Jahren wettbewerbswidrige Gebiets- und Quotenabsprachen getroffen und bis zum Jahr 2002 fortgesetzt. Räumlich betroffen waren die Märkte in Ostdeutschland, Westfalen, Norddeutschland und Süddeutschland. Durch die Absprachen sei der „Wettbewerb auf diesem Markt nahezu vollständig ausgeschlossen" worden, sagte Böge. „Die Preise konnten auf ein Niveau angehoben werden, das unter Wettbewerbsbedingungen nicht zu erreichen gewesen wäre."

Nach: AFP, Reuters, vwd, Kartellamt verhängt 660 Millionen Euro Bußgeld gegen Zementkartell, www.faz.de, 7.10.2013

Gaspreise zu hoch!

Zwei der größten Energieversorger in Europa, E.on und Gaz de France (GDF), heute GDF Suez, sollen ein unzulässiges Quotenkartell gebildet haben. Gezielt seien Gaspreise und -mengen für den Berliner Markt und für Teile des ostdeutschen Markts abgesprochen und vertraglich festgelegt worden - zu Lasten der Gasag [Berlins größter Gasversorger, Anm.d.R.] und ihrer fast 700.000 Kunden, die über viele Jahre hinweg möglicherweise viel zu hohe Gaspreise bezahlt haben. Vermeintlicher Schaden bis jetzt: ein mehrstelliger Millionenbetrag.

Frank Dohmen, Martin Hesse, Festgezurrte Preise, in: Der Spiegel, 14/2012

Millionenstrafe für Brauereien
Im Januar 2014 wurden die Konzerne Krombacher, Bitburger und Warsteiner wegen illegaler Preisabsprachen vom Bundeskartellamt verurteilt. Sie müssen über 100 Millionen Euro Strafe zahlen.

Hektoliter
Ein Hektoliter entspricht 100 Liter.

Absprachen beim Bier

Ermittlungsakten des Bundeskartellamts [...] legen nahe, dass führende Brau-Multis seit knapp zwei Jahrzehnten illegale Preisabsprachen getroffen haben. So räumte etwa der Vertriebschef der Großbrauerei Veltins, Volker Kuhl, bei seiner Vernehmung am 31. Januar 2013 bei den Wettbewerbshütern ein, dass die Bierpreiserhöhungen in seiner 17 Jahre währenden Amtszeit immer folgendermaßen abgelaufen seien: „Die Premium-Marken haben sich als Nebenthema zu einem Treffen (Fasspfand, Marke und Verpackung etc.) oder telefonisch über eine Bierpreiserhöhung abgestimmt." [...] Die Hersteller der so genannten „Fernseh-Biere" setzten den Erkenntnissen des Kartellamts zufolge im Jahr 2006 in einer konzertierten Aktion den Preis für den Hektoliter Fassbier um bis zu sechs Euro herauf. Im Sommer des darauffolgenden Jahres vereinbarten die Multis, den Kasten Flaschenbier um einen Euro zu verteuern.

Melchior Poppe, „Nur die Spitze des Eisbergs": Skandal um Bierkartell weitet sich aus – Absprachen bei Preisanhebungen weit verbreitet, www.focus.de, 18.8.2013

M2 Häufige Kartellarten

Art des Kartells	Beschreibung
Preiskartell	Die Kartellmitglieder verpflichten sich, beim Absatz ihrer Güter einen einheitlichen Preis zu verlangen oder einen Mindestpreis nicht zu unterschreiten.
Quotenkartell	Die Kartellmitglieder teilen unter sich das Marktangebot.
Gebietskartell	Die Kartellmitglieder teilen unter sich das Absatzgebiet auf.

Nach: Bernd Kirchner, u.a., Kartell, in: Bundeszentrale für politische Bildung (Hg.), Das Lexikon der Wirtschaft. Grundlegendes Wissen von A bis Z, 2009, S. 70

Das Bundeskartellamt (BKartA) ist dem Wirtschafts- und Technologieministerium zugeordnet und hat seinen Sitz in Bonn.

M3 Wie schützt das Bundeskartellamt den Wettbewerb?

Das Bundeskartellamt ist eine unabhängige Wettbewerbsbehörde, deren Aufgabe der Schutz des Wettbewerbs in Deutschland ist. Der Schutz des Wettbewerbs ist eine zentrale ordnungspolitische Aufgabe in einer marktwirtschaftlich verfassten Wirtschaftsordnung. Denn nur ein funktionierender Wettbewerb gewährleistet größtmögliche Wahlfreiheit und Produktvielfalt, damit Verbraucher ihre Bedürfnisse stets befriedigen und Unternehmen ihre Angebote stets optimieren können.

Der Gesetzgeber hat den Kartellbehörden im GWB [Gesetz gegen Beschränkung des Wettbewerbs, Anm.d.R.] folgende Instrumente an die Hand gegeben:

Kartellverbot: Um nicht um die Gunst der Nachfrager konkurrieren zu müssen, könnten sich Unternehmen miteinander z.B. über Preise absprechen. Solche Kartelle sind in Deutschland nach §1 GWB [...] verboten. Das Bundeskartellamt [...] [hat] die Aufgabe, Kartelle – wie z.B. Preisabsprachen – aufzuspüren und mit geeigneten Maßnahmen zu bekämpfen. [...]

Missbrauchsaufsicht über marktbeherrschende Unternehmen: Auf vielen Märkten gibt es bereits marktmächtige Unternehmen oder nur einen Anbieter, der aus der Tradition heraus entstanden ist, wie beispielsweise die ehemaligen Monopolisten in den Sektoren Telekommunikation, Energie, Bahn oder Post. Solche marktbeherrschenden Unternehmen dürfen ihre Stellung nicht missbräuchlich ausnutzen. Das Bundeskartellamt [...] [überprüft], ob diese Unternehmen ihre wirtschaftliche Machtstellung missbrauchen und z.B. andere Unternehmen in ihren Wettbewerbsmöglichkeiten behindern oder überhöhte Preise von den Kunden fordern (sog. Missbrauchsaufsicht über marktbeherrschende Unternehmen) und verfolgt solche Verstöße gegen das Missbrauchsverbot. [...]

Fusionskontrolle: Eine andere Möglichkeit für Unternehmen, im Wettbewerb mächtiger zu werden und sich besser durchsetzen zu können, ist, sich zusammenzuschließen. Daher prüft das Bundeskartellamt in der seit 1973 im GWB geregelten Fusionskontrolle, wie sich ein Zusammenschluss (Fusion) von zwei oder mehr Unternehmen auf den Wettbewerb auswirkt. Ziel der Fusionskontrolle ist es, marktbeherrschende Stellungen zu verhindern. Führt also eine Fusion zu einer marktbeherrschenden Stellung, muss sie vom Bundeskartellamt grundsätzlich untersagt werden.

Nach: Bundeskartellamt, Wie schützt das Bundeskartellamt den Wettbewerb?, www.bundeskartellamt.de, Abruf am 10.9.2013

Monopolbildung
Zumeist ist mit Monopol ein sog. Angebotsmonopol gemeint. Dieses liegt vor, wenn es für ein bestimmtes Gut nur einen Anbieter auf dem Markt gibt. Die Verbraucher sind dann mehr oder weniger „gezwungen", bei diesem Anbieter zu kaufen, wenn sie dieses Gut benötigen. Dieses verleiht dem Anbieter eine gewisse Machtposition, besonders, was die Höhe des Preises anbelangt.

M4 Fallbeispiel: Monopol im Fernverkehr?

Ein ICE auf dem Weg von Köln nach Dortmund

Die Entwicklung des Wettbewerbs auf den deutschen Märkten für Personen- und Güterverkehr bliebe unbefriedigend, heißt es in einem Sondergutachten der Regierungsberater. Daher müsse jetzt das geplante Eisenbahn-Regulierungsgesetz umgesetzt werden, das die Deutsche Bahn schärfer kontrollieren und den Wettbewerb erleichtern soll. Dennoch müsse es das Ziel bleiben, das Schienennetz vom Staatskonzern zu trennen, um Diskriminierung von Konkurrenten über Trassengebühren und Zuteilungen auszuschließen.

Die Bahn hält im Nahverkehr fast 80 Prozent und im Güterverkehr fast 70 Prozent des Marktes. Im Fernverkehr ist sie praktisch Monopolist. Das Unternehmen wies die Studie dennoch zurück: „Deutschland ist Vorbild bei der Marktöffnung des Schienenverkehrs im europäischen Vergleich", sagte eine Sprecherin. Nicht nachvollziehbar sei auch die Forderung nach Abtrennung des Netzes. Die Monopolkommission halte seit Jahren starr an ihren Positionen fest, ohne dass eine ernsthafte Auseinandersetzung mit der Marktentwicklung erkennbar werde, sagte sie.

Dagegen lobte der Bahn-Konkurrentenverband Mofair die Studie: „Das Votum ist eine saubere Position für mehr Wettbewerb", sagte Mofair-Hauptgeschäftsführer Engelbert Recker. Die stärkere Trennung von Netz und Betrieb fordert auch die EU-Kommission, um den Wettbewerb bei der Bahn in ganz Europa zu beschleunigen. Sie trifft dabei jedoch sowohl bei der DB als auch der Bundesregierung auf Widerstand.

Reuters, Die Bahn hat zu wenig Konkurrenz, www.berliner-zeitung.de, 20.6.2013

M5 Die Liberalisierung des Fernverkehrs

Ein Fernbus am Bahnhof von Duisburg

A) Die schwarz-gelbe Koalition macht Ernst mit der Liberalisierung des Busverkehrs: Künftig sollen mehr Fernbusse zwischen den großen Städten rollen. Bislang verhindert ein fast 80 Jahre altes Gesetz einen Busfernlinienverkehr in großem Stil. Es legt fest, dass bis auf wenige Ausnahmen nur auf den Strecken Fernbusse rollen dürfen, wo es keine anderen Verbindungen, also vor allem Bahnstrecken, gibt. Die Bundesregierung begründet die geplante Liberalisierung auch mit ökologischen Argumenten, da bisher viele Menschen private Mitfahrgelegenheiten nutzen. Mit Fernbussen könnten kostengünstige und klimaschonende Alternativen angeboten werden. „Mit einem Bus können 50 Leute fahren statt viele Mitfahrer in Dutzenden Autos", heißt es im Verkehrsministerium.

ZEITONLINE, dpa, Angriffe auf Mitfahrzentrale, www.zeit.de, 23.2.2011

B) Für Christiane Leonard vom Bundesverband Deutscher Omnibusunternehmen schafft der Regierungsentwurf „verlässliche Bedingungen". Fernbusse seien in der Regel mindestens um ein Drittel günstiger als die Bahn. Damit sei der Fernbus das Verkehrsmittel für preissensible Bevölkerungsgruppen. Die Nachfrage nach einem Niedrigpreisangebot im Fernverkehr in Deutschland existiere [...]. Hierdurch würden gerade einkommensschwächere Bevölkerungsgruppen eine gute Mobilitätsalternative erhalten. [...] Auch Holger Krawinkel vom Verbraucherzentrale Bundesverband begrüßte die Liberalisierung des Fernbusverkehrs. Die Sorge, dass das Angebot im Eisenbahnverkehr dadurch nachhaltig Schaden nehmen würde, teilte der Verband nicht. Die Potenziale dieses Marktes sollten im Interesse der Verbraucher erschlossen werden. Das so entstehende Konkurrenzverhältnis von Bahn und Fernbus sei für beide Seiten produktiv.

Deutscher Bundestag (Hg.), Experten bejahen Liberalisierung, www.bundestag.de, Abruf am 2.11.2013

M6 Ab wann beherrschen Unternehmen den Markt?

Definition der Marktbeherrschung nach §19 Gesetz gegen Wettbewerbsbeschränkungen

Marktbeherrschende Unternehmen

Monopolvermutung

Ein Unternehmen ist als Anbieter oder Nachfrager ohne Wettbewerber oder keinem wesentlichen Wettbewerb ausgesetzt oder hat gegenüber seinen Wettbewerbern eine überragende Marktstellung (anhand von Kriterien wie Marktanteil, Finanzkraft, Zugang zu Absatz- und Beschaffungsmärkten, Verflechtungen mit anderen Unternehmen, Marktzutrittsschranken für andere Unternehmen).

Vermutungskriterien beim Monopol

Marktanteil von mindestens einem Drittel.

Oligopolvermutung

Eine Gruppe von Unternehmen ist als Anbieter oder Nachfrager keinem wesentlichen Wettbewerb ausgesetzt oder hat im Verhältnis zu Wettbewerbern eine überragende Marktstellung.

Vermutungskriterium beim Oligopol

Drei oder weniger Unternehmen erreichen zusammen einen Marktanteil von 50%.

Fünf oder weniger Unternehmen erreichen einen Marktanteil von zwei Dritteln.

Bernd Kirchner, u.a., Marktanteil, in: Bundeszentrale für politische Bildung (Hg.), Das Lexikon der Wirtschaft. Grundlegendes Wissen von A bis Z, 2009, S. 75

Aufgaben

1. Nennen Sie Gemeinsamkeiten und Unterschiede der in M1 dargestellten Kartelle.
2. Ordnen Sie die Beispiele in M1 den unterschiedlichen Kartellarten aus M2 zu.
3. Erläutern Sie Ihrem Nachbarn mit eigenen Worten, was man unter folgenden Begriffen versteht: *Kartell, (Angebots-)Monopol, Missbrauchsaufsicht, marktbeherrschende Unternehmen, Fusion, Oligopol* (M3, M6).
4. Nehmen Sie Stellung zu folgender These: *Das Bundeskartellamt schädigt das Wachstumsstreben einzelner Unternehmen.*
5. Arbeiten Sie aus M4 und M5 die Wettbewerbssituation im Fernverkehr heraus.
6. Problematisieren Sie die Schwierigkeiten der Schaffung von mehr Wettbewerb im Fernverkehr durch die Bindung von Zügen an das Schienennetz. Überlegen Sie, auf welchen anderen Märkten eine ähnliche Beschränkung vorliegt.

10.2 Arm trotz Arbeit?

M7 DGB-Kampagne „Mindestlohn hautnah“ – zwei Fallbeispiele

Andrea L. und ihr Mann sind beide berufstätig und können trotzdem kaum ohne finanzielle Hilfe ihren Alltag als fünfköpfige Familie bestreiten. Sie arbeitet im Einzelhandel für 5,67 Euro die Stunde. Ihr Mann ist in der Pflege tätig und bekommt 9,70 Euro die Stunde.

DGB: Woran wird „Armut trotz Arbeit“ besonders spürbar?

Wir sind eine fünfköpfige Familie. Mein Mann ist ungelernter Krankenpflegehelfer und arbeitet ca. 30 Std. / Woche, der Lohn ist mit 9,70 tragbar, aber nicht akzeptabel. Er ist gelernter Maurer und bekommt in seinem Beruf in unserer Gegend trotz intensiver Bemühungen keinen Job, so dass er mit dem unterbezahlten Pfleger noch zufrieden ist. Ich arbeite auf geringfügiger Basis und arbeite 63 Std./Monat für gerade mal 350 Euro. Wir reichen jeden Monat der ARGE unsere Abrechnungen ein und bekommen noch etwas Unterstützung. Manchmal ist es so knapp, dass wir zur Tafel müssen. Unsere Kinder bekommen kein Taschengeld.

Welche Wünsche würden Sie sich oder Ihrer Familie gern erfüllen? Ich möchte einen Vollzeitjob oder mindestens einen Vertrag mit 25 Std. / Woche, dass wir in der Urlaubszeit nicht nur zu Hause sitzen müssen, sondern mit den Kindern auch mal einen Freizeitpark besuchen können oder mal ins Kino. Ich wünsche mir weiterhin, dass der Mindestlohn in allen Branchen für 400 Euro-Kräfte gelten soll. Ich wünsche mir, endlich unabhängig vom Staat zu sein, aber trotzdem nicht jeden Monat jeden Cent umdrehen zu müssen.

DGB-Mindestlohnkampagne, Mindestlohn hautnah, www.mindeslohn.de, Abruf am 11.9.2013

ARGE
Arbeitsgemeinschaft SGBII, heute: Jobcenter

400-Euro-Kraft
Seit dem 1.1.2013 können Minijobber bis zu 450 Euro verdienen, ohne Steuern zahlen zu müssen.

Karen M. aus Hessen arbeitet als Altenpflegerin in einem privaten Altenheim – 7 Stunden am Tag, 12 Tage durchgehend, dann einen Tag frei, wenn sie Glück hat. 1.150 Euro verdient sie dafür brutto im Monat – kaum genug zum Leben und das bei einer körperlich und seelisch anstrengenden Arbeit.

DGB: Woran wird „Armut trotz Arbeit“ besonders spürbar?

Ich arbeite als Altenpflegehelferin in einem privaten Pflegeheim, bin eine Vollkraft und fahre täglich 40 km hin und zurück. Mein Nettolohn am Monatsende ist 850 Euro bis 915 Euro im Monat, je nach dem, wie viele Doppeldienste ich am Wochenende habe. Das heißt 10 Stunden am Sonntag, da gibt es 1,20 Euro Sonntagszuschläge. Wenn ich meine laufenden Kosten wie Miete, Strom, Versicherungen für Auto und so weiter bezahlt habe, bleiben mir 10 Euro im Monat zum Leben. Da ist aber noch nicht der Sprit, den ich ja brauche, um zur Arbeit zu kommen, dabei. Alle Preise steigen, nur nicht der Lohn – es ist traurig, dass jemand, der arbeiten geht, nichts mehr zum Leben übrig hat.

Welche Wünsche würden Sie sich oder Ihrer Familie gern erfüllen? Ich würde mir wünschen, dass ich wieder mal richtig einkaufen könnte und mein Kühlschrank nicht nur leer ist oder dass ich meine Heizung mal richtig aufdrehen könnte, damit ich auch mal eine warme Wohnung hätte und nicht die Angst im Nacken sitzt: „Wie bezahle ich die Heiz- und Stromkosten?“

ebd.

M8 Löhne im Niedriglohnsektor

Wenig Lohn für Viele

Der Anteil der Beschäftigten mit Niedriglöhnen betrug ...

Von allen Beschäftigten arbeiteten 2011 für einen Stundenlohn von ...

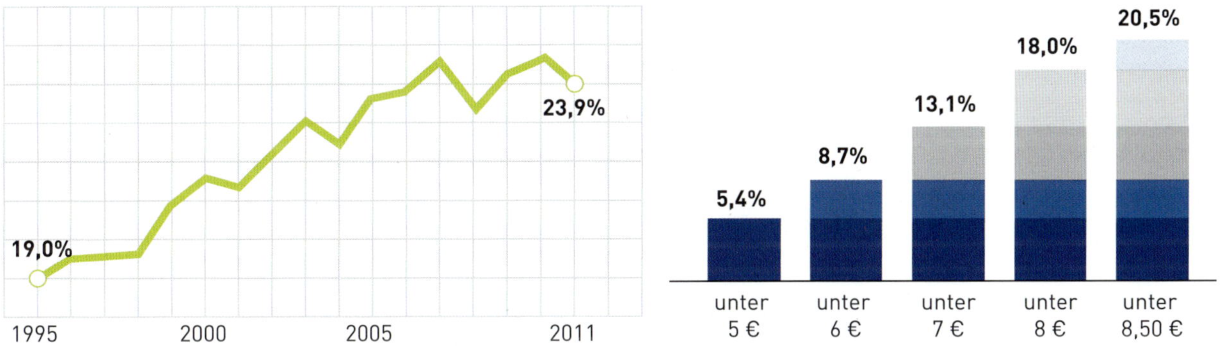

Quelle: Hans-Böckler-Stiftung (Hg.), Institut Arbeit und Qualifikation 2013, www.boeckler.de, Abruf am 15.10.2013

M9 Wer ist von Niedriglöhnen betroffen?

Mindestlohn und Arbeitsmarkt

So viel Prozent der abhängig Beschäftigten hatten 2011 einen Bruttostundenlohn von maximal 7,49 Euro (blau) oder 8,49 Euro (grün), würden also unter eine Mindestlohn-Regelung fallen

	7,49 Euro	8,49 Euro
Männer	10,2	14,5
Frauen	17,3	24,1
vollzeitbeschäftigt	8,1	12,6
teilzeitbeschäftigt	18,0	25,3
geringfügig beschäftigt	53,6	63,1
Westdeutschland	11,4	16,4
Ostdeutschland	24,4	32,1
unter 25 Jahre	36,4	49,6
25 bis 39 Jahre	13,3	18,5
40 bis 49 Jahre	10,9	14,5
50 bis 64 Jahre	11,7	17,6
über 65 Jahre	32,5	44,3

insgesamt

Institut Arbeit der deutschen Wirtschaft Köln; Ursprungsdaten: Sozio-oekonomisches Panel, 2012

M10 Schema des Marktmechanismus

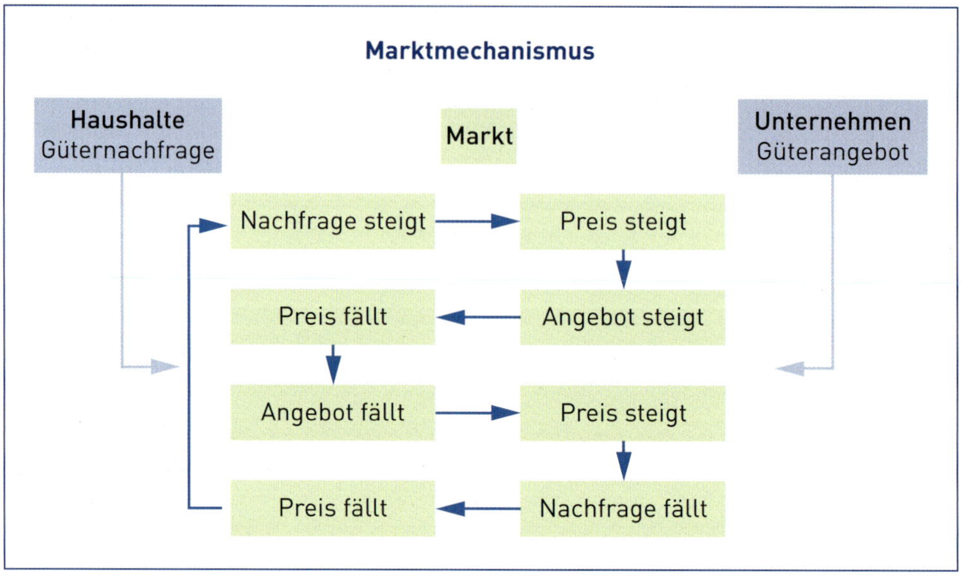

Nach: Bernd Kirchner, u.a., Marktanteil, in: Bundeszentrale für politische Bildung (Hg.), Das Lexikon der Wirtschaft. Grundlegendes Wissen von A bis Z, 2009, S. 77

M11 Eingeschränkte Marktmechanismen auf dem Arbeitsmarkt

Hier liegt das Hauptproblem, denn der Arbeitsmarkt ist kein perfekter Markt. [...] Arbeitnehmer sind nicht so flexibel, als dass sie zum Beispiel auf die Lohnentwicklungen bei Konkurrenzunternehmen sofort reagieren würden. Und auch die Einschränkung des Arbeitsangebots führt häufig nicht zu einer Verknappung, die einen höheren Lohn nach sich ziehen würde. Mit anderen Worten: Lohnkürzungen oder geringere Lohnsteigerungen führen nicht zu Kündigungswellen der Arbeitnehmer. Diese Tatsache ist Unternehmen durchaus bewusst und sie verleiht ihnen eine besondere Verhandlungsmacht. Oder Ökonomen würden sagen, dass sie einen Spielraum haben, in dem sie als „Preissetzer" agieren können.

Eva Rindfleisch, Der Mindestlohn – zwischen Teufelszeug und Heilsbringer, www.kas.de, 1.5.2013

M12 Mindestlöhne kontrovers

Fluter: Früher galt einmal, dass Arbeit vor Armut schützt. Heute können über eine Million Menschen von ihrem Lohn nicht leben. Wäre ein Mindestlohn die Lösung?

Christoph Butterwegge: Ja, denn da der Niedriglohnsektor heute das Haupteinfallstor für Armut ist, muss er durch einen allgemeinen gesetzlichen Mindestlohn von etwa 10 Euro pro Stunde zurückgedrängt werden. Ein flächendeckender Mindestlohn würde verhindern, dass immer mehr Beschäftigte von ihrer Arbeit nicht leben können, während der Staat das Lohndumping von Unternehmern auf Kosten der Steuerzahler/-innen subventioniert. 20 von 27 EU-Ländern haben längst einen solchen Mindestlohn, ohne dass der Beschäftigungsstand und die Tarifpolitik der Gewerkschaften negativ berührt würden. Warum sollte die mit Abstand stärkste Volkswirtschaft Europas zusammenbrechen, wenn ein Mindestlohn eingeführt wird?

Paul Nolte: Dass Arbeit früher vor Armut schützte, ist eine Legende. Im Gegenteil, bis ins frühe 20. Jahrhundert hat sich ein Großteil der Bevölkerung in Arbeit abgeplagt und war trotzdem bitterarm – vor allem in der Landwirtschaft! Mindestlöhne sind kein Allheilmittel, und sie können gar nicht so hoch sein, dass damit ein einzelner Verdiener eine vierköpfige Familie gut ernähren könnte. Da braucht es andere sozialstaatliche Mittel wie Kindergeld oder Wohngeld. Und dass jeder Erwachsene im Prinzip erwerbstätig ist, nicht mehr nur der Ehemann und Vater als „Ernährer“, ist eben heute der Normalfall.

Andreas Pankratz/Imke Emmerich, Fluter 45 / Winter 2012/13, S. 16 ff.

M13 Argumentespeicher für und wider den Mindestlohn

Mindestlöhne ...
kosten Arbeitsplätze ▪ schaffen einen fairen Wettbewerb auf dem Arbeitsmarkt ▪ sorgen für Gerechtigkeit ▪ sind zu teuer für Unternehmen ▪ verhindern die Rettung von Unternehmen, die in die Krise geraten sind ▪ gibt es bereits in vielen anderen Staaten ▪ verhindern Wettbewerb ▪ fördern Gleichberechtigung, weil besonders viele Frauen im Niedriglohnsektor arbeiten ▪ kurbeln die Wirtschaft an, weil sich die Menschen mehr leisten können, wenn sie mehr verdienen ▪ verhindern den Einstieg in die Arbeit für Berufsanfänger ▪ entlasten den Staatshaushalt, weil weniger Geld für Sozialleistungen ausgegeben werden muss ▪ sind unnötig, da Menschen, die zu wenig verdienen, zusätzlich zu ihrem Lohn Hartz IV beantragen können ▪ verhindern, dass Menschen von ihrer Arbeit nicht leben können ▪ verletzen den Grundsatz der Tarifautonomie ▪ führen zur Verlagerung von Unternehmen ins Ausland ▪ schaffen würdige Arbeitsbedingungen für Arbeitnehmer ▪ verhindern Dumpinglöhne ▪ sind besonders für Geringqualifizierte ein Risiko des Arbeitsplatzverlustes

Bearbeiter

Gesetzlicher Mindestlohn
Der Staat legt gesetzlich fest, wie hoch der Lohn mindestens sein muss, den ein Arbeitnehmer erhält. In 23 Staaten der EU ist ein solcher Mindestlohn bereits eingeführt.

Aufgaben

1. Beschreiben Sie die Situationen, in denen sich die Menschen in M7 befinden. Arbeiten Sie heraus, welche Einschränkungen sie in Kauf nehmen müssen und mit welchen Unsicherheiten sie leben.
2. Analysieren Sie die Grafiken M8 und M9 und stellen Sie einen Bezug zu den Fallbeispielen in M7 her.
3. Auch der Arbeitsmarkt ist ein Markt. Übertragen Sie das in M10 dargestellte Schema des Marktmechanismus auf den Arbeitsmarkt, indem Sie die Entwicklung von Löhnen (Preis der Arbeit) und Arbeitskraftnachfrage durch die Unternehmen herausarbeiten. Hinweis: Unternehmen und private Haushalte wechseln hierbei die Seiten (Unternehmen = Arbeitsplatznachfrager, Haushalte = Arbeitsplatzanbieter).
4. In M11 heißt es, der Arbeitsmarkt sei kein perfekter Markt. Erläutern Sie diese Aussage anhand Ihrer Bearbeitung von M10 und der Erklärungen im Text.
5. Die Situation auf dem Arbeitsmarkt führt häufig zu der Forderung nach Mindestlöhnen. Erstellen Sie mithilfe von M12 und M13 eine Tabelle pro und kontra Mindestlöhne, ergänzen Sie sie ggf. um eigene Argumente.

F Aufgaben 3 – 4
Erstellen Sie eine Grafik zum Lohnmechanismus. Wandeln Sie dazu die Grafen von Angebot (Arbeitsangebot) und Nachfrage (Arbeitsnachfrage) ab und zeichnen Sie den Mindestlohn und seine Auswirkung auf beide Grafen ein.

10.3 Spannungsverhältnis von Wirtschaft und Umwelt

M14 Tüten auf See

„Sealife"-Mitarbeiter feiern am 17.7.2013 am Strand von Niendorf (Schleswig-Holstein) ihren Guinness-Rekord für die längste Plastiktütenkette der Welt. Mit dem Rekord aus mehr als 5000 gebrauchten Plastiktüten möchte das „Sealife" auf die wachsende Menge von Plastikmüll in den Meeren aufmerksam machen.

Temperaturbeständig, stabil und fest – das macht Plastik aus. Jedoch bringen gerade diese Eigenschaften viele Probleme mit sich: Plastikmüll wird für die Umwelt zu einer wachsenden Gefahr.

Verschmutzter Strand im Süden Indiens: Nur 15 Prozent des Plastikmülls spült das Meer an Land – der Rest bleibt im Wasser. Die Welt macht mobil gegen Umweltverschmutzung – zumindest gegen Plastiktüten. Im Jahr 2008 startete Australien eine Anti-Tüten-Kampagne: Demnach könnte die Zahl von rund vier Milliarden Einkaufstüten, die dort jährlich aus den Geschäften getragen werden, bald der Vergangenheit angehören. Und auch China sagt der „weißen Umweltverschmutzung" den Kampf an: Fortan sind Gratis-Plastiktüten ebenso verboten wie Tüten mit einer Stärke von weniger als 0,025 Millimetern, denn die lassen sich kaum recyceln. [...]

Doch was ist mit dem übrigen Plastikdreck? Ob Plastikflaschen, Feuerzeuge oder ausrangierte Barbies: Plastikmüll ist eine zunehmende Gefahr globalen Ausmaßes. Am schlimmsten betroffen sind die Meere. Von den jährlich etwa 100.000 Millionen Tonnen weltweit produzierten Plastiks landen ungefähr zehn Prozent in den Ozeanen – allmählich verwandeln sich die Weltmeere in gigantische Mülldeponien. [...] Die schwimmenden Müllhalden haben fatale Auswirkungen. Expertenmeinungen zufolge verenden jedes Jahr eine Million Seevögel, hunderttausend Seehunde und andere Meeressäuger sowie unzählige Fische: Sei es, dass die Tiere sich in den Plastikgegenständen verheddern und erdrosseln, sei es, dass sie Plastikteilchen fressen, die sie irrtümlich für Nahrung halten. Auch in die Nordsee gelangen jedes Jahr rund 20.000 Tonnen Müll. So ergeben Studien von Meereswissenschaftlern aus den Nordsee-Anrainerstaaten, dass die meisten der dort lebenden Hochseevögel Plastikmüll in ihren Mägen haben.

Verschluckte Flaschendeckel, Feuerzeuge oder Luftballons führen zur Anreicherung von Giftstoffen im Gewebe der Tiere. Erkrankungen, erhöhte Sterblichkeit und eingeschränkte Fortpflanzung sind die Folgen – und zwar nicht nur für die Tiere:

Durch den Verzehr von Fisch ist Plastikmüll auch für den Menschen ein Gesundheitsrisiko.

Yvonne Schmidt, Tüten auf See, www.lexi-tv.de, Abruf am 13.9.2013

M15 Zahlen und Fakten über Plastiktüten

- Plastiktüten sind im Durchschnitt 25 Minuten lang in Gebrauch.
- Je nach Kunststoffsorte dauert es zwischen 100 und 500 Jahren, bis eine Plastiktüte sich zersetzt.
- Weltweit werden pro Minute eine Million Plastiktüten verwendet.
- In China werden täglich drei Milliarden Kunststofftüten verbraucht. Zum Vergleich: In Australien sind es vier Milliarden – im Jahr!
- In der Europäischen Union werden im Jahr 3,4 Millionen Tonnen Plastiktragetaschen produziert (Stand: 2008). Das entspricht dem Gewicht von über zwei Millionen Autos.
- Rund 500 Plastiktüten verwendet der Durchschnittseuropäer jährlich, inklusive der dünnen Obst- und Gemüsebeutel.
- In Deutschland lag der Pro-Kopf-Verbrauch zuletzt bei 65 pro anno.

Messe Düsseldorf GmbH, www.k-online.de, Abruf am 13.9.2013

M16 Plastiktüten – Verbot oder Zwangsabgabe?

Die EU-Kommission Umwelt arbeitet forciert an einer europaweiten Vorgabe zur Gewährleistung eines umwelt- und ressourcengerechten Gebrauchs von Plastiktragetaschen [...]. Anlass [...] war die Verabschiedung eines kompletten Verbots der Ausgabe von Plastiktüten in der kalifornischen Metropole Los Angeles im Mai.

Mit einem Verbot wie in Kalifornien rechnen Beobachter in Brüssel zur Zeit nicht. In einer vom Nachrichtenmagazin Spiegel zitierten internen Studie der Kommission heißt es, ein völliges Verbot wäre zwar umwelttechnisch sinnvoll, werfe aber schwierige juristische Fragen auf. Bezweifelt wurde unter anderem die Vereinbarkeit eines Verbots mit geltenden Direktiven des EU-Binnenmarkts und dem internationalen Handelsrecht. Zu bedenken sei außerdem, dass ein Verbot die Existenz der insgesamt 275 europäischen Hersteller von Plastiktüten und deren 17.500 Beschäftigten gefährde, so das 133-seitige Dokument. [...]

Dagegen befürwortete die Studie einen europaweiten Stopp der unentgeltlichen Ausgabe von Plastiktüten. Der Preis müsse für Verbraucher spürbar sein, um langfristig zum Umstieg auf alternative Lösungen anzuregen und zudem periodisch erhöht werden, um einen Gewöhnungseffekt auszuschließen. Derzeit bestehen deutliche Unterschiede zwischen den Regelungen zur Ausgabe von Plastiktragetaschen in den einzelnen EU-Mitgliedsstaaten. Während in Dänemark, Bulgarien und Irland Plastiktüten besteuert werden, erheben Supermärkte in Deutschland, Frankreich, Portugal, Ungarn und den Niederlanden von sich aus darauf eine Gebühr. In vielen anderen Mitgliedsländern, darunter auch in Großbritannien, werden Plastiktüten weiterhin umsonst ausgegeben. Ziel einer europaweiten Regelung wäre es, den Verbrauch von Plastiktüten in Europa bis 2020 um rund 80 Prozent zu senken. Im März 2011 hatte die EU-Kommission Umwelt angekündigt, sämtliche Möglichkeiten zur Reduzierung des Gebrauchs von Plastikttragetaschen in der EU eingehend zu prüfen und dabei auch ein völliges Verbot nicht ausgeschlossen. Bei einer im Rahmen dieser Untersuchung von der Kommission angestoßenen mehrmonatigen Online-Umfrage hatten sich über 15.000 EU-Bürger beteiligt. 71 Prozent davon hatten erklärt, ganz auf Plastiktragetaschen verzichten zu können und einheitliche Siegel für Plastiktüten aus kompostierbaren Kunststoffen gefordert. Hersteller und Industrieverbände hatten die Pläne stark kritisiert.

Pavel Pietruczuk, Plastiktüten – Verbot oder Zwangsabgabe?, www.law-europe.eu, 29.4.2013

EU-Kommission
Die EU-Kommission ist ein Organ der Europäischen Union (EU). Innerhalb des politischen Systems der EU nimmt die EU-Kommission die Aufgaben der Exekutive wahr, so dass sie oftmals als die „Regierung der EU" bezeichnet wird. Die EU-Kommission besitzt das Initiativrecht im EU-Gesetzgebungsverfahren, überwacht die Einhaltung des Europarechts in den Mitgliedstaaten und vertritt und wahrt die Interessen der gesamten EU.
Die Mitglieder der EU-Kommission sind die EU-Kommissare und der EU-Kommissionspräsident, die von den Regierungen der EU-Staaten nominiert und vom EU-Parlament bestätigt werden.
Jeder Kommissar verwaltet ein eigenes Ressort, z.B. Verkehr, Entwicklung, Energie- oder Umweltressort.

M17 Externe Effekte

Wenn durch die Herstellung oder den Verbrauch von Waren oder Leistungen anderen Unternehmen, Haushalten oder der Gesellschaft Kosten (externe Kosten) oder Einsparungen (externe Ersparnisse, externe Nutzen) entstehen und vom Schadenverursacher kein Ausgleich vorgenommen wird bzw. vom Empfänger eines Vorteils kein Entgelt gezahlt wird, spricht man von externen Effekten. Im Fall externer Effekte versagt somit der Preismechanismus, was allgemein auch als Marktversagen bezeichnet wird und ein Eingreifen des Staates notwendig macht.

Externe Effekte als externe Kosten entstehen z.B., wenn von Unternehmen nur die betriebswirtschaftlichen Kosten ihrer Produktion zu kalkulieren sind, die sozialen Kosten der Produktion aber auf die Gesellschaft abgewälzt (externalisiert) werden. So entstehen der Gesellschaft bzw. den Anwohnern eines Heizkraftwerks, das Strom erzeugt und durch die Abgase der Kohleverfeuerung die Umwelt belastet, Kosten in Form von Erkrankungen der Atemwege oder durch Staubniederschläge auf Gebäuden und Kraftfahrzeugen, die beseitigt werden müssen. Diese Kosten der Luftverschmutzung werden nicht vom Unternehmen kalkuliert und sind deshalb nicht im Strompreis enthalten. Eine solche Situation führt aus volkswirtschaftlicher Sicht zu unerwünschten Auswirkungen. Der Preis für so erzeugten Strom wäre vergleichsweise zu niedrig und würde zur Steigerung der Nachfrage führen. Dies wiederum bewirkt, dass mehr Strom auf diese Weise erzeugt wird.

BpB (Hg.), Externe Effekte, in: Das Lexikon der Wirtschaft, www.bpb.de, Abruf am 13.9.2013

M18 Warum ist Umweltschutz ein wirtschaftspolitisches Ziel?

Wirtschaftspolitische Ziele
→ Stabilitäts- und Wachstumsgesetz (StWG), Kapitel 8.3, M20 auf S. 218

Ist es nicht in jedermanns Interesse, die Umwelt zu schonen und sauber zu erhalten, auch für spätere Generationen? Das Besondere an der sauberen Umwelt ist, dass diese ein Gemeingut ist. Das bedeutet, man kann niemanden davon ausschließen und sie ist kostenlos. In der Sozialwissenschaft heißt dieses Problem „Tragödie des Allgemeinguts". Es besagt, dass frei verfügbare, aber begrenzte Ressourcen nicht effizient genutzt werden und durch Übernutzung bedroht sind. Genau so sieht es aus mit der sauberen Umwelt. Die Umwelt zu schützen ist eine Anstrengung und möglicherweise ein Nachteil bei der Produktion, der Gewinn daraus kommt aber allen gleichermaßen zu Gute. Der persönliche und wirtschaftliche Anreiz, sich umweltfreundlich zu verhalten, zu produzieren, etc. ist daher eher gering. So lebt zwar jeder gerne in einer sauberen und gepflegten Umwelt, ist aber nicht unbedingt bereit, dafür etwas aktiv beizutragen bzw. zurückzustecken.

In den 1970ern erkannte man, dass die Herstellung und der Verbrauch von Gütern massive Umweltprobleme zur Folge hatten und die Wirtschaft die Umwelt stark belastete. Aufgrund fehlender Anreize kam kein freiwilliger Umweltschutz von Unternehmen zustande. Wie auch, hätte dies doch einen Nachteil gegenüber den Unternehmen bedeutet, die einfach weiter die Umwelt strapazierten. So sahen Unternehmen im Umweltschutz nur eine Verteuerung der Produktion und somit einen Nachteil gegenüber anderen Produzenten. Um vom Staat durchgesetzt und kontrolliert werden zu können, wurde der Umweltschutz in den wirtschaftspolitischen Zielen aufgenommen und durch Regeln, Gesetze und Subventionen erfolgreich durchgesetzt.

Initiative Neue Soziale Marktwirtschaft (Hg.), Spannungsverhältnis von Ökologie und Ökonomie, in: Unterrichtsmaterialien, www.wirtschaftundschule.de, Abruf am 14.9.2013

M19 Sparsamer Umgang mit Ressourcen in Unternehmen

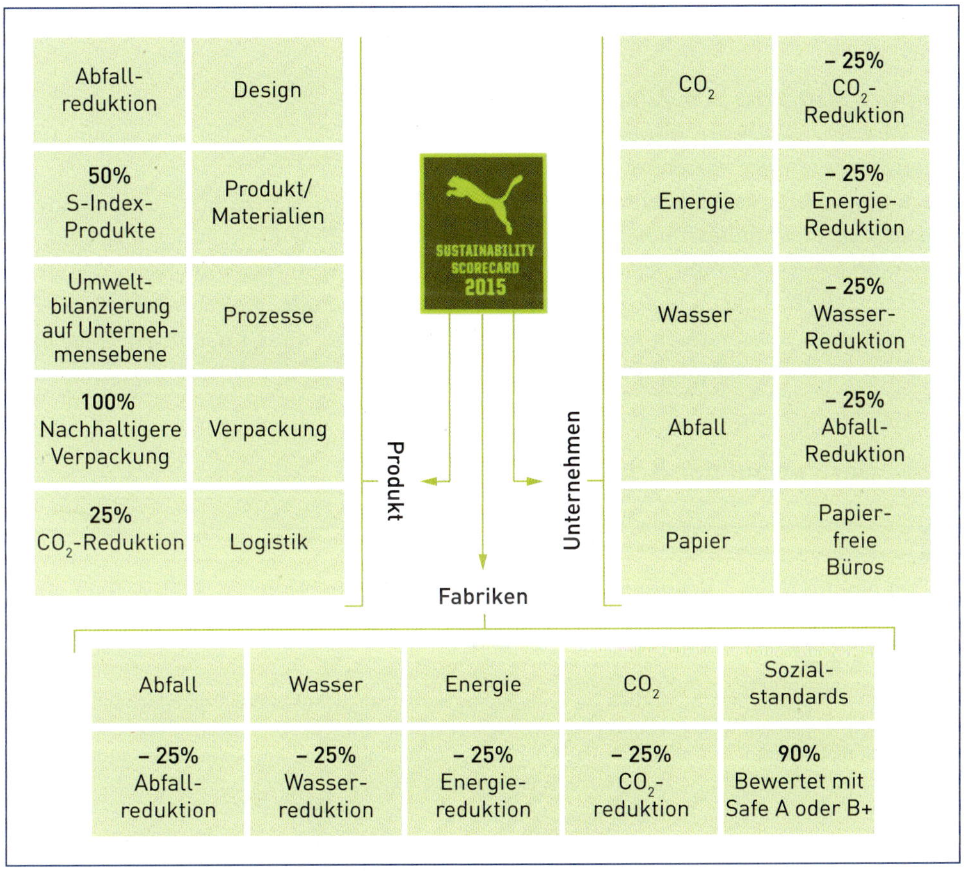

Quelle: Geschäfts- und Nachhaltigkeitsbericht der Firma Puma 2011, Umweltziele 2015, www.puma-annual-report.com, S. 40, Abruf am 15.10.2013

Transparenz bei Puma
Puma hat in seinem Geschäftsbericht 2011 erstmals auch Zahlen veröffentlicht, die den Ressourcenverbrauch betreffen und gleichzeitig Zielsetzungen bis 2015 formuliert, die einen schonenderen Umgang mit Ressourcen verfolgen.

Nachhaltigkeit – im Erklärfilm

Mediencode: 72021-19

Aufgaben

1. Beschreiben Sie anhand von M14 und M15, inwiefern Probleme aus unserem hohen Plastikverbrauch resultieren.
2. a) Stellen Sie die in M16 vorgestellte Lösung des „Plastik-Problems" dar.
   b) Schlussfolgern Sie, welche Argumente Befürworter und Kritiker gegenüber diesem staatlichen Markteingriff vorbringen könnten.
3. Arbeiten Sie aus M17 heraus, was externe Effekte sind und übertragen Sie diese auf das Beispiel der Plastiktüten: Was sind in diesem Fall die externen Effekte und inwiefern versagt hier der Preismechanismus?
4. a) Umweltpolitik bezieht sich nicht nur auf Konsumenten, sondern auch auf Unternehmen. Arbeiten Sie aus M18 das Spannungsverhältnis von Unternehmensinteressen und Umweltpolitik heraus.
   b) Arbeiten Sie aus M19 heraus, welche Zielsetzungen Puma für 2015 aufgestellt hat.
   c) Beurteilen Sie diese Zielsetzungen von Puma auch in Hinblick auf den Vorwurf, es ginge Puma hierbei nur darum, sich ein „grünes Image" zu geben.

H Aufgaben 2a – 2b
Nehmen Sie sich das Schaubild des Wirtschaftskreislaufes (Kapitel 8, M14) vor und arbeiten Sie heraus, welche Akteure mit am Plastiktütenverbot beteiligt bzw. davon betroffen sind.

F Aufgabe 4
Stellen Sie Forderungen an Unternehmen und Verbraucher auf, die das „Plastik-Problem" zu lösen helfen (M14 – M19).

10.4 *Vertiefung:* Weltwirtschaftskrise 2008/2009 – der Finanzmarkt gerät außer Kontrolle

Weltwirtschaftskrise 2008/2009

Die Weltwirtschaftskrise 2008/2009 gilt als eine der bisher größten weltweiten Wirtschaftskrisen, in der das ganze Wirtschaftssystem und viele Funktionsmechanismen, von denen auch Wirtschaftswissenschaftler bisher fest überzeugt waren, ins Wanken gerieten und sich als nicht haltbar herausstellten. Angefangen hat diese Krise jedoch nicht auf den Gütermärkten, sondern auf dem Finanzmarkt (vgl. M1 bis M5). Da die Banken als Akteure des Finanzmarktes auch auf dem Gütermarkt eine wichtige Rolle spielen, indem sie die Unternehmen und Konsumenten mit Geld versorgen, schwappte diese Krise in der Folge auch auf die reale Wirtschaft über. Weltweit kam es zu Einbrüchen des Wirtschaftswachstums.

M20 Der Verlauf der Krise ...

A

Das eigene Heim | **Kredite werden Wertpapiere** | **Kreditkrise** | **Bankenkrise** | **Weltwirtschaft**

▲▲▲

Banken vergaben günstige Kredite für Eigenheime – auch an nicht kreditwürdige Menschen. Wenn der Kredit nicht zurückgezahlt werden konnte, verkauften die Banken die Immobilien. Aufgrund steigender Immobilienpreise konnten sie damit lange Zeit Profite machen. Jeder glaubte an das System, die Risiken wurden ausgeblendet.

B

Das eigene Heim | **Kredite werden Wertpapiere** | **Kreditkrise** | **Bankenkrise** | **Weltwirtschaft**

▲▲▲

Die Banken wandelten Immobilienkredite in Wertpapiere um. Diese wurden von den Ratingagenturen positiv bewertet. Die Bewertungen und die möglichen hohen Renditen lockten weltweit Investoren, Banken und Fondsmanager an.

Wertpapiere
Wertpapiere sind Urkunden über den Besitz eines bestimmten Wertes, z.B. einer Aktie. Mit Wertpapieren wird auf den Kapitalmärkten gehandelt.

Ratingagenturen
Ratingagenturen sind privatwirtschaftliche Unternehmen, welche die Risiken bewerten, die ein Käufer eines Finanzmarktproduktes eingeht.

Ratingagenturen – im Erklärfilm

Mediencode: 72021-20

Rendite
Hier: Gewinne aus Wertpapiergeschäften

C

Das eigene Heim | **Kredite werden Wertpapiere** | **Kreditkrise** | **Bankenkrise** | **Weltwirtschaft**

▲▲▲

A Weil die Zinsen stiegen, konnten Hausbesitzer ihre Raten nicht mehr bezahlen. Ihre Häuser wurden zwangsversteigert.

B Viele Kredit-Wertpapiere sind wertlos geworden. Die Banken blieben auf den Krediten sitzen.

C Kleine Banken brachen zusammen, z.B. Northern Rock, IKB, …

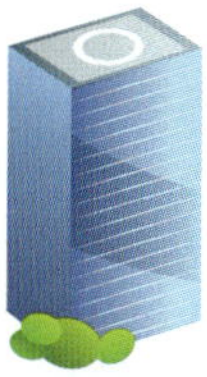

D Notenbanken versuchten, die Märkte mit Finanzspritzen zu stabilisieren.

D

Das eigene Heim | **Kredite werden Wertpapiere** | **Kreditkrise** | **Bankenkrise** | **Weltwirtschaft**

▲▲▲

Die Finanzspritzen der Notenbanken reichten nicht mehr aus, sodass auch große Banken in Bedrängnis gerieten, allen voran Investmentbanken wie Lehman Brothers.

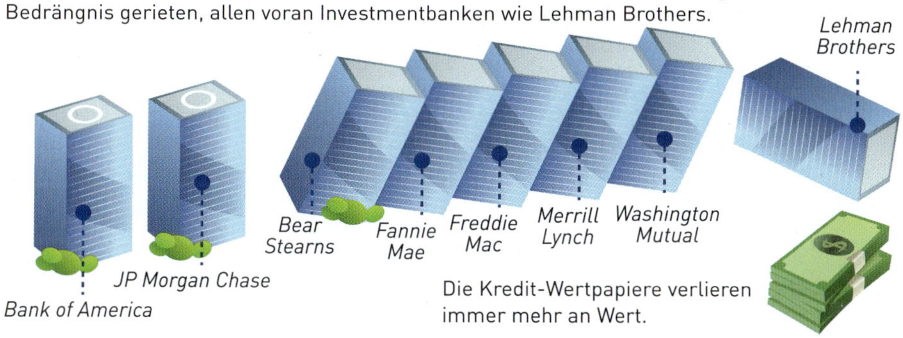

Die Kredit-Wertpapiere verlieren immer mehr an Wert.

E

Das eigene Heim | **Kredite werden Wertpapiere** | **Kreditkrise** | **Bankenkrise** | **Weltwirtschaft**

▲▲▲

Weltwirtschaftskrise:
Die Krise breitet sich aus. Weltweit schreiben Banken über 600 Milliarden Dollar ab.

Rettungspaket:
Mit Rettungspaketen von insgesamt mehreren Billionen Dollar versuchen die Regierungen weltweit die Krise in den Griff zu bekommen. Deutschland selbst plant ein 500 Milliarden-Euro-Rettungspaket.

Nach: © Stern.de, Interaktive Infografik: So kam es zur Finanzkrise, www.stern.de, 15.10.2008

Kredite als Wertpapiere
Die Schulden, die ein Kredit bedeutet, können auch als Wertpapier gehandelt werden: Es ist der Anspruch einer bestimmten Geldsumme, die man vom Schuldennehmer erhält.

Notenbank (auch Zentralbank)
Bank des Staates. Sie ist für die Ausgabe der Banknoten zuständig und regelt die Währungspolitik eines Landes. In der Eurozone ist die Europäische Zentralbank (EZB) zuständig.

Fonds
Die Zusammenstellung verschiedener Wertpapiere zu einem „Bündel" wird als Fonds bezeichnet. Fondsmanager handeln an den Kapitalmärkten mit diesen Fonds.

Spekulationsblasen – im Erklärfilm

Mediencode: 72021-21

Rettungspaket
Staatliche Maßnahmen zur Unterstützung eines bestimmten Bereiches

M21 Was macht der deutsche Staat in der Krise?

Als Reaktion auf die Finanzkrise wurde 2008 als Maßnahme des Staates zur Stützung der Finanzmärkte der Sonderfonds für Finanzmarktstabilisierung (SoFFin) eingerichtet. Mit diesem Fonds, der aus Steuermitteln finanziert wird, können Banken und andere Akteure an den Finanzmärkten finanziell unterstützt werden, wenn sie in die Krise geraten. Die Idee dahinter ist, dass durch die Stabilisierung der einzelnen Banken eine größere Wirtschaftskrise verhindert werden kann. Zur Überwachung dieses Fonds wurde die Bundesanstalt für Finanzmarktstabilisierung (FMSA) in Frankfurt am Main errichtet.

Bearbeiter

M22 Konjunkturpakete sollen die Nachfrage ankurbeln

Schild an der Alfredstraße in Essen

Neben dem Finanzsektor geriet auch die sogenannte Realwirtschaft weltweit in die Krise. Die Nachfrage nach Gütern und Dienstleistungen brach ein. Viele Staaten legten Konjunkturprogramme auf, um dem wirtschaftlichen Abschwung entgegenzuwirken und um die Nachfrage zu stimulieren. Die weltweit laufenden Konjunkturprogramme haben ein Gesamtvolumen von geschätzten zwei Billionen US-Dollar. In Deutschland gab es 2008/2009 zwei Konjunkturpakete: […] Maßnahmen sind bspw. die Investitionen des Staates in Infrastrukturprojekte (Straßenbau) oder in den Bildungsbereich (Schulen und Hochschulen) sowie Steuererleichterungen […]. Ein bekanntes Beispiel ist die sogenannte „Abwrackprämie“: Wer sein mindestens neun Jahre altes Auto verschrottete und einen Neuwagen kaufte, erhielt vom Staat einen Zuschuss von 2.500 Euro. Hierdurch wurde mitten in der Krise die Nachfrage nach Autos angeregt und die Automobilindustrie gestützt.

Bundesverband deutscher Banken (Hg.), Im Kreislauf der Wirtschaft. Einführung in die Volkswirtschaftslehre, 2010, S. 185

M23 Konjunkturpakete – kritisch betrachtet

Lockerung der Vergaberichtlinien im Zuge der Konjunkturpakete
Durch die Lockerung der Vergaberichtlinien sollten sich mehr Firmen um öffentliche Aufträge bewerben können (sog. Ausschreibungen). Die Hoffnung war, so günstigere Preise zu erzielen. Die Einschränkung des Verfahrens sollte es nach Willen der schwarz-roten Koalition (2005 – 2009) ermöglichen, die Aufträge schneller zu vergeben und die vielen Investitionsprojekte schneller voranzutreiben. Ziel war es, die dadurch entstehende Nachfrage nach Arbeitskräften möglichst schnell zu steigern.

Der Bundesrechnungshof hat die lockere Vergabepraxis für die Gelder aus dem Konjunkturpaket II kritisiert. Die Sonderregeln hätten nicht dafür gesorgt, dass die Gelder schneller in die Wirtschaft flossen.

[…] Zwar habe sich die durchschnittliche Dauer der Vergabeverfahren verringert, der Unterschied sei jedoch minimal gewesen: Bei den beiden größten geprüften Hochbauverwaltungen betrug der Unterschied im Schnitt einen Tag beziehungsweise drei Tage pro Verfahren. […] Bereits früh zeichnete sich allerdings ab, dass das Konjunkturprogramm sein Ziel einer schnellen Konjunkturspritze nicht erreichen würde. Bis Ende 2009 sollte mindestens die Hälfte des Geldes ausgegeben sein. […] Bis Ende 2009 hatten die Länder nur 1,26 Milliarden Euro abgerufen. „Das sind rund 25 Prozent der für das Jahr 2009 vorgesehenen Mittel“, konstatierte damals der Bundesrechnungshof. Bis Ende 2009 waren kaum mehr als zehn Prozent der reservierten Mittel geflossen. Die deutsche Wirtschaft hatte allerdings bereits im Sommerhalbjahr 2009 schon wieder begonnen, stetig zu wachsen. Das Gros des Geldes floss also erst, als längst der Aufschwung eingesetzt hatte und stützende Maßnahmen eigentlich gar nicht mehr benötigt wurden. Die letzte Milliarde wurde erst Ende 2011 an die Kommunen gezahlt.

Tobias Kaiser, Konjunkturpakete haben Bauprojekte verteuert, www.welt.de, 9.2.2012

M24 Lehren aus der Finanzkrise – zwei Forderungen für eine bessere regulierte Finanzwelt

Lasst die Banker zahlen

Was kostet die Krise? Allein in Europa könnte die Rettung maroder Banken im schlimmsten Fall mehr als eine Billion Euro kosten, schätzt die EU-Kommission. Und wer bezahlt dies? Im Zweifel die Steuerzahler. Die Geldhäuser, die den großen Finanzcrash maßgeblich verursacht haben, kommen relativ ungeschoren davon. Und sie haben längst wieder angefangen, riskante Geschäfte zu betreiben, die später neue Finanzkrisen auslösen könnten. Daher ist es höchste Zeit, die Banken zahlen zu lassen. Grob gesagt gibt es dafür zwei Wege. Europas Regierungen prüfen eine Steuer, die auf alle Geschäfte am Kapitalmarkt erhoben würde. [...] Möglichkeit Zwei hat mehr Aussicht auf Realisierung: Die Gewinne der Banken mit einer gezielten Abgabe zu belegen. Die Bundesregierung hat in einem nationalen Alleingang bereits einen solchen Bankenobolus beschlossen. Er fällt mit 1,2 Milliarden Euro im Jahr allerdings deutlich zu bescheiden aus.

Alexander Hagelüken, Lasst die Banker zahlen, Süddeutsche Zeitung, 25.6.2010

Zwingt Institute zur Vorsorge

Private Hauskäufer müssen schon 20 bis 30 Prozent Eigenkapital mitbringen, bevor sie von der Bank einen zinsgünstigen Immobilienkredit erhalten. Bei der Bank selbst geht es aufsichtsrechtlich laxer zu: Das Institut muss eine Kapitalquote von acht Prozent vorweisen, davon vier Prozent als Kernkapital. Eigenkapital bedeutet Erspartes, und wahrscheinlich hat jeder Bürger eine klare Vorstellung davon, was das bedeutet. [...] Je mehr Eigenkapital die Banken bei ihren Geschäften vorhalten müssen, desto weniger Risiken können sie eingehen; und desto eher können sie einen finanziellen Verlust selbst schultern, ohne auf den Steuerzahler zurückzugreifen. Die Bank macht dadurch weniger Geschäft und weniger Gewinn, doch dafür wird das Finanzsystem stabiler. Ebenso sinnvoll ist die Einführung einer maximalen Verschuldungsquote für Banken. In der Finanzkrise haben sich manche Institute um das 30- bis 40-fache ihrer Bilanzsumme verschuldet. Solche Schuldenberge, das wissen Privatsparer, steigern die Kasino-Mentalität.

Markus Zydra, Zwingt Institute zur Vorsorge, Süddeutsche Zeitung, 25.6.2010

Aufgaben

1. Fassen Sie den Verlauf der Wirtschaftskrise zusammen, indem Sie aus den einzelnen Schaubildern die Teilaspekte des Ablaufes herausarbeiten (M20).
2. Analysieren Sie, welche Akteure in welcher Phase der Krise profitiert haben und wer Nachteile erfahren hat. Erstellen Sie dazu eine tabellarische Gegenüberstellung (M20).
3. Überprüfen Sie, zu welchen Zeitpunkten der Mechanismus von Angebot und Nachfrage funktioniert hat und zu welchen nicht (M20).
4. Werten Sie die wirtschaftspolitischen Maßnahmen der Bundesregierung aus M21 – M23 nach den Kriterien *Wirksamkeit*, *Gerechtigkeit* und *Effektivität* aus.
5. Angenommen Sie gehören zur Bundesregierung: Entwickeln Sie (in Gruppenarbeit) eigene Vorschläge, um Finanzkrisen zukünftig wirksam vorzubeugen. Gehen Sie dabei auf die Forderungen aus M24 ein, indem Sie deren Durchsetzungsfähigkeit im internationalen Kontext berücksichtigen.

F Aufgabe 3
Ein Kritikpunkt ist die Verteuerung durch fehlende Ausschreibungen. Prüfen Sie mithilfe Ihres Wissens über die Funktionen des Wettbewerbs und über die Aufgabe von Konjunkturpaketen, ob Ausschreibungen sinnvoll gewesen wären.

Wissen kompakt

Kartell
M1 – M3

Ein Kartell in der Wirtschaft bezeichnet u. a. eine illegale Absprache von Unternehmen, z.B. über gemeinsame Preiserhöhungen für ein Gut. Durch diese gemeinsame Absprache wird der Wettbewerb insofern außer Kraft gesetzt, als dass die Verbraucher keine Chance mehr haben, über ihr Nachfrageverhalten Einfluss auf den Preismechanismus zu nehmen. Ein Gleichgewichtspreis kommt so nicht zustande, die Nachfrager müssen den hohen Preis für das Gut in Kauf nehmen, wenn sie nicht auf das Gut verzichten wollen oder können. In Deutschland sind solche Preisabsprachen verboten.

Bundeskartellamt
M3

Institution des deutschen Staates (Bundesinstitution) zur Überwachung des Wettbewerbs und zur Kontrolle der Einhaltung der Gesetze, die den Wettbewerb regeln. Das Bundeskartellamt darf Untersuchungen aufnehmen, wenn der Verdacht besteht, dass gegen das Gesetz zur Erhaltung des Wettbewerbs verstoßen wird. Es prüft, ob durch Fusionen von Unternehmen der Wettbewerb außer Kraft tritt und dient damit dem Schutz der Verbraucher, die vom Wettbewerb profitieren.

Marktbeherrschendes Unternehmen/ Monopol
M6

Ein Monopol liegt vor, wenn ein Unternehmen als einziger Anbieter für ein bestimmtes Gut auf dem Markt ist. Dadurch findet kein Wettbewerb mehr statt und das Unternehmen kann die Preise für dieses Gut selbst bestimmen, da alle Nachfrager, die dieses Gut erwerben wollen, gezwungen sind, bei diesem Unternehmen den vorgegebenen Preis zu zahlen. Diese Form des Marktes nennt man Monopol bzw. Angebotsmonopol.

Fusionskontrolle
M4 – M6

Das Bundeskartellamt prüft, ob beim Zusammenschluss eines oder mehrerer Unternehmen eine marktbeherrschende Stellung entsteht, die den Wettbewerb auf dem Markt verhindert. Ggf. werden diese Fusionen dann verboten.

Lohn: brutto und netto
M7 – M9

Der Bruttolohn ist der gesamte Lohn eines Arbeitnehmers, ohne Abzüge. Den Nettolohn erhält der Arbeitnehmer auf sein Konto eingezahlt, dabei sind die Steuern und die Beiträge zu den Sozialversicherungen schon abgezogen. Der Nettolohn ist also geringer als der Bruttolohn.

Gesetzlicher Mindestlohn
M12 – M13

Durch ein staatliches Gesetz wird für alle Arbeitnehmer in allen Branchen ein Lohn festgelegt, der mindestens in der Stunde zu zahlen ist. Dieser wird nicht von den Tarifparteien (Arbeitgeberverbände und Gewerkschaften) ausgehandelt.

Externe Effekte
M17

Neben dem in Geld zu messenden Preis, den die Produktion eines Gutes hat, können weitere Effekte auftreten. So kann ein Unternehmen z.B. Kleidung produzieren und die Kosten für die Produktion errechnen, indem Materialkosten, Arbeitskosten, Energiekosten, Transport, Werbung usw. mit einbezogen werden. Wenn das Unternehmen dabei zusätzlich die Umwelt belastet, z.B. indem Chemikalien in einen Fluss geleitet werden, was Folgen für die Tiere und Menschen hat, die an dem Fluss leben, so bezeichnet man dieses als externe Effekte.

Wissen kompakt

Gemeingut
M18

Ein Gemeingut ist ein Gut, das der ganzen Gesellschaft gehört und nicht in Privatbesitz sein kann, z.B. saubere Luft, Strand am Meer, die Umwelt. Immer häufiger werden solche Güter allerdings auch privatisiert, z.B. wenn Teile von Stränden gekauft werden oder in der Industrie sog. Zertifikate für den CO_2-Ausstoß verkauft werden.

Finanzkrise
M20

Wie konnte es passieren, dass amerikanische Hausbesitzer im Jahre 2007 eine globale Rezession auslösten? Die Globalisierung der Weltwirtschaft hat seit den 1970er Jahren zu einer immer stärkeren Liberalisierung und Deregulierung der internationalen Waren- und Finanzmärkte geführt. Diese Entwicklung hat Wachstum und Wettbewerb gestärkt, die nationalen Ökonomien aber in eine starke gegenseitige Abhängigkeit geführt.

Von der Finanz- zur Weltwirtschaftskrise

Auf den internationalen Finanzmärkten werden täglich unvorstellbare Summen an Geld, Devisen und Wertpapieren bewegt, damit Kapital dort zur Verfügung steht, wo es benötigt wird und am meisten Gewinn bringt. Immer größere Summen werden jedoch auch zu rein spekulativen Zwecken transferiert, mit dramatischen Folgen für die Stabilität der internationalen Finanzmärkte. Geraten die globalen Kapitalflüsse ins Stocken, so ist heute die ganze Welt davon betroffen. Die internationalen Finanzmärkte bergen heute eine Fülle von Risiken, die vor allem aus dem starken Wachstum der Geldvermögen und der Möglichkeit, dieses global zu investieren, resultieren. Zu diesen sich teils gegenseitig verstärkenden Risiken zählen:

- leichtfertige und unzureichend kontrollierte Kreditvergabe der Banken aufgrund der Aussicht auf steigende Kurse und Vermögenswerte (insbesondere Immobilien);
- starke Ausdifferenzierung der angebotenen Finanzinstrumente (Derivate), die nur der Absicherung von Kursrisiken dienen;
- starkes Wachstum von Hedgefonds und Private Equity-Gesellschaften, die große Mengen von Kapital zu spekulativen Zwecken einsetzen. Diese Investmentgesellschaften sind kaum kontrolliert und wetten auf steigende und fallende Kurse von Aktien, Rohstoffen oder Anleihen. Dazu sammeln sie Geld von privaten und institutionellen Anlegern ein und ergänzen dieses oft noch um Kredite. Geraten diese Fonds in eine Schieflage, können sie die Kreditgeber – meist Investmentbanken – mitziehen und eine globale Wirtschaftskrise verursachen.

Konjunkturpaket
M21 – M23

Ein Konjunkturpaket ist ein Bündel von staatlichen Maßnahmen, die den Unternehmen zu mehr Aufträgen verhelfen sollen, um die Wirtschaft anzukurbeln. Der Staat kann entweder selbst als Nachfrager auftreten, indem er z.B. Schulen sanieren lässt. Er kann aber auch die privaten Haushalte oder die Unternehmen mit mehr finanziellen Mitteln ausstatten, damit sie mehr nachfragen. Möglichkeiten dazu sind z.B. Steuererleichterungen, Erhöhungen des Kindergeldes oder Zuschüsse beim Kauf bestimmter Güter.

Kompetenzen prüfen

I. Selbstdiagnose

Ich kann ...

	Sehr gut ++	Gut +	Nicht gut 0	Übung durch z.B.
am Beispiel darstellen, wie Kartelle den Marktmechanismus außer Kraft setzen können (AFB I).				• M1 – M3, M6 • Aufgaben 1 – 2 auf S. 251
erklären, inwiefern der Marktmechanismus auch auf den Arbeitsmarkt übertragbar ist (AFB II).				• M7, M10, M11
erläutern, in welchem Verhältnis Markt und Umwelt zueinander stehen (AFBII).				• M14 – M15 • Wissen kompakt auf S. 264
am Beispiel des Plastiktütenverbots diskutieren, ob politische Eingriffe in den Markt zugunsten der Umwelt sinnvoll sind (AFB III).				• M16, M18 • Aufgaben 3 – 4 auf S. 259
beurteilen, ob der Staat in Form eines Mindestlohns in den Marktmechanismus auf dem Arbeitsmarkt eingreifen sollte (AFBIII).				• M12 • Wissen kompakt auf S. 264
die Rolle und die Möglichkeiten des Staates in Wirtschaftskrisen erörtern (AFB III).				• M20 – M24 • Aufgabe 4 auf S. 263

Kompetenzen anwenden – am Beispiel

Auskünfte über die Weltwirtschaftskrise

Ein Freund aus Ihrer Jahrgangsstufe, der keinen Unterricht in Sozialwissenschaften hat, konnte einen vor kurzem gelesenen Zeitungsartikel über die Weltwirtschaftskrise 2008/2009 nicht verstehen. Er fragt Sie, ob Sie ihm erklären können,

- welche Ursachen die Krise hatte;
- welche Maßnahmen zur Überwindung der Krise beigetragen haben;
- ob eine erneute Krise zu befürchten sei.

Gern sind Sie bereit, dem Freund die gestellten Fragen in einer Mail zu beantworten. Sie greifen dabei auf die Informationen des Kapitels 10 zurück.

II. Klausurtraining

Einführung eines Plastiktütenverbots – ein Kommentar

Volker Wissing, [ehemaliger] stellvertretender Vorsitzender der FDP-Bundestagsfraktion, lehnt staatliche Gängelei der Bürger ab. Er ist überzeugt: die Bürger brauchen keine Verbote, um Umweltbewusstsein zu entwickeln.

„Der Slogan „Jute statt Plastik" ist einer der Gründungsmythen der Grünen sowie der Umweltbewegung in Deutschland. Es geht daher weniger um die rationale Lösung eines Problems, als vielmehr um einen Mythos.

Der ungehemmte Ge- und Verbrauch von Plastiktüten ist ein ökologisches Problem. Aber ist das in Deutschland der Fall? In der Regel sind Plastiktüten nur gegen Aufpreis erhältlich, oftmals werden alternativ auch Papiertüten bzw. Baumwolltaschen angeboten. Wer Jute statt Plastik will, kann auch Jute statt Plastik haben. Die Grünen verweisen bei ihrer Forderung nach einer Plastiktütensteuer auf den Müll in den Meeren. Nur ein verschwindend geringer Teil des Plastikmülls in den Ozeanen dürfte aber aus Deutschland kommen. Wenn er nicht von hier stammt, lässt er sich auch nicht hier vermeiden.

Das Nachhaltigkeitsmotto „Global denken, lokal handeln" heißt nicht, dass wir jedes globale Umweltproblem lokal lösen können, sondern, dass wir globale Zusammenhänge erkennen und daraus nationale Handlungsstrategien ableiten sollen. Daraus die Notwendigkeit von nationalen Scheinlösungen für globale Umweltprobleme abzuleiten, führt den Nachhaltigkeitsgedanken ad absurdum.

Die Plastiktüte mag manchen ein Ärgernis sein, eine Bedrohung unserer Umwelt ist sie nicht, zumindest nicht mehr als Kunststoffe im Allgemeinen. Und ein Entsorgungsproblem stellt die Plastiktüte schon gar nicht dar. Die Forderung nach einem Plastiktütenverbot wirkt so, als hätte man endlich einen Gegner gefunden, der so klein ist, dass er sich wirklich bezwingen lässt, unabhängig vom Nutzen für die Umwelt. Eine solche Placebopolitik ist nicht ungefährlich, wie die Erfahrungen mit dem Dosenpfand zeigen. Darunter hat weniger die Dose, sondern vor allem das Mehrwegsystem gelitten.

Die Bürger, die heute Wahlfreiheit haben, sollen gegängelt werden. Jute statt Plastik soll nicht länger Aufforderung sein, sondern Gebot werden. Warum eigentlich? Wir haben in Deutschland eines der besten Müllentsorgungs- und Recyclingsysteme, so dass kaum eine Plastiktüte aus Bayern, Sachsen oder Rheinland-Pfalz in die Weltmeere gelangt.

Garant für eine nachhaltige Umweltpolitik sind nicht Verbote oder Steuern, sondern mündige Bürgerinnen und Bürger. Wer glaubt, der Bürger sei mit einer einfachen Entscheidung für oder gegen eine Plastiktüte überfordert, sieht in ihm keinen gleichberechtigten Partner, sondern ein Objekt staatlicher Bevormundung."

Volker Wissing, Nicht Verbote, sondern der mündige Bürger, www.fdp.de, 4.6.2013

Aufgaben

1. Stellen Sie dar, welche wirtschaftspolitischen Ziele von der EU-Kommission zum Schutz der Umwelt verfolgt werden.
2. Analysieren Sie die Position Wissings zum Plastiktütenverbot.
3. Nehmen Sie Stellung zu der Position Wissings.

Erwartungshorizonte zu den Aufgaben 1 – 3

Mediencode: 72021-22

Methodenglossar

Allgemeine Hinweise zur Textbearbeitung

I. Stellenwert der Arbeit mit Texten

Texte sind im Gegensatz zum gesprochenen Wort, zu Beobachtungen und politischen Gesprächen nicht „flüchtig", sondern für eine auch wiederholte genaue Analyse zugänglich. Zudem lassen sich politische und sozialwissenschaftliche Sachverhalte und Probleme in Texten besonders genau und differenziert beschreiben.

II. Klarstellung des inhaltlichen Zusammenhangs

Vor der Bearbeitung des Textes ist es geboten, sich klar zu machen, warum und in welchem inhaltlichen Zusammenhang der Text ausgewertet werden soll. Das erleichtert das Verständnis und die Einordnung der Textinhalte.

III. Schritte der Textbearbeitung

1. Texte darstellen (AFB I)

- **Feststellung der äußeren Textmerkmale**
  Überschrift, Verfasser, Adressat, Entstehungsanlass, Textsorte, Erscheinungsort und Erscheinungsjahr
- **Ermittlung der inhaltlichen Aussagen des Textes**
  „Überfliegen" des Textes, Erfassen der zentralen Informationen, genaues Lesen des Textes, Markieren von zentralen Aussagen, Randbemerkungen, Überschriften zu zentralen Abschnitten, Klärung von unbekannten Begriffen

Tipps zur Klausurbearbeitung

- Sie beginnen Ihre Textdarstellung mit einem Einleitungssatz, in dem Sie das zentrale Thema des Textes zusammenfassend beschreiben.
- Treffen Sie dann eine Entscheidung, ob Sie die inhaltlichen Grundaussagen des Textes chronologisch oder apektgeleitet darstellen. Wenn der Autor seine Aussagen klar in einzelne Abschnitte gliedert und die Aussagen des Textes systematisch aufeinander aufbauen, bietet sich eine chronologische Darstellung an. Zieht sich aber ein Thema durch den ganzen Text, dann ist es sinnvoller, einen aspektgeleiteten Zugriff zu wählen.
- Achten Sie darauf, dass Sie die wesentlichen Argumente erfassen, aber vermeiden Sie, allzu ausführlich jede einzelne Aussage des Textes wiederzugeben. Eine Texterschließung stellt dar, beschreibt, fasst zusammen, gibt wieder, u.a. (→ Operatorenübersicht am Ende des Buches).
- Belegen Sie bitte mehrfach Ihre Darstellung mit Textverweisen (z.B. Z. 7 – 9). Zitate sollten nur sparsam verwendet und in den Satz integriert werden. Das Abschreiben ganzer Sätze ist nicht erwünscht. Beschränken Sie sich auf die Aussagen des Textes.
- Formulieren Sie die Darstellung der Textaussagen im Präsens. Verwenden Sie den Konjunktiv immer dann, wenn Sie die Aussagen des Autors beschreiben. Achten Sie darauf, den Konjunktiv Präsens zu verwenden, da der Konjunktiv Präteritum schon eine Bewertung enthält.

2. Texte analysieren (AFB II)

- **Untersuchung des sachlichen Gehaltes**
  Herkunft der Informationen des Textes, Sprachebene, Begründung, Schlüsselbegriffe, sachliche Richtigkeit, Art der Argumente (Nennen von Fakten, Berufen auf Autoritäten, Aufstellen von Vermutungen, die begründet oder nicht begründet sein können), Widersprüche in der Argumentation (nicht nachvollziehbare Begründungen, Aufstellen von Behauptungen, fehlende Belege), Schlüssigkeit der Argumente (nachvollziehbare Begründungen, überzeugende Belegung mit Daten), sachliche oder unsachliche Darstellung von Argumenten und Sachverhalten, Vollständigkeit der Argumente, explizite und implizite Voraussetzungen der Argumentation, Bezugnahme zu politischen und fachwissenschaftlichen Zusammenhängen, Ergebnisse des Autors, offene Fragen
- **Untersuchung der Sprachebene**
  Beachten Sie die Sprachebene (Umgangssprache, wissenschaftliche Sprache, politische Rede u.a.) und den Aufbau des Textes (Gliederung, Wiederholungen, Schlüsselworte).
- **Rhetorische Mittel**
  Schlüsselbegriffe, Wortwahl, rhetorische Fragen, Anekdoten zur Erheiterung des Publikums, direkte Ansprache der Adressaten

Tipps zur Klausurbearbeitung

- Damit die Textanalyse sich deutlich von der Textdarstellung unterscheidet, müssen Sie darauf achten, dass Sie bei einer Analyse über eine reine Beschreibung der Textinhalte hinausgehen und ggf. auf Ausführungen verweisen, die Sie bei der Textdarstellung gemacht haben.
- Eine Analyse untersucht im Unterschied zur Textdarstellung die Argumentationsstruktur, die sprachlichen Mittel und Strategien der Beeinflussung des Lesers. Manchmal bietet es sich an, schon in einem Einleitungssatz das zentrale Ergebnis der Analyse vorwegzunehmen und dann anschließend diese Einschätzung systematisch zu entwickeln (→ Schritt 2 + 3 der „Schritte der Textanalyse“ auf nachfolgender Seite).
  Sie können aber auch das Ergebnis der Analyse erst am Ende des Textes als Resümee zusammenfassen.
- Vermeiden Sie eine persönliche Bewertung und trennen Sie scharf zwischen Analyse und Beurteilung.

Schritte der Textanalyse →

Methodenglossar

Schritte der Textanalyse

Folgende Analyseschritte sind insbesondere bei (Klausur-) Aufgaben hilfreich, denen ein argumentativer Text zugrundeliegt, in dem der Autor/die Autorin zu einem kontroversen Thema eine Position bezieht. Beispiele hierfür finden sich bei den Klausuren der Kapitel vier, fünf, sechs, neun und zehn dieses Lehrwerkes sowie in der Qualifikationsphase und im Abitur.

Hinweis zu Schritt 1
Wenn die erste Klausuraufgabe eine Darstellung oder Wiedergabe des Textes (AFB I) verlangt, dann gehört Schritt 1 („Einleitung") zur ersten Aufgabe und entfällt bei der zweiten Aufgabe bei der Textanalyse (AFB II).

1. Einleitung
Nennung von Titel, Autor, Entstehungszeitpunkt des Textes; ebenso eine Einordnung des Autors, sowie der Quelle und der Textsorte und Vermutungen über die Adressaten; darüber hinaus Nennung des Themas

2. Herausarbeiten der Position des Autors
Hier werden die wichtigsten Thesen des Autors, die er im Text zum Thema aufstellt, erschlossen und erklärt.
Frage: Welche grundsätzliche Haltung zum Thema des Textes nimmt der Autor ein und was sind seine Thesen diesbezüglich?

3. Analyse des Begründungsgangs des Autors
Herausarbeitung der Begründungen, die der Autor für seine These heranführt. Dabei werden die Argumente des Autor herausgearbeitet, sowie seine Belege und Beispiele. Dabei bietet es sich bei den meisten Texten an, aspektorientiert vorzugehen.
Frage: Wie begründet und belegt der Autor die unter 2. festgestellte Position im Einzelnen?

4. Argumentationsweise des Autors
Hier wird analysiert, wie der Autor sein Argumentation aufbaut, z.B. welche Art von Argumenten gewählt wird, wie diese belegt werden, ob z.B. Quellen für genannte Zahlen angeführt werden, ob Experten als fachliche Autorität angeführt werden usw. Ebenso wird auf die vom Autor gewählte Sprache eingegangen, z.B.: Wortwahl, Verwendung bildlicher Ausdrücke, komplexer Fachausdrücke, diffamierende Sprache gegenüber der Gegenposition. Dabei darf an dieser Stelle auch kritisch angemerkt werden, wenn die Argumentationsweise Schwachstellen aufweist (z.B. Einseitigkeit).
Frage: Welcher sprachlichen und inhaltlichen Mittel bedient sich der Autor, um seine Position zu verdeutlichen?

5. Intention des Autors ermitteln
Herausarbeiten der Absichten, die der Autor verfolgt.
Fragen: Warum schreibt er diesen Text? Was will er damit erreichen, wen will er erreichen, wozu fordert er ggf. (auch indirekt) auf?

Formulierungshilfen

Gedanken des Autors verknüpfen
Um die Gedanken des Autors zu verknüpfen, bieten sich u.a. folgende Möglichkeiten an:
Der Autor meint ...; seine besondere Aufmerksamkeit gilt ...; er hebt hervor...; der Autor ist der Überzeugung ...; der Autor beweist ...; der Autor behauptet ...; er gibt zu bedenken ...; außerdem interessiert ihn ...

Einseitige Formulierungen vermeiden
Zur Vermeidung einseitiger Formulierungen sollte besonders auf die Verben geachtet werden. Alternativen zum Verb „sagen" können sein:
betonen, klarstellen, deutlich machen, unterstreichen, ergänzen, hinzufügen, Wert auf etwas legen, argumentieren, heranziehen, untermauern, hindeuten auf etwas, hervorheben...

Textanalyse strukturieren
Gliedernde Sätze geben dem Text eine Struktur und machen deutlich, an welcher Stelle der Textanalyse Sie sich befinden.
- Im Folgenden wird die Position des Autors herausgearbeitet.
- Es folgt der Begründungsgang des Autors.
- Schließlich wird die Intention des Autors ermittelt.

3. Texte erörtern und beurteilen (AFB III)

- **Texterörterung**
  Diskussion von Pro- und Kontra-Argumenten zu den Textaussagen (kein Anspruch auf Vollständigkeit!) mit anschließender, persönlicher Stellungnahme
- **Textbeurteilung**
  Persönliche Stellungnahme mit Zustimmung, Ablehnung, Feststellung offener Fragen

Eine Texterörterung kann sich nur auf ausgewählte Gesichtspunkte beziehen, aber es soll deutlich werden, dass Sie über fundierte Kenntnisse verfügen.

Eine Textbeurteilung muss nicht unbedingt in einer vollständigen Zustimmung oder Ablehnung enden. Auch eine teilweise Übereinstimmung oder die Feststellung offener Fragen z.B. aufgrund fehlender Informationen kann am Ende stehen.

Bei der Texterörterung und -beurteilung ist es wichtig, sich der eigenen Beurteilungskriterien und Wertmaßstäbe bewusst zu sein und diese auch deutlich zu machen. Hilfreich kann die Auseinandersetzung mit expliziten oder impliziten Wertvorstellungen des Autors sowie die Entwicklung eines eigenen kriteriengeleiteten Urteils sein.
Beispielsweise könnte man einen Text mithilfe der Kriterien Legitimität (Anerkennungswürdigkeit nach rechtlichen und moralischen Gesichtspunkten) und Effizienz (Wirksamkeit der Vorstellungen des Autors, z.B. im Hinblick auf die Förderung von Einzelinteressen, Interessengruppen, u.a.) bewerten und beurteilen.

Tipps zur Klausurbearbeitung
In der Texterörterung und -beurteilung wird zunächst in einem einleitenden Satz der Bezug zu den vorangehenden Ausführungen hergestellt.
Im Anschluss daran werden die Argumente aus Ihrer Sicht einer kritischen Stellungnahme unterzogen, d.h. es wird untersucht, was für oder gegen die Argumentation des Autors spricht, bevor Sie dann abschließend eine eigene Stellungnahme entwickeln, die auch Teile der Argumentation des Autors befürworten kann und an anderer Stelle zu anderen oder weiterführenden Einschätzungen kommt.
Bearbeiter

Methodenglossar

Allgemeine Hinweise zur Karikaturbearbeitung

I. Stellenwert der Arbeit mit Karikaturen

Karikaturen, also bildliche Darstellungen von politischen Situationen oder Zuständen, sind wichtige Mittel der politischen Kommunikation. Karikaturen spitzen ein politisches oder gesellschaftliches Problem – häufig komisch – zu, kommentieren politische Ereignisse in positiver oder negativer Weise. Karikaturen sind ein gutes Medium für den sozialwissenschaftlichen Unterricht, obwohl wichtige Aspekte eines Problems oder Sachverhaltes einseitig und verkürzt dargestellt sein können.

II. Klarstellung des inhaltlichen Zusammenhangs

Vor der Bearbeitung von Karikaturen ist es geboten, sich klar zu machen, warum und in welchem inhaltlichen Zusammenhang diese Karikatur ausgewertet werden soll. Das erleichtert das Verständnis und die Einordnung der Inhalte der Karikatur.

III. Schritte der Karikaturbearbeitung

1. Karikaturen beschreiben (AFB I)

Beginnen Sie mit einer detaillierten Beschreibung der Darstellung: Bild, Zeichnung, Text. Sie sollten hier darauf achten, dass Sie alle Details präzise beschreiben, ohne schon auf die Aussageabsicht des Karikaturisten einzugehen.

2. Karikaturen analysieren (AFB II)

Bei der Analyse sollten Sie berücksichtigen, dass eine Karikatur sich grundsätzlich von einem Sachtext unterscheidet. Der Karikaturist will bewusst eine Situation nicht realistisch wiedergeben, sondern durch seine Darstellung provozieren und zum Nachdenken anregen. Die Übertreibung und einseitige Darstellung sind gebräuchliche Stilmittel bei Karikaturen. Dadurch soll ein typisches Verhalten von Personen oder Personengruppen gekennzeichnet und bewertet werden. Verständlich ist eine Karikatur dann, wenn Sie schon über Informationen zu dem karikierten Sachverhalt verfügen, weil Sie nur dann die Aussageabsicht der Karikatur erschließen können. Sie sollten bei der Analyse der Karikatur die folgenden Aspekte in den Blick nehmen: 1. Thema oder dargestelltes Problem, 2. die Meinung des Karikaturisten, z.B. am Verhalten von Personen, an politischen Entscheidungen, an gesellschaftlichen Entwicklungen, u.a., 3. die gestalterischen Mittel, mit denen der Karikaturist seine Meinung ausdrückt.

3. Karikaturen erörtern und beurteilen (AFB III)

In einem einleitenden Satz sollten Sie noch einmal auf das Thema der Karikatur beziehen, unklare Aussagen erörtern und dann eine Beurteilung vornehmen. Ihre Argumente könnten sich auf die folgenden Aspekte beziehen: 1. Klarheit der Darstellung, 2. Relevanz des dargestellten Sachverhalts oder Problems, 3. Nachvollziehbarkeit der Aussage, 4. Nähe zur Realität oder eher Satire, 5. Beurteilung impliziter Wertvorstellungen. Am Ende Ihrer Ausführungen sollten Sie dann eine zusammenfassende Beurteilung abgeben.

Bearbeiter

Allgemeine Hinweise zur Statistikbearbeitung

I. Stellenwert der Arbeit mit Statistiken

Sozialwissenschaften ist ein Fach, das sich regelmäßig mit dem zahlenmäßigen Erfassen von Massenerscheinungen („Daten") in überschaubarer Form beschäftigt. Die Daten werden durch die empirische Sozialforschung (Erhebung von Daten über soziale Tatsachen durch Beobachtung, Befragung/Interview, Experiment) gewonnen. Diese Statistiken beschränken sich auf wenige Begriffe, Zahlen und grafische Zeichen. Statistiken erwecken manchmal den Anschein einer vollkommenen Richtigkeit, obwohl sie vieles ausblenden oder eine bestimmte Tendenz haben.

II. Klarstellung des inhaltlichen Zusammenhangs

Vor der Bearbeitung einer Statistik ist es geboten, sich klar zu machen, warum und in welchem inhaltlichen Zusammenhang diese Statistik ausgewertet werden soll. Das erleichtert das Verständnis und die Einordnung der Inhalte der Statistik.

III. Schritte der Statistikbearbeitung

1. Statistiken darstellen (AFB I)

Bei der Bearbeitung der Statistik beginnen Sie zunächst mit der formalen Darstellung. Dazu gehören die folgenden Aspekte:

1. Überschrift, Thema, Verfasser, Quelle	5. Gliederung des Aufbaus der Statistik
2. Darstellungsform (Tabelle, Diagramm, Schaubild)	6. Gesamtzahl, auf die sich die Prozentzahlen beziehen
3. Angaben in Kopfzeile und Seitenspalte	7. Fehler im Aufbau der Statistik
4. Zahlenarten: absolute, prozentuale, Index-Zahlen	8. Zeitraum (Bezugsrahmen)

2. Statistiken analysieren (AFB II)

Leiten Sie die Analyse der Statistik mit einem Satz ein (mündlich oder in einer Klausur), in dem die Zielrichtung der Analyse erläutert wird. Sie sollten dann je nach Aufbau der Statistik die folgenden Aspekte herausarbeiten:

1. die wichtigsten Ergebnisse (nicht alle Ergebnisse nennen, sondern die Daten auswählen, die besonders aussagekräftig sind)	3. ggf. fehlende Angaben
2. ggf. Auffälligkeiten im zeitlichen Verlauf (Regelmäßigkeiten, Sprünge, Schwankungen, positive oder negative Entwicklung)	4. zentrale Aussagen der Statistik zusammengefasst

3. Statistiken erörtern und beurteilen (AFB III)

Bei der Erörterung und Beurteilung der Statistik sollten Sie sich mit der Aussagekraft und Qualität der Statistik auseinandersetzen und Ihr Urteil detailliert begründen. Dabei können die folgenden Aspekte bedeutsam sein: fehlende Angaben (z.B. zur Quelle, zum Zeitraum, zu wichtigen Daten, u.a.) oder Vollständigkeit der Angaben, Unklarheiten, Mängel in der Darstellung, manipulative Darstellung von Ergebnissen. Zum Abschluss sollten Sie unter Abwägung der positiven und negativen Aspekte ein abschließendes Urteil fällen.

Bearbeiter

Methodenglossar

Unterrichtsmethoden in alphabetischer Reihenfolge
Zur Bearbeitung der Aufgaben werden an vielen Stellen nachfolgende Unterrichtsmethoden verlangt. Diese sind hier in alphabetischer Reihenfolge erklärt.

Flyer gestalten

Flyer (auch »Handzettel«, »Flugblätter«) dienen in der Regel der Werbung bzw. der Öffentlichkeitsarbeit von Firmen, Organisationen und Institutionen. Sie werden kostenlos verteilt oder liegen zur Mitnahme aus. Obwohl sie nur aus einem, meist gefalteten Blatt Papier bestehen, zählen sie zu den Printmedien. Die Aufgabe, im Unterricht einen Flyer herzustellen, fordert dazu heraus, das Gelernte knapp, präzise, adressatenbezogen und werbewirksam zu formulieren. Sie ist daher auch sinnvoll, wenn Handzettel nicht »in echt« hergestellt werden sollen, wie z.B. bei dem Auftrag, einen Flyer zum Thema »Scientology« für Jugendliche zu entwerfen.

Durchführung

Man sollte sich auf einige wenige Kernaussagen konzentrieren und diese knapp und präzise formulieren. Um das Kommunikationsziel zu erreichen, sollten die Assoziationen, die zentrale Begriffe des Textes wecken (können), genau bedacht werden. Auch auf die emotionale Wirkung kommt es an. Nicht legitim ist es allerdings, bei der Kritik an anderen Meinungen, Personen und Gruppen den sachlichen Grundton zu verlassen. Im Hinblick auf das Layout empfiehlt sich im Allgemeinen die Konzentration auf ein zentrales Symbol anstelle von vielen kleinen Grafik-Elementen. Mitbedenken sollte man auch Fragen des ›corporate design‹ (einheitliche Selbstpräsentation zur Erhöhung des Wiederkennungseffektes), falls ein Flyer z.B. im Auftrag einer Organisation bzw. Institution gestaltet werden soll (z.B. Verwendung des Schullogos).
Soll der Flyer im Rahmen eines Projektes tatsächlich auch hergestellt und verteilt werden, sind noch weitere Aspekte zu bedenken:

- Bei der Entscheidung für oder gegen einen farbigen Druck (2- bzw. 4-Farben-Druck) sind neben der Wirkung auch die Kosten zu bedenken. Auch ein Schwarz-Weiß-Druck kann sehr wirkungsvoll sein. In diesem Fall empfehlen Grafik-Experten in der Regel ein Layout in klaren Kontrasten, anstatt zu viele unterschiedliche Grau-Abstufungen zu verwenden.
- Bei der Erstellung und Verbreitung von Flyern sind auch rechtliche Fragen zu bedenken, z.B. muss bei der Verwendung von Bildern und Grafikelementen darauf geachtet werden, dass diese auch (kostenlos) veröffentlicht werden dürfen (Urheberrechte, Persönlichkeitsrechte ...).
- Beim Verteilen von Flyern sowohl in der Öffentlichkeit als auch auf Privatgelände ist eine Genehmigung einzuholen und zu klären, ob ein Impressum notwendig ist. Dass Flyer inhaltlich genau geprüft werden müssen, ist schon aus ethischen Gründen unerlässlich, falsche Darstellungen können aber auch juristisch relevant werden.

Nach: Claudius.de, Flyer erstellen, www.claudius.de

Grundlayout für DIN A4-Papier

Einklapp-seite	Rückseite	Titel

Inhalts-seiten	Inhalts-seiten	Inhalts-seiten

Bearbeiter

Eishockey-Debatte

Politische Probleme betreffen oftmals die gesamte Bevölkerung eines Landes. Da dabei sehr viele verschiedene Interessen und Gruppen in der Gesellschaft betroffen sind, kann es meist keine Lösung geben, die für alle gleich gut ist. Deshalb sind Konflikte unausweichlich und Lösungen immer umstritten. Der Streit um die richtige Lösung politischer Konflikte gehört somit zum Kern der Politik. Die öffentliche Debatte, die in den Medien, in den Parteien und Parlamenten, aber auch in den Familien und in der Schule geführt wird, ist eine wichtige Vorstufe zur Entscheidungsfindung. Wer sich in dieser Debatte durchsetzen kann, der kann großen Einfluss auf die politische Entscheidung nehmen.

Eine Möglichkeit, eine geordnete Debatte zu führen, ist die „**Eishockey-Debatte**". Sie erlaubt es, eine Diskussion zu führen, ohne dass ein Einzelner dabei im Mittelpunkt steht, da sich die Diskussionsmannschaften gegenüberstehen. Kein Spieler kann ein gesamtes Eishockeyspiel absolvieren, denn das Tempo des Spiels ist viel zu hoch. Deshalb wechseln sich die Spieler immer ab und sobald sie sich wieder stark fühlen, können sie wieder auf das Eis. Je mehr Leute mitstreiten, desto mehr Argumente und Ideen gibt es.

Durchführung
In der „Eishockey-Debatte" diskutieren immer nur vier Schülerinnen und Schüler miteinander: zwei aus der Pro- und zwei aus der Kontra-Gruppe. Das gesamte Team steht aber jederzeit bereit, in die Diskussion einzugreifen. Hat ein Mitglied aus dem Diskussionsteam eine gute Idee oder ein schlagkräftiges Argument, dann wird er „eingewechselt": Der bisherige Diskutant geht zurück ins Publikum und der andere nimmt auf einem der Diskussionsstühle Platz – nun geht die Debatte weiter. Die Debatte ist zu Ende, wenn keine neuen Argumente genannt werden bzw. wenn sich niemand mehr einwechseln lassen will.

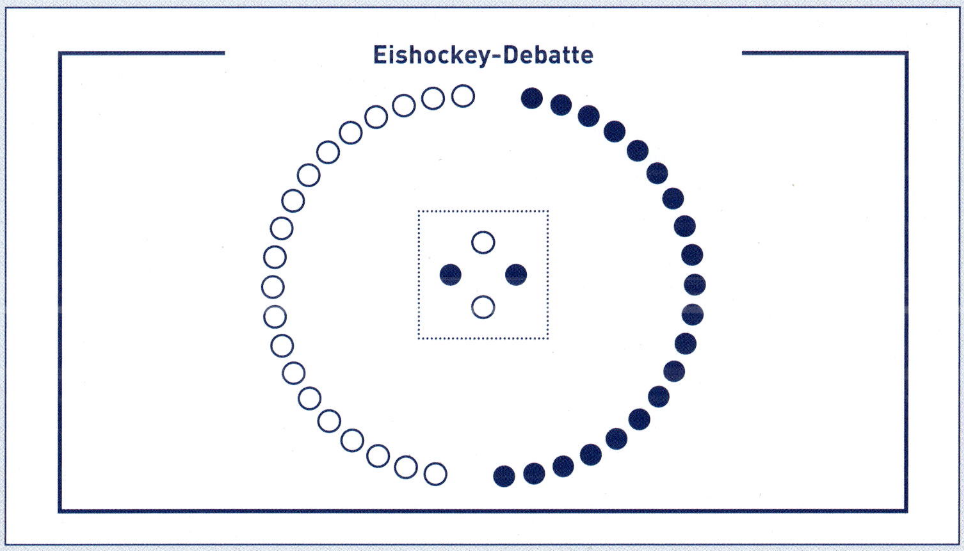

Bearbeiter

Methodenglossar

Gruppenpuzzle

Diese Unterrichtsmethode arbeitet mit zwei Gruppenformen, der Stamm- und der Expertengruppe.

Durchführung

In den Stammgruppen (3-5 Schüler) erhält jedes einzelne Gruppenmitglied eine Teilaufgabe der Gesamtaufgabe, mit der es sich zunächst einmal selbst auseinandersetzt und für diese zum „Experten" wird.
Im zweiten Schritt treffen sich alle „Experten", die dieselbe Teilaufgabe bearbeitet haben, in der Expertengruppe, tauschen sich aus, klären offene Fragen und vertiefen ihr Wissen.
In der dritten Phase kehrt jeder in seine Stammgruppe zurück und unterrichtet die anderen Mitglieder der Stammgruppe über seine Erkenntnisse.
Nach dieser gegenseitigen Unterweisung muss jedes Gruppenmitglied über alle Teilaspekte des Gesamtthemas informiert sein.

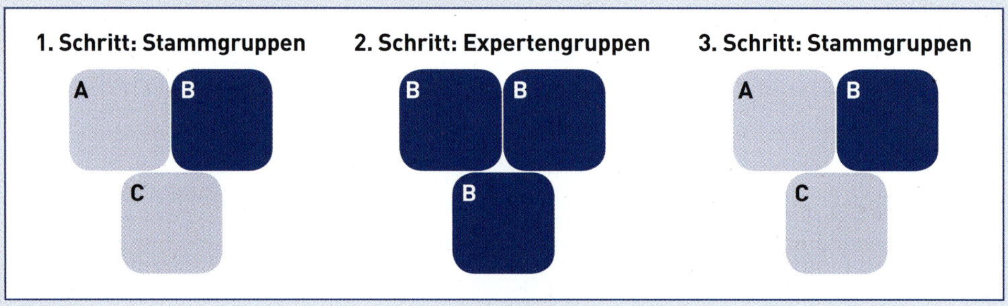

Bearbeiter

Lern-/Wandplakat

Neben der permanenten Präsenz im Klassenraum bietet ein Lernplakat den Vorteil, den gelernten Inhalt zu visualisieren.
Während die Visualisierung oftmals von der Lehrperson geleistet wird, besteht die Aufgabe nicht selten darin, zuzuschauen, zuzuhören sowie den Inhalt nachzuvollziehen und abzuschreiben. Problematisch ist dieses Vorgehen insofern, als die visuellen Vorgaben der Lehrkraft oftmals nicht so nachzuvollziehen sind, wie dies aus Lehrersicht erscheint. Somit empfiehlt es sich, möglichst eigene visuelle Grundmuster zu entwickeln, da sich so eigene gedankliche Verknüpfungen und Verankerungen ausbilden.

Durchführung

Das Wichtigste festhalten mithilfe von: • Bildern, Tabellen, Fotos ... • Kurzen Informationstexten • Erklärung von Begriffen, Fachwörtern	Gestaltung: • klare, saubere, deutliche Schrift • keine Rechtschreibfehler • Farben verwenden, die auch von weitem gut erkennbar sind • Raum gut aufteilen (nicht dicht gedrängt) • Lineal benutzen • ...

Nach: Heinz Klippert, Methodentraining. Übungsbausteine für den Unterricht, Weinheim und Basel: Beltz Verlag 1999, S. 168

Mindmap erstellen

Mithilfe einer Mindmap kann ein Thema entfaltet, strukturiert und inhaltlich mit bestehendem Vorwissen vernetzt werden. Die Strukturierung erfolgt dabei wesentlich gezielter und differenzierter als z.B. beim Schreiben von Stichwortlisten – die Einprägsamkeit ist somit größer. Mindmaps sprechen sowohl die analytisch-sprachliche als auch die bildhaft denkende Gehirnhälfte an.

Das Erstellen einer Mindmap eignet sich sehr gut für den Einstieg in ein neues Thema. Wenn die wichtigen Begriffe auf Karten notiert worden sind, können sie jeweils neu zugeordnet werden, ohne sie neu schreiben zu müssen. Sinnvoll ist es auch, in Gruppen jeweils eine Mindmap erstellen zu lassen (entweder auf Folie oder einem größeren Blatt Papier) und dann hinterher zu vergleichen, welche am besten gelungen ist oder in welcher Hinsicht sie differieren.

Durchführung

1. Verwenden Sie ein unliniertes Blatt Din A4 (oder größer) und legen Sie es quer. Beginnen Sie in der Mitte des Blattes und schreiben Sie hier das Thema Ihrer Arbeit auf.
2. Schreiben Sie nun Oberbegriffe in Großbuchstaben auf die Hauptäste, die direkt vom Kern abgehen. Mit diesen Oberbegriffen strukturieren Sie das Thema grundlegend, überlegen Sie hier also genau, welche Begriffe Sie wählen.
3. Ergänzen Sie nun die Nebenarme mit einer zweiten (und evtl. dritten) Gedankenebene.
4. Nun erweitern Sie Ihre Mindmap: Sie können an jedem Arm Begriffe und Ideen ergänzen, gerade wo Ihnen etwas jeweils Passendes einfällt.

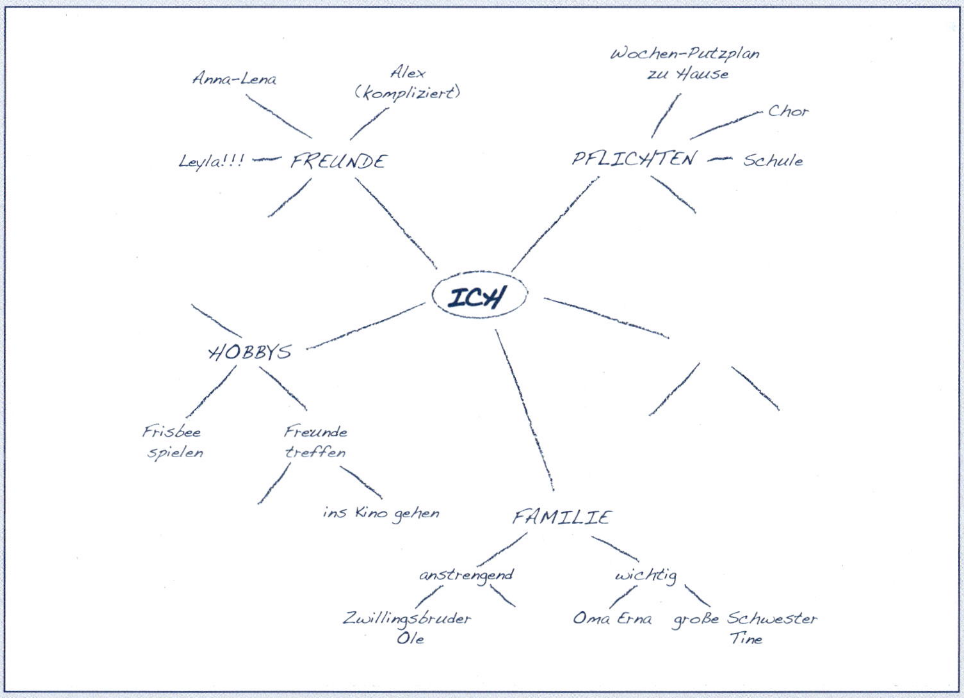

Nach: Günther Gugel, Methoden-Manual I: Neues Lernen. Tausend Praxisvorschläge für die Schule und Lehrerbildung, Weinheim und Basel, Beltz Verlag 1999, S. 80 f.

Methodenglossar

Podiumsdiskussion

Das Thema wird ausgewählt und die Hauptfrage des Themas als zugespitzter, vielleicht sogar provokanter Titel formuliert. Für die Podiumsdiskussion werden fünf bis sechs geeignete Personen ausgewählt. Wichtig ist hierbei, dass die ausgewählten Personen erkennbar unterschiedliche Einstellungen zum Themengebiet haben. Kurz vor der Veranstaltung wird der Raum hergerichtet: Das Podium wird mit Tischen, Stühlen und Namensschildern ausgestattet. Die Stühle für die Zuschauer werden so aufgestellt, dass das Podium von allen Plätzen gut zu sehen ist.

Durchführung

1. Die Moderation eröffnet die Veranstaltung und begrüßt die Podiumspersonen, die Teilnehmerinnen und Teilnehmer und leitet die Podiumsdiskussion kurz ein, indem sie u.a. das Thema und die Vorgehensweise der Podiumsdiskussion umreißt.
2. Die Podiumspersonen stellen sich daraufhin vor und bekommen die Gelegenheit, ihre Position ca. zwei Minuten zu erläutern.
3. Danach stellt die Moderation gezielte Fragen an die Podiumspersonen und versucht, die unterschiedlichen Positionen herauszufinden.
4. Nach einiger Zeit wird das Publikum ebenfalls in die Diskussion einbezogen und stellt Fragen an die Personen auf dem Podium. Die Moderation hat die Aufgabe, die Diskussion lebendig zu gestalten, sie durch gezielte Fragen auf den Punkt zu bringen, die „Vielredner“ zu bremsen und die „Leiseren“ zu unterstützen. In jedem Fall muss sie darauf achten, dass die Diskussion fair bleibt und die Fragen des Plenums beantwortet werden.
5. Zum Abschluss hält jede Podiumsperson sein Abschlussstatement.
6. Die Moderation fasst daraufhin die wichtigsten Punkte der Diskussion noch einmal zusammen, zeigt kurz auf, welche Bedeutung sie für die Anliegen des Plenums haben, wie weitergearbeitet werden könnte und beendet danach offiziell die Veranstaltung.

Goldene Regeln für die Diskussion

- Inhalte kurz und präzise formulieren
- (ver)urteilende Aussagen über den Gesprächspartner vermeiden
- strukturierende Formulierungen zum besseren Verständnis für die Zuhörer (z.B. „Was ich noch ergänzen möchte“, „Im Gegensatz zu meinem Vorredner bin ich der Ansicht“, etc.) verwenden
- wichtige Punkte am Ende nennen, da sie vom Zuhörer am besten behalten werden
- den Gesprächspartner nicht unterbrechen
- ruhig zu erkennen geben, wenn ein gegnerisches Argument überzeugt hat
- das unpersönliche „man“ vermeiden
- freundlich und entspannt bleiben, Verärgerungen später klären

Nach: Claudia Brunsemann, Waldemar Stange, Dieter Tiemann, Mitreden – mitplanen – mitmachen, Berlin 1997, S. 138 ff.

Pro- und Kontra-Diskussion

Grundlegende Entscheidungen
Bei der Planung einer Pro-Kontra-Diskussion sollte zunächst die grundlegende Entscheidung getroffen werden, ob man eine simulative oder nicht-simulative Diskussion durchführen will, denn dies bedingt die Auswahl der Problem- oder Entscheidungsfrage. Der Problem- und Entscheidungsfrage kommt eine entscheidende Bedeutung für den Verlauf der Diskussion zu. Es sollte sich um eine bedeutungsvolle, konkret formulierte und in den Auswirkungen für Bürger, Bürgerinnen und Jugendliche spürbare Frage handeln. [...] Die Frage sollte sinnvoll mit Ja oder Nein zu beantworten und zu begründen sein.

Festlegung des Szenarios
Der zweite Schritt einer Pro-Kontra-Diskussion besteht darin, das Szenario festzulegen:
- Auswahl der Akteure,
- die Gestaltung des (Klassen-)Raumes,
- Verständigung über den Ablauf.

Nimmt man das im Fernsehen angebotene Modell als Grundlage und Ziel, so lassen sich diese drei Aufgaben relativ zügig bewältigen.

Die Auswahl der Akteure ist durch die Methode vorgegeben:
- Ein/e Moderator/in: Sie/Er führt die Abstimmung durch und achtet darauf, dass Spielregeln und Zeitvorgaben eingehalten werden. Er bzw. sie „trägt Prozessverantwortung, nicht die Inhaltsverantwortung".
- Zwei Anwälte (Pro und Kontra): Sie halten das Eingangs- und Schlussplädoyer und befragen die Sachverständigen. Es ist durchaus erwünscht, Meinungen zu vertreten, die nicht der eigenen entsprechen, um festgefahrene Positionen aufzubrechen und die Thematik neu zu durchdenken. [...]
- Zwei bis vier Sachverständige: Sie artikulieren keine eigene Position, sondern sie bieten nur Informationen, Erfahrungen und Wissen zu Begründungen für einzelne Positionen. Die Rollen der Sachverständigen müssen in Arbeitsgruppen intensiv vorbereitet, sowie durch Rollenkarten und zusätzliches Material gestützt werden.
- Das Publikum: darf in unseren Augen die Beobachtungsrolle nicht vernachlässigen. Denn indem die vorgetragenen Argumente gesammelt werden und deren strategisch-taktische Relevanz für den Debattenverlauf beurteilt wird, kann ein Perspektivenwechsel zur Innenansicht aller Akteure gelingen.

Dies erfolgt aber nur bei konkreten Beobachtungsaufgaben und nicht einer eher passiven Adressaten-Haltung.
Bearbeiter

Die Gestaltung des Raumes
Die Gestaltung des Raumes sollte einer mediengerechten Inszenierung nahe kommen. Sie raumt dem Moderator einen zentralen Standort ein. Die beiden Anwälte können (an Stehpulten oder Tischen) nebeneinander platziert werden, die Sachverständigen werden seitlich aufgereiht. Für die Befragungen wechseln die Sachverständigen zu einem Stuhl, der in der Mitte steht. Das Publikum kann einen Halbkreis bilden. Zwischen den Akteuren sollte auf guten Blickkontakt und gutes Verstehen geachtet werden.

Methodenglossar

Recherche

Wir leben in einer Wissens- oder Informationsgesellschaft. Wissen vermehrt sich tagtäglich in einem unvorstellbaren Ausmaß. Forscher der Universität von Berkeley haben ermittelt, dass der Informationszuwachs pro Jahr 5 Millionen Terabyte beträgt. Würde man diese Datenmenge ausdrucken, so ergäbe das für jeden der 6,8 Milliarden Erdbewohner eine Buchreihe von ca. acht Metern.

Durchführung
An Wissen und Informationen heranzukommen, ist heute sehr einfach geworden. Neben Bibliotheken ist es vor allem das Internet mit seinem bekannten „World Wide Web", das weltweit Daten digital bereithält. Vier Schritte sollten bei jeder Informationsbeschaffung (Recherche) berücksichtigt werden:

1. Überlegen Sie, was Sie suchen
Je präziser Sie wissen, was Sie suchen, umso besser können Sie am Ende beurteilen, ob die gefundenen Informationen Ihren Erwartungen entsprechen. Hilfreich ist eine schriftliche Formulierung der Fragen oder eine Gliederung des Themas.

2. Überlegen Sie, wo Sie suchen
In der Bibliothek können Sie sich eine erste Übersicht über ein Thema verschaffen. Die Bücher, Zeitungen und Zeitschriften sind geordnet und übersichtlich aufbereitet, die Informationen sind vertrauenswürdig und jahrelang verfügbar. Nachteile sind die geringere Aktualität und die begrenzte Auswahl an Publikationen.
Das Internet bietet eine unüberschaubare Fülle an Material an, ist aktueller und überall verfügbar. Allerdings ist es schwierig, die wichtigen, zutreffenden und verlässlichen Informationen zu finden. Hier müssen Sie selbst Entscheidungskriterien für die Auswahl finden und anwenden.

3. Überlegen Sie, wie Sie suchen
Sehr wichtig ist, wie Sie die Suchanfrage stellen. In Bibliotheken können Sie die Kataloge nutzen und oft auch jemanden fragen, der Ihnen Suchhinweise oder Hilfestellungen geben kann. Im Internet erhalten Sie durch die Eingabe von Wörtern in das Suchfeld einer Suchmaschine unzählige Einträge, Texte, Websites, die Ihre Suchwörter enthalten. Durch Anklicken kann man sie direkt aufrufen. Aber Achtung: Es ist unendlich viel Datenmüll dabei.

4. Beurteilen Sie Ihre Rechercheergebnisse: Wie gut sind sie?
Hilft das Gefundene bei der Klärung der ursprünglichen Aufgabe? Haben Sie die passenden Informationen gefunden? Genügen sie Ihren Qualitätsansprüchen? Sind die Anbieter von Informationen seriös? Welche Fragen bleiben offen? Wie und wo können oder müssen Sie weitersuchen?

Nach: Lothar Scholz, Methoden-Kiste, Bundeszentrale für politische Bildung (Hg.), Bonn 2010, S. 22

Referat

Ein **Referat** ist ein Vortrag über ein Thema, der in einer begrenzten Zeit (etwa 10–30 Minuten) gehalten wird.
Die häufigsten Formen sind mündliche Berichte, Fachvorträge bei Tagungen, Kurzreferate bei Seminaren oder Übungsreferate in der Schule.

Ablauf des Referates

Beginnen Sie Ihren Vortrag pünktlich. Eine gelungene **Eröffnung** des Vortrags ist die beste Möglichkeit, um beim Publikum Interesse für die Darbietung zu wecken. Sie können Ihrem Thema entsprechend verschiedene Einstiegsvarianten auswählen. Sicher kennen Sie die schlechteste Variante aus eigener Erfahrung: *„Wir wollen heute einen Vortrag zum Thema ... halten."* Und schon haben Sie das Desinteresse der Zuhörer auf Ihrer Seite. Also sollten Sie einen Einstieg wählen, der das Publikum
• visuell einstimmt, • provoziert, • persönlich anspricht, • durch eine kluge Fragestellung einbezieht, • mit einem Vergleich konfrontiert, • spontan anspricht, • überrascht oder • erheitert.

Der erste Eindruck ist entscheidend! ...

... Der letzte Eindruck bleibt!

Interessiert sich Ihr Publikum erst einmal für Ihr Thema, können Sie Thema und Gliederung vorstellen. Damit beginnen Sie den **Hauptteil** des Vortrags – das eigentliche „Filetstück".
Ihre Gliederung als „Fahrplan" der Darbietung schreiben Sie am besten auf eine Folie oder bringen sie vor Beginn des Referates auf einer Flipchart oder Tafel an. So kann das Publikum dem Inhalt Ihres Vortrags gut folgen.

Planen Sie den Hauptteil wie eine Regieanweisung. Da Sie im Team Ihr Thema präsentieren, ist es umso wichtiger, für jeden handhab- und nachvollziehbar den Ablauf zu skizzieren. Bei Aufregung ist schon so manches in Vergessenheit geraten. Es sollte auch vermerkt werden, wer den gerade Vortragenden mit dem Auflegen einer Folie oder dem Zeigen von Bildern usw. unterstützt, damit dieser sich voll seinem Vortrag widmen kann und nicht aus dem Konzept kommt. Planen Sie die Übergänge zwischen den einzelnen Gliederungspunkten genau.

Der **Schluss** fasst die wesentlichen Aspekte Ihres Vortrags zusammen. Hüten Sie sich aber vor solchen Formulierungen: „Jetzt sind wir am Ende unseres Vortrags" oder „Alles Wesentliche wurde gesagt, wir fassen nur noch einmal zusammen". Gut ist es, wenn Einstieg und Schluss einen gewissen Rahmen des Referates bilden. Eventuell greifen Sie hier eingangs genannte Gedanken nochmals auf, klären eine gestellte Frage oder überprüfen eine gemachte Behauptung. Der Schluss ist auch dazu geeignet, offene Fragen zu formulieren und an das Publikum zur Diskussion weiterzugeben.

Nach: Elke Deparade: Planung und Durchführung der Präsentation, Methodenlernen in der gymnasialen Oberstufe, Bamberg 2013, S. 97 f. de.Wikipedia, Referat, www.wikipedia.de, Abruf am 23.11.2013

Rollenspiele

Das Rollenspiel – Definition

Im Rollenspiel wird ein Stück Wirklichkeit nur simuliert, indem sich der einzelne Spieler in seinem Handeln an einer definierten sozialen Rolle orientiert. Soziale Rollen sind Erwartungen an das Verhalten und Handeln von Individuen, die bestimmte soziale Positionen (z.B. Schüler, Lehrer, Eltern, Jugendliche, Politiker, Ärzte…) innehaben.

Chancen und Ziele

Mithilfe des Rollenspiels können Sie

- gesellschaftliche Interessengegensätze erhellen,
- soziale Verhaltensweisen einüben und
- Handlungsstrategien entwickeln und erproben.

Vorbereitung und Ablauf eines Rollenspiels

1. Vorbereitung

- Beschreibung der Situation / des Problems / des Konflikts
- **Rollenverteilung:** Wer spielt welche Rolle?
- **Spieler** bereiten sich auf ihre Rollen vor, **Beobachter** formulieren Erwartungen an das Rollenspiel.

2. Durchführung

- Vorher skizzierte Situation wird ohne Unterbrechung durchgespielt.
- Wichtig: Spieler verhalten sich entsprechend ihrer vorgegebenen Rolle.
- **Beobachtungsaufträge:** Was war gut, was weniger gelungen? Haben die Spieler ihre Rollen glaubwürdig gespielt? Haben sie sich entsprechend ihrer Rollenvorgabe verhalten?

3. Rollen-distanzierung

- Spieler äußern sich nacheinander über ihre **Einstellungen** und **Gefühle** im Rollenspiel.
- Austritt aus der Rolle: Spieler analysieren ihr **Verhalten** und die Gründe dafür.

4. Auswertung

- Auswertung der **Beobachtungsaufträge**
- **Generalisierung:** Kann man die dargestellte konkrete Situation verallgemeinern?
- Nutzen des Rollenspiels: Welche im Spiel dargestellten Verhaltensweisen können in vergleichbaren Situationen angewendet werden?
- Auswertung des Rollenspiels: Was könnte das nächste Mal besser gemacht werden?

Nach: Sibylle Reinhardt, Politik-Didaktik. Praxishandbuch für die Sekundarstufe I und II, Berlin 2005, S. 194-196

Streitgespräch

Im Pro-Kontra-Streitgespräch wird ein konfliktreiches Thema von allen Seiten beleuchtet. Es geht bei diesem Streitgespräch nicht darum, den „Gegner" durch bessere Argumente zu schlagen, vielmehr soll ein Thema facettenreich erschlossen werden. Unterschiedliche Meinungen und konträre Perspektiven werden mit dem Ziel zusammengetragen, sich mit verschiedenen Sichtweisen auseinander zu setzen.
Die Teilnehmer sammeln in zwei Gruppen zu einer These oder einer Frage (Beispiel: „Soll die gesetzliche Schulpflicht in Deutschland abgeschafft werden?") Argumente zur Begründung ihres Standpunktes. Es ist durchaus erwünscht, Positionen zu vertreten, die nicht mit der eigenen Meinung identisch sind. So können festgefahrene Positionen verlassen werden, und die Thematik wird neu durchdacht. Nach der Sammlung der Argumente in den Kleingruppen erfolgt eine Diskussion mit Vertretern der zwei Gruppen.
Außer Befürwortern und Gegnern der These gibt es sowohl einen Moderator als auch Beobachter. Der Moderator ist neutraler Leiter des Streitgesprächs, d.h. er darf nicht erkennbar auf einer der beiden Seiten stehen. Als Beobachter agieren die Gruppenmitglieder, die nicht aktiv am Streitgespräch teilnehmen. Sie bekommen konkrete Beobachtungsaufträge.

Vorbereitung

- Aufteilung in zwei Gruppen (Pro- bzw. Kontra-Gruppe)
- Festlegung der jeweiligen Redner (drei pro Gruppe)
- Vorbereitung der Argumentation mithilfe des ausgegebenen Materials

Das Streitgespräch

1. Darstellung der These durch den ersten Redner der Gruppe „Pro" – max. drei Minuten
2. Widerrede durch den ersten Redner der Gruppe „Kontra" – max. drei Minuten
3. Striktes Abwechseln der zwei Gruppen: geregelter Austausch der Argumentation
4. Zusammenfassendes Schlusswort durch den jeweiligen Hauptredner beider Gruppen

Auswertung

- Distanzierung: Redner äußern ihre Gefühle und Erfahrungen
- Bewertung des Streitgesprächs durch Beobachter
- Abstimmung über Streitpunkt im Plenum

Nach: Sibylle Reinhardt, Politik Didaktik. Praxishandbuch für die Sekundarstufe I und II, Berlin 2005, S. 203-205

Stummes Schreibgespräch

Vorbereitung + Ablauf

Im Vorfeld müssen Arbeitstische hergerichtet und große Papierbögen darauf verteilt werden. Auf den vorbereiteten Arbeitstischen liegen große Poster bzw. Tapetenbahnen, auf denen Fragen, Themen, Aussagen oder andere Impulse notiert sind. Die Schülerinnen und Schüler haben nun die Aufgabe, zu diesen Impulsen kurze Kommentare bzw. Stellungnahmen zu verfassen. Die anderen Teilnehmer lesen die Ideen der Mitschüler und sind aufgefordert, darauf ein Statement zu erwidern oder einen anderen Aspekt hinzuzufügen. Es ist auch möglich, Fragen zu formulieren oder Pfeile und Verbindungslinien einzufügen. Das Sprechen ist in dieser Phase nicht gestattet. Das Schreibgespräch endet nach einer vorgegeben Zeit oder wenn der Schreibfluss sichtbar abgenommen hat. Zum Schluss verständigen sich die Schülerinnen und Schüler über die Ergebnisse.

Hinweise zur Durchführung

Es ist wichtig, dass die Kommunikation ausschließlich schriftlich erfolgt. Damit kein „Schreibstau" entsteht, sollten die Themen/Thesen/Impulse möglichst weit voneinander entfernt notiert werden. So können viele Schülerinnen und Schüler zur gleichen Zeit aktiv mitwirken. Es gibt Optionen, entweder einen langen Tisch mit einer großen Papierbahn auszulegen oder mehrere kleine Tische herzurichten.

Schulministerium NRW, Methodensammlung (Hg.), Stummes Schreibgespräch, www.bpb.de, Abruf am 4.2.2014

Zukunftsszenario

Die Szenario-Technik

Alles Handeln und Planen ist auf die Zukunft gerichtet. Entscheidend bei der Zukunftsplanung im Privaten wie im Gesellschaftlichen ist es, dass man von prinzipiell möglichen Vorstellungen über die Zukunft ausgeht, um auf dieser Basis strategische Überlegungen anzustellen. Mithilfe der Szenario-Technik – einer Methode, die auf dem militärischen, politischen und wirtschaftlichen Sektor vielfach eingesetzt wird – kann man erkennen, wie Zukunft von Staaten, Gesellschaften oder der internationalen Gemeinschaft prinzipiell gestaltbar ist.

Grundtypen von Szenarien:
- ein **positives Extremszenario**: Dieses bezeichnet die bestmögliche Zukunftsentwicklung *(best-case-scenario)*.
- ein **negatives Extremszenario**: Dieses bezeichnet den schlechtestmöglichen Entwicklungsverlauf *(worst-case-scenario)*.
- u.U. ein **Trend-Szenario**: Dieses beinhaltet die Fortschreibung der heutigen Situation *(Trend-Extrapolation)*.

Was sind Szenarien? Eine Definition

Die Szenario-Technik ist eine Methode, mit der mögliche *„Zukünfte"* ganzheitlich erfasst werden können, wodurch sie sowohl sinnlich als auch gedanklich nachvollziehbar werden. Szenarien sind also weder (genaue) Zukunftsprognosen auf der Grundlage quantitativer Informationen aus Gegenwart und Vergangenheit noch realitätsferne Utopien.
Mit der Szenario-Technik werden vielmehr quantitative Daten und Informationen mit qualitativen Informationen, Einschätzungen und Meinungen verknüpft, so dass als Ergebnis detaillierte Beschreibungen oder plastische Schilderungen einer bzw. mehrerer möglicher Zukunftssituationen entstehen.

Szenarien werden nach einem Phasenschema entwickelt

Phase 1 Problemanalyse	Ausgangspunkt eines jeden Szenarios ist ein *gesellschaftliches bzw. politisches Problem*, d.h. ein von einer größeren Anzahl von Gesellschaftsmitgliedern als dringend lösungsbedürftig angesehener, genau definierter Sachverhalt. Dieses Problem wird sachlich, zeitlich und räumlich eingegrenzt. Besonders wichtig ist festzuhalten, wer von diesem Problem in welcher Weise (besonders) betroffen ist.
Phase 2 Einflussanalyse und Deskriptorenbestimmung	Nunmehr sind alle *Einflussbereiche* zu identifizieren, die unmittelbar auf das Untersuchungsfeld einwirken. Diese Bereiche werden durch die Bestimmung von Einflussfaktoren für jeden Bereich weiter ausdifferenziert. Um die Entwicklungsdynamik der Einflussfaktoren beschreiben zu können, sind sog. *Deskriptoren* bzw. Kenngrößen zu bestimmen. Dabei unterscheidet man zwischen quantitativen und qualitativen Deskriptoren: • *Beispiele für quantitative Deskriptoren*: Entwicklung der Bevölkerung; Einkommensentwicklung, Menge der aufzufindenden Bodenschätze etc. • *Beispiele für qualitative Deskriptoren*: Interessen von Staaten oder Konzernen und deren Durchsetzungsmacht; Wertehaltungen oder Gewöhnung an Gewalt in einer Gesellschaft etc.
Phase 3 Szenarienentwicklung und -interpretation	Diese Phase ist der Höhepunkt der Szenariotechnik, da nun aus den durchgeführten Analysen aus dem Problembereich ausführliche Szenarien, d.h. *ganzheitliche „Zukunftsbilder"* erstellt werden, **die in anschaulicher Weise mögliche Zukunftsentwicklungen und ihre Konsequenzen sichtbar machen**. In die Szenarien sollen alle in den vorangegangenen Phasen entwickelten Einflussfaktoren und Deskriptoren eingehen. Diese Elemente werden *fantasievoll* (etwa mit Beispielen) angereichert und daraus stimmige *Situationsbeschreibungen* zweier möglicher Zukünfte erstellt, nämlich einer best-möglichen und einer schlechtest-möglichen (Extremszenarien). Dabei muss die Grenze zur Utopie erreicht werden, ohne diese Grenze zu überschreiten! Die Szenarien präsentieren Sie allen Kursteilnehmer/inne/n möglichst lebendig. Sie müssen bei der Erstellung der Szenarien besonders darauf achten, dass diese nicht bei der Änderung eines Faktors in sich zusammenbrechen (*Konsistenzprüfung*).
Phase 4 Gewichtung der Einflussfaktoren und Analyse von Wirkbeziehungen	In dieser Phase analysieren Sie, welche (Kombination von) Einflussfaktoren in besonderer Weise extrem positive bzw. extrem negative Entwicklungen in der Zukunft hauptsächlich bedingt haben. Wichtig ist es dabei, die Wechsel- bzw. Wirkbeziehungen in den Blick zu nehmen (z.B. Verstärkung, gegenläufige Tendenzen, Wirkungsneutralität).
Phase 5 Maßnahmen und Handlungsmöglichkeiten	In der abschließenden Phase knüpfen Sie an die Gewichtung der Einflussfaktoren an. Dabei haben Sie die Aufgabe, nunmehr Konsequenzen aus den entwickelten Szenarien zu ziehen und *Handlungs- bzw. Gestaltungsstrategien* zu entwickeln, die dazu dienen, gewünschte Entwicklungslinien zu unterstützen sowie unerwünschten Entwicklungen entgegenzuwirken bzw. sie abzuschwächen. Sie erarbeiten also gemeinsam einen Maßnahmenkatalog, um sich möglichst dem positiven Extremszenario anzunähern. Dabei sollten Sie sich die Frage stellen, was gesellschaftliche Akteure zur Zielerreichung beitragen können, z.B.: • Was kann ich, kann jeder Einzelne tun? • Was können wir gemeinsam in Gruppen tun (Verbände, Parteien, Vereine, Bürgerinitiativen ...)? • Was können/sollten Unternehmen tun? • Was können/sollten die großen Verbände und NROs tun? • Was kann/sollte der Staat tun? • Was können/sollten supranationale Verbünde (z.B. die EU) und die internationale Staatengemeinschaft tun?

Bearbeiter

Sozialwissenschaftliches Glossar

Armut
Als arm gilt nach der Definition der Europäischen Union, wer weniger als 60 Prozent des durchschnittlichen Einkommens zur Verfügung hat. In Deutschland lag die so errechnete Armutsrisikogrenze im Jahr 2011 bei 952 Euro netto im Monat. Man unterscheidet zwischen absoluter und relativer Armut: Absolute Armut bedroht die Existenz, relative Armut bedeutet das Unterschreiten des in der jeweiligen Gesellschaft geltenden soziokulturellen Existenzminimums.

Beruf
Tätigkeit, die ein Mensch in der Regel gegen Entgelt erbringt bzw. für die er ausgebildet, erzogen oder berufen ist. Im Allgemeinen dient die Ausübung eines Berufes der Sicherung des Lebensunterhaltes.

Binnenmarkt
Ein Wirtschaftsraum, in dem einheitliche Bedingungen für den Verkehr von Waren, Dienstleistungen und Kapital herrschen. Bürger können ihren Wohn- und Arbeitsort frei wählen. Der Binnenmarkt in der EU wurde zum 1. Januar 1993 verwirklicht.

Bruttoinlandsprodukt (BIP)
Messgröße, mit der die wirtschaftliche Leistungskraft eines Landes dargestellt wird. Das BIP umfasst den Geldwert aller in einem Jahr innerhalb der Landesgrenzen produzierten Waren und Dienstleistungen (von Inländern und Ausländern). Um das BIP pro Kopf zu erhalten, teilt man das BIP eines Landes durch die Zahl der Einwohner.

Bürgerinitiative
Bürgerinitiativen sind eine spezielle Variante von Interessenverbänden, die zum Teil von diesen sogar grundsätzlich abgegrenzt werden. Es sind Vereinigungen von Bürgern, die eine bestimmte politische Maßnahme des Staats verhindern oder erreichen wollen. Abwehraktionen richten sich etwa gegen den Bau bestimmter Straßen, gegen den Bau von Bahnhöfen, Flughäfen, Kläranlagen oder Kraftwerken.

Bürgerliches Gesetzbuch (BGB)
In ihm stehen die wichtigsten rechtlichen Regelungen, die das Zusammenleben der Bürger betreffen, z.B. zu den Rechten und Pflichten beim Kaufvertrag.

Bund (Bundesstaat)
Der Zusammenschluss mehrerer Staaten zu einem Gesamtstaat, zum Beispiel die Bundesrepublik Deutschland mit allen Bundesländern.

Bundeskanzler
Der Bundeskanzler ist der „Kopf" der Bundesregierung und wird als einziger vom Parlament (Bundestag) gewählt. Er bestimmt die Richtlinien der Politik und trägt die Verantwortung dafür.

Bundespräsident
Der Bundespräsident ist das Staatsoberhaupt der Bundesrepublik und repräsentiert den Staat nach innen und nach außen. Zur Kernfunktion des politischen Systems, für den Staat und die Bürger verbindliche Entscheidungen herbeizuführen, leistet er nur einen geringen Beitrag. Der Bundespräsident hat kein Gesetzesinitiativrecht und verfügt bei der politischen Willensbildung über keine formalen Einflussmöglichkeiten. Seine Amtshandlungen müssen vom Kanzler oder den Fachministern gegengezeichnet werden. Bedeutungslos ist der Bundespräsident aber keineswegs. Er erfüllt vor allem folgende Aufgaben:
- Prüfung und Unterzeichnung der Gesetze;
- Ernennung und Entlassung von Bundeskanzler, Bundesministern und Bundesrichtern;
- Unterzeichnung von völkerrechtlichen Verträgen, die vorher durch die Regierung ausgehandelt wurden;
- Entscheidung über Begnadigungen.
  Bei diesen Aufgaben handelt es sich i.d.R. um rein formale Kompetenzen. In politischen Krisenzeiten mit unklaren Mehrheitsverhältnissen im Bundestag kommen dem Bundespräsidenten jedoch zwei verfassungsrechtlich bedeutsame Einflussmöglichkeiten zu:
- Da er das Vorschlagsrecht für das Amt des Bundeskanzlers besitzt, kann er bei unklaren Mehrheitsverhältnissen nach Bundestagswahlen durch den Vorschlag eines Kandidaten ggf. die Wahl des Bundeskanzlers beeinflussen. Im Normalfall schlägt er den Kandidaten vor, der die Mehrheit im Bundestag hinter sich hat.
- Eine echte Entscheidungskompetenz kommt ihm zu, wenn nach einer gescheiterten Vertrauensfrage der

Bundeskanzler den Antrag auf Auflösung des Bundestages und die Ausschreibung von Neuwahlen stellt. Dies kann der Bundespräsident auch ablehnen.

Bundesrat
Durch den Bundesrat sind die Länder an der Gesetzgebung des Bundes beteiligt. Er soll es ermöglichen, dass die Länder die Gesetze mitgestalten, die ihre Interessen berühren. Zugleich soll die Qualität der Gesetzgebung durch die Einbeziehung der Länder verbessert werden. Die Verwaltungsaufgaben üben nämlich in aller Regel die Länder aus; diese Erfahrungen sollen bei der Gestaltung der Gesetze genutzt werden. Der Bundesrat ist das für den deutschen Föderalismus typische Organ. Er ist in dieser Form einmalig auf der Welt. Er ist sowohl Ausdruck einer vertikalen Gewaltenteilung als auch einer vertikalen Gewaltenverschränkung zwischen Bund und Ländern. Die Bundesratsmitglieder sollen keineswegs ausschließlich Länderinteressen vertreten, sondern „Bundes- und Länderinteressen in möglichste Übereinstimmung bringen" (Art. 50 GG)

Bundestag
Der Bundestag verkörpert das einzige direkt vom Volk gewählte Verfassungsorgan. Er ist das Parlament der Bundesrepublik Deutschland und die Versammlung der von den deutschen Bürgern gewählten Repräsentanten (→ Parlament).

Bundesverfassungsgericht
Das Bundesverfassungsgericht ist die übergeordnete Rechtsinstanz zum umfassenden Schutz des Rechtsstaates. Es ist in Streitfällen dafür zuständig, das Verfassungsrecht verbindlich auszulegen. Es soll Verstöße gegen das Grundgesetz unterbinden, Rechtsnormen interpretieren und weiterentwickeln. Das Bundesverfassungsgericht kann Gesetze für nichtig erklären, die es für verfassungswidrig hält. Die Entscheidungen sind für alle staatlichen Organe verbindlich. Es gibt also keine Möglichkeit der Berufung gegen einen Entscheid des Bundesverfassungsgerichts.

Ceteris-paribus Klausel
Ceteris-paribus (lat. „alles Andere bleibt gleich") beschreibt eine hypothetische Situation, für die man einfach annimmt, dass alle anderen Einflussfaktoren auf die untersuchte Größe konstant bleiben, obwohl sich in der Realität zahlreiche Größen gleichzeitig verändern. Ceteris-paribus bedeutet im Hinblick auf die Preisbildung z.B., dass der Preis eines Gutes steigt, wenn die Nachfrage nach diesem Produkt zunimmt. Andere Einflussfaktoren auf den Preis werden nicht berücksichtigt.

Demografischer Wandel
So werden die Veränderungen in der Bevölkerungszusammensetzung hinsichtlich ihrer Größe und Struktur (z.B. Alterszusammensetzung) bezeichnet.

Demokratie
Das Wort stammt aus dem Griechischen und bedeutet Herrschaft des Volkes. Die Herrschaftsform Demokratie beinhaltet als fundamentales Merkmal die Volkssouveränität. Das Prinzip der Volkssouveränität ist Grundlage aller staatlichen Gewalt. Legitimationsquelle der politischen Macht muss das Volk sein. Dies bedingt regelmäßig stattfindende freie Wahlen. Jene sind u.a. Ausdruck des Pluralismus, dessen Prinzip einen freien Wettbewerb verschiedener Interessen beinhaltet. Die Bundesrepublik Deutschland versteht sich als repräsentative Demokratie mit einem parlamentarischen Regierungssystem und dem Entscheidungsmechanismus nach Mehrheitsprinzip.

Einkommen
Die Grundlage für alle Einkommensberechnungen in Deutschland ist das Haushaltsnettoeinkommen aus dem Vorjahr der jeweiligen Erhebung. Dieses ergibt sich aus dem Bruttoeinkommen des Haushalts (z.B. Löhne und Gehälter, Einkommen aus selbständiger Tätigkeit, Vermögen, Vermietungen, Wohn- und Kindergeld, Sozialhilfe, Rente usw.) nach Abzug von Steuern und der Sozialversicherungsabgaben.

Einspruchgesetze
Bei den Einspruchsgesetzen kann der Bundesrat lediglich einen Einspruch einlegen und dies auch erst, wenn er einen Kompromiss mit dem Bundestag gesucht hat. Wenn eine einfache Mehrheit des Bundesrats einen Einspruch einlegt, kann der Bundestag diesen mit einfacher Mehrheit überstimmen. Sollten aber zwei Drittel der Mitglieder des Bundesrats Einspruch ein-

legen, kann das Gesetz nur in Kraft treten, wenn der Einspruch von zwei Dritteln der Mitglieder des Bundestages überstimmt wird. Im politischen Alltag ist dies allerdings noch nie vorgekommen.

Exekutive
Die ausführende Gewalt, d.h. Regierung und Verwaltung.

Familie
Gemeinschaft, die in modernen Industriestaaten in der Regel aus den Eltern und ihren unmündigen Kindern besteht (Klein- oder Kernfamilie). Im weiteren Sinne gehört zur Familie auch die Verwandtschaft. Immer mehr Familien sind sogenannte Patchwork-Familien. Der Begriff Patchwork kommt aus der Textilgestaltung und bedeutet Flickenteppich: Im Zusammenleben heißt das, dass Menschen aus unterschiedlichen Ursprungsfamilien zu einer neuen Familie zusammenfinden.

Familienfunktionen
Die Funktionen der Familie sind in nahezu allen Gesellschaften und Kulturen gleich, auch wenn Familienformen von Gesellschaft zu Gesellschaft variieren und einem historischen Wandel unterliegen.
- Die Familie übernimmt die Befriedigung emotionaler Bedürfnisse durch Schutz und Geborgenheit sowie die Ausbildung des Selbstwertgefühls;
- Sie ist verantwortlich für die Nutzung der Bildungschancen;
- Die Familie regelt die biologische Reproduktion einer Gesellschaft und ermöglicht als primäre Sozialisationsinstanz, dass die Kinder den sozialen Ansprüchen und Erwartungen der Gesellschaft gerecht werden.

Föderalismus
Das Prinzip des föderativen Staatsaufbaus erfordert, dass mehrere Gliedstaaten (Bundesländer) gemeinsam einen Bund bilden (Bundesstaat). Staatliche Aufgaben sind zwischen Bundes- und Länderebene aufgeteilt. Die Festlegung auf das Prinzip eines föderativen Staatsaufbaus bedeutet aber nicht zwingend, dass die gegenwärtige Form des Föderalismus beibehalten werden muss. Länderneugliederungen, z.B. die Zusammenlegung von zwei oder mehreren Bundesländern zu einem, sind unter bestimmten Bedingungen möglich (Art. 29 GG).

Formen der Arbeitslosigkeit
Je nach dem zugrunde liegenden Ursachenbündel unterscheidet man folgende Formen der Arbeitslosigkeit:
- Saisonale Arbeitslosigkeit ist bedingt durch Witterungs- und andere jahreszeitliche Einflüsse, die zu Schwankungen im Arbeitsvolumen führen.
- Friktionelle Arbeitslosigkeit entsteht vorübergehend bei dem Wechsel von Arbeitnehmern von einer Arbeitsstelle zur nächsten oder auch durch Umorganisationen einzelner Betriebe. Sie ist meist kurzfristig und notwendig, um den Ausgleich von Arbeitsangebot und –nachfrage am Arbeitsmarkt zu ermöglichen.
- Konjunkturelle Arbeitslosigkeit betrifft nahezu alle Branchen einer Volkswirtschaft und entsteht dann, wenn Nachfrageeinbrüche im In- oder Ausland zur Unterauslastung des Produktionspotenzials führen.
- Strukturelle Arbeitslosigkeit wird durch Veränderungen der Wirtschaftsstrukturen und die sich dadurch verändernden Anforderungsprofile für die Beschäftigten verursacht. Entlassungen in der Schwerindustrie laufen parallel zu Arbeitskräftemangel in Branchen der Hochtechnologie. Mangelnde Qualifikation und Mobilität sind eine Ursache struktureller Arbeitslosigkeit. Die größte Herausforderung stellt aber heute der weltweite Strukturwandel (umschrieben mit dem Begriff Globalisierung) mit dem Aufkommen einer Vielzahl globaler Produktionsstandorte mit im Vergleich zur Bundesrepublik deutlichen Kostenvorteilen bei der Güterherstellung dar. Es ist davon auszugehen, dass diese Form der Arbeitslosigkeit gegenwärtig die entscheidende Ursache für Arbeitslosigkeit in Deutschland ist.

Fraktion
Vereinigung im Parlament, die aus den Abgeordneten einer Partei besteht. Auch Mitglieder verschiedener Parteien, die gleichgerichtete politische Ziele verfolgen, können sich zu einer Fraktion zusammenschließen.

Gemeinwohl
Unter Gemeinwohl versteht man das Wohlergehen einer gesellschaftlichen

Gruppe (z.B. eines Staates, einer Religionsgemeinschaft, einer Schule, einer Klasse). Das Gemeinwohl zu steigern, ist ein Ziel politischer Entscheidungen. Dazu müssen einzelne oder persönliche Interessen manchmal aufgegeben oder durch einen Kompromiss ausgeglichen werden.

Gender-Mainstreaming
Seit Ende der 1990er Jahre gibt es mit dem Gender-Mainstreaming eine neue Strategie in der Politik für eine geschlechtergerechte Gesellschaft. Gender-Mainstreaming bedeutet, in alle Entscheidungssituationen die Perspektive des Geschlechterverhältnisses einzubringen und alle Entscheidungen im Sinne der Gleichstellung der Geschlechter zu fällen. Geschlechterpolitik meint also Politik für Männer und Frauen und das Verhältnis zwischen ihnen. Die Geschlechterrollen werden als historisch gewachsen und damit auch als politisch gestaltbar begriffen.

Generationenvertrag
Der Generationenvertrag ist die Bezeichnung für das Grundprinzip der gesetzlichen Rentenversicherung, nach dem der heute arbeitende Teil der Gesellschaft für die Rentenzahlungen an den nicht mehr arbeitenden Teil der Gesellschaft aufkommt.

Gerechtigkeit
Einstellung, Prinzip, Zustand, bei dem jede Person das erhält, was ihr zusteht. Wie dieser Zustand zu erreichen ist, ist umstritten. So unterscheidet man Chancengerechtigkeit, Leistungsgerechtigkeit, Bedarfsgerechtigkeit und Teilhabegerechtigkeit.

Gesellschaft
Eine Gesellschaft bezeichnet einen relativ dauerhaften Verbund von Gemeinschaften/Gruppen, die innerhalb einer politischen und wirtschaftlichen Ordnung leben und gemeinsame Normen und Werte teilen.

Gesetz
Ein Gesetz ist eine verbindliche Vorschrift, die das Ziel hat, das Zusammenleben der Menschen innerhalb einer Gesellschaft/eines Staates zu regeln. Es muss in einem dafür vorgesehenen Verfahren rechtmäßig zu Stande kommen. Gesetze werden von den Parlamenten (Bundestag, Landtag) beschlossen.

Gewaltenteilung
Verteilung der drei Gewalten Gesetzgebung (Legislative), Verwaltung (Exekutive) und Gerichtsbarkeit (Judikative) auf verschiedene, voneinander unabhängige Staatsorgane. In der Regel sind dies Parlament, Regierung und Verwaltung und eine unabhängige Richterschaft. In der Bundesrepublik Deutschland ist die klassische Gewaltenteilung teilweise durchbrochen (Gewaltenverschränkung).

Globalisierung
Globalisierung steht für eine wachsende Verflechtung der Weltwirtschaft, ermöglicht u.a. durch die Ausweitung der Kommunikationsmedien und enger Verkehrsverbindungen. Die Globalisierung bewirkt in einigen Bereichen eine Vereinheitlichung der Lebensstile.

Grundgesetz
Das Grundgesetz (GG) wurde am 23. Mai 1949 verkündet und trat am darauffolgenden Tag als Verfassung der Bundesrepublik Deutschland in Kraft. In ihm sind die wesentlichen Bestimmungen für das Verhältnis von Individuum und Staat sowie für die staatliche Ordnung festgelegt. Das GG hat in seiner heutigen Fassung (Stand: 2014) 146 Artikel.

Grundrechte
In der Verfassung garantierte Rechte, die für jeden Einzelnen gewährleistet werden, wie zum Beispiel die Meinungsfreiheit, die Versammlungsfreiheit und die Menschenwürde.

Gruppe/soziale Gruppe
Ein „sozialer Verband" von mindestens zwei Menschen, die durch ein bestimmtes „Wir-Gefühl" miteinander verbunden sind. Dabei gibt es Gruppen, in die man hineingeboren wird (Familie) und/oder die man sich nicht aussuchen kann (z.B. Schulklasse). Diese Gruppen nennt man Zwangsgruppen. Und es gibt Gruppen, für die man sich freiwillig aufgrund von Freundschaften oder gemeinsamen Interessen (z.B. Sport, Politik, Religion) entscheidet. Zentrale Merkmale von Gruppen sind:

- gemeinsame Interessen und Ziele
- ein gemeinsames Normen- und Wertesystem
- unterschiedliche aufeinander bezogene Rollen und Positionen
- ein „Wir-Gefühl".

Gruppentypen

- Primärgruppen werden durch gefühlsmäßige und persönliche Bindungen der Mitglieder zueinander charakterisiert. Die bedeutendste Primärgruppe ist die Familie, in der das Individuum seine grundlegenden sozialen Erfahrungen macht. Andere Beispiele sind die Nachbarschaftsgruppe oder die Clique.
- In den Sekundärgruppen sind die Beziehungen der Mitglieder zueinander stärker durch rechtliche und formale Regelungen bestimmt. Die sozialen Beziehungen sind unpersönlicher und zweckorientiert. Wir finden sie in Betrieben, Schulen und in Organisationen wie Gewerkschaften oder Parteien.
- Formelle Gruppen findet man überall dort, wo Menschen planvoll ein gemeinsames Ziel erreichen wollen, also insbesondere im beruflichen Bereich. Unternehmen oder auch andere Organisationen sind in erster Linie formal strukturiert.
- Informelle Gruppen bilden sich innerhalb der formellen Gruppen und Organisationen aufgrund persönlicher Zuneigung oder gemeinsamer Interessen. Diese Gruppen sind i.d.R. klein und dienen persönlichen Bedürfnissen (Kommunikation, Geselligkeit, Geborgenheit usw.), die in den Großgruppen nicht befriedigt werden können.

Herrschaftsform

Bei den Herrschaftsformen wird danach unterschieden, von wem die Staatsgewalt ausgeht. Hauptsächlich unterscheidet man zwischen Demokratie und Diktatur. Klassisch werden sowohl zwei demokratische als auch zwei diktatorische Herrschaftsformen voneinander unterschieden: Innerhalb einer repräsentativen Demokratie wählen die Staatsbürger Volksvertreter, die in einem Parlament stellvertretend für die Bevölkerung Gesetze erlassen und je nach Regierungssystem auch die Regierung wählen. Bei der direkten Demokratie werden politische Entscheidungen durch plebiszitäre Abstimmungen direkt vom Volk gefällt. Dabei können die Bürger entweder über einen bestimmten politischen Sachverhalt abstimmen oder zwischen mehreren politischen Alternativen auswählen. Diktatorische Herrschaftsformen sind gekennzeichnet durch die Eingrenzung oder Abschaffung der Grund- und Menschenrechte. Gleichzeitig wird die Macht über Volk und Staat von einer Einzelperson oder einer Gruppe bzw. Partei uneingeschränkt ausgeübt. Im Gegensatz zu autoritären Diktaturen weisen totalitäre Diktaturen als besonderes Merkmal zusätzlich eine allgemeingültige Staatsideologie (Nationalsozialismus, Stalinismus etc.) und/oder einen speziellen Personenkult (z.B. Führerkult) auf.

Immunität

Sie besagt, dass jede strafrechtliche Verfolgung oder jede Beschränkung der persönlichen Freiheit eines Abgeordneten nur mit Genehmigung des Bundestages zulässig ist. Eine Ausnahme gilt nur dann, wenn der Abgeordnete auf frischer Tat ertappt oder im Laufe des folgenden Tages festgenommen wird.

Indemnität

Wegen einer Abstimmung oder einer politischen Äußerung, die ein Abgeordneter im Bundestag oder in einem seiner Ausschüsse getan hat, darf er zu keiner Zeit gerichtlich oder dienstlich verfolgt oder sonst außerhalb des Bundestages zur Verantwortung gezogen werden. Niemand kann also einen Abgeordneten wegen seiner Abstimmung zur Rechenschaft ziehen, auch nicht nach Beendigung seiner Mandatszeit. Der Bundestag kann die Indemnität eines Abgeordneten nicht aufheben.

Integration

Im allgemeinen Sprachgebrauch versteht man darunter die Eingliederung oder Einbindung eines (fremden) Einzelnen oder einer Minderheit in eine größere Gruppe.

Interessenverband

Nach den Parteien bilden die Interessenorganisationen die wichtigste Vermittlungsinstanz zwischen Bürgern und Staat. Ein Interessenverband ist eine Vereinigung, die sich für die gemeinsamen politischen Interessen der Mitglieder einsetzt. Interessenverbände vertreten dabei ihre Interessen gegenüber konkurrierenden Organisationen (z.B. in den Verhandlungen von Gewerkschaften und Arbeitgeberverbänden) und versuchen, die gemeinsamen politischen Interessen der Verbandsmitglieder durch Einflussnahme auf Regierung, Parlament, Parteien und Öffentlichkeit zur Geltung zu bringen.

Judikative
Die rechtsprechende Gewalt; sämtliche Gerichte der Bundesrepublik Deutschland.

Kanzlerprinzip
Das Kanzlerprinzip weist dem Bundeskanzler die Richtlinienkompetenz zu. Es besagt, dass der Bundeskanzler die Richtlinien der Politik bestimmt und die Verantwortung dafür trägt. Der Kanzler wird dadurch deutlich aus dem Kreis der Regierungsmitglieder herausgehoben.

Klimawandel
Mit dem Begriff Klimawandel bezeichnen wir heute meist die von natürlichen Schwankungen unabhängige Erderwärmung. Sie hat schwerwiegende Folgen für Menschen, Tiere und Pflanzen: Teile der Erde werden zu Wüsten, die Gefahr von Hurrikanen und Sturmfluten steigt, Tierarten werden aussterben.

Koalition
Zusammenschluss zweier oder mehrerer Parteien, die gemeinsam eine Regierung bilden und Gesetzentwürfe ausarbeiten.

Kollegial-/Kabinettsprinzip
Das Kollegial- oder Kabinettsprinzip legt fest, dass wichtige Entscheidungen vom Kabinett gemeinsam getroffen werden sollen. Auch bei Meinungsverschiedenheiten zwischen Ministern soll das Kabinett entscheiden.

Konstruktives Misstrauensvotum
Der Bundestag kann den Bundeskanzler nur durch die Wahl eines neuen Kanzlers (konstruktiv!) zum Rücktritt zwingen.

Lebensformen
Mit dem Begriff der Lebensformen werden verschiedene Arten unmittelbaren Zusammenlebens von Menschen bezeichnet. Beispiele sind: Zwei-Eltern-Familie, Ein-Eltern-Familie, kinderloses Paar (verheiratet oder nicht verheiratet), usw. Auch Arten des Nicht-Zusammenlebens, z.B. Singles, werden mit dem Begriff Lebensformen bezeichnet.

Legislative
Die gesetzgebende Gewalt; sie wird in der Bundesrepublik Deutschland von Bundestag und Bundesrat ausgeübt (auf Landesebene von den Länderparlamenten).

Lobbyismus
Der Begriff Lobbyismus bezieht sich auf die Vorhalle des Parlaments, die Lobby. Sie galt insbesondere in US-amerikanischen und britischen Parlamenten als der klassische Treffpunkt von Interessenvertretern und Abgeordneten. Lobbyismus beschreibt eine Methode der Einwirkung auf politische Interessenvertreter. Dabei geht es meist nicht um die Vermittlung allgemeiner Interessen, sondern um die gezielte Einflussnahme auf Gesetzesvorhaben. Lobbyisten versuchen, Gesetzentwürfe möglichst in der Phase ihrer Entstehung zu gestalten, für sie unliebsame Entwicklungen früh zu erkennen und möglichst noch im Entscheidungsprozess zu verhindern. Sie stellen den Mitgliedern der Ministerialbürokratie und den Parlamentariern im Gegenzug Informationen zur Verfügung, die diese sonst nicht bekämen.

Markt
Der reale oder virtuelle Ort, an dem Angebot und Nachfrage nach Gütern und Leistungen aufeinandertreffen und Preise gebildet werden (z.B. Automarkt, Börse). Das Grundprinzip des Marktes ist der Tausch.

Marktwirtschaft
In der Marktwirtschaft steuern Angebot und Nachfrage, Wettbewerb und freie Preisbildung den Wirtschaftsprozess. Das Privateigentum an den Produktionsmitteln wird garantiert.

Massenmedien
Sammelbezeichnung für Presse, Rundfunk, Fernsehen und Internet. Allgemein Kommunikationsmittel, mit denen Informationen durch Schrift, Ton oder Bild einseitig an ein sehr breites Publikum übermittelt werden können.

Medien, Aufgaben
Die Medien haben eine Doppelfunktion im politischen Prozess eingenommen, da sie nicht nur Forum, sondern zugleich bedeutende Akteure sind. Die Massenmedien nehmen verschiedene Aufgaben wahr:

- Artikulation von Interessen:
  Medien artikulieren die Interessen von Bürgern und machen die unterschied-

lichen Ansichten innerhalb der Gesellschaft sichtbar.

- Verbreitung von Informationen:
  Medien sollen möglichst umfassend und sachlich Bericht erstatten über Ereignisse, Fakten und Ideen, die für die Bürger in politischer, gesellschaftlicher, wirtschaftlicher und kultureller Hinsicht bedeutsam sind.
- Beitrag zur Meinungs- und Urteilsbildung:
  Medien analysieren und bewerten das politische Geschehen und die Arbeit der Volksvertreter und machen den Bürgern komplizierte politische Prozesse verständlich.
- Kritik und Kontrolle politischer Akteure:
  Medien haben auch die Funktion, das Handeln der politischen Entscheidungsträger im Namen gesellschaftlicher Gruppen zu kritisieren und zu kontrollieren, auch Skandale aufzudecken. Daher gelten die Medien als „vierte Gewalt" neben Exekutive, Legislative und Judikative.
  Damit Medien diese Aufgaben in einer Demokratie erfüllen können, müssen sie frei und ungehindert arbeiten können. Der Staat darf weder Veröffentlichungen überwachen und unterdrücken (Zensur) noch Journalisten dazu zwingen, ihre Quellen preiszugeben (Informantenschutz).

Mehrheitswahl
Bei der Mehrheitswahl wird das Wahlgebiet in so viele Wahlkreise eingeteilt, wie Mandate zu vergeben sind. In allen Wahlkreisen stellen sich Kandidaten zur Wahl. Gewählt ist, wer in diesem Wahlkreis die meisten Stimmen erhält (relative Mehrheitswahl). Diese Variante wird z.B. bei der Wahl zum Unterhaus im Vereinigten Königreich oder den Kongresswahlen in den USA angewandt. Bei der absoluten Mehrheitswahl ist derjenige Kandidat gewählt, der die absolute Mehrheit der Stimmen (50 Prozent + eine Stimme) im Wahlkreis erhält. Da dies meist nicht sofort zu erreichen ist, wird ein zweiter Wahlgang zwischen den beiden Bestplatzierten notwendig.

Menschenrechte
Das sind die persönlichen Rechte, die jedem Menschen von Geburt an zustehen, z.B. das Recht auf Meinungsfreiheit.

Migration
Im Laufe der Geschichte haben sich immer wieder kleinere oder größere Gruppen von Menschen oder ganze Völker auf Wanderungen begeben. Dies hatte ganz unterschiedliche Gründe: So wurden die Menschen aus religiösen oder politischen Motiven verfolgt, andere waren arm und sahen für sich und ihre Kinder keine Zukunft mehr in ihrer Heimat. Alle diese Wanderungen (lat. migrare = wandern) nennt man Migration.

Misstrauensvotum
Der Bundestag kann den Kanzler durch ein Misstrauensvotum stürzen. Nach den Erfahrungen der Weimarer Republik wurde dafür aber bewusst eine hohe Hürde geschaffen. Beim konstruktiven Misstrauensvotum kann der Regierungschef nur dann abgewählt werden, wenn zugleich eine absolute Mehrheit der Bundestagsabgeordneten einen neuen Regierungschef wählt (Art. 67 GG).

Monopol
Unter einem Monopol versteht man eine Marktform, in der ein Unternehmen als alleiniger Anbieter auftritt oder einen so großen Marktanteil besitzt, dass er allein die Preise kontrollieren kann und damit über eine besondere Marktmacht gegenüber den Nachfragern bzw. Konsumenten verfügt.

Nachhaltigkeit
Der Begriff der Nachhaltigkeit entstand bereits im 18. Jahrhundert in der Forstwirtschaft. Hier setzte sich die Erkenntnis durch, dass eine sinnvolle bzw. effiziente Forstwirtschaft nur dann zu betreiben ist, wenn in einem Forst nicht mehr Bäume geschlagen werden als nachwachsen können. Diese Erkenntnis wird seit einigen Jahren auf andere Branchen übertragen (etwa auf die Fischereiwirtschaft), auch werden eigene Labels für nachhaltiges Wirtschaften entwickelt. Zunehmend wird der Begriff Nachhaltigkeit auch in anderen Bereichen verwendet („nachhaltige Bildung", „nachhaltige Finanzwirtschaft"); problematisch erscheint dabei, dass der Begriff damit an Schärfe verliert und zu einem „Allerweltsbegriff" wird, was der Nachhaltigkeitsdebatte eher abträglich ist.

Nominallohn
Unter dem Nominallohn ist das in Geldeinheiten gezahlte Entgelt für geleistete Arbeit zu verstehen, das keine Aussage über die Kaufkraft des Geldes zulässt, da – im Gegensatz zum Reallohn – die Veränderungen des Preisniveaus in Form von Inflation oder Deflation nicht berücksichtigt werden.

Normen
Normen sind bestimmte Regeln, die von der Allgemeinheit anerkannt werden: Einander bekannte Menschen grüßen sich, bei Theateraufführungen und Konzerten verhält man sich ruhig usw. Alle diese Normen werden als selbstverständlich befolgt, ohne dass sie schriftlich fixiert sind. Der junge Mensch, der Schritt für Schritt in die eigene Kultur hineinwächst, übernimmt dabei die herrschenden Normen mehr oder weniger automatisch, ohne sie ausdrücklich lernen zu müssen. Normen können zwischen verschiedenen Gesellschaften, aber auch innerhalb einer Gesellschaft von Gruppe zu Gruppe variieren und unterliegen einem historischen Wandel.

Ökologie
So bezeichnet man die Wissenschaft von den Wechselbeziehungen zwischen den Lebewesen und ihrer Umwelt.

Ökonomisches Prinzip
Das ökonomische Prinzip besagt, dass die vorhandenen Mittel (Geld, Zeit) optimal eingesetzt werden sollen, um ein bestimmtes Ergebnis zu erreichen. Bei vorgegebenen Mitteln soll ein möglichst hoher Ertrag erzielt werden (Maximalprinzip). Bei einem vorgegebenen Ertrag sollen möglichst geringe Mittel eingesetzt werden (Minimalprinzip).

Opposition
Alle Personen und Gruppen, die der Regierung im Parlament gegenüberstehen und sie kritisieren.

Parlament
Die Versammlung der vom Volk gewählten Abgeordneten. Das Parlament regt Gesetze an, bewilligt sie und kontrolliert die Regierung. In einer parlamentarischen Demokratie nimmt vor allem die Opposition die Kontrollfunktion wahr, da die Mehrheit im Parlament die Regierung trägt.

Parteien
Parteien sind nach dem Parteiengesetz Vereinigungen von Bürgern, die folgende Bedingungen erfüllen müssen:

- Dauernd oder für längere Zeit für den Bereich des Bundes oder eines Landes auf die politische Willensbildung Einfluss nehmen,
- an der Vertretung des Volkes im Deutschen Bundestag oder einem Landtag mitwirken wollen und
- an Bundestags- oder Landtagswahlen mit eigenen Wahlvorschlägen teilnehmen. Tun sie dies sechs Jahre lang nicht, verlieren sie ihre Stellung als Parteien.

Art. 21 des Grundgesetzes hebt die besondere Bedeutung der Parteien für die politische Willensbildung in der Bundesrepublik Deutschland hervor und schreibt ihnen Verfassungsrang zu: „Die Parteien wirken bei der politischen Willensbildung des Volkes mit. Ihre Gründung ist frei. Ihre innere Ordnung muss demokratischen Grundsätzen entsprechen. Sie müssen über die Herkunft und Verwendung ihrer Mittel sowie über ihr Vermögen öffentlich Rechenschaft geben." Parteien übernehmen also eine öffentliche Aufgabe.
Der Begriff Partei, abgeleitet vom lateinischen pars (= Teil), weist darauf hin, dass eine Partei nur einen Teil der Bevölkerung, i.d.R. eine politische Strömung der Gesellschaft, repräsentiert. Parteien versuchen die politischen Entscheidungen in den dafür vorgesehenen Organen (Parlamenten, Regierungen) zu beeinflussen, indem sie Schlüsselpositionen in diesen Organen mit eigenen Kandidaten besetzen. Um dies zu erreichen, streben sie danach, bei Wahlen Mehrheiten für ihre Programme und Kandidaten zu erringen. Der Wettbewerb der Parteien um diese Mehrheiten prägt das politische Leben innerhalb einer repräsentativen Demokratie. Er sorgt für die Mobilisierung der Wählerschaft und reguliert gesellschaftliche Konflikte und Interessenunterschiede.

Pluralismus
Unter Pluralismus ist der legitime Wettbewerb unterschiedlichster und zum Teil auch entgegengesetzter Interessen zu verstehen. Er basiert auf der Gewährleis-

tung zentraler Grundrechte wie der Meinungs- und Pressefreiheit, der Versammlungsfreiheit und dem Recht auf Bildung von Vereinen und Parteien.

Preisbildung
Prozess, in dem sich in einer Marktwirtschaft auf den Märkten die Preise bilden. Preisbildung ist abhängig von Marktform und Anzahl der Anbieter und Nachfrager. Sie vermittelt zwischen Produktion und der Befriedigung bestehender Bedürfnisse.

Pressefreiheit
Garantie für die freie Berichterstattung und Veröffentlichung von Informationen und Meinungen. Sie ist im deutschen Grundgesetz festgeschrieben (Art. 5 GG) und gilt als Grundlage der Demokratie, da sich die Bürger nur mithilfe der Informationen an politischen Entscheidungen beteiligen können.

Reallohn
Der Reallohn gibt die Kaufkraft der Löhne und Gehälter wieder, d.h. den um die Inflation bereinigten Nominallohn. Lohnerhöhungen führen für die Arbeitnehmer nur dann zu einer Steigerung der Kaufkraft, wenn die Erhöhung größer ist als der Preisanstieg. Steigt der Lohn innerhalb eines bestimmten Zeitraums beispielsweise um fünf Prozent und liegt die Inflationsrate während des gleichen Zeitraums bei drei Prozent, so steigt der Reallohn lediglich um zwei Prozent.

Rechtsstaat
Unter Rechtsstaatlichkeit ist zunächst zu verstehen, dass die Gesetze in einem Staat sowohl nach bestimmten Regeln zustande kommen als auch dass sich der Staat an diese Gesetze hält (formales Rechtsstaatprinzip). Problematisch an dieser Form der Anwendung des Rechtsstaatsprinzips ist jedoch, dass ohne eine Bindung der staatlichen Macht an unumstößliche Grundwerte eine „Diktatur der Mehrheit" entstehen könnte, d.h. dass zwar das gesamte Volk der Souverän ist und dieses Recht durch Wahlen auch wahrnimmt, doch durch Mehrheitsentscheide Politik nur zugunsten einer Mehrheit gemacht wird und die Interessen der Minderheit nicht berücksichtigt werden. In modernen Demokratien gilt deshalb neben dem formalen Rechtsstaatsprinzip auch das materielle Rechtsstaatsprinzip. Danach ist der Staat nicht nur an die von ihm verabschiedeten Gesetze gebunden, sondern handelt auch nach dem Gleichheits- und Gerechtigkeitsprinzip und darf nicht gegen die Grund- und Menschenrechte verstoßen.

Republik
Die Bezeichnung Bundesrepublik Deutschland schließt die Monarchie mit einem gekrönten oder fürstlichen Staatsoberhaupt als Staatsform aus.

Ressortprinzip
Das Ressortprinzip bestimmt, dass im Rahmen der Richtlinien des Bundeskanzlers die Minister ihre Geschäftsbereiche (Ressorts) in eigener Verantwortung leiten.

Rolle
Die moderne Soziologie geht davon aus, dass jeder Mensch innerhalb der Gesellschaft ganz bestimmte soziale Positionen einnimmt, so z.B. in der Familie, in der Schulklasse, im Berufsleben usw. Diese Positionen sind mit bestimmten Erwartungen verbunden, die sich allerdings nicht an das Individuum, vielmehr an die Position richten. Diese gebündelten Erwartungen nennt man Rolle.
Soziologische Rollentheorien wollen beschreiben, wie und warum Menschen ihr soziales Verhalten an den Erwartungen orientieren, die die Gesellschaft an sie heranträgt, wie gesellschaftlich vorgegebene Rollen erlernt, verinnerlicht, ausgefüllt und verändert werden. Der Begriff der Rolle hat mittlerweile auch Eingang in die Alltagssprache gefunden: Wir sprechen davon, dass „jemand aus der Rolle fällt" oder „keine Rolle mehr spielt", von einer eindeutigen „Rollenverteilung" innerhalb einer Organisation usw.

Rollenkonflikte
In den Sozialwissenschaften werden zwei Arten von Rollenkonflikten unterschieden. Man spricht von Intrarollenkonflikten, wenn einzelne Rollensegmente nicht vereinbar sind, d.h. wenn die Erwartungen unterschiedlicher Personengruppen an eine bestimmte Rolle gegensätzlich sind. Um einen Interrollenkonflikt handelt es sich, wenn die Erwartungen verschiedener

Rollen einer Person in Konflikt miteinander geraten bzw. unvereinbar sind.

Shell-Jugendstudie
Die „Shell-Jugendstudie" versteht sich als „Langzeit-Berichterstattung über die junge Generation" und wird in Deutschland im Auftrag des Mineralölkonzerns Shell seit 1953 durchgeführt. Untersucht werden Einstellungen, Wertorientierung und das Sozialverhalten junger Menschen im Alter zwischen 12 und 25 Jahren. Für diese Stichprobe wurden z.B. für die 16. Studie 2.604 repräsentative Jugendliche für die quantitative und 20 Jugendliche für die qualitative Erhebung ausgewählt.

Soziale Marktwirtschaft
Die Soziale Marktwirtschaft ist eine Wirtschaftsordnung, die den Grundsatz der Freiheit auf dem Markt mit dem des sozialen Ausgleichs verbindet.

Soziales Netzwerk
Der Begriff soziales Netzwerk bezeichnet ein Beziehungsgeflecht, das Menschen mit anderen Menschen verbindet. Menschen sind untereinander zum Beispiel durch Beziehungen in der Familie und Verwandtschaft sowie im Freundeskreis, aber auch mit der Nachbarschaft und in der Arbeitswelt vernetzt. Soziale Netzwerke werden zunehmend im Internet gebildet.

Sozialisation/Sozialisationsprozess
Der lebenslange Erziehungs- und Entwicklungsprozess eines Menschen aufgrund von Einflüssen aus seiner Umwelt. Durch die Sozialisation wird ein Individuum zu einem vollwertigen Teil der Gesellschaft. Sozialisation unterscheidet sich deutlich von dem pädagogischen Begriff der Erziehung, der vor allem die bewusst geplanten und zielgerichteten Bemühungen von Eltern und Lehrern meint, die Persönlichkeitsentwicklung eines Kindes zu beeinflussen. Der Prozess der Sozialisation schließt die Erziehung zwar mit ein, aber dem heranwachsenden Individuum wird nicht „beigebracht", vielmehr eignet es sich die Welt an.

Sozialstaat
Bezeichnung für einen Staat, der seinen Bürgern ein Existenzminimum sichert, wenn sie in Not geraten sind, und für einen gerechten Ausgleich zwischen Reichen und Bedürftigen sorgt. In Deutschland geschieht dies z.B. durch die Sozialversicherungspflicht und durch staatliche Unterstützung, wie Sozialhilfe, Kindergeld oder Ausbildungs- und Arbeitsförderung.

Sozialstaatsprinzip
In Art. 20 Abs. 1 des Grundgesetzes wird die Bundesrepublik Deutschland als „demokratischer und sozialer Bundesstaat" definiert. Art. 28 Abs. 1 GG führt näher aus: „Die verfassungsmäßige Ordnung in den Ländern muss den Grundsätzen des republikanischen und sozialen Rechtsstaates im Sinne dieses Grundgesetzes entsprechen." Aufgrund dieses Sozialstaatsgebots (auch: Sozialstaatsprinzip) des Grundgesetzes formulierten die Richter des Bundesverfassungsgerichts zwei Aufgaben für alle staatlichen Organe:

1. durch entsprechende politische Maßnahmen ist für sozialen Ausgleich und
2. für die Sicherung der sozialen Existenz der Bürger zu sorgen.

Konkret bedeutet dies:

- Schutz vor Not;
- Sicherung gegen Wechselfälle des Lebens (z.B. Einkommensausfall infolge von Alter, Krankheit, Invalidität oder Arbeitslosigkeit);
- Bekämpfung großer sozialer Ungleichheit;
- Mehrung des Wohlstandes insgesamt. Die Wege zur Erreichung dieser Ziele werden der Gestaltung durch demokratische Mehrheiten überlassen (Offenheit des Sozialstaatsprinzips). Das Ordnungsprinzip des Sozialstaatsgebotes zählt zum unveränderlichen Verfassungskern des Grundgesetzes.

Sozialversicherungssystem
Bezeichnung für die Gesamtheit gesetzlicher Pflichtversicherungen in Deutschland (Arbeitslosen-, Renten-, Kranken-, Pflege- und Unfallversicherung). Die Sozialversicherung versichert den Einzelnen gegen Risiken für seine Existenz. Sie ist organisiert nach dem Solidarprinzip. Sozialversicherungspflichtig sind alle abhängig Beschäftigten. Die Versicherungsbeiträge teilen sich Arbeitgeber und Arbeitnehmer.

Soziologie
„Soziologie bedeutet wörtlich übersetzt die kundige Rede (logos) über den Gesellen

beziehungsweise Genossen (socius), einfacher ausgedrückt: über den Menschen als Gefährten anderer Menschen. Dem entspricht die Vorstellung von Soziologie als einer Gesellschafts- und Sozialwissenschaft, wobei unter Gesellschaft zunächst ganz einfach das Beisammensein von Lebewesen verstanden werden kann." (Alfred Bellebaum, Soziales Handeln und soziale Normen, Paderborn 1983, S. 7). Die Soziologie beschäftigt sich demnach mit dem gesellschaftlichen Verhalten und Handeln der Menschen, mit sozialen Gruppen und Institutionen, mit den gesellschaftlichen Strukturen und ihren Veränderungen und mit den Ideen von Gesellschaftsformen.

Staat
Die sog. „Drei-Elemente-Lehre" basiert auf den Überlegungen des deutschösterreichischen Staatsrechtlers Georg Jellinek (1851 – 1911). Demnach wird ein Staat durch ein abgegrenztes Hoheitsgebiet (Staatsgebiet), eine darauf ansässige (Kern-) Bevölkerung (Staatsvolk) sowie eine auf diesem Gebiet herrschende Gewalt (Staatsgewalt) definiert. Diese drei Merkmale sind laut Jellinek erforderlich, damit ein Staat den Status eines Völkerrechtssubjekts erlangen kann.

Staatsformen
Staatsformen beschreiben die äußere politische Organisationsform eines Staates. Es gibt mehrere Möglichkeiten, Staatsformen voneinander abzugrenzen. Ist das „Staatsoberhaupt" das zentrale Unterscheidungskriterium, gibt es weltweit nur zwei unterschiedliche Typen von Staatsformen: Republik und Monarchie. Während eine Monarchie über ein gekröntes oder fürstliches Staatsoberhaupt verfügt, sind alle Staaten ohne Kaiser, König oder Fürsten Republiken.

Stabilitäts- und Wachstumsgesetz
1967 wurden mit dem „Gesetz zur Förderung der Stabilität und des Wachstums der Wirtschaft" (Stabilitätsgesetz, StabG) Ziele staatlicher Wirtschaftspolitik formuliert: „Bund und Länder haben bei ihren wirtschafts- und finanzpolitischen Maßnahmen die Erfordernisse des gesamtwirtschaftlichen Gleichgewichts zu beachten. Die Maßnahmen sind so zu treffen, dass sie im Rahmen der marktwirtschaftlichen Ordnung gleichzeitig zur Stabilität des Preisniveaus, zu einem hohen Beschäftigungsstand und außenwirtschaftlichem Gleichgewicht bei einem stetigen und angemessenen Wirtschaftswachstum beitragen (§ 1 StabG)." Die Charakterisierung der stabilitätspolitischen Zielsetzung als „magisches Viereck" bezieht sich darauf, dass zwischen den Zielen wechselseitige Beziehungen und Zielkonflikte bestehen, die es als unmöglich erscheinen lassen, alle Zielvorgaben gleichzeitig zu erfüllen.

Streitbare/wehrhafte Demokratie
Begriff für eine Demokratie, die Mittel bereithält, um gegen Feinde der Demokratie vorzugehen. So können in Deutschland zum Beispiel Parteien oder Vereine verboten werden, die sich gegen die freiheitliche demokratische Grundordnung wenden.

Strukturwandel
Veränderungen der wertmäßigen Beiträge der einzelnen Wirtschaftssektoren (Land- und Forstwirtschaft, verarbeitendes Gewerbe und Dienstleistungen) zur Wirtschaftsleistung eines Landes. Der Anteil des Dienstleistungsbereichs nimmt dabei in Deutschland ständig zu. Beschleunigt und verstärkt wird der Strukturwandel durch neue Technologien sowie den zunehmenden internationalen Wettbewerb.

Subsidiaritätsprinzip
Prinzip, nach dem ein Problem auf der Ebene gelöst werden soll, auf der es entsteht. „Was der Einzelne tun kann, sollen nicht andere für ihn tun." Erst wenn auf dieser Ebene keine Abhilfe möglich ist, soll die nächst höhere Ebene sich des Problems annehmen (Familie, Gemeinde, Land, Bund, EU).

Tarifautonomie und Tarifvertrag
Die Tarifautonomie leitet sich aus dem im Grundgesetz (Art. 9 GG) garantierten Recht der Koalitionsfreiheit
ab und genießt in Deutschland hohes Ansehen. Ergebnis der Tarifverhandlungen ist der Tarifvertrag, der die Rechte und Pflichten der Vertragsparteien regelt.

Verbände
Organisierte Gruppen, die auf die Politik Einfluss nehmen möchten, ohne politische Verantwortung zu übernehmen. Zur Verfolgung gemeinsamer Interessen werden Zusammenschlüsse gebildet, z.B. Berufsverbände.

Verfassungsorgane
Verfassungsorgane sind diejenigen Staatsorgane, deren Rechte und Pflichten im Grundgesetz festgeschrieben sind. Sie stehen in einem gegenseitigen Treueverhältnis zueinander. Deshalb darf sich kein Verfassungsorgan so verhalten, dass ein anderes dadurch an seiner Pflichtausübung gehindert wird. Die Verfassungsorgane sind zudem in ihren Funktionen aufeinander abgestimmt.
Der Bundestag ist das einzige Verfassungsorgan, welches von der Bevölkerung direkt gewählt wird. Er kann deshalb als die zentrale Institution im politischen System der Bundesrepublik Deutschland bezeichnet werden. Die weiteren ständigen Verfassungsorgane sind der „Bundesrat", der „Bundespräsident", die „Bundesregierung" und das „Bundesverfassungsgericht".
Daneben existieren zwei weitere nichtständige Verfassungsorgane: Die „Bundesversammlung", welche sich ausschließlich für die Bundespräsidentenwahl konstituiert und der „Gemeinsame Ausschuss", welcher im Verteidigungsfall als „Notparlament" dient.

Verhältniswahl
Bei der Verhältniswahl legen die Parteien Listen mit Namen von Kandidaten für das jeweilige Wahlgebiet vor. Alle Stimmen, die für eine Partei abgegeben wurden, werden zusammengezählt. Dann wird errechnet, wie viele Parlamentssitze ihr nach ihrem Stimmenanteil zustehen. Wenn eine Partei z.B. 20 Prozent der Wählerstimmen errungen hat, bekommt diese auch 20 Prozent der Parlamentssitze. Diese Sitze werden an die Kandidaten in der Reihenfolge verteilt, wie sie auf der Liste ihrer Partei platziert waren.

Vermittlungsausschuss
Ausschuss, der tätig wird, wenn ein Gesetzesbeschluss des Bundestages auf Einwände des Bundesrates stößt. Bundestag und Bundesrat entsenden je die Hälfte der 32 Mitglieder. Aufgabe des Vermittlungsausschusses ist es, Kompromisse auszuarbeiten. Europäische Union: Ausschuss, der tätig wird, wenn nach der Zweiten Lesung eines Gesetzes keine Einigung zwischen Europäischem Parlament und Ministerrat erzielt werden kann. Der Vermittlungsausschuss setzt sich aus den Mitgliedern des Rates und ebenso vielen Vertretern des Europäischen Parlaments zusammen, Vertreter der EU-Kommission nehmen beratend teil.

Vertrauensfrage
Nur der Bundeskanzler kann die Vertrauensfrage stellen. Kombiniert er diese mit der Entscheidung über eine Sachfrage, kann er die Regierungsfraktionen dazu bringen, ihm bei einer umstrittenen Entscheidung den Rücken zu stärken und in seinem Sinne abzustimmen. Versagt ihm die Mehrheit des Parlamentes diese Zustimmung, kann der Bundeskanzler den Bundespräsidenten bitten, den Bundestag aufzulösen. Dies hätte Neuwahlen zur Folge, was für die Parlamentarier zunächst den Verlust ihres Mandates bedeuten würde.

Volkspartei
Partei, die aufgrund ihres Programms für Wähler und Mitglieder aller gesellschaftlichen Schichten unterschiedlicher Weltanschauungen offen ist.

Volkssouveränität
Volkssouveränität ist ein fundamentales Merkmal aller Demokratien, welches besagt, dass die höchste Gewalt des Staates und oberste Quelle der Legitimität das Staatsvolk selbst ist („Alle Staatsgewalt geht vom Volke aus.", Art. 20 Abs. 2 GG). Die Idee der Volkssouveränität setzte sich mit den Menschenrechtserklärungen des 18. Jahrhunderts allgemein durch und wurde mit dem Prinzip der Gewaltenteilung zum Fundament des modernen Verfassungsstaates.

Wahlen
Verfahren der Berufung von Personen in bestimmte Ämter durch Stimmabgabe einer Wählerschaft. In Demokratien werden die wichtigsten Staatsämter durch Wahlen besetzt. Demokratische Wahlen müssen die Bedingungen allgemein, frei, gleich und geheim erfüllen. Das genaue Wahlverfahren (Verhältniswahl, Mehrheitswahl) ist meist in Wahlgesetzen geregelt.

Werte
Werte sind kulturell verbreitete Vorstellungen von Wünschbarem, die als Grundprinzipien oder als Leitbilder der Handlungsorientierung dienen. Die Werte

beinhalten die in einer Gesellschaft oder auch innerhalb einer bestimmten Gruppe anerkannten gemeinsamen Zielsetzungen. Man unterscheidet zwischen

- moralischen Werten (z.B. Treue, Wahrheit, Aufrichtigkeit, Gerechtigkeit),
- religiösen Werten (z.B. Gottesfurcht, Nächstenliebe),
- politischen Werten (z.B. Freiheit, Gleichheit, Toleranz, Frieden, Gemeinwohl),
- ästhetischen Werten (z.B. Schönheit, Kunst) und
- materiellen Werten (z.B. Wohlstand, Eigentum).

Werte entstehen nicht aus dem Nichts, vielmehr erwachsen sie einer Kultur und können sich, ähnlich wie auch die Normen, im Laufe der Zeit ändern. Werte wirken innerhalb einer Gesellschaft keineswegs immer nur ordnend oder verbindend. Sie können auch Konflikte hervorbringen: Insbesondere in modernen Gesellschaften haben die Menschen häufig sehr unterschiedliche Ziele und orientieren sich an unterschiedlichen Werten. So können Werte den Zusammenhalt innerhalb einer Gruppe fördern, andere aber auch ausgrenzen.

Wirtschaftssektoren
Die Wirtschaftswissenschaften unterteilen die Produktionsbereiche einer Volkswirtschaft in drei Wirtschaftssektoren:
Der primäre Sektor beinhaltet die Produktgewinnung der Land- und Forstwirtschaft sowie Fischerei.
Im sekundären Sektor werden Produkte hergestellt oder verarbeitet (Industrie und Handwerk, Bergbau und Baugewerbe).
Der tertiäre Sektor umfasst die Dienstleistungen, zum Beispiel Handel, Verkehr, Kultur, Bildung und Gesundheitswesen.

Zahlungsbilanz
Die ökonomischen Transaktionen zwischen Inländern und Ausländern, die in einem bestimmten Zeitraum stattgefunden haben, werden in der Zahlungsbilanz erfasst. Sie besteht aus mehreren Teilbilanzen: Leistungsbilanz, Kapitalbilanz und Devisenbilanz. Da alle Transaktionen doppelt gebucht werden, ist die Summe aller Teilbilanzen gleich null – die Teilbilanzen weisen dagegen meist von null abweichende Salden auf. Wenn also davon gesprochen wird, dass sich die Zahlungsbilanz im Ungleichgewicht befindet, dann bezieht sich dies immer auf Teilbilanzen.

Zentralverwaltungswirtschaft/Planwirtschaft
Bezeichnung für Wirtschaftssysteme (z.B. der DDR), deren Produktion durch zentrale Pläne (einer staatlichen Planungsbehörde) gelenkt wird. Es gibt kein Privateigentum an Produktionsmitteln.

Zeugnisverweigerungsrecht
Der Abgeordnete muss nicht über Gespräche mit Personen aussagen, wenn er diese Gespräche in seiner Eigenschaft als Abgeordneter geführt hat. Insoweit ist auch die Beschlagnahme von Dokumenten verboten, wenn diese Informationen über die Gespräche enthalten (Art. 47 GG).

Zustimmungsgesetze
Zustimmungsgesetze sind Gesetze, die nur verabschiedet werden können, wenn eine Mehrheit der Bundesratsmitglieder zustimmt. Der Bundesrat kann in diesen Fällen also die „rote Karte" für ein Gesetzesvorhaben zücken. In diesen Bereich fallen alle Bundesgesetze, die Länderinteressen berühren. In der Vergangenheit waren alle Bundesgesetze zustimmungspflichtig, die Vorgaben zur Behördenorganisation oder zum Verwaltungsverfahren enthielten, da dies üblicherweise Aufgabenbereiche der Länder sind. Dies hat sich durch die Föderalismusreform von 2006 geändert; dadurch soll der Anteil der Zustimmungsgesetze deutlich sinken.

Register

Register

Register

Bildnachweis

Archiv für christlich-demokratische Politik der Konrad-Adenauer-Stiftung, St. Augustin – S. 114 (5), 221; Archiv der sozialen Demokratie der Friedrich-Ebert-Stiftung, Bonn – S. 114 (3); Archiv für Kunst und Geschichte, Berlin – S. 78; - / Godfrey Kneller – S. 84; - / RIA Nowosti – S. 74;
Baaske Cartoons / Gerhard Mester, Müllheim – S. 122, 138; - / Burkhard Mohr – S. 22; - / Thomas Plassmann – S. 80, 234, 246 (2); Bermoser + Höller Verlag AG, Aachen – S. 76, 147, 239, 240; Presse- und Informationsamt der Bundesregierung, Sig. B 145 Bild-00260150 / Be-stand B 145, Jesco Denzel, Berlin – S. 78; Presse- und Informationsamt der Bundesregierung, Sig. B 145 Bild-00010972 / Bestand B 145, Jürgen Gebhardt, Berlin – S. 81;
Cartoon Stock / Joseph Farris, Bath – S. 12
ddp Images GmbH / dapd, Hamburg – S. 94; Frank Decker ©, Uni Bonn – S. 109; Oliver Decker u.a., Die MITTE im Umbruch, Friedrich Ebert-Stiftung, Bonn – S. 163; Deutsche Bundespost, Bonn – S. 64; dieKLEINERT.de / Jutta Kleinert.de, München – S. 16; DIZ / Süddeutscher Verlag Bilderdienst, München – S. 220; - / dpa – S. 34;
dpa Infogafik, Frankfurt – S. 130, 150, 187, 228 (2), 236, 240; dpa Picture-Alliance, Frankfurt – S. 44; -/ akg, Frankfurt – S. 130; - / Arne Dedert – S. 250; - / DENA – S.68; - / dvpw, Marc Raschke – S. 179; - / EPA, Arshad Arbab – S. 160; - / Maurizio Gambarini – S. 130; - / Friso Gentsch – S. 94; - / Peer Grimm – S. 124; - / Rolf Haid – S. 66; - / Andreas Heddergott – S. 225; - / Annegret Hilse / SVEN SIMON – S. 112; - / Holger Hollemann – S. 230; - / Rainer Jensen – S. 130; - / Sebastian Kahnert – S. 164; - / KPA – S. 184; - / Rolf Kremming – S. 160; - / Wolfgang Kumm – S. 124, 130; - / Frank Leonhardt – S. 219; - / Bodo Marks – S. 160; - / Oredia, Antoine Juliette – S. 42; - / Oredia, Virginie Chevalier – S. 42; - / PAP, Jacek Bednarczyk – S. 168; - / Stephanie Pilick – S. 124; - / Julian Stratenschulte – S. 111; - / Süddeutsche Zeitung Photo, A-lessandra Schnellegger – S. 94; - / Angelika Warmuth – S. 256; - / Bernd Weißbrod – S. 123; - / Xinhua – S.74; - / Zentralbild, Jens Kalaene – S. 57; - / Zentralbild, Jens Wolf – S. 94; - / Paul Zinken – S. 81; - / ZUMA PRESS, Nancy Kaszerman – S. 40
Fotex Medien Agentur / Susa, Hamburg – S. 48
Getty Images / AFP, Thomas Kienzle, München – S. 94; - / AFP, John MacDougall – S. 154; - / PYMCA Kontributor – S. 94
Horst Haitzinger, München – S. 175, 246
Institut für Demoskopie, Allensbach – S. 204; iStockphoto / ollo, München – S. 250; iStockphoto / xyno – S. 34
Keystone Pressedienst / Scanpix Dänemark, Hamburg – S. 32;
Nora Lindner, Essen – S. 262
Marie Marcks, Neckargemünd/Dilsberg – S. 62; MaxPlanckForschung 4 / 2002 / Wolfgang Filser, München – S. 191; Dirk Meissner, Köln – S. 196; myboshi GmbH / Jürgen Jaenisch, Hof – S. 226
Heiko Sakurai, Köln – S. 186; Klaus Stuttmann, Berlin – S. 116, 146, 246
Thinkstock / iStockphoto, München – S. 46; Thinkstock / iStockphoto / Damon Belanger – S. 245; Thinkstock / Stockbyte – S. 46
Ullstein / The Granger Collection, Berlin – S. 35;
Freimut Wössner, Berlin – S. 193; www.bundeskartell-amt.de – S. 249; www.karl-rudolf-korte.de – S. 102; www.sinus-institut.de – S. 31; www.stopphubbing.com – S. 15; www.uni-bielefeld.de – S. 21; www.wikimedia.org – S. 34, 84, 85, 87, 124 140, 148 (2), 170; www.wikimedia.org / ESE library – S. 101; www.wikimedia.org / Flickr – S. 178; www.wikimedia.org / London School of Economics and Political Science – S. 56; www.wikimedia.org / Roosewelt Pinheiro – S. 148; www.wikimedia.org / Zeitblom – S. 148.

Operatoren

Hinweise zur Bearbeitung der Aufgaben – Operatorenübersicht für Sozialwissenschaften und Sozialwissenschaften / Wirtschaft

Operatoren, die Leistungen im **Anforderungsbereich I** (Reproduktion) verlangen:

aufzählen nennen wiedergeben zusammenfassen	Kenntnisse (Fachbegriffe, Daten, Fakten, Modelle) und Aussagen in komprimierter Form unkommentiert darstellen
benennen bezeichnen	Sachverhalte, Strukturen und Prozesse begrifflich präzise aufführen
beschreiben darlegen darstellen	Wesentliche Aspekte eines Sachverhaltes im logischen Zusammenhang unter Verwendung der Fachsprache wiedergeben

Operatoren, die Leistungen im **Anforderungsbereich II** (Reorganisation und Transfer) verlangen:

analysieren	Materialien oder Sachverhalte kriterienorientiert oder aspektgeleitet erschließen, in systematische Zusammenhänge einordnen und Hintergründe und Beziehungen herausarbeiten
auswerten	Daten oder Einzelergebnisse zu einer abschließenden Gesamtaussage zusammenführen
charakterisieren	Sachverhalte in ihren Eigenarten beschreiben und diese dann unter einem bestimmten Gesichtspunkt zusammenführen
einordnen	Eine Position zuordnen oder einen Sachverhalt in einen Zusammenhang stellen
erklären	Sachverhalte durch Wissen und Einsichten in einen Zusammenhang (Theorie, Modell, Regel, Gesetz, Funktionszusammenhang) einordnen und deuten
erläutern	Wie erklären, aber durch zusätzliche Informationen und Beispiele verdeutlichen
herausarbeiten ermitteln erschließen	Aus Materialien bestimmte Sachverhalte herausfinden, auch wenn sie nicht explizit genannt werden, und Zusammenhänge zwischen ihnen herstellen
interpretieren	Sinnzusammenhänge aus Materialien erschließen
vergleichen	Sachverhalte gegenüberstellen, um Gemeinsamkeiten, Ähnlichkeiten und Unterschiede herauszufinden
widerlegen	Argumente anführen, dass Daten, eine Behauptung, ein Konzept oder eine Position nicht haltbar sind